生成音韻論の歴史と展望
田中伸一教授還暦記念ハンドブック

生成音韻論の
歴史と展望

田中伸一教授還暦記念ハンドブック

橋本大樹
渡部直也
黄　竹佑
［編］

目　次

まえがき vii

第 1 章　音韻理論の歴史概説
　　　　　　　　　田中 伸一 ＆還暦記念出版委員会　1

Part I　黎明期（50~60 年代）：音韻論の形式理論化

第 2 章　弁別素性と規則に基づく音韻理論（SPE）
　　　　　　　　　　　　　　　　　山田 英二　19

Part II　反抗期（70 年代~）：SPE へのアンチテーゼ

第 3 章　自然音韻論
　　　　　　　　　　　　　　　　　　上田 功　49

第 4 章　韻律音韻論・自律分節理論
　　　　　　　　　　　　　クレメンス・ポッペ　71

Part III　繁榮期（80 年代~）：普遍性と多様性の探求

第 5 章　素性階層理論・不完全指定理論
　　　　　　　　　　　　　　　　平山 真奈美　105

第 6 章　語彙音韻論と形態インターフェイス
　　　　　　　　　　　　　　　　　本間 猛　130

第 7 章　韻律階層と統語インターフェイス
　　　　　　　　　　　　　　　　　時崎 久夫　152

第 8 章　生成韻律論
　　　　　　　　　　　　　　　　　岡崎 正男　179

第 9 章　統率音韻論とエレメント理論
　　　　　　　　　　　　　　　　那須川 訓也　202

Part IV　転換期（90 年代~）：新たな統合理論への収束

第 10 章　最適性理論：古典的標準モデル
　　　　　　　　　　　　　　　　　渡部 直也　231

Part V　　　円熟期（2000年代~）：それぞれの専門分化と多極化

第 11 章　　最適性理論：重みづけによる発展型
　　　　　　　　　　　　　　　　　　　　　　熊谷　学而　257

第 12 章　　事例基盤モデル
　　　　　　　　　　　　　　　　　　　　　　橋本　大樹　286

第 13 章　　神経基盤モデル
　　　　　　　　　　　　　　　　　　　　　　黄　竹佑　312

第 14 章　　進化基盤モデル
　　　　　　　　　　　　　　　　　　　　　　田中　伸一　331

『生成音韻論の歴史と展望』特別企画　　　　　　　　　　361
座談会「音韻論はどこへゆくのか」

あとがき　　　　　　　　　　　　　　　　　　　　　　415

参考文献　　　　　　　　　　　　　　　　　　　　　　418

索引　　　　　　　　　　　　　　　　　　　　　　　　441

執筆者一覧　　　　　　　　　　　　　　　　　　　　　449

まえがき

田中伸一教授還暦記念出版委員会

　本書は 2024 年 6 月に還暦を迎えられる田中伸一教授の還暦を祝うべく編纂された。還暦記念を冠する本は様々なテーマの論文を集めて論文集として構成することが一般的だが、本書は「百科事典的な音韻論の総覧」として位置づけられるように一冊の学術書として構成した。生成音韻論の黎明とされる Chomsky and Halle (1968) *The Sound Pattern of English* の前後から、最新の実験的・統計的手法に基づく音韻理論に至るまでの音韻論の歴史・進展を、時代別・テーマ別にその概要を俯瞰する。古今東西さまざまな形で音韻理論は伸展してきたが、その歴史を一つの書としてまとめた。

　これまで音韻論の概説書としてさまざまな本が出版されてきた。しかし音韻論研究の歴史・進展を紐解くような概説はこれまでに存在しなかったのではないだろうか。本書では、各時代にどの様な問題意識があり、その問題をどの様に乗り越えることで音韻論研究が進展してきたかに焦点を当てた。これまでになかった音韻論の歴史書として、今後多くの研究者が参照できるような書になったと自負している。

　本書の核を成すのは 14 の章である。第 1 章は本書全体を俯瞰した概説であり、以降の 13 章は各時代に繁栄した 13 のテーマについての研究史の概説である。各章を彩るのは各理論について広い知識と深い洞察力のある研究者 13 名である。田中伸一先生と親交のある研究者と先生が東京大学で指導した教え子から成る。13 名全員が各テーマの第一線で活躍する研究者であり、各テーマの歴史・進展について明快かつ緻密に描かれている。それぞれの歴史解釈は今後の音韻研究の展開を語る上で欠かせないものとなったと確信している。

　本書の核となる 14 章の後には、いささかインフォーマルな形で執り行った座談会の書下ろしがある。「音韻論はどこへいくのか」というテーマで、生成理論の立場と実験研究の立場に分かれて談義したものである。この座談会にはインフォーマルな雰囲気で進めたからこそ聞ける音韻論者の本音がある。両立場から深い洞察を得ることができ、研究者必見の内容となっている。

田中先生たっての希望で、還暦記念としての性質を抑えアカデミックな部分を前面に押し出した学術書として本書を構成することを目指した。このことは田中先生自身が執筆者として名を連ねていることからも明らかであり、音韻研究の最前線で活躍し続ける田中先生の学問への姿勢を体現するものである。とは言ったものの、本書には還暦記念の意味合いがあり、田中先生の研究と教育について、僭越ながら簡単に紹介させていただきたい。

　田中先生は、これまで一つの理論に固執することなく常に新たな視座を求めて研究を行ってきた。『アクセントとリズム』(2005 年、研究社) では韻律構造を用いた韻律現象の解釈を提示し、『日常言語に潜む音法則の世界』(2009 年、開拓社) では最適性理論を用いた音韻現象の解釈を提示した。近年では進化言語学の枠組みで音韻現象を説明しようと試みている (本書第 14 章参照)。こうした姿勢は学会や研究会でも遺憾なく発揮されており、分野を問わず幅広い研究発表に助言や質問をされている。種々の理論を理解しているからこそ成せる気づきがあることを、常に我々に提示している。

　教育者としては、これまでに国内外で活躍する研究者を育て上げてきた。田中ゼミは明るい雰囲気が常にあるが、研究内容には鋭い指摘もある。音韻現象の妥当性、論理の矛盾、理論的解釈について、田中先生を中心にゼミ生が熱く議論を交わす場である。ゼミ発表では田中先生もゼミ生に混じって研究発表を行うことがあり、そうした研究者としての心構えは指導学生に脈々と受け継がれている。出版委員会のメンバーは言うまでもなく、田中先生のそうした指導に魅かれ、音韻論者としての道を歩んでいる。

　本書の完成までに、綿密な工程があった。一昨年の春に企画が始まり、一昨年の冬に初稿の執筆が始まった。昨夏には、執筆者間での初稿の読み合わせが行われた。読み合わせの期間には、互いの執筆した章について意見を交換し、本書全体のレベルアップが図られた。またこの時期に座談会も執り行われた。各章の執筆、読み合わせ、座談会に多大な貢献をしてくださった執筆者全員に深く感謝を申し上げる。

　最後に本書の出版に快く応じて下さった開拓社、企画の段階からさまざまな形でご協力いただいた川田賢氏に御礼を申し上げたい。

2024 年 1 月
出版委員会一同

第 1 章　音韻理論の歴史概説

田中伸一 & 還暦記念出版委員会

"Babies haven't any hair;
 Old men's heads are just as bare;
 Between the cradle and the grave,
 Lies a haircut and a shave."

Samuel Hoffenstein (1928) *Poems in Praise of Practically Nothing*,
"Songs of Faith in the Year after Next, VIII" [1]

1. 生成音韻論の流れ：形式主義と機能主義のせめぎ合い

　生成音韻論(Generative Phonology)とは、「基底形から表層形への派生」や「入力形から出力形への対応」など言い方は異なれども、ともかく言語の意味のもとになる表象から実際の音声形となる表象への写像を実行する音韻文法を指す。「生成」とはこの派生・対応・写像のことであり、この特徴を軸に備える計算機構は、すべて「生成」音韻論である。実際に、この特徴は初期理論はいうまでもなく、最先端となる使用基盤モデル・神経基盤モデル・進化基盤モデルにまで一貫して保持されている。

　本章のねらいは、生成音韻論の辿ってきた歩みを大まかに振り返り、全体の流れを鳥瞰することにある。もちろん各テーマの詳細は各章に譲り、そこでテーマごとのミクロな歴史を語ることになるが、こちらはその通史であり、マクロな歴史を語ることになる。２章以降が歴史書の時代ごとの各論記述だとすれば、こちらはやや詳しめの年表ということになるだろう。

　思えば、すべての始まりは、言語音のタイプを音響特徴に基づく**弁別素**

---

[1] 生成音韻論の歴史に見る "hair" とは、まさに普遍文法のことではなかったか（第１４章および「座談会」参照）。進化的に見て、実質的に何もなくなったことへの賛美（"*Praise of Practically Nothing*"）としてこの詩を贈りたい。

性(distinctive feature)により形式化した Jakobson, Fant and Halle (1952)や Halle (1959b)と、言語音の分布と変化を弁別素性に基づく**書き換え規則**(rewriting rules)により形式化した Chomsky and Halle (1968; SPE)にあった。音素批判を皮切りに構造主義との決別を経て、反証可能かつ理路整然とした形で音韻論という分野を形式理論化した生成音韻論の誕生である。この SPE を皮切りに、本書では生成音韻論の歩みを次のように5つに時代区分している。

(1) 5つの時代区分
 a. 黎明期（50~60年代）：音韻論の形式理論化
 b. 反抗期（70年代~）：SPEへのアンチテーゼ
 c. 繁栄期（80年代~）：普遍性と多様性の探求
 d. 転換期（90年代~）：新たな統合理論への収束
 e. 円熟期（2000年代~）：それぞれの専門分化と多極化

この5つの時代区分は「新しい理論」の出現に基づいている。ここでいう「新しい理論」とは、前時代に残されていた経験的問題を解決し、新たな世界観で音韻事象を捉えることを試みたプラットフォームのことである。音韻事象の見方を変えるという意味で、小規模ながらも、一種のパラダイムシフトともいえるような転換を引き起こした理論である。その流れの概要は2節で見ることにする。

　(1)の時代区分を全体的に見ると、生成音韻論の歴史は大まかにいえば、一世代ごと、つまりほぼ30年周期で、一点集中(convergence)からの分岐(divergence)を繰り返している。1つは60年代から90年代までに見られるSPEからの分岐、もう1つは90年代から2020年代までに見られる**最適性理論**(Optimality Theory; OT)からの分岐である。ここでいう「分岐」とは、同じ系列を歩む「派生」と、別の系列にて袂を分つ「逸脱」を意味している。そして、各世代内に目を移すと、その「派生」派と「逸脱」派の展開は、まさに**機能主義**(functionalism)と**形式主義**(formalism)の対立の歴史であった。このテーマは広く言語学一般の20世紀の歴史にも当てはまるがゆえ、世紀末に Darnell et al. (eds.) (1999)で特集され、21世紀になっても Newmeyer (2010)や Thomas (2019)などでも取り上げられている。

実際のところ、20世紀以降の音韻論は、機能（実証・外在）主義的な音韻論と形式（合理・内在）主義的な音韻論とのせめぎ合いの中で発展してきた。分野全体の理論を牽引してきた北米では、それまで言語の多様性を実証的に探求したLeonard Bloomfield流の構造主義やEdward Sapir流の相対主義に対し、そのアンチテーゼとして1960年代に生まれたのが形式主義的なSPE流の生成音韻論である。ただ、その抽象性ゆえの反動として、70年代には機能主義的な**自然音韻論**(Natural Phonology)が反旗を翻すが、その波は80年代に至って原理とパラメータの**非線状音韻論**(non-linear phonology)の隆盛に飲み込まれ、形式主義に戻ってしまった。この原理とパラメータによって言語の普遍性と多様性を形式化する思想は、90年代には制約とランキングにより文法を形式化する最適性理論へと受け継がれ、音韻現象の分析にとどまらず音韻の獲得・類型・歴史変化・社会変異へと射程を広げたその勢いは2000年代を超えて、現在まで続いている。しかし、こうした形式主義の流れに並行して、実はもう1つの分流も90年代には形成されていた。それが実験や統計を取り入れた音声基盤モデルの流れであり、機能主義の系譜を継ぐものである。それは今も脈々と受け継がれており、むしろ隆盛を極めている。

こうした潮流のせめぎ合いを全体として見ると、思想的には形式（合理）主義か機能（実証）主義か、対象としては内在言語（精神内部の計算機構）か外在言語（現実に現れる言語事象）か、アプローチとしては定質的（記号論理に基づく）アプローチか定量的（統計・実験に基づく）アプローチか、という主義主張の相克として特徴づけられる。

ただし、事実として歴史を語ればこのように特徴づけられるが、Newmeyer (2010)もいうように、理念的には「対立」や「相克」であってはならない。むしろ「相補的」なものとして分野全体の発展を目指してゆくべきである。

2. 各時代の概要

さて、全体像を俯瞰したところで、2節では(1a~e)の時代区分に基づきながら、各時代にどのようなランドマークとなるような重要理論が出現したかを概観する。先に述べた「新しい理論」がどのように「出現」したかである。「出現」というからには確固たる理由があり、それは前時代に残された

問題を解決し、それまでのパラダイムに転換をせまるようなプラットフォームの構築にほかならない。その問題解決の詳細は各章に譲るとして、ここでは重要理論の外観のみを記す。

2.1 黎明期（50~60年代）：音韻論の形式理論化

まずは冒頭で述べたように、音韻論の形式理論化は、Chomsky and Halle (1968)の *The Sound Pattern of English* (SPE) によってもたらされた。とりわけ、その後の生成音韻理論の発展に大きな影響を与えた最も重要な概念は、素性による音韻構造の表示、および規則による派生である（2章）。

SPE以前の音韻理論において支配的であった単位としての音素の概念を棄却し、分節音を素性の束として扱うことを主張した。それにより、自然言語の様々な音韻現象を、素性情報に基づく音韻規則の適用によるものとして、詳細かつ通言語的な比較、分析が可能になった。音韻規則のうち、どの規則がどのような順序で、基底表示から表層表示にかけて適用され、構造が派生されるかにより、音韻現象における様々なレベルでのバリエーションを同一の理論的枠組みの中で説明することができる。

素性による構造の表示は、その後の音韻理論において華々しい発展を遂げながら、現在に至るまで重要な概念である。また基底構造から表層構造への段階的な派生という考え方は、1990年代の最適性理論の登場まで、長く音韻理論の中核であり続けた。音韻規則およびその適用順序を用いた分析方法は現在では主流ではないが、それらから得られた知見の多くは、その後の理論でも何らかの形で継承されている。

2.2 反抗期（70年代~）：SPEへのアンチテーゼ

この時代はSPEの流れに沿って、さまざまな音韻規則のタイプと関係性の解明が進んだ時代であった。個別言語の文法の規則に基づく体系化である。特に特筆すべきは、SPE流の標準理論のもとで、規則どうしの関係性が明らかにされた点である。これには規則の「縦の関係」と「横の関係」の2つが含まれる。「縦の関係」とは個別文法における**規則の順序づけ**(rule ordering)に関するもので、循環(cyclic)・非循環(non-cyclic)の関係性や、利益供与(feeding)・利益奪取(bleeding)の関係性などが明らかにされた（Kiparsky 1973a,bやKoutsoudas, Sanders and Noll 1974）。この流れは

80 年代の語彙音韻論につながってゆく。これに対し、「横の関係」とは**規則の共謀**(conspiracy)の関係性であり、一見したところ無関係に思える個別文法の規則どうしが実は同じ目標を持って適用されることが発見され、同一の「制約」(constraint)のもとで機能的統一(functional unity)をなすものと体系化された（Kisseberth 1970）。この考えは 90 年代の最適性理論において、言語内または言語間で働く普遍制約の存在根拠となった。

　こうしたSPEの後継とは別に、この70年代には、SPEのアンチテーゼとなる考え方も主に2つ台頭してきた。アンチテーゼとはSPEの形式理論化を問題視し、それに代わる、あるいは補完する理論が開発されたということである。SPEの問題とは、大きく「基底表示や規則定式の抽象性」と「二次元的音韻表示の限界」に分けられる。それぞれに呼応して開発されたのが、自然音韻論と**韻律音韻論**(Metrical Phonology)・**自律分節理論**(Autosegmental Theory)というわけである。

　まず、Stampe (1973)やHooper (1976; のちのBybee)、Donegan (1978)によってその指針が示された自然音韻論では、音韻文法を音声学的特徴や実際の言語使用、言語獲得などの機能的側面に基づく音韻プロセスの集合であると捉え、理論の構築が行われた（3章）。「自然」とわざわざ命名したわけは、「基底表示や規則定式の抽象性」に対するアンチテーゼとしての、機能主義の決別の表れである。具体的には、言語獲得の初期の段階では、幼児は普遍的な音韻プロセスが示す制約に従い、非常に単純な構造を持つ発話しか行うことができないが、言語獲得が進むにつれ、こうした制約を修正、抑圧することにより、より複雑な構造の発話が可能となる。個別言語の持つ、弁別性を含む音韻的な特徴は、こうした変遷を経て学習されることになる。自然音韻論は80年代に息を潜めたかに見えたが、90年代には音韻文法を機能的プロセスの集合であるとみなす考えが最適性理論に受け継がれ、またその機能主義的・自然主義的アプローチは音声基盤モデルへとつながってゆく。

　一方で、SPE は母音や子音をめぐるセグメンタル(segmental)な現象の説明は得意としていたが、諸言語のアクセント（強勢アクセント・ピッチアクセント）や音調、リズムなどを含むプロソディック(prosodic)な現象の説明には限界があった。音韻表示として、**二次元行列**(two-dimensional matrices；各分節が時間軸に沿って固有の素性の束を持つという線状な平面構造)を仮定していたからである。そこで、線状につながった分節の時間

軸を中心に、実は素性の平面・アクセントの平面・音調の平面を含む複数のプロソディックな平面からなる立体構造を持つと考えることにより、種々の問題が解決された。まるで本のページのように。

(2) 音韻表示の次元
  a. 二次元的平面構造 b. 三次元的立体構造

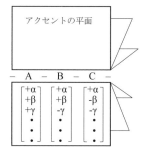

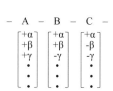

こうした三次元的(three-dimensional)な音韻表示のもとで開発されたのが、韻律音韻論と自律分節理論である（4 章）。これらは合わせて、非線状音韻論と呼ばれる。

 韻律音韻論は Liberman (1975), Liberman and Prince (1977)に端を発する理論で、強勢アクセントの分布や類型を二項対立の弁別素性[±stress]では決して捉えられないことを証明し、代わりに強弱（S と W）の構成素からなる樹形階層構造（または強弱を階層表示したグリッド構造）でなければならない必然性を主張した。とりわけ、局所的な強勢アクセント付与だけでなく、よりグローバルな範囲で展開する言語リズムを説明する際に効力を発揮する。韻律音韻論は 80 年代にはさらに発展し、諸言語のアクセント類型を捉えるべく洗練がなされ、またそれに相応しいのが樹形図のグリッドどちらかという表示論争を展開した。これに対し、自律分節理論は Leben (1973)や Goldsmith (1976) に端を発し、主に音調を捉えるべく開発されたものである。以前は音調に関する特徴もセグメント内部に含まれると考えられていたが、母音が削除されても音調が残ることから、音調は分節から自律した固有のレベルにおいて H や L により弁別されるとの結論に至る。この仮定に基づき、これまで典型的な声調言語と分析されていた言語に加えて、日本語のようなピッチアクセント言語も同じ理論的枠組みで分析できるようになっ

た。また、弁別素性も同じく分節から自律した構成素構造をなすものとして、のちに述べる素性階層理論につながってゆく。

2.3 繁栄期 (80年代~)：普遍性と多様性の探求

　この時代に自然音韻論は衰退したが（のちに90年代に最適性理論の概念化のもとで復活したが）、統語論と並行して**原理とパラメータのアプローチ** (principles-and-parameters approach)のもと、言語の普遍性と多様性という相反する特徴を捉えようとする言語類型指向へと発展し、これが80年代の生成音韻論の1つの特徴といえる。また、ミクロからマクロな音韻単位の各レベルにおいて**音韻表示**(phonological representation)がどうあるべきかという問いを探求した時代でもあり、さらにマクロなレベルにおいて、文法における音韻部門と他の部門とのインターフェイスの様相が解明された時代でもあった。

　ミクロからマクロへと見てゆくと、まず分節レベルでは**素性階層理論**(feature geometry theory)・**不完全指定理論**(underspecification theory)が発展し、音節レベルでは音節の内部構造の妥当性が問われた。フットレベルでも韻律音韻論がさらなる発展を遂げ、樹形図(tree)かグリッド(grid)かをめぐって音韻表示のあるべき構造が模索された（4章を参照）。また、音韻と形態、音韻と統語などの文法内のインターフェイスも整備され、**語彙音韻論**(Lexical Phonology)では語内部と語上部のレベル区分が、統語インターフェイス理論では語上部の**韻律階層**(prosodic hierarchy)によるレベル区分が明らかとなり、音韻規則との相互作用が解明された。この韻律階層は詩学にも応用され、**生成韻律論**(generative metrics)も台頭する。こうした北米での盛り上がりをよそに、ヨーロッパでは**統率音韻論**(Government Phonology)・**エレメント理論**(Element Theory)が進展を見せる。ここでは各理論の骨子を概観する。

　まず素性階層理論では、音韻素性が単純な集合として二次元的に並べられるものではなく、各素性の音声的・機能的な特徴に応じた、階層構造をなすと考えられた（5章）。階層構造とは樹形的な構成素構造を意味し、さまざまな素性はその樹形構造における節点(node)をなしている。その節点が音韻規則の適用対象の単位として機能し、節点の拡張(spreading)や解除(delinking)から同化現象や異化現象が導かれたことから、あるべき階層構

造のモデルがさまざまに提唱された（Sagey 1984, Clements 1985, McCarthy 1988）。一方、Archangeli (1984, 1988) や Steriade (1987)によって提唱された不完全性指定理論では、音韻素性における値の予測可能性や指定の余剰性に着目し、基底表示においてそのすべてを指定しておく必要はなく、指定が不完全な状態も許されると想定した。最終的な表層構造ではすべての素性指定が行われなければならないが、それ以前の段階での指定状態に差を認めることにより、表層構造だけからは説明できない、音韻規則の適用／不適用などの異なりも説明できるようになった。指定の不完全性について、何に基づいて予測可能な余剰値とするかは理論により立場の違いがあり、各素性の有標値のみを指定して無標値を無指定（余剰）とする立場もあれば、二項的な対立関係にある素性はその弁別値[±]を指定して無対立の素性を無指定（余剰）とする立場もある。

次に、音韻論と形態論の間のインターフェイス理論として発展した語彙音韻論は、形態タイプや規則適用タイプに基づいて、レキシコンのレベル区分を持つ理論モデルを提案した（6章）。モデルにより形態とのインターフェイスの仕方に違いはあるが（Kiparsky 1982a,b, Mohanan 1982, Rubach 1985, Borowski 1986）、個々の音韻形態論的な規則適用が行われるレベルの区分として、循環的・非循環的な規則適用レベルの区分を定めることにより、接辞付加の不可逆性の説明を試みた。また、**語彙的**(lexical)・**後語彙的**(post-lexical)な規則適用レベルの区分も定めることにより、**義務的**(obligatory)・**随意的**(optional)な規則適用の質的違いにも説明を与えた。こうしたレベル区分の妥当性、形態論との関係、およびそれによって説明が試みられた音韻現象は、その後もさまざまな議論を巻き起こしたうえで理論発展を促進し、最適性理論の時代に至るまで、音韻理論が解決しなければならない重要問題であり続けた。

一方、音韻部門と統語部門の間のインターフェイス理論もおおいに議論を喚起した（7章）。このインターフェイスには2つの捉え方があり、1つは階層構造をなす統語範疇がそのまま音韻規則の適用領域となるとする立場で、統語部門とは直接のインターフェイスがあるとするもの（Kaisse 1985）。もう1つは統語部門とは間接的なインターフェイスしかなく、階層構造内部の各レベルの統語範疇から韻律範疇へと写像(mapping)が行われ、その韻律範疇こそが音韻規則の適用領域だとする立場である（Selkirk

1984a, 1986）。後者は Nespor and Vogel (1986)によるさらなる韻律階層の洗練につながり、また Truckenbrodt (1995, 1999)による最適性理論への吸収統合につながるが、言語の起源や進化の観点から見ると、音韻部門独自の韻律階層を不要とする前者の立場も捨てがたい（14 章）。

ただし、韻律階層は人間が創出した詩の韻律の説明にも有効であり、その独立の根拠を求める試みが生成韻律論である（8 章）。韻律階層を**詩の韻律**(verse)に応用した生成韻律論について、実はその萌芽的研究は SPE 流の分析による Halle and Keyser (1971)にさかのぼるが、韻律音韻論の発展に歩調を合わせた Kiparsky (1975)を経て、80年代には Youmans (1983)や Hayes (1983)にて盛り上がり、そして Kiparsky and Youmans (eds.) (1989)の論文集の特集に至る。この分野のねらいは、歴史上現存する多様な詩における韻律パターンのすべて、かつそれだけを生成するような適格性理論(well-formedness theory)を確立することにある。つまり、可能な韻律パターンと不可能なそれを峻別し、前者のみを生成するには韻律階層がどのような構造と表示を与えられねばならないかについて、音韻現象とは別の詩学から独立の根拠を求める点にその醍醐味がある。最適性理論を経て、いまだに生成韻律論の火が絶えることがないのは、その醍醐味によるものであろう。

最後に、北米でつちかわれてきた標準的な生成音韻論と違って、素性構造・音節構造・韻律構造を独自の概念化のもとで体系化させたのが、主にヨーロッパで発展した統率音韻論・エレメント理論である（9 章）。これも 80年代にふさわしく音韻表示の理論であり、あらゆるレベルの音韻単位（構成素）が主要部(head)と依存部(dependent)との依存関係にあり、その主要部が依存部を統率・認可する形で全体的な音韻の階層構造が構成されるとする。特に分節（音素）は SPE 流の弁別素性の集合ではなく、それ以上還元不可能な素粒子(particle)または非派生要素(primitive element)の組み合わせであると考える。この分節の考え方は、Shane (1984)の**素粒子音韻論**(Particle Phonology)に由来してエレメント理論に昇華し、同時期の Anderson, Ewen and Staun (1985)の**依存音韻論**(Dependency Phonology)や Kaye, Lowenstamm and Vergnaud (1985)の統率音韻論も、それより上の音韻単位の構造も含め独自の洗練を重ね発展してゆく。これらの理論は階層構造の捉え方において、統語論との親和性も高い点で注目すべきである。

2.4. 転換期（90年代~）：新たな統合理論への収束

このように、80年代はあるべき言語の諸相とそれを捉える音韻表示を求めて、さまざまな音韻理論が雨後の筍のように開花する時代であった。それは類型的視点から言語の普遍性と多様性を、普遍原理とパラメータにより捉える試みである。

しかし、普遍原理を設定すると、諸言語の音韻現象を発掘すればするほど、どうしても例外や反例の壁に突き当たるというジレンマがあった。これは中世から続く実在論か唯名論かの「普遍論争」を想起させる。普遍は実在するのか名のみのものなのか。原理の普遍性の神話は続くのか崩れたのか。

そこで、2つの流れに分流して、形式主義（実在論）と機能主義（唯名論）の二極分化が始まる。1つは、あくまで普遍原理にこだわり、数ある普遍原理（普遍制約）に優先順位をつけて下位の制約が違反可能だとすることにより、その優先順位のつけ方にこそ言語の多様性が表れるとする最適性理論である。違反可能なので下位の普遍制約に例外が出ても差し支えない。これは機能主義的な自然音韻論と形式主義的な原理とパラメータ理論の弁証法的統一を果たしたとも言え、群雄割拠する多様な下位理論を統合する一大プラットフォームとなった。もう1つは、普遍原理などと大それた構想には無理があるのでやめて、もっと音声言語の多様で自然な姿を機能的かつ実証的に検証し、その成果を音韻表示に還元すべきであるとする流れである。これが音声基盤モデルである。

まず、最適性理論は Prince and Smolensky (1993)や McCarthy and Prince (1993)により開発されたもので、規則の順序づけによる段階的な**直列派生**(serial derivation)を廃して、優先順位をつけた違反可能な普遍制約により基底形（入力）から表層形（出力）への写像結果を**並列評価**(parallel evaluation)する理論である（10章）。その写像のあり方は包括的で何でもありの出力候補が生成されるが、機能的に有標構造を排除する**有標性制約**(markedness constraint)と、形式的に入力と出力の同一性を求める**忠実性制約**(faithfulness constraint)からなる**制約序列**(constraint ranking)により最適と評価されたものだけが、現存する言語形式となる。個別言語ごとに異なる制約序列により多様性、つまり言語類型が捉えられるだけでなく、その序列の仕方にある一定の法則性を見出すことで、言語の獲得・学習可能性・歴史変化・社会的変異などに応用されるに至る。

その過程で、もともとの含有理論(containment theory)から対応理論(correspondence)へとバージョンアップされたが、規則の直列派生でなく制約の並列評価による計算機構を採用したため、基底形（入力）と表層形（出力）の間に介在する中間段階をなくすこととなり、結果として不透明性(opacity)の問題という十字架を背負うこととなる。最適性理論の歴史はこの問題解決の歴史でもあり、さまざまな方法が駆使されたが、その果てに2000年代に行き着いたのが**直列調和モデル**(Harmonic Serialism; HS)あるいは**調和文法**(Harmonic Grammar; HG)である。

一方で、普遍原理（普遍制約）への不信と学習形成への志向は Hayes (1999)に見られ、その後のUCLA学派の集大成である Hayes, Kirchner and Steriade (2004)の**音声基盤音韻論**(Phonetically-Based Phonology)につながるが、さらにもっと機能主義的かつ自然主義的に、音声言語の多様で自然な姿を実証的に検証しつつ音韻表示にそれを還元しようと試みる系列も現れた。それが Kingston and Beckman (1990)が先導した**実験音韻論**(Laboratory Phonology)や Browman and Goldstein (1992)が提唱する**調音音韻論**(Articulatory Phonology)である。これらはまとめて、音声基盤モデルと呼んでよいだろう。最適性理論は音声の機能的要素を有標性制約という形で捉えようとしたが、それは含意有標性(implicational markedness)に基づく言語類型を、制約序列により捉えるためであった。しかし、次第に有標性という概念に言語類型以外の独立した根拠を求めるようになった結果、音韻現象の説明に精密な音声学的知見を求めるという動きが活発化した。こうした動きは音声知覚に根拠を求めるアプローチと音声産出に根拠を求めるアプローチに分けることができる。90年代ではどちらかというと最適性理論のような形式主義が優位だったが、2000年代には上のような機能主義的アプローチが形勢逆転を見せ、使用基盤モデルや神経基盤モデルにつながってゆく。

2.5. 円熟期（2000年代~）：それぞれの専門分化と多極化

2000年代以降は大きく見て、上で見た形式主義と機能主義の二極化に呼応して、それぞれの系列がさらに派生分化した動きとして捉えることができる。前者の最適性理論の発展型としては、並列評価の内部に段階的派生を取り入れた直列調和モデルと、制約序列に代えて重みづけ(weighting)を取り

入れた調和文法の発展モデルが台頭する。また、後者の機能主義の流れでは、音声学だけでなく近隣諸科学の成果を取り入れた認知科学融合モデルが盛り上がりを見せ、心理学や情報学と融合した**使用基盤理論**(Exemplar Theory)や、神経学や情報学と融合した**コネクショニストモデル**(Connectionist Model)が進展を見せた。

さらにもう1つの系列として、2000年代に生成文法内部で言語の起源と進化という古くて新しいテーマの研究が復活・進展し、こうした進化生物学と融合した文法モデルが音韻論にも適用され始める。これが**進化音韻論**(Evolutionary Phonology)である。

いずれにしても、2000年代以降は音韻理論が、周辺諸科学の概念や手法を取り入れて融合を果たした時代だと特徴づけられるであろう。その経緯を振り返ってみたい。

まず、最適性理論の歴史は不透明性の問題の解決の歴史でもあると上で述べたが、90年代の当初からこれを解決するために、局所結合(local conjunction; Kirchner 1996)や、出力同士の対応 (OO-correspondence; Benua 1997)、階層 OT (Stratal OT; Bermúdez-Otero 1999)、標的制約 (targeted constraints; Wilson 2001)などの対応が取られていた。一方で、創始者の John McCarthy は、共感理論 (sympathy theory; McCarthy 1999)、有標性対比 (comparative markedness; McCarthy 2003)、OT-CC (McCarthy 2007)などの開発の試行錯誤を重ね、最終的には直列調和モデル (McCarthy 2008a)に辿り着く。これは並列評価の内部に段階的派生を取り入れることで、古典的最適性理論の並列評価によって失われた派生の中間段階を、並列評価の中で可視化する試みである。

また、普遍制約の序列化への不信と学習形成への志向は、Prince and Smolensky (1993)でもすでに取り上げられていた調和文法への回帰を後押しした (11章)。これは優先すべき制約が、序列ではなく数値による重みづけにより学習・計算され、言語形式の最適性がその調和的な合計から弾き出されるとする理論である。制約やその重みづけは獲得形質であり、統計学習が重要であることから情報理論やエントロピー理論と融合し（Goldwater and Johnson 2003, Hayes and Wilson 2008)、音韻文法はもちろん、その類型・獲得・学習可能性・歴史変化・社会変異に応用されている。ここでは音韻形式の文法性が、適格(well-formed)か非適格(ill-formed)で判断されるの

ではなく確率的(stochastic)に決まる点が重要であり、形式的な調和文法と、先に言及した機能主義の音声基盤音韻論との中間的な立場を採用したといえる。一般に、形式主義は予測理論に重きをおき、機能主義は解釈理論の様相を呈するが、その意味でも**最大エントロピー調和文法**(MaxEnt HG)は形式理論でありながらも解釈に重きをおく。

さて、最後の3つの理論も、音韻文法の基盤を周辺諸科学の成果に求めて、その発展的展望を見せている。

第一に、心理学や情報学の概念・手法を取り入れた**使用基盤モデル**(usage-based theory)は、生成音韻論の抽象性や記号性に警鐘を鳴らし、1つの音の無限の音声バリエーションをも尊重する音声基盤モデルである(12章)。たとえば、従来の理論は1つの語形に対してレキシコンには抽象的な基底表示しか記憶されていないと考えてきたが、Pierrehumbert (2001) やBybee (2001) はこれに異を唱え、人間のレキシコンには詳細な音声情報が記憶されているという考え方を提案した。1つの語を100回聞けば、100個の音声のエピソード記憶がレキシコンに保存されるということである。このエピソード記憶のことを**エグゼンプラ** (exemplar) と呼ぶ。このように、理論の根幹を抽象主義からエピソード主義へと転換することで、使用基盤理論は生成音韻論で軽視されてきた音声・音韻現象を扱うことに成功した。伝統的な音韻理論で説明しにくかった現象の一つとして、使用歴に応じた発音のバリエーションがある。本文では、使用歴に応じた発音のバリエーションを使用基盤モデルが理路整然と説明できることを示し、近年の量的な研究から見えてきた音声音韻現象の多くと使用基盤モデルの予測は親和性が高いことを説明する。

第二に、神経学や情報学の概念・方法論を取り入れたのが、神経基盤モデルとしてのコネクショニストモデルである（13章）。一般に、生成文法ではその文法モジュール観からして領域固有性が強調されるきらいがあり、脳の認知機構において記憶・視覚・運動・心の理論などの部門と言語とが切り離されることが多い。音韻論もその例外ではなかったが、統語論と同様に音韻論もその神経的基盤に注目する研究が増えてきた。特にニューラルネットワークにおいて、**神経単位**(neuron)の活性化とその化学的電気信号の連鎖的伝播から、特定の言語的制約群の活動を検証するコネクショニストモデルは注目に値する。また、数多な神経単位を束ねる1つの連鎖(chain)の中で、連

鎖の最後の神経単位の出力が最初の神経単位の入力になってループ(loop)を形成するという事実は、人間言語固有の回帰性(recursiveness)に通ずるものがあり、興味深い。本文では、音韻現象と音韻理論の検証に関する事象関連電位(ERP)と関連技術の実験を紹介しつつ、統語・意味部門とのつながりをどこまで明らかにできるかを探っていく。

　最後に、進化基盤モデルとしての進化音韻論は、Hauser, Chomsky and Fitch (2002)を出発点として加速度的に進んだ言語起源・進化の研究を背景に、統語論ほどではないものの Blevins (2004)や Samuels (2011)を中心に、その枠組みが整備されつつある分野である（14章）。その基本方針(basic tenet)として重要な条件としては、１）近縁他種との漸進性（連続性）が担保されていること、２）そのため人間言語の**前駆体**(precursor)が他種の形質のどの部分に当たるかを特定すること、３）その上で人間言語の種固有性がどこから創発したかを明らかにすること、などが挙げられる。現在のところ、これらへの解答が、１）人間言語が霊長類の系列学習能力と鳴鳥類の発声学習能力から漸進進化したものであること、２）チンパンジーなどに見られる事物を組み合わせる運動制御機構が、人間言語の併合の前駆体であること、３）人間言語の種固有性が、組み合わせ操作としての二項的併合の回帰的適用にあること、であるとされる。そこで問題となるのが、音韻論が１）〜３）とどのようにつながっているかである。言語の生成と理解は、併合により頭の中で内在的に計算された階層構造の構築と解釈により機能する。その階層構造のうち、語以上のレベルでは統語範疇に対応した音韻範疇の併合により音韻構造を構築できるが、問題は分節・音節・フットといった固有の音韻範疇の創発である。フットが強音節と弱音節の併合、音節が母音と子音の併合だとしても、母音や子音といった分節それ自体は何の組み合わせなのかという問いは、弁別素性理論に大いなる挑戦状を突きつける。なぜなら、分節内部の弁別素性は二項的ではあるが併合で構築されるものではなく、かつ他種との漸進性（連続性）やその前駆体がまったく明らかでないからである。

3. 歴史を辿ることの意義

　以上、各時代を画する重要理論の概要を述べてきた。紙面の都合で取り上げられなかった歴史展開や重要理論も数多にあり得るが、取り上げた理論が

次世代への新理論の礎となった点は紛れもない事実であろう。いずれにしても、本書は生成音韻論の歴史・進展を、時代別・テーマ別にその概要を俯瞰できる「百科事典的な音韻論の総覧」である。しかし、いわゆる「ハンドブック」ではなく、あくまで歴史・進展を辿る「歴史書」であることに大きな意義があり、そこを強調したい。

それゆえ、木を見て森を見ない読み方は勧められない。全体の流れを掴みながら細部の意味を考えることこそが重要である。つまり、歴史一般に当てはまる「5W1H」を明確にしながら、いつ誰がどこ（本・雑誌）で何を提起し、その理由と方法を追ってゆく読み方である。それにより、どのような問題が残されたかも浮き彫りとなり、それが次世代理論によりどのように解決されたかという視点につながってゆくであろう。

そのため、各章内部の研究史の中に、1）前段階で何が問題として残されていたか、2）どのように乗り越えようとしたのか、3）何が未解決のまま残されたのか、などが盛り込まれている。これにより現世代の理論から次世代へのバトンタッチがどのように行われたかが明らかとなり、各章が有機的につながるのである。

一般に、他の生物種と一線を画する人間の特徴として、時間軸の概念、つまり現在の延長線上に過去と未来を擁する点が挙げられる。人間は、今現在のみを生きることを脱して過去と未来を我が物としたわけだが、発端は脳の発達に伴う記憶量にあるだろう。そして、科学哲学者の Bronowski (1977: 22–24)が行動心理学の始祖である Walter Hunter の実験に基づき主張するように、人間は膨大な記憶を手にすることができたからこそ、豊かな想像・創造が可能となったのである。記憶とは過去の経験の蓄積であり、想像・創造とはその蓄積をもとに可能世界を広げ、望ましい未来を切り拓く力である。それにより言語（個人や社会の精神世界のメタファーでもある）の発明に至り、道具や火の使用（テクノロジーによって築かれる物質世界のメタファーでもある）による人類の発展を遂げてきたのであろう。

このように、記憶と想像・創造、つまり過去と未来は切り離せず、過去を礎として初めて未来を描くことができるのである。これこそが「歴史書」の本質的な意義であり、本書のタイトルが『生成音韻論の歴史と展望』であるのもこのためである。生成音韻論の今を知るにはその歴史を紐解くしかなく、またそれによってこそ今後とるべき新たな道を切り拓くことができるで

あろう（未来については「座談会」を参照）。

Part I

黎明期
(50〜60年代)

音韻論の形式理論化

第 2 章　弁別素性と規則に基づく音韻理論 (*SPE*)

山田英二

1. はじめに

「これは現在進行中の研究に関する中間報告である」とチョムスキー (Chomsky) とハレ (Halle) は *The Sound Pattern of English* (1968)（以降、*SPE*）の冒頭で述べている。さらに「他の研究者たちも、批判と議論を通じてこの壮大な作業に加わり、この音韻理論をより豊かな、先鋭的なものにしていって欲しい」との呼びかけが続く。この書を紐解けば生成文法黎明期の熱気が伝わってくるだろう。ハードカバーB5 判 470 頁の大著 *SPE* を「中間報告」として世に問うた彼らは、その後の怒濤の流れを予見していたに違いない。

SPE で展開される内容は、マサチューセッツ工科大学（MIT）などでそれに先立つ 15 年ほどの間に研究され続けていたものである。始発点はチョムスキーとハレの出逢いであった。彼らの研究成果は講義で受講生に示され、活発な議論を経て数多くの規則体系が独自の進化を遂げていった。それらは、Chomsky (1957, 1964, 1965), Halle (1959a, b, 1962, 1964), Katz and Postal (1964), Matthews (1965), Katz (1966), Postal (1968), McCawley (1968) などに結実し、*SPE* へと繋がる。とはいえ、*SPE* は出版より以前の (凡そ 40 年ちかく) ほとんど忘れ去られた種々の研究にそのルーツを持ち[2]、基本的にはそれらの豊かな研究成果を滋養とし継承するものでもあった。

本章の構成は次の通りである。まず次節で、「生成文法の目標」について概観し、3 節で、音韻論においてその目標の一つを達成するための「素性」という最小の単位について述べる。4 節で素性の組み合わせである語彙、音韻、音声それぞれの表示について調べ、「基底（語彙・音韻）表示」、「音韻規則」、「音声表示」の関係を明らかにする。5 節で、生成文法の目標のもう一つを達成するための「変形循環の原理」とその応用としての「強勢配置規則」について詳述する。6 節で「有標性理論」という考え方を紹介し、3、4

---

[2] 例えば Sapir (1925, 1933) の「心理主義」など。SPE: 76 も参照。

節で述べた各表示内の素性が指定される仕組みを明らかにする。7 節で結論を述べる。

2. 生成文法の目標

　生成文法理論は時代により様々な変貌を遂げてきたとよくいわれる。しかし根本的な考え方は変わっていない。中心にあるのはヒトの言語獲得の仕組みを解明することである。つまり、こどもはなぜ短期間に言語を獲得できるのか。しかも幼少期に与えられる言語資料は決して体系的とはいえぬ、ある種「貧弱な」ものである。しかし、結果的にこどもたちが獲得する個別言語の「文法」は、均一的なものとなる。これを「**刺激の貧困**」（poverty of stimulus）[3] 問題と呼ぶ。さらに、言語には「有限」な手段を「無限」に使用する仕組みが含まれていて、それが「言語の創造性」[4] を担っているとされる。チョムスキーは「刺激の貧困」に対しては、ヒトは先験的・生得的な共通の普遍的な基盤、即ち普遍文法を持っているからであると答える[5]。言語獲得過程において、こどもはそれらの遺伝的基盤を通じてその言語の仕組みとして適切な「文法」を「選択」していくとする。また「言語の創造性」に関しては、より小さな部分を先に計算し、次に大きな部分の計算に順次移っていくという仕組み、すなわち**再帰性**（recursiveness）が「普遍的な原理」として言語の中にあるからだと考える。これらの考え方は、早くは Chomsky ([1949] 1951, [1955] 1975, 1959, 1964, 1965, 1966, [1968]

---

[3] 表現は異なるが Chomsky ([1955] 1975: 61) でもすでに同様の考えが示されている。なお Chomsky (1980: 34; 1986: XXV) では、"poverty of the stimulus"というように stimulus の前に定冠詞があるが、Chomsky (1986: 7) や Chomsky (2012) などではない。「刺激の貧困」については、第 14 章 2.1 節も参照のこと。

[4] **言語の「創造的」側面** (the "creative" aspect of language)(Chomsky (1964, 1965) ともいう。文法における "recursive" 性（「再帰性」）については Chomsky ([1949] 1951: 67; [1955] 1975: 74) でもすでに述べられている。「再帰性」（recursion/recursiveness）は「回帰性」ともいう（第 14 章 2.2 節）。

[5] これを生得性仮説という。

1972), Chomsky, Halle and Lukoff (1956) などに表れている。SPE でいえば、「刺激の貧困」は「素性」及び「素性値」の選択・設定において見られ、「言語の創造性」の一端は「変形循環の原理」が担っているといえる。

3. 弁別素性
3.1 弁別素性の機能

　素性とは何だろうか。例えば英語の pin と tin の違いは、「音素」/p/, /t/の違いだとよく言われる。ところが実はこの 2 音は多くの音声的特徴を共有していて、異なっているのは一つだけである（後述：表 1 を参照）。このような機能を担うことができる特徴の一つひとつを「素性」と名づけ、他の**分節音** (segment)との区別に決定的に関わる特徴ということで「**弁別素性**」（distinctive feature）と呼ぶ。弁別素性はその特徴を持つ場合は素性の前に + の係数を、持たない場合は − の係数をつけて表示する[6]。つまり素性とは様々な分節音を区別するのに役立つ最小の単位なのである[7]。

---

[6] きっかけはロシア生まれの言語学者 Trubetzkoy（1936a, 1936b, 1939, 1958) の着想である。彼は音韻的対立、弁別的対立 (opposition phonologique, phonologische opposition; distinktive opposition) という用語でこれを表した（聴覚・調音的観点から分析）。さらにこの対立項において、その特徴がある場合を**有標**（の）(merkmaltragend)、その特徴がない場合を**無標**（の）(merkmallos) と呼び、英語ではそれぞれ marked (有標(の))、unmarked (無標(の))となった。またこれは、Jakobson (1941)、Jakobson, Fant and Halle (1952)、Jakobson and Halle (1956)、Halle (1959a, 1959b, 1962, 1964) では二項対立の「弁別素性」として議論された。なお、Jakobson (1941) 以前のアメリカ構造言語学においては、言語分析における最小単位は「音素」であった。SPE では、Jakobson らに倣い弁別素性を言語分析の最小単位とし、「音素」の存在を認めていない。

[7] 素性の選択・決定については、6 節で議論する。こどもにおける言語獲得の実際場面では、素性の選択と素性値の決定はおそらく普遍文法と個別文法において「同時進行」で行われると考えるべきである。本稿では詳しくは取り扱わないが、この点および素性と音韻規則・音声表示との関係に関しては後々様々な議論が展開される。

ここでは *inn* と *algebra* という語を使って、それらが英語話者の**心的辞書** (lexicon)、つまり**語彙表示**（lexical representation）にどのように記載されているかを次の(1)で見てみよう[8]。

(1)

	(a) *inn*		(b) *algebra*						
	i	n	æ	l	g	e	b	r	æ
consonantal	−	+	−	+	+	−	+	+	−
vocalic	0	−	0	+	−	0	−	+	0
nasal	0	+	0	0	−	0	−	0	0
tense	−	0	−	0	0	−	0	0	−
stress	0	0	0	0	0	0	0	0	0
voice	0	0	0	0	+	0	+	0	0
continuant	0	0	0	0	−	0	−	0	0

(*SPE*:166 参照)

知覚や産出において(1a)の *inn* の/n/が他の分節音と区別（弁別）されるのは、[consonantal]、[vocalic]、[nasal]の係数（値）がそれぞれ +、−、+ と指定された時のみで、他の素性[tense]、[stress]、[voice]、[continuant]はこの分節音/n/の特定には関与しない（このような性質を**余剰的** (redundant)と呼ぶ）。ゆえにそれらは 0 (未定)と指定される[9]。

上記(1)に、普遍文法および個別言語に属する**語彙余剰規則**（lexical redundancy rule）が適用され、音韻表示が形成される。そうした音韻表示に各種の音韻規則が適用されると(2)のような音声表示が現れる。この音声表示が実際の発話を示している[10]。

---

[8] 表中の「vocalic」という弁別素性については、*SPE* の第 8 章で syllabic に変更するという提案がなされているが、本稿ではこのまま使用する。
[9] この表（語彙表示）においては分節音/i, æ, e/と分節音/l, r/及び分節音/g, b/の素性値がそれぞれ同じになっているが、これらはここに記載されていない素性を用いて弁別される。（詳細は表 1 を参照のこと。）なお、(1), (2) における /in/, /ælgebræ/ は、基底表示であり、発音記号ではないことに注意。
[10] (2)の中で 1、2、4 という整数で書かれている部分が全て − であったものが最終的な基底音韻表示である。ここでは基底音韻表示の記載は省略した。1、4 の整数のうち、1 は主強勢、4 は曖昧母音の [ə] を表している。強勢規則は、素性の係数値を整数値に変換するという機能を持つ。/in/の/i/に 2 と

第 2 章 弁別素性と規則に基づく音韻理論 (SPE)　　23

(2)

	(a) *inn*		(b) *algebra*						
	i	n	æ	l	g	e	b	r	æ
consonantal	−	+	−	+	+	−	+	+	−
vocalic	+	−	+	+	−	+	−	+	+
nasal	2	+	−	−	−	−	−	−	−
tense	−	−	−	−	−	−	−	−	−
stress	1	−	1	−	−	4	−	−	4
voice	+	+	+	+	+	+	+	+	+
continuant	+	−	+	+	−	+	−	+	+

(*SPE*: 165)

　これらの表からわかるように、語彙表示、音韻表示、音声表示はともに普遍的な音声素性を用いた行列として表示される。（縦）列がそれぞれの分節音を表し、（横）行がそれぞれの分節音が示す素性値（あれば +、無ければ −）を表す。

　表 1 に英語の分節音の弁別素性構成を示す[11]。SPE で用いられている分節

いう整数が記載されているが、この母音は実際の発話において部分的に鼻音化するので、その度合い（この場合は、弱い鼻音化）を 2 で表している。なお、基底表示としての音韻表示は、素性が未指定（Halle（1959b）も参照）の語彙表示を下位区分として持つことに注意。つまり語彙表示に語彙余剰規則が適用され、余剰的情報を含まなくなると最終的な基底音韻表示となり、それを SPE では表層構造と呼ぶ（*SPE*: 60, 171 などを参照）。ただし音韻表示においては、必要な情報のみを記載し、それ以外は記載しないという見方をとると、音韻規則の役割とは(1)のようなものから(2)を導き出すことという考え方もでてくる（*SPE*. 165 参照）。これは後の素性理論での議論（不完全指定理論（第 5 章））に関わってくる。

[11] SPE はこのように素性を身体的調音システムへの指示 (微細なレベルの知覚表示ともなる) (*SPE*: 65) という観点から捉えている（strident を除く。strident は音響・聴覚的観点。*SPE*: 329) (調音システムへの指示という見方については Halle (1964) も参照）。なお、英語の弁別素性の数は SPE では 13 個と措定されている。普遍的に見ても、弁別素性の総数は実に少なく、Halle (1959a, 1964) は大体 15 個ほどであるとする。つまりこの 15 の音特性だけであらゆる言語のあらゆる分節音を特徴づけることが可能だという。ちなみに、Jakobson, Fant and Halle (1952)では音響的観点から 12 個とし

音の発音記号に加えて Kenyon and Knott ([1944] 1953)（K&K (1953)と略記）及び Wells (2008) で用いられる発音記号も最後の 2 行に記している。

	ī	i	ū	ē	ō	ǣ	ā	œ̃	õ	i	u	e	ʌ	o	æ	ɔ	y	w	ɛ	r	l	p	b
vocalic	+	+	+	+	+	+	+	+	+	+	+	+	+	+	+	+	−	−	+	+	+	−	−
consonantal	−	−	−	−	−	−	−	−	−	−	−	−	−	−	−	−	−	−	−	+	+	+	+
high	+	+	+	−	−	−	−	−	−	+	+	−	−	−	−	−	+	+	−	−	−	−	−
back	+	−	+	−	+	−	+	−	+	−	+	−	+	+	−	+	−	+	−	−	−	−	−
low	−	−	−	−	−	+	+	+	+	−	−	−	−	−	+	−	−	−	−	−	−	−	−
anterior	−	−	−	−	−	−	−	−	−	−	−	−	−	−	−	−	−	−	−	−	+	+	+
coronal	−	−	−	−	−	−	−	−	−	−	−	−	−	−	−	−	−	−	−	+	+	−	−
round	−	−	+	−	+	−	−	−	+	−	+	−	−	+	−	+	−	+	−				
tense	+	+	+	+	+	+	+	+	+	−	−	−	−	−	−	−	−	−	−				
voice																				+	+	−	+
continuant																				+	+	−	−
nasal																				−	−	−	−
strident																				−	−	−	−
K&K (1953)	i	u	e	o	a	a	ɑ		ɔ	ɪ	ʊ	ɛ	ʌ		æ	ɒ	j	w		r	l	p	b
Wells (2008)	iː	uː	eɪ	oʊ	a	aː			ɔː	ɪ	ʊ	e	ʌ		æ	ɒ	j	w		r	l	p	b

	f	v	m	t	d	θ	ð	n	s	z	c	č	ǰ	š	ž	k	g	x	ŋ	h	kʷ	gʷ	xʷ
vocalic	−	−	−	−	−	−	−	−	−	−	−	−	−	−	−	−	−	−	−	−	−	−	−
consonantal	+	+	+	+	+	+	+	+	+	+	+	+	+	+	+	+	+	+	+	−	+	+	+
high	−	−	−	−	−	−	−	−	−	−	+	+	+	+	+	+	+	+	+	−	+	+	+
back	−	−	−	−	−	−	−	−	−	−	−	−	−	−	−	+	+	+	+	−	+	+	+
low	−	−	−	−	−	−	−	−	−	−	−	−	−	−	−	−	−	−	−	+	−	−	−
anterior	+	+	+	+	+	+	+	+	+	+	+	−	−	−	−	−	−	−	−	−	−	−	−
coronal	−	−	−	+	+	+	+	+	+	+	+	+	+	+	+	−	−	−	−	−	−	−	−
round																−	−	−			+	+	+
tense																							
voice	−	+	+	−	+	−	+	+	−	+	−	−	+	−	+	−	+	−	+	−	−	+	−
continuant	+	+	−	−	−	+	+	−	+	+	−	−	−	+	+	−	−	+	−	+	−	−	+
nasal	−	−	+	−	−	−	−	+	−	−	−	−	−	−	−	−	−	−	+	−	−	−	−
strident	+	+	−	−	−	−	−	−	+	+	+	+	+	+	+	−	−	−	−	−	−	−	−
K&K (1953)	f	v	m	t	d	θ	ð	n	s	z	(ts)	tʃ	dʒ	ʃ	ʒ	k	g	x	ŋ	h	(kw)	(gw)	(hw)
Wells (2008)	f	v	m	t	d	θ	ð	n	s	z	(ts)	tʃ	dʒ	ʃ	ʒ	k	g	x	ŋ	h	(kw)	(gw)	(hw)

表 1 英語の分節音の弁別素性構成 (*SPE*: 176–77 参照)

3.2 弁別素性と分節音

弁別素性が示された上記の表 1 を使って分節音の大まかな分類を行なってみよう。[± vocalic]と[± consonantal]の 2 つの弁別素性を使えば分節音を次

ていた。素性の数や分類・機能に関するその後の議論の変遷や内容については、第 5 章を参照。

のように大きく 4 分類できる。vocalic（**母音性**）とは、口腔ではっきりとした妨害を伴うことなく発せられる音、consonantal（**子音性**）とは口腔の中央線部ではっきりとした狭窄を伴って発せられる音である。

(3) a. $\begin{bmatrix} + \text{vocalic} \\ - \text{consonantal} \end{bmatrix}$ = 母音 = V

b. $\begin{bmatrix} - \text{vocalic} \\ + \text{consonantal} \end{bmatrix}$ = 真の子音

c. $\begin{bmatrix} + \text{vocalic} \\ + \text{consonantal} \end{bmatrix}$ = 流音 (l, r)

d. $\begin{bmatrix} - \text{vocalic} \\ - \text{consonantal} \end{bmatrix}$ = わたり音 ($h, ʔ, y, w$)

$\Big\}$ = C

(*SPE*: 68 参照)

(3a) が**母音** (vowel)、(3b) が真の**子音** (consonant)、(3c) が**流音** (liquid)、(3d) が**わたり音** (glide) となる (*SPE*: 68)。この 4 区分は後に 5 節で述べる強勢配置に密接に関わる。つまり強勢配置は、分節音の素性ではなく、分節音が母音か子音かに着目する。

表 1 の中で[+ vocalic] [− consonantal]となるのは、/ī/から/ɔ/までの 16 個の母音である（(3a) に対応）。(3d) のわたり音に対応するのは、[− vocalic] [− consonantal]の/y/、/w/、/h/及び/ʔ/の 4 つである[12]。(3c) は流音で/r/と/l/に対応する。その他の (3b) に対応するのが真の子音で、[− vocalic] [+ consonantal]という素性を与えられる。

さらに(3b)の真の子音から鼻音を区分するには[± vocalic] [± consonantal]に加えて [± sonorant][13]を使うと良い。sonorant（**共鳴音性**）

---

[12] /ʔ/は表 1 には記載されていない。なお、表 1 の/ɛ/は基底表示に出現する特定のわたり音を示す。これはいわゆる曖昧母音 [ə] ではない。曖昧母音は /ʌ/ の [+ back] を [− back] としたものと考えられるが、表 1 には記載されていない。

[13] [sonorant]という素性は英語においては余剰的である。ゆえにこの素性は表 1 では記載されていない。この素性は鼻音を真の子音から峻別し、母音、

とは音が口腔内で自然に共鳴する音である。この3つの素性を**主要音類素性**(major class features)と呼ぶ。これにより次のような音の区別が得られる。

(4)
	sonorant	consonantal	vocalic
vowels	+	−	+
glides (I): w, y	+	−	−
glides (II): h, ʔ	+	−	−
liquids	+	+	+
nasal consonants	+	+	−
nonnasal consonants	−	+	−

(*SPE*: 303)

残りの子音は[± anterior] [± coronal]を用いて、次の(5)のように分類できる。anterior とは**前方性**といい、**歯茎**(音)(alveolar)から前方(歯茎を含む)で調音するものを + に、**硬口蓋歯茎**(音)(palato-alveolar)から後方(口腔蓋歯茎を含む)で調音するものを − とする。coronal とは**舌頂性**といい、**舌端**(blade)を使って調音するものを +、調音しないものを − とする。

(5)
	+ coronal	− coronal
+ anterior	dental alveolar lateral	labial (bilabial, labio-dental)
− anterior	palato-alveolar retroflex	palatal velar

これが従来の伝統的な子音の調音位置にほぼ対応する[14]。素性を使うとこのように各分節音間の隠れた階層関係を交差分類的に表示できるようになる。

3.3 弁別素性と *SPE* の母音配置図
　さて *SPE* で想定されている母音を表 1 に記された弁別素性を基にして、

流音、わたり音の仲間として扱う際に用いられる。
[14] さらにこれらを細分類するには別の素性を用いる。なお、[anterior]の守備範囲は最近の素性理論では狭められていて、[labial]や[velar]に該当する部分は適用範囲外となっている。また、特定の調音位置に関わる位置素性（例えば、[labial][coronal]など）は、+, − の区別を行わなくなっている。

IPA (International Phonetic Alphabet) での基本母音図に当てはめてみよう（図1）[15]。図2はそれを Wells (2008)での発音記号に置き換えたものである。向後、SPE での議論を追う場合には必要となろう。また SPE での議論では特に[+ low]の各音が問題となることにも注意されたい。

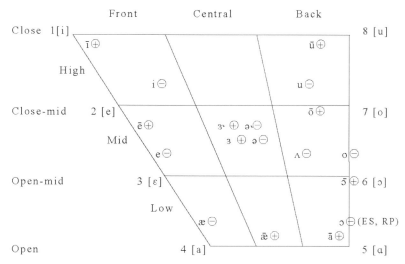

図1 SPE に対応する母音配置図（SPE の著者の方言は K&K (1953) にほぼ対応しているという。ただし、/æ, ǣ, ā/には注意。）[16]

---

[15] IPA の基本母音図（ただし、IPA での前後2分割を前・中・後3分割に変更して使用）に Wells (2008)での母音図（一般米語に関する部分）を組み込み、それに対して表1の母音に関する素性 [vocalic, consonantal, high, back, low, round, tense] 及び K&K (1953)に記載された母音図・母音に関する情報を用いて微調整をおこなった。更に SPE における各種議論を参照し、それらの記述と矛盾が生じないようにした。

[16] それぞれの分節音の右側に⊕⊖を用いて緊張母音⊕、弛緩母音⊖の区別を表示している。参考までに1から8までの**基本母音図**（IPA cardinal vowels）及び IPA による母音開口度も記載している。Mid central vowels は参考のため記載。また SPE では、Mid-Back の/o/は基底表示にのみに存在すると措定されている。更に RP は Received pronunciation を指し、ES は K&K (1953)

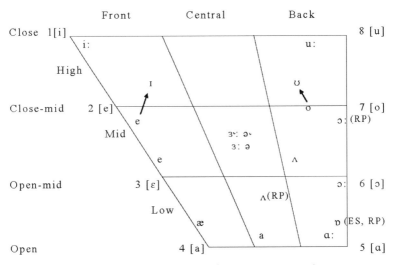

図 2 図 1 を Wells (2008)の発音表記法を用いて表示[17]

4. 基底（語彙・音韻）表示、音韻規則、音声表示

　素性値が決定された素性の束は母音、子音という分節音を形成する。本節では単語や発話を分節音のみを使って簡略的に記述し、それらの連続体と基底（語彙・音韻）表示、音韻規則、音声表示との関係を調べてみる。

　最初に次の二つの音声表示を対比しよう。

　　(6)　二つの音声表示
　　　　a. ilvyɛ̃dradəmɛ̃　　("il viendra demain")
　　　　b. hiylkʌm+təmārə　("he'll come tomorrow")

(SPE: 5)

これらの表示の一つひとつはヒトの言語音として可能な（つまり一般言語理論に適った）ものではあるが、特定の言語（個別言語）の「文法」を使って

での East, South を指す。
[17] K&K (1953)での [ɛ] (Lower mid-front)は、Wells (2008)では[e]と表記されている。このように図 2 では、他の母音にも Wells(2008)の表記を使用。

一つの「**構造記述**」(structural description) が与えられなくては解釈ができない。構造記述とは特定の言語において、特定の語彙及び語彙内の音声表示がどのように並び、それらの記述がそれぞれのレベルにおいてその言語の文法に合致したものであるかどうかを示したものである。英語の文法（音韻、語彙、意味、統語）を用いた構造記述によると（6a）が示す構造記述は英語の文法には適っていないので、英語の文ではないという解釈が得られる。一方、（6b）は、音韻、語彙、意味、統語の全ての点から見て英語の文であるという解釈が与えられることになる。

「構造」という観点をより具体的に表示するには、次の図3が役にたつ。

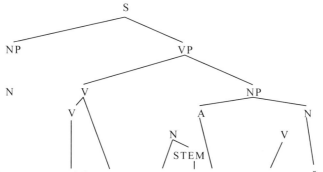

図3 ラベル付き構造表示を伴った基底構造[18]（*SPE*: 13 参照）

---

[18] これは *SPE*: 13 において、*we, establish, past, tele+graph, ic, communicate, ion* というようにフアン文字の綴り字で記載されているが、ここではそれとは異なる、予想される基底表示を記載した（英語の基底表示は綴り字に近いことに注目。なお、*SPE* では、英語は共時的（英語の各種方言による変異形）・通時的（史的変化による変異形）にもほぼ同じ基底表示をもつと考えられている（*SPE*: 46, 48-9 など））。次の（7）の音声表示に現れる語強勢、句強勢、文強勢を、図3で表される構造に照らして分析し、それらに S(強)、W(弱) という韻律表示を導入すると Liberman and Prince (1977) の韻律理論へと繋がるようである。なお *SPE*: 68 に述べられているように、*SPE* 執筆時には分節音を超えたこれらの各強勢間の関係性も既に考慮されていたと思われるが、最終的には *SPE* では強勢は素性の一つとして

図 3 では統語構造が明示的に表示されていて、これが英語の統語文法に適ったものであることが見て取れる。このように語彙表示が示され、かつ各構造の表示ラベルが貼られたものを基底構造と呼ぶ。これに再調整規則[19]が適用されたものが音韻部門へのインプットとなり、それを基底音韻表示と呼ぶ。

この基底音韻表示に各種音韻規則[20]が適用されると（7）の音声表示となり、これが実際の発話である。

(7) 音声表示
wīyəstǽblišt+tèləgrǽfik+kəmyǔwnəkéyšən[21]

(*SPE*: 9)

では具体的にはどのようにして音韻規則が適用されるのだろうか。以下の(8) は *courage, courageous* という 2 つの単語が語彙表示（基底音韻表示）から音声表示に変換される様子を略示したものである。詳細は省くが、この二つの間の表示の転換に少なくとも 7 つの音韻規則が関わっている。これらの操作は全て音韻部門で行われる。即ちこのような語彙・音韻表示から音声表示への転換が、音韻論の主な舞台となる。なおこれらの変換規則は基本的には（9）に示す形式で表示される（つまり α という特定の範疇に属する *XAY* という記号列を *XBY* という記号列に変換せよという意味である。）

母音という分節音内に組み込まれる。古英語、中英語、およびそれらの韻律については Halle and Keyser (1971) などで取り扱われている。

[19] 例えば再調整規則は *past* を /d/ (基底表示) に変えたり、統語構造が複雑な場合には、より簡潔な小数の音韻句に纏めたりする。

[20] 例えば主強勢規則、副次強勢規則、二重母音化、母音シフト、緊張母音化、子音無声化、母音弱化、文強勢規則、円唇化調整、後舌調整など。

[21] ここで(´)(ˆ)(`)はそれぞれ文強勢の第 1、第 2、第 3 強勢を示す。

(8) /korӕge/　　/korӕge+ɔs/　（語彙・音韻表示）[22]
　　　 l　　　　　　　　　　　　　[RULE (63)]
　　　　　　　　　l　　　　　　　[RULE (47), CASE (48a)]
　　　　　　　　　A　　　　　　　[RULE (70)]
　　　 ǰ　　　　　ǰ　　　　　　　[RULE (72)]
　　　 ɸ　　　　　ɸ　　　　　　　[RULE (64)]
　　　 ʌ　　　　　　　　　　　　　[ROUNDING ADJUSTMENT]
　　　　 ə　　　　　 ə　　　ə　　[VOWEL REDUCTION]
　[kʌrəǰ]　　　[kərAǰ　əs]　（音声表示）
　　　　　　　　　　　　　　　　　(SPE: 48)

(9)　A → B / X___Y]ₐ (α は特定の範疇)

（8）で示されるような、語彙・音韻表示から音声表示への段階的変換は分節音[23]レベルではなく、それを構成する素性レベルで行われる。つまりこれらの変換はそれぞれの素性の係数レベル（+、− で示される）でなされる。故に SPE は分節音韻論というよりも素性変換音韻論とでも呼ぶべきものなのかもしれない。

　ここで（8）の分節音の表示についてひとこと述べておきたい。縦列右側の/korӕge+ɔs/から[kərAǰəs]への変換において[A]という大文字のラテン文字が出てくる（RULE (70)）。これは下記 (10) に示すように、緊張母音核 (tense vocalic nuclei) [24]を示す。

---

[22] RULE (63) (主強勢規則の一部) = SPE: 44, RULE (47) (主強勢規則) = SPE: 35, CASE (48a) (主強勢規則の一部) = SPE: 35, RULE (70) (緊張母音核化規則) = SPE: 47, RULE (72) (軟音化規則) = SPE: 48, RULE (64) (e-削除規則) = SPE: 45.
[23] 分節音とは母音 (V)、子音 (C) のことである。
[24] 複合母音核 (complex vocalic nuclei) ともいう。これは 5 節で触れる主強勢規則 (Main Stress Rule) の適用条件の表示の一部にも使われている。

(10) 緊張母音核のラテン大文字表記

	SPE (大文字表記)	*SPE* (音声表記)	Wells (2008)	例1（表記例）	例2（単語例）
a.	A	[ēy]	[eɪ]	[bAn]	*bane*
b.	E	[īy]	[i:]	[bEn]	*bean*
c.	I	[āy]	[aɪ]	[pIn]	*pine*
d.	O	[ōw]	[oʊ]	[bOn]	*bone*
e.	U	[yūw]	[ju:]	[mUtA]tion	*mutation*

また左側/korǣge/という基底音韻表示に対して、/o/の部分に1という数字が与えられている。さらに/korǣge+ɔs/という基底音韻表示に対しては、/æ/の部分に1という数字が与えられている。1とは「第1強勢」という意味である。実はこの2箇所の第1強勢配置を生み出す各規則 ([RULE (63)], [RULE (47), CASE (48a)]) は、*SPE* の RULE (60) (*SPE*: 42)という主強勢規則の部分集合であり、結局のところ、これらはひとつの大きな規則として纏められる。つまり、ここでは *courage* から *courageous* が派生されるときに「ひとつの同じ種類の規則が2度」適用されていることになる。これはどのような原則に支えられているのだろうか。この点を次節で取り扱う。

5. 変形循環の原理と強勢配置規則

　2節で、生成文法理論の目標として「刺激の貧困」、「言語の創造性」の解明ということを述べた。3、4節では「刺激の貧困」に関わる素性というシステムを調べた。本節では「言語の創造性」について検討する。文法に内在する「言語の創造性」は、細部（内側）から規則を適用し、次第に大きな部分へと適用範囲を広めていくというメカニズムとして現れる。いわば規則の「再利用」である。*SPE* では次の (11) のような原理が普遍文法の一部として組み込まれていると仮定されている。

(11) 変形循環（サイクル）の原理
　　 a. 適用順序をもつ規則群は、予め決められた順序に従って適用される。
　　 b. 一つの適用領域において適用順位が上位の規則が適用されると、最後の規則を除いてはそれ以降の規則は適用されない。

c. 最後の規則とは、現在の規則の適用範囲を決めている一番内側の境界を消す規則である。

d. 上記の境界を消す規則が適用されると、構造上一つ上位の適用領域、即ち一つ上位の循環（サイクル）に移動する。

e. 以上の操作（11a—11d）を最大領域になるまで繰り返す。

(*SPE*: 20 参照)

この原理により、一つの規則を適用領域の最も小さな部分から順に大きな部分へと何度も再利用することが可能となる。*SPE* ではこのような仕組みがヒトの普遍文法の中に存在すると仮定されており、それに従って音韻規則が適用される。音韻論において「言語の創造性」はこのように表出される。

では実際に英語における強勢配置の仕組みを調べながら、この問題を少し掘り下げてみよう。*SPE* の最大の功績の一つは、英語強勢配置におけるいわゆる**ラテン規則** (Latin rule) の発見だといわれる[25]。つまりゲルマン語である英語の音韻部門の中心部分（すなわち強勢配置）にロマンス語系言語・ラテン語に見られる強勢配置規則[26]が含まれているということである。詳細は省くが、語の左端から計算するシステム（ゲルマン語系）の中に、右端から計算するシステム（ロマンス語系）が組み込まれている[27]のである。

またもう一つ特筆すべきは、*SPE* では**音節**（syllable）という概念が基本的な装置としては採用されていないことである。音節の代わりに**結合**（cluster）という概念が提案されている。音節という概念がこの時代には

---

[25] *SPE* 以前にも Cooper (1687) (Sundby (1953) を参照)、Elphinston (1765)、Marchand (1960) などが、英語における主強勢配置はラテン規則に従うことを指摘しているが、*SPE* ほど理論の中心に据えて議論はしていない。Newman (1946) もまた英語における強勢現象を決定する根本原理を発見しようと試みた。

[26] ラテン語は高低ピッチアクセント言語であったとされているので、「強勢」配置規則と称するのはやや問題かもしれないが、ここでは通例に従い「強勢」を用いる。

[27] 具体的議論は Durand and Yamada (2023) を参照のこと。なおこの節の議論はそこでの分析をもとに展開されている。

生成文法理論としてまだ十分に確立されておらず、そのような概念を強勢理論の中心部に据えるのは問題があったためだと考えられる。だが音節と結合という概念の間には本質的な差はない。結合とは**形式素**（formative）[28] の内部を「母音始まり」の記号列からなる構成物として纏める方法であるが、この纏りの子音直後の区切りを一つの分節音分だけ左に平行移動することで「音節」となる。つまり結合でいうところの**弱結合**（weak cluster）は、音節での軽音節（light syllable）となり、**強結合**（strong cluster）は音節では**重音節**（heavy syllable）となる[29]。以下に結合の定義を記す。

(12) a. 弱結合（weak cluster）：一個の非緊張母音か一個の非緊張母音プラス一個の子音　例、$\breve{V}(C)$[30]
b. 強結合（strong cluster）：上記以外の結合　例、$\bar{V}(C_0)$ あるいは VC_2[31]

---

[28] 詳細な議論は省くが、概略従来の形態素や語を指すと理解されたい。

[29] 実際のところ、結合という概念は理論上特に問題がなかったので、Liberman and Prince (1977)も基本的には結合を採用している。強勢配置理論上、音節を明確に取り扱い始めたのは Hayes (1980, 1983) からである。つまり、強勢配置に関わるのは（音節的見方からすると）「**ライム**（rime）に**尾子音**（coda）が一個（以上）あるかどうか」ということである。尾子音があれば重音節（あるいは強結合）となる。（二重母音や長母音は当然ながら重音節であり、かつ強結合である。）SPE の出現後、結合の概念は批判され、音節の概念が必要であるという主張が Fudge (1969), Kahn (1976), Selkirk (1978, 1980, 1984b), Kiparsky (1979)で展開された。しかし SPE が音節を完全に無視していた訳ではなく、理論構築の際にその概念を積極的には用いなかっただけに過ぎない。ちなみに SPE でも後述の (18e, f) で、強勢音節に言及する規則（強勢音節規則）が主強勢規則に組み込まれている。

[30] $\breve{V}$ は弛緩母音、C は子音、( )内に入っている要素はその出現が随意であることを示す。

[31] $\bar{V}$ は緊張母音（いわゆる長母音、二重母音と考えてもいい）で、C_0 は子音が 0 個以上、C_2 は子音が 2 個以上を示す。

次の(13)から(17)の各語群は、英語の各語における強勢配置の条件を特定の型に着目して分類し、一般化して表示している。実はここにいわゆるラテン規則に合致した型が出現する。つまり(13)の名詞の場合、後ろから2番目の結合を始点として、そこが強結合（音節の場合は、重音節）ならばそこに強勢が置かれ、そこが弱結合（音節の場合は、軽音節）ならばその一つ左側の結合に強勢が置かれる。また(14)の動詞や(15)の形容詞の場合は、最後の結合を起点としてラテン規則が適用される。更に(16) の -al、-ous、-ant、-ent など特定の接辞をもつものは「（強勢配置的には）名詞として」取り扱われ、(17)の最後が強結合で終わる名詞は、最後の結合を起点としてラテン規則が適用される[32]。

(13) 名詞

I 型 ($\breve{V}$(C))	II 型 ($\bar{V}$(C₀))	III 型 (VC₂)
Cán.**ad**.a	ar.óm.a	ag.énd.a
Amér.**ic**.a	mar.ín.a	ver.ánd.a
Calif.órn.**i**.a	hor.íz.on	cons.éns.us
alúm.**in**.um	cor.ón.a	syn.óps.is
sèrendíp.**it**.y	ònomàtop.óei.a	ut.éns.il
láb.**yr**.inth	Àpalàchic.ól.a	app.énd.ix

(14) 動詞

I 型 ($\breve{V}$(C))	II 型 ($\bar{V}$(C₀))	III 型 (VC₂)
astón.**ish**	maint.áin	coll.ápse
imág.**ine**	er.áse	torm.ént (verb)
intérpr.**et**	car.óuse	conv.ínce
elíc.**it**	caj.óle	us.úrp
detérm.**ine**	ach.íeve	cav.órt

---

[32] (13)から(17)ではラテン規則の起点となる結合の部分を太字にし、それらを I 型、II 型、III 型と区分している。なお(13)および(16)の各語の最後の「単母音+（子音）」を無視すると(13)から(17)の全ての型が一致し、完全な一般化が成立する。これが後の**「韻律外性」**（Extrametricality）へと繋がる。

(15) 形容詞

　　　Ⅰ型 ($\breve{V}(C)$)　　　　Ⅱ型 ($\bar{V}(C_0)$)　　　Ⅲ型 (VC_2)
　　　sól.*id*　　　　　　supr.*éme*　　　　abs.*úrd*
　　　cért.*ain*　　　　　in.*áne*　　　　　rob.*úst*
　　　vúlg.*ar*　　　　　discr.*éte*　　　　dir.*éct*

(16) 特定の派生接辞を持つもの（名詞的取り扱い）

　　　Ⅰ型 ($\breve{V}(C)$)　　　　Ⅱ型 ($\bar{V}(C_0)$)　　　Ⅲ型 (VC_2)
　　　pérs.*on*.al　　　　anecd.*ót*.al　　　dial.*éct*.al
　　　magnán.*im*.ous　　des.*ír*.ous　　　mom.*ént*.ous
　　　víg.*il*.ant　　　　compl.*ác*.ent　　rep.*úgn*.ant

(17) 名詞 (=Ⅱ型名詞)

　　　Ⅱ ($\bar{V}(C_0)$)
　　　reg.*íme* bar.*óque* toup.*ée* pol.*íce* baz.*áar* broc.*áde* attach.*é*
　　　kangar.*óo*

　この一般化を利用し規則化を行うと次の (18) のような強勢配置規則が得られる[33]。これが *SPE* における主強勢配置規則（群）である。この(18a)から(18h)までの下位規則が、最も小さい適用領域より順に適用される。その際この規則群の上位の規則がひとたび適用されると、それ以下の規則は適用されない。この規則適用方法からの例外となるのは(19e)と(18f)である。この2つは、これらに対する適用条件が満たされれば、同じ適用領域内でも上書き的に適用される。これらの規則を**非循環規則**（接合的順序づけをなす）と呼び、それ以外の規則を**循環規則**（離接的順序づけをなす）と呼ぶ。

---

[33] 最終的には *SPE*: 35 では RULE（47）としてまとめられているが、ここでは説明の都合上分化した形で示している。

(18) **主強勢規則** (Main Stress Rule)
    a. V → [1 stress] / [X___C_0W(At)+affix]$_{NSPVA}$
    b. V → [1 stress] / [X___C_0(At)+affix]$_{NSPVA}$
    c. V → [1 stress] / [X___C_0W$\breve{V}C_0$]$_{NSP}$
    d. V → [1 stress] / [X___$C_0\breve{V}C_0$]$_{NSP}$
    e. V → [1 stress] / [X___C_0W(At)$\acute{\Sigma}$]$_{NSPVA}$
    f. V → [1 stress] / [X___C_0(At)$\acute{\Sigma}$]$_{NSPVA}$
    g. V → [1 stress] / [X___C_0W]
    h. V → [1 stress] / [X___C_0]

W = 弱結合, + = 形式素境界, affix = 特定のタイプの接辞 (即ち +C_0 [-stress, -tense, V] C_0 (例: *-al, -ant, -ent, -ous* など))、$_N$ = 名詞, $_S$ = 語幹, $_P$ = 接頭辞, $_V$ = 動詞, $_A$ = 形容詞。X は#境界含まない。$\acute{\Sigma}$ = 強勢音節。

ではこれらの規則が実際の語にどのように適用されるかを見てみよう。

(19) *Cán.ad.a*

                  C   a   n   ad   a
                                            |
      V → [1 stress] / [X___C_0 W $\breve{V}C_0$]$_{NSP}$ (18c)

                V → [1 stress], i.e. *á*

(19) は、(13)I 型に属する *Canada* という単語に対する強勢付与を図式化したものである。これは接辞を持たない名詞なので、規則 (18a, b) は適用条件として当てはまらないためそれらは適用されない。この規則群の中で最初に適用条件に当てはまるのは(18c)であり、これが上記のように適用され、後ろから三番目の母音である *a* に強勢が与えられて *Cánada* という強勢型が得られる。

一方、(13)III 型に属する *agenda* という語に対し最初に適用条件に当てはまるのは (18d)である。故に (20)のように主強勢が与えられる。

(20) ag.énd.a

$\qquad$ a g e nd a

$\qquad$ V → [1 stress] / [X____C$_0$ V̆C$_0$]$_{NSP}$ (18d)

$\qquad$ V → [1 stress], i.e. é

　最終的には(13)から(17)の各語は、(21)でその右端に示すように (18)の規則群の各々の下位ケースに当てはまるので、全ての語の強勢型が規則により予測可能となり、その予測は実際の強勢型と合致する。

(21) 語型び主強勢規則の適用表

語型	範疇	規則
(16I 型)	特定の派生接辞 I 型	(18a)
(16II, III 型)	特定の派生接辞 II, III 型	(18b)
(13I 型)	名詞 I 型	(18c)
(13II, III 型)	名詞 II, III 型	(18d)
(14I 型)	動詞 I 型	(18g)
(14II, III 型)	動詞 II, III 型	(18h)
(15I 型)	形容詞 I 型	(18g)
(15II, III 型)	形容詞 II, III 型	(18h)
(17)	II 型名詞	(18h)

　かくしてようやくこの節の出発点である、「『言語の創造性』が音韻論でどのように取り扱われるか」という課題に行き着いた。下記の(22)は *condense* (動詞)から *condensation* (名詞)への派生が、(18)の主強勢規則を2度、循環（サイクル）的に適用することで完成される様子を表している。

(22) còndênsátion (< condénse) (cf. *SPE*: 116) [34]

[N # [V # kɔN = deNs #]V At + iV̌n #]N

第 1 循環			1		(18h)
		2	1		(18c)
		3	1		[108]
	2	3	1		[107b]
第 2 循環	3	4	1		[63]

(Durand and Yamada 2023: 21)

　要は *condense* という第 1 循環で(18h)の規則が適用され、次の行で第 2 循環へと進む。この時点で第 1 循環において記された]V という範疇記号とともにその範囲を示す構造（ラベル）が削除される。そこで(18c)が適用され、その後（ここでは説明を省略するが）3 つの規則が順次適用され、最終結果としての *còndênsátion* (3410)という強勢型へと辿り着く[35]。

　ここで注意して欲しいのは、*SPE* では 3 は第 2 強勢、4 は第 3 強勢、1 は第 1 強勢、0 は無強勢を指しているということである。つまり *SPE* の循環規則を使えば、主強勢、第 2 強勢のみならず第 3 強勢の出現も予測できる[36]。

　以上のように *SPE* においては、規則の循環的適用により、ヒトの言語に内在する再帰性が表出されていた。

6. 有標性理論

　さて「刺激の貧困」問題を有標性理論という観点から再び考えてみよう。「刺激の貧困」とは「ヒトが言語獲得において、ヒトとしての共通な基盤を使い、どのように文法を構築していくか」という問題であった。それを音韻

---

[34] ここでの (ˆ) という発音区別符号は Durand and Yamada (2023)での第 3 強勢を表す。注 20 の (ˆ) ＝ 第 2 強勢の表記とは異なるので注意。[108] ＝ *SPE*: 116, [107b] ＝ *SPE*: 114, [63] ＝ *SPE*: 90.
[35] ここでの強勢表記についても上記注 34 を参照。注 21 の表記とは異なる。
[36] 人は物理的な音響を聞くのではなく、知覚として内部的に生成されたもの、つまり「規則」によって決定された音声型を「聞く」といえる (*SPE*: 24–5, 44 などを参照)。これは Sapir の「心理主義」に通じる。

論的に、特にここではそれぞれの言語の母音体系がどのように獲得されるかという点に議論を絞って考察したい。

*SPE*では、母音に関して全てのヒトに共通で普遍的な原理として下記の(23)のような有標化規約を定立する。

(23) 母音の有標化規約

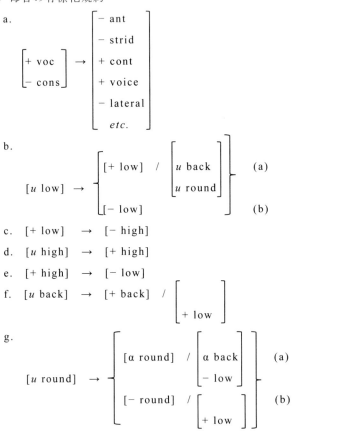

(*SPE*: 405)

この有標化規約の一つひとつは、一般言語理論（普遍文法）に適った自然な規約である。例えば(23c)の規約を見てみると、これは「ある母音が[+ low]ならば[- high]という素性を与えよ」というもので、全く普遍的・論理

第2章 弁別素性と規則に基づく音韻理論 (SPE)

的で理に適っている。これらの普遍的な規約を組み合わせてヒトは母音を決定していく。ある音を他の音と区別する必要がある場合には m（有標: marked）という表示を、その必要がない場合は u（無標: unmarked）、さらに特定の特徴がある場合は +、そうでない場合は − をつける[37]。その結果、(24)のような母音に関する初期の有標性表示が得られる。

(24)

	a	i	u	æ	ɔ	e	o	ü	ɨ	ɔe	ö	ʌ
low	u	u	u	m	m	u	u	u	u	m	u	u
high	u	u	u	u	u	m	u	u	u	u	m	m
back	u	−	+	m	u	−	+	−	+	m	−	+
round	u	u	u	u	m	u	u	m	m	m	m	m
complexity	0	1	1	2	2	2	2	2	2	3	3	3

(*SPE*: 409)

　これによると /a/ という母音はここに記された全ての素性項目で u となっている。この /a/ を /i/ という母音と区別しようとすると [back] の項目に − をつけるとよい。つまりこの二つを区別するには [− back] という指定があれば十分であり、他の [low] [high] [round] の指定をわざわざ記載する必要はない。これで /a, i/ を区別できた。言語獲得段階のこどもやヒトが、次に /u/ の母音に出会ったとする。その場合、既に獲得した /a, i/ と区別（弁別）するためには [back] の係数を + に設定すると区別が可能となる。ここで /a, i, u/ の母音に関して u とされている部分は(24)の母音の有標化規約を用いて、一般原理として自動的に決定されることに注意してほしい。例えば /a/ の [u low] の係数は、(23b) の (a) の母音の有標化規約により [+ low] となる。このようにして /a, i, u/ のそれぞれの素性の係数は次の(25)のように決定される。

(25)

	a	i	u	æ	ɔ	e	o	ü	ɨ	ɔe	ö	ʌ
low	+	−	−	m	m	u	u	u	u	m	u	u
high	−	+	+	u	u	m	m	u	u	u	m	m
back	+	−	+	m	u	−	+	−	+	m	−	+
round	−	−	+	u	m	u	u	m	m	m	m	m

これにより /a, i, u/ の3母音体系が獲得できたことになる。

---

[37] これらの考え方を**有標性理論** (markedness theory) という。

次に /e/ という母音に出会ったとする。(25) においてこの /e/ は [back] を −
と指定する。[low] と [round] は *u* (無標) で良い。しかし [high] は + か − か
のいずれであるかは判然とはしないけれども、少なくとも *m* (有標) と指定す
べきである。なぜならもしこの係数が *u* ならば、(24) において /i/ と区別でき
なくなるからである。このとき (25) において /e/ の [high] が *m* なので、この *m*
の係数が実際は + か − のいずれであるかを決定しなくてはならない。ここ
でこの *m* の係数を + と仮定すると、結果として出てくる係数値は /i/ と同じ
となり /i/ と区別できない。故に /e/ の [*m* high] の係数は − ということになる。
あとは (23) の有標化規約を駆使して、/e/ の全ての係数が決定される。/o/ の
係数も類似した手順で決定され、結果的に (26) のような素性値が獲得される。

(26)

	a	i	u	æ	ɔ	e	o	ü	ɨ	ɔe	ö	ʌ
low	+	−	−	*m*	*m*	−	−	*u*	*u*	*m*	*u*	*u*
high	−	+	+	*u*	*u*	−	−	*u*	*u*	*u*	*m*	*m*
back	+	−	+	*m*	*u*	−	+	−	+	*m*	−	+
round	−	−	+	*u*	*m*	−	+	*m*	*m*	*m*	*m*	*m*

母音は以上のように獲得されていく。

次にシステムの複雑さについて述べてみたい。*SPE* はシステムの複雑さと
有標性に関して (27) の興味深い見解を示している。

(27) システムの複雑度は有標とされた素性の合計に対応する。

(*SPE*: 409 参照)

(24) の表の最下段の *complexity* と書かれた行を見てみよう。/a/ はすべて *u*
なので複雑度は 0、/i/ は [− back] という有標値が一つで複雑度は 1、/u/ は [+
back] という有標値が一つで複雑度は 1、/e/ は [*m* high] [− back] という有標
値が 2 つで複雑度は 2、/o/ は [*m* high] [+ back] という有標値が 2 つで複雑性
は 2 となる。

つまり、/a, i, u/ の 3 母音体系の言語の複雑度は (0+1+1=2) で 2 となり、
/a, i, u, e, o/ の 5 母音体系の言語の複雑度は (0+1+1+2+2=6) で 6 となる。こ
れを (27) の複雑度原理に照らせば、3 母音体系の言語の方が 5 母音体系の言
語より複雑度が少ないことを理論的に示すことができる。

以上に加えて、SPE では子音、流音、わたり音に関する規約も提示されている[38]。このように、こどもやヒトが一般普遍理論に従って言語を獲得していく仕組みの一端を示すことができた。もちろんこれだけでは十分ではなく、各素性間の階層構造などを解明する必要性も述べられている[39]。これが「刺激の貧困」への一応の解答ということになろう。

3、4節でも述べたように、こどもはこのようにして個別言語の素性値を決定していき、それを使ってその言語の語彙を確定していく。それらは語彙項目として心的辞書に蓄えられていく[40]。この語彙を、統語規則を用いて一定の手順に従って表示したものが基底表示の最終形態、つまり基底音韻表示となる[41]。その音韻表示が音韻規則へのインプットとなり、それに各種音韻規則が適用されて音声表示が出てくる。

このような英語の音韻現象の中で、主強勢規則、複合語強勢規則、核強勢規則などは英語という個別言語の規則であろうと述べられている[42]。一方、

---

[38] これらによると /p, t, k, s, n/ という子音は一つの素性のみが有標となり（つまり、複雑度 1）、これらの子音がほぼすべての言語の音韻体系の中で見られることを理論的に示すことができるという。

[39] 素性間に存在する階層構造という考え方がおそらく後の**素性階層理論** (feature geometry) に繋がったものと思われる。階層性については、Halle (1959a) も参照。また、共通する素性を用いて分節音を「自然類」に分類するという考え方は、SPE 以前の Halle (1962, 1964) にも見られる。

[40] このあとで語彙余剰規則が適用される。語彙余剰規則とは、指定されずに残されていた素性を二項対立を用いて交差分類し、+, − のいずれかに決定する、いわゆる「余剰」を埋める規則である。余剰性については Halle (1962) も参照。語彙余剰規則と有標性理論との関係については、SPE の後さまざまな議論がまきおこされることになる。

[41] 語彙表示と音韻表示の間で再調整規則（語彙余剰規則も再調整規則の一種である）が働き、音韻部門へのインプットとして必要な情報を備えた構造が与えられ、基底音韻表示となる。

[42] 「複合語強勢規則や核強勢規則は学習された（learned）ものであり、変形循環の原理は「学習」という方策をはるかに超えた、獲得（acquired）される言語の形式を決定する諸条件（これは言語獲得システムに内在する）の

変形循環の原理、有標性理論、素性獲得（決定）の仕組みなどは一般言語理論（普遍文法）の領域にあると考えられている[43]。

7. 結論

　生成文法は「なぜヒトは短期間に均一的な言語を獲得できるのか」という問いから始まった。その仕組みを音声・音韻的観点から探求するのが生成音韻論であるといえる。この問いはすでに述べたように「刺激の貧困」、「言語の創造性」に大別できる。

　「刺激の貧困」とは音韻論でいえばヒトの言語に共通な音声基盤を用いて、それぞれの言語の分節音の音韻素性がどのように構築されるかという問いである。この問いに対しては次のような一つの解答が与えられる。つまりヒトは言語音声として可能な集合の中から、自分が晒された音声情報をもとにして、有標性理論により、その言語で用いる素性の集合を選択し、その言語の素性システムを獲得していく。こどもに与えられる連続音声は、そのシステムに従って分節音として切り取られ、語彙規則により語彙となって心的辞書に蓄えられていく。この語彙（意味構造を含む）は統語規則により、基底表示の最終形態を形づくる。これが音韻部門へ渡されると基底音韻表示となり、音韻規則へのインプットとなる。それに各種の音韻規則が適用される。これらの規則の適用結果が音声表示である。

　この音韻規則、特に主強勢規則の適用時に見られる「より小さな構造から順に大きな構造に同一の規則が何度も再利用される」という仕組みを支えて

一つであると考えるのが妥当であろう」(*SPE*: 24–5)。*SPE*: 43 も参照。

[43] 4 節図 3 の構造に主強勢規則、複合語規則（複合名詞の場合、左側要素に強勢を置く）、核強勢規則（句の場合、右側要素に強勢を置く）が内側（下位）の構造から順に循環的に適用されると、最終的な文強勢は *SPE* の枠組みでは[s [NP [N 0]] [VP [V [V 020]] [NP [A [N 403] 0] [N [V 0401] 0]]]]（1 = 主強勢、2 = 第 2 強勢、3 = 第 3 強勢、4 = 第 4 強勢、0 = 無強勢。各規則を VP 内部にのみ適用し強勢を計算。なお (7) の強勢表示は簡略化されていたとなるだろう。これらの文強勢は、各規則が変形循環の原理に従い一番内側の構造から循環的に適用されると仮定しない限り説明が難しい。有標性理論については *SPE*: 403–4, 素性については *SPE*: 164, 169–70 を参照。

いるのが一般言語理論（普遍文法）の中に存在すると措定されている「変形循環の原理」であり、SPE 音韻理論において「言語の創造性」を受け持つ仕組みの一つといえる。

　チョムスキーとハレの若き日の出逢いから始まった生成文法理論は、SPE 冒頭での呼びかけに数多くの学徒が呼応し発展してきた。二人が出会った頃、メイン州郊外の橋の上で談笑する写真が撮られた。出逢いから 37 年後の 1988 年、チョムスキーの 60 歳の誕生パーティでハレがその一葉を大判のパネルにして贈り、両側からそれを掲げる二人の姿を筆者が写真に撮った。さらに 23 年後の MIT 言語学科創設 50 年記念の節目に、誕生パーティで撮られた写真がさらに超大判の拡大パネルとして彼らに贈呈され、二人がそれを高々と掲げる写真がふたたび撮影された。これが言語の再帰性のメタファーと呼ばれる有名な写真である。そこには言語理論の発展を牽引してきた彼らの時代が、三層に写し留められている。

　生成文法理論は二人によって生み出され、壮大な呼びかけに応えて世界中から参集した数多くの人々の情熱と尽力が次々と実を結び、人類の無形財産ともいえる大樹に成ったものなのである。

Part II

反抗期
(70年代〜)

SPEへのアンチテーゼ

第 3 章　自然音韻論

上田　功

1. はじめに

　前章で見た、Chomsky and Halle (1968) *The Sound Pattern of English*（以下 SPE と略す）は、しばしば、生成音韻論の「金字塔」、あるいは「集大成」と呼ばれた。これは SPE の一面を言い当ててはいるが、誤解を招きやすい。「金字塔」や「集大成」のような表現には、何か完全に完成したものであるという響きがある。しかしながら SPE で主張された仮説の多くは、その後の議論の出発点になったのである。SPE でまったく白紙であった音節やその上位のプロソディックな現象はもちろんのこと、音韻規則の適用順序や基底表示の抽象性などの考察が、あるものは SPE の主張をさらに推し進めながら、またあるものは SPE の主張を否定しながら、すべて SPE を基にして発展していったと言っても過言ではない。本章では、後者、すなわち SPE に対するアンチテーゼの、いわばトップバッターとも言える自然音韻論を取り上げる。本章で論じられる自然音韻論は、David Stampe らの理論である。SPE では、音韻能力とは形式的な規則の集合体であった。すなわち、形式化された演算能力の結果として、音韻現象が現れる。自然音韻論では、音韻現象は人間が生得的に持つ調音、知覚等の音韻に関係する能力に加えて、言語個別的に後天的に獲得する規則が適用された結果であるという立場をとる。実は Stampe 派以外にも「自然」を冠する理論は複数ある。実際、1970 年半ばには、SPE に相対する考え方の多くが「自然」を追い求める音韻理論と見なされていたきらいがある（Darden 1984）。本章で Stampe 派の自然音韻論を取り上げるのは、音韻史を辿るという、本書の主たる目的にふさわしい、もっとも有力な理論であるからである。実際、Stampe 自身も、他の「自然」を名のる理論、特に Vennemann (1974) や Hooper (1976) らの、自然生成音韻論(Natural Generative Phonology)とは異なるので、決して混同して欲しくないと述べている(Donegan and Stampe 2009)[44]。　以

---

[44] Hooper(1976)に代表される自然生成音韻論の大きな特徴は、基底表示に

下、本章では、SPEの問題点を述べた後に自然音韻論の概略を紹介し、その功罪を論じ、音韻論史上の位置づけを考えたい。この中で、特に「有標性」に関して紙幅を費やして論ずることになるが、その理由は、これが現在でもしばしば問題にされる重要な概念であるからである。

2. SPEの問題点
2.1. 形式主義

SPEの最も大きな特徴は、前章で説明されているように、その**形式主義**にあった。各章では、極限まで推し進めた形式化により音韻現象の説明が行われた。これはある意味では当然のことで、どの理論も、有意義な一般化を可能にするためには、その理論には、整合性のある形式がそなわっている必要があるからである。しかしながら Chomsky と Halle は、最終章である第9章において、いわば唐突に、このような方向性は誤っているのではないかということを言い始める。具体的に言うと、彼らの形式化はあまりにも強力すぎて、すべての生成を等しく可能にしてしまうのである。次の例を考えてみよう。

(1) a. [-sonorant] → [-voiced] / __ #
　　　（すべての阻害音は語末で無声である）
　　b. [-sonorant] → [+voiced] / __ #
　　　（すべての阻害音は語末で有声である）
(2) a. [-sonorant] → [+voiced] / [+syllabic] __ [+syllabic]
　　　（すべての阻害音は母音間で有声である）
　　b. [-sonorant] → [-voiced] / [+syllabic] __ [+syllabic]
　　　（すべての阻害音は母音間で無声である）

大きな制約を課すところである。これを推し進めると、基底表示の役割は小さくなり、音韻規則は表層の音声表示の適格性の条件に等しいものとなってしまう。少なくとも基底表示は表層の音声形を何らかの形で含まねばならず、後年の Hooper(Bybee) の認知主義につながっていく流れが見て取れる。本章の段階では、自然生成音韻論の「自然」とは、基底表示の自然さであることを指摘するにとどめておく。

(1)(2)とも、規則 a.は、自然言語でよく見られる現象と記述した規則である。それに対してb.はほとんど目にしない（たとえあったとしてもきわめてまれな）規則である。これは音声学的な裏付けも可能である。(1)では、声帯を振動させるには、声門下の気圧を一定以上に保たねばならず、b のように語末の阻害音でこれを維持することは難しい。実際、(1) a. は、ロシア語、ドイツ語、オランダ語、カタルーニャ語等多くの言語で見られる規則である。(2)についても、a.は、隣接する母音の有声性に影響された同化現象であり、これも非常に多くの言語に散見される。それに対して、真逆の b.は、ほぼ目にすることはない。しかし SPE の形式化では、(1)と(2)の a. b.どちらも生成してしまうのである。そして a.と b.では、素性指定のプラスとマイナスが異なるだけなので、どちらも同じ簡潔性をもち、簡潔性の尺度に照らして、規則として理論上の優劣はないのである。われわれは、自然言語には比較的**出現頻度**の高い現象と、そうではない現象があることを知っている。上記(1)(2)の a. b.はその一例である。また**分布**に関しても相対的に広い分布を認めるものとそうでないものがある。前章でも例として取り上げられた、母音の分布を例にとると、自然言語でもっとも広く分布する母音は[a]であり、[i]と[u]が次に広く分布し、[e][o]がこれらに続く。つまり分布に歴然とした差があるのである。このような頻度や分布の差も、言語の性質の一部なのである。SPEの高度に形式化した理論では、この自然言語の機能的な側面を記述できないのである[45]。この出現頻度が高く、分布が広い現象を「無標」、逆に頻度が低く、分布が狭いものを「有標」と呼ぶが、このような考え方は、すでにプラーグ学派言語学の時代から存在していた。

2.2 有標性

　すでによく知られているように、有標のものは対になる無標のものに、何かプラスアルファーの性質が付加されていると考えられている(Jakobson

---

[45] たとえば、(1)、(2)の規則を、a. [+syllabic] → [+nasal] / __ [+nasal]（母音は鼻音の前で鼻音化する）b. [+syllabic] → [-nasal] / __ [+nasal]（母音は鼻音の前で非鼻音化する）と比べて見よう。このペアでは a.に[+nasal]が環境と出力に明示されているので、b.に比べて蓋然性の高い規則であることがわかる。しかしながら(1)(2)のペアにはこのような違いはない。

1941)。**有標性**は深くわれわれの日常生活に根付いている。人間が日常卑近なものと、そうでないものをどのように知覚するかについて考えてみる。白人は見馴れない黄色人種を見たとき、白人の肌に黄色という性質が付加しており、そして白人の目にアーモンドの形という特徴が付加していると考える(Moravcsik and Wirth 1986)。　これは音声で、両唇破裂音を例に取ると、[b]は[p]に有声性というプラスアルファーの特徴が付加していると考えることができるのも同じことである。日常生活の有標性は、知覚だけではなく、人間の創作における構造の複雑さにも表れる。毎日の食事は比較的単純であるが、祝日、例えばクリスマスや誕生日の食事は、豪華で工夫を凝らした（複雑な）ごちそうである。また日常に使用する衣装は単純であるが、結婚式等、何かの記念日に着る衣装は豪華で造りは複雑である。すなわち、日常である[p]に対して、「有声性」が加わる特別の日である[b]は、より複雑になるわけである。有標性は、さらに多様性にも関係する。日常の食事は多様な料理が可能であるが、特別な機会に供される料理は、種類が少ない。例えばクリスマスや正月の料理のパターンを考えるとわかる。すなわち、日常卑近なものは種類が抱負であり、そうでないものは多様性に欠ける。これは白人が日本人、韓国人、中国人を外見で区別できず同じに見えるのと似ている。翻って、[p]と[b]を考えてみると、無標の[p]の方が、英語を含む多くの言語で、帯気音と非帯気音の 2 種類で表れるが、[b]はそうではない。以上のように、卑近さは、複雑さと多様性と相関関係をもち、われわれが日常、経験的に認識していることであり、それが言語にも平行的に存在する訳である。SPEの形式主義は、このような言語の経験的な事実を説明できないわけである。以下で取り上げる自然音韻論とは、まさにこの有標性を取り込みながら、実際の言語に存在する音韻現象だけを合理的に記述できる文法を意図した理論なのである。多くの研究者が使用した用語、「**自然性**」とは以上の意味で使用されたことを押さえておきたい。

　さて、Chomsky と Halle が第 9 章で導入したのは、**有標性規約**(marking convention)と呼ばれる仕組みであった。これは基底表示のプラスとマイナス素性指定を、u(unmarked)あるいは m(marked)に置き換える役目を果たした。これは素性の内容を評価し、音類等の相対的な自然性を表すための補助的な理論的道具だてであると考えてよい。u と記される無標の指定は、数値的にはコストがなく、値は 0 であり、逆に有標 m は値が 1 と考えると、合計

の数値が少ないほど、自然性が高いということになる。上記の[p]と[b]ならば、[p]が[u voiced]になり、コストは 0、[b]が[m voiced]になり、コストは 1 になり、前者の方の自然性が高いことになる。さらにわかりやすい例をあげよう。子音の調音位置は後方に比べ、前方の方が出現頻度や分布に関して一般的である。すなわち、[+anterior]の方が[-anterior]よりも無標である。これを有標化規約で形式化すると、次の様になる。

(3) a. [u anterior] → [+anterior]
    b. [m anterior] → [-anterior]
    （前方性は無標がマイナスで有標がプラスである）

基底表示は、余剰条件(redundancy condition)や音韻規則(phonological rule)を経て音声標示に至るが、有標性規約はその過程で、補完的に自然性を表すために組み込まれたものである。この規約は基本的に普遍的であり、自然性は数値化され、簡潔性の尺度で測られることになる。有標性規約の大きな特徴は、あくまでも表示(notation)内で、自然性を評価しようとしたところにある。その点では、SPEの自然性は、あくまでも形式主義の枠内にとどまったものであった。この後、有標性規約は多くの批判を浴びることになる（Hyman 1975, Schane 1973）。確かに前方子音は後方子音よりも無標であるとしても、たとえば、なぜハワイ語には[k]があるのに[t]はないのか、また規則でも、なぜドイツ語には(1)aの阻害音無声化規則があり、英語には無いのかは、このような規約を仮定しても、答えてはくれない。

3. 自然音韻論の基本概念
3.1 規則とプロセス

ここでは、Stampe が提唱する自然音韻論の基本概念を示していく。彼の理論に関しては、Stampe (1973b)がもっとも重要であるが、この理論は音韻獲得を理論的な基盤としているので、これを論じた Stampe (1969)も必読である[46]。さて、本節を進めるに当たって、英語から次のような音交替を見

---

[46] 実際、学位論文であった Stampe(1973b)は、1979 年に Garland 社から出版されるが、多くの議論が Stampe(1969)を前提としているという理由で、

てみたい。

    (4) a. electri<u>c</u> ~ electri<u>c</u>ity
        b. cyni<u>c</u>al ~ cyni<u>c</u>ism
        c. ri<u>g</u>or ~ ri<u>g</u>id
        d. analo<u>g</u>ous ~ analo<u>g</u>ize

これらのペアで、下線の部分の発音は、前者が[k, g]、後者が[s, dʒ]である。Chomsky and Halle (1968)はこれを**軟口蓋音軟化規則**(velar softening)と呼び、次の様に形式化した。

    (5) [-continuant, -anterior, <-voice>] → [+coronal, +strident, <+anterior>] / __ [-back, -low, -consonantal]
       ([k, g]は、前舌中高母音の前で[s, dʒ]である)

これを先の(1)a.(ここであらためて(6)として挙げる)と比較してみよう。

    (6)=(1)a. [-sonorant] → [-voiced] / __ #
       (すべての阻害音は語末で無声である)

上述したように、(6).はドイツ語をはじめ、多くの言語に見られる現象であるのに比べ、(5)の音交替は英語において、あくまでも、特定の形態素が語幹に接続した場合に起こる交替である。両者とも規則性はあるものの、自然性においては、性質が異なる。しかしながら、Chomsky and Halle (1968)では、両者は同じ土俵にのる「規則」であった。すなわち母語に接した幼児が、周囲からインプットを得て、言語習得装置によって獲得がなされる後天的な音韻知識である。今、(6)をもつドイツ語の「犬」という語の例を考え

冒頭には 1969 年の論考も収録されている。なお本理論をさらに体系化したものとしては、Donegan and Stampe (1979)がある。なお、興味をもたれた向きには、すぐれた紹介である外池(1977)と栗栖(2005)を最初に読まれることを勧める。

第3章　自然音韻論

てみる。

(7)　ドイツ語の「犬」
　　　[hunt]　（単数）　　　[hundəs]　（複数）

ドイツ語を獲得中の幼児は、基底型は[hund]であり、これが複数語尾のない単数の語末の位置では無声化規則が働き[hunt]に変化することを、後天的に学ばねばならない。もしそれが正しいならば、変換規則を学んでいない獲得の初期には、[hund]と発音する時期があってしかるべきである。ところが、そのような時期はなく、幼児は獲得の最初から[hunt]と発音する(Stampe 1973b)。この事実は、(6)が後天的に獲得されるものではないことを示唆する。さらに英語を母語とする幼児の獲得にも注目すると、英語には規則(6)は存在しない。すなわちこれは獲得開始から幼児の音韻体系には、すでに語末の有声無声の対立が存在することを意味する。ところが、英語を母語とする幼児の獲得初期にも、ドイツ語と同じく、語末を無声化させる事実が広く認められている。事例は、Stoel-Gamonn (1991)からの例である。

(8)　英語母語話者幼児の阻害音語末無声化
　　　a. [nos]　　　　nose
　　　b. [gɪf]　　　　give
　　　c. [mʌt]　　　　mud
　　　d. [bæk]　　　　bag

これらの事実は、英語においても、後天的に獲得されるのは、むしろ語末の有声無声の対立であり、語末の無声（化）は、むしろ獲得最初期からすでに備わっているということになる。これに対して、(5)の軟口蓋音軟化は、獲得初期に見られる現象ではなく、獲得にしたがって確立する音交替である。すなわち、SPEでひとくくりにされる規則には、自然さだけではなく、獲得に関して、性格の違いがあるわけである。

　ここで、Stampeは(5)のように英語固有に後天的に獲得する音韻過程に「**規則**(rule)」の名を残し、(6)のように、獲得開始以前に、すなわち先天的に備わっている規則は「**プロセス**(process)」と呼び、両者を峻別した。プ

ロセスを Stampe は次のように定義している。

(9) プロセスとは、音声言語能力にとって困難な音類や音連続を、その困難な性質はもたず、それ以外は同じ性質の音類や音連続で置き換える、心的な操作(mental operation)である。〔中略〕 この代用は単に調音器官に関する理由だけではなく、認知的なもので、調音器官の性質によって性格づけられている。その目的は音声言語の聴覚的な特徴を最大限にして、調音的困難を最小にするものである(Stampe 1973b)。

これにより、上記(6)の阻害音語末無声化はプロセスということになり、人間が先天的に持って生まれてきたものである。ドイツ語を母語とする幼児は、語末に阻害音の対立がないので、プロセスはそのまま働き続けるが、英語を母語とする幼児は、このプロセスを「**抑圧**(suppress)」して語末対立を学ばねばならない。一方(5)の軟口蓋音軟化は、プロセスではなく規則であるので、幼児が生まれてから周囲の英語に接して、学んでいく必要のある音韻交替である。もし軟口蓋音軟化がプロセスならば、persni<u>ck</u>ity や <u>k</u>itty <u>c</u>at の下線部[k]を[s]と発音しないように、軟音化を抑圧せねばならないだろう。これとは対照的に、歯茎音が硬口蓋接近音[j]の前で口蓋化するのは、自然であり、よってこれはプロセスである(Stampe 1973b)。ゆえに、くつろいだ会話で、"I've got ya,"は、[aɪvgɑʧə]とごく普通に発音される。また英語には pig Latin という言葉遊びがあるが、これに軟口蓋軟化規則は適用されない。pig Latin で、yoke は[oʊkjeɪ]になり、[oʊsjeɪ]にはならない。また言い間違いでも、cynical guys は[ɡɪnɪkəl sɑɪz] となるのであり、[ʤɪnɪkəl kɑɪz]とはならない。プロセスではない所以である。 このように考えると、音韻の獲得は、生得的な一群のプロセスがあり、後天的にそれを抑圧しながら、言語個別の規則を獲得していく過程と捉えられよう[47]。結果として生まれる成人の音韻体系は、後天的に獲得された規則と、抑圧されずに残ったプロセスの集合体ということになる。最後に付記すれば、(5)と(6)

---

[47] 10 章以降の最適性理論においては、獲得の過程は、有標性制約を忠実性制約の下位に下降させることと捉えられるが、それはこの「抑圧」に相当する。最適性理論の獲得に関しては、上田(2023)を参照されたい。

の違いは、前者が形態音韻的な規則であり、後者は音韻規則である。SPEでは両者の間に区別は設けなかったが、次節で見るように、自然音韻論ではプロセスと規則の性格付けに両者の違いがよく表れている[48]。

3.2 音韻プロセスの性格

　自然音韻論は、幼児の音韻獲得を中心に据えて、先に触れた言葉遊びや言い間違い、さらに外来語の取り込みや酩酊時の発話、そして歴史的音韻変化など、それまでは共時音韻論では周辺的だと考えられてきた現象に見られる経験的事実から理論を構築していった[49]。その中核となるのが、プロセスである。ここではプロセスの性格について論じていく。

　最初にプロセスは普遍的である。これに対して規則は言語個別のものである。また上述したように、プロセスは抑圧されていくが、規則は学んで獲得される。またプロセスの適用に対して、人は無意識であるが、規則は意識的である。これは(5)と(6)を比較するとよくわかる。またいったん抑圧したプロセスが、発話の状況によって顔を出すことがある。英語話者がリラックスした状況下や飲酒時に、語末有声音の声帯振動が不十分になり、無声に（近く）なることはよく知られている。また前述した歯茎音が硬口蓋接近音[j]の前で口蓋化するプロセスによって、くだけた会話で、"I've got ya,"が、[aɪvgɑʧə]と発音されるのは、自然であるだけではなく、発話者本人も、そのように発音していることには気が付いていない (Stampe 1973b)。口蓋化の自然性は pig Latin にも見られる。Yes[jɛs]の pig Latin は、[ɛsjeɪ]ではなく、[eʃjeɪ]である。口蓋音に前節した[s] が[ʃ]へと口蓋化されているのである。またプロセスによる音変換は、[b]が[p]に変換されるように、音声特徴が類似している音へと変化する。それに対して規則では、[k]から[s]へと変換される軟口蓋音軟化のように、比較的音声的に類似していない音への変換がある。規則はプロセスに比べて、違反することは容易である。英語母語話

---

[48] SPE 以前の構造主義言語学では、両者の区別はなされていた。音素から形態へと上がっていく構造主義に対して、統語から音韻へと下る生成文法において、この規則の扱いは当然であったかもしれない。

[49] 例えば、言い間違いは Fromkin (1971)、外来語の母語化については Ohso (1971)、酩酊時の発音については Lester and Skousen (1974)を参照。

者は、意識すれば、'electri<u>c</u>ity'の[s]を[k]で発音するのは、何の困難も感じることなく発音できる。

またプロセスには「**個別要素内(paradigmatic)プロセス**」と「**要素間(syntagmatic)プロセス**」がある。前者は要するに単一の分節音で、より「簡単な」音を選択するプロセスである。例えば、母音を鼻母音ではなく口母音で発音するプロセスが挙げられる。鼻母音は軟口蓋の下降という調音上の負担のみならず、鼻母音間の聴覚的区別が口母音に比べて難しいからである。また後者は、連続する音を、より容易に発音できるように働くプロセスである。この例としては、鼻音の前で、母音を鼻母音で発音するプロセスが挙げられる。これは次の鼻音の調音にむけた連続的調音動作と考えることができる。この二つの例は、一方は鼻母音を避けようとし、もう一方は鼻母音化を促進するという、相反する効果を生む。このような衝突は、個別要素内プロセスに相反する要素間プロセスは、個別要素内プロセスに先立って適用されないという一般原則をたてることによって避けられる。

ここで、Bjarkman (1975)にしたがって、プロセスと規則の基本的な違いを(10)にまとめておく。

(10) 規則とプロセスの相違点
 1. 規則は語彙表示の形を規制しないのに対して、プロセスは規制することがある。
 2. 規則は言い間違いにより破られることがあるが、プロセスは破られない。
 3. 規則は随意的に適用されることがあるが、それは発話スタイルや速度には無関係である。それに対してプロセスは影響されることがある。発話速度の遅い明瞭な発話と、速く不明瞭な発話を区別するのは、プロセスの適用の有無である[50]。
 4. 規則は意識的に適用を避けることができるが、プロセスはそうではない。
 5. 規則は素性の指定変化に制限はない。プロセスは「最小の」指定

---

[50] 規則が形態音韻的であることを考えると、まさにこの規則とプロセスの違いが、語彙音韻論の**語彙規則**と**後語彙規則**の区別に通じることになる。

変化にとどまる。

　6.　規則は特定の形態素や語彙項目あるいは非音声的境界等の、いわゆる抽象的で音声以外の環境で適用される。プロセスはこれに対して、このようなことはなく、自動的に例外なく適用される。

　7.　規則は音声的な裏付けがあってもなくてもよいが、プロセスには必ず必要である。

　8.　規則は常に文脈に依存するが、プロセスは文脈自由であってよい。

　9.　規則は適用に必ず順序がある。プロセスは基底に適用される例外を除いては、基本的性格として適用順序がない[51]。

　10.　規則はプロセスとは異なり、共時的に生産性がない。但しこれは、-icityや-icist、-cism等を含む新語が形成されたとき、軟口蓋音軟化が見られないという意味ではない。あくまでも新しい形態素が規則の影響を受けないということであり、規則は決して借語を母語化しないという意味である。

3.3　音韻体系の形成

　本節では、生得的な一群のプロセスが、生後にどのように改変されて成人の音韻体系が形成されていくのかを見ていく。この改変のメカニズムは3種類ある(Stampe 1969)。最初は「**制限**(limitation)」である。これは幼児がプロセスが適用される音環境を制限していくことを意味する。阻害音は無声が無標であるが、無声化プロセスを適用する音環境を語末のみに制限すると、(1)a.のように、ドイツ語やロシア語のような無声化現象が現れる。これに対して、語末に加えて語中でも適用を許すと、コルシカ語やサルディニア語のように、有声無声の対立は、語頭だけに限定される(Dinnsen and Eckman 1978)。英語母語話者の幼児からの実際の獲得事例を見てみよう。(11)は(8)で見た英語母語話者幼児の阻害音語末無声化を、獲得段階の2期にわたって観察したものである。

---

[51] 当時の考え方である。

(11)　　　　　　　第 1 期　　　　第 2 期
a. nose　　　　　[nos]　　　　 [noz]
b. give　　　　　[gɪf]　　　　　[gɪv]
c. mud　　　　　[mʌt]　　　　[mʌt]
d. bag　　　　　[bæk]　　　　[bæk]

　第 1 期では摩擦音と破裂音両方とも無声化が起こっていたのに対し、第 2 期では無声化は破裂音だけに制限されているのがわかる。
　次の形成過程は Stampe(1973b)が「**反順序付け制約**(antisequential constraint)」と呼ぶもので、いわばプロセス適用の「**順序付け**(ordering)」である。最初プロセスには適用順序はなく、適用環境条件を満たせば、いつでも適用されるが、獲得が進むに従って、複数のプロセス間に、適用の順序づけが起こる。Velten (1943)によると、Joan と呼ばれる幼児は、生後 22 か月までは、lamb を[bɑp]と発音した。これは[m]→[b]（脱鼻音化）、[b]→[p]（無声化）というプロセスの結果であるが、22 か月以降は、脱鼻音化のアウトプットに無声化を適用しなくなった。さらに日本語からの事例を見てみよう。

(12)　幼児 T.S.の「積み木」の発音
a. [ʃɯmiki]　　2 歳 11 か月
b. [sɯmiki]　　3 歳 9 か月

Stampe の考え方によれば、(12)a.は、[ts]→[s]に変換される脱破擦音化が働き、ついで[s]が[ʃ]へと変わる口蓋化が適用されたものと考えられる。ところが(12)b.では口蓋化は起こっていない。これは脱破擦音化の後には口蓋化は適用できないという、プロセスの順序づけを学んだことになるであろう。これら英語と日本語の例は、獲得にしたがって、複数のプロセス間では、適用に関して相互作用が生ずることを意味している。
　3 番目の形成過程は「**抑圧**(suppression)」である。事例としてあげられているのは、英語の基底表示にかかる脱鼻音化である。英語では異音規則で鼻音の前などで、母音が鼻母音化することはあるが、基底ではすべて口母音で

あり、基底での鼻音性は抑圧されていなければならない[52]。鼻母音は口母音に比べて有標であるので、鼻母音を口母音に変換するのは、自然なプロセスであると言える。これに対して、フランス語やポルトガル語等、鼻母音を音素的に有している言語は、このプロセスは完全に抑圧しなければならない。以上、自然音韻論における音韻体系の形成を述べたが、幼児は自分の獲得すべき言語の発達段階において、単にプロセスの抑圧だけではなく、その適用範囲、すなわち制限、さらには適用の順序を学ばなければならないことになる。

さて、本節を閉じるにあたって、重要な点に触れておきたい。自然音韻論では、プロセスが理論の核心であり、研究対象の中心であった。規則は特定の形態素や統語カテゴリーに限られたもので、多くの場合、個別言語の歴史的変化の中で偶然に生じたものであり、むしろアド・ホックで周辺的な現象と見なされ、それゆえ、理論構築にあたって研究対象たり得なかった。この点が理論としての自然音韻論の大きな問題となってくるのである。

4. 自然音韻論のインパクト
4.1 1970年代の発展

自然音韻論は、SPE に対するアンチテーゼとして、1970 年代に大きな議論の対象となった。当時言語学に重要な役割を果たしていた、シカゴ言語学会(Chicago Linguistic Society)では、1974 年にメインセッションに加えてパラセッションとして、自然音韻論が取り上げられ(Darden 1984)、また当時の主要な音韻論のアプローチを集めたインディアナ大学での会議でも、より理論武装を強固にして、Stampe は自然音韻論の紹介をおこない、批判に応えている(Donegan and Stampe 1979)[53]。このような発展過程で、自然音韻論はどのような影響を与えたかについて、本節では紹介する。

---

[52] このような基底にかかるプロセスは、後に基底表示のあり方に関する大きな問題となってくる。

[53] 各アプローチの主張にディスカッションペーパーを加えた Proceedings の形態で Dinnsen (1979)が出版されている。

4.2 臨床現場への影響

　自然音韻論は,登場直後から、特に形式主義の立場をとる研究者から批判を受けた。しかしながら、自然音韻論はむしろ実際に音韻獲得を扱う研究者や、音韻障害などの**臨床**に従事する者の、構音評価や訓練に多大な影響を与えた。臨床研究者はそれまでも幼児の誤構音を SPE の枠組で記述・説明しようとした者もあった。そのなかで最も有名なのが、Smith(1973)である。次の例を見てみよう。

　　(13)　Smith(1973)の鼻音脱落の例
　　a. [dεp]　　stamp　　b. [ʌug]　　uncle
　　c. [bʌp]　　bump　　 d. [ebi]　　empty
　　e. [gik]　　 drink　　 f. [gεgu]thank you
　　g. [dεt]　　 tent

これらの誤構音に対して、Smith は次の様な規則を仮定した。

　　(14)　鼻音脱落規則
[+nasal] → ∅ / __ [-voice]
（鼻音は無声音の前で脱落する）

規則(14)によって、(13)の誤構音が生まれるわけである。この SPE を理論的基盤とした考え方はすぐれたものであった。それ以前の音素論時代の臨床現場では、誤構音は、音置換、省略、歪みのように、表層レベルの分類だけにとどまっていたが、Smith の分析は、(1)幼児の誤構音には表層だけではなく、より深い音韻知識が存在し、誤構音を導く規則があること、そして(2)規則を設定することで、個別の音ではなく、鼻音という音類に言及することで、一般化がはかれること、以上の利点があった。しかしながら、この規則に依拠するアプローチは、以下のような致命的な問題を抱えていた。誤構音は獲得初期には多く、獲得が進むにつれて、少なくなっていく。これは発達に伴って、規則の数が減少していくことを意味し、規則が消滅していくことになるわけである。そして最後の規則が消滅したときに、幼児は成人の音韻体系を獲得することになる。この**規則の消滅**という考えは、特に多くの臨

床研究者には受け入れがたかった。彼ら／彼女らは幼児の発達を観察する過程で、獲得とは生まれもった知識や能力が消滅するとは考えられなかったからである。

　自然音韻論は、このような状況下で登場した。この消滅する規則をプロセスと読み替えれば、プロセスは単に抑圧されるだけで、消滅することはない。成人の音韻体系を獲得した後でも、いろいろな発話条件の下で、抑圧されたプロセスが顔を出すことも、この考え方をサポートする。多くの臨床研究者は、自然音韻論に飛びつき、1970年代中頃から、「自然音韻過程分析 (natural process analysis)」を冠した、構音の評価テストや分析マニュアル、そして構音訓練のツールが次々に出現した(Weiner 1979, Hodson 1980, Shriberg and Kwiatkowski 1980等)。このような傾向は現在も続いており、音韻プロセスに依拠する構音評価や介入は、臨床現場では広く採用されている（Lancaster 2008等を参照）。

　ここで注意しておきたいのは、これらの研究では、単に一般的に見られる誤構音がプロセスとして列挙されて、誤りの方向性が示されているだけで、理論に基づく予測を論じた研究はなかったと言える。自然音韻論が経験的事実に基盤を置くものであったとしても、言語理論であるならば、それは必然的に、仮説の検証を可能ならしめる予測を伴う必要があるが、これらの研究では、理論的な議論は十分にはなされていない。本来ならば、臨床のデータを基に、プロセスに関連して、誤構音の一般性と個人差、言語ごとの異同等について考察し、理論としての自然音韻論の発展に資することが望ましかったが、自然音韻プロセス分析を基に臨床に従事する現場からのフィードバックは十分にはおこなわれず、残念ながら、理論の発展に貢献することはなかった。

5. 自然音韻論の問題点
5.1 プロセスについて

　自然音韻論は、前節で触れたような1970年代の発展の過程で、様々な問題点が浮き彫りになってきた。まず自然音韻論で理論の核となる音韻獲得を巡る問題である。上で述べたように多くの研究者が、プロセスを列挙している。例として、Stoel-Gammom (1991)にリストアップされているプロセスを見てみよう。

(15) 音韻プロセスの例
1. 音節構造に係わるプロセス
    a. 語末子音脱落   boat [bo]; fish [fɪ]
    b. 無強勢音節脱落   tomato [ˈmedo]; elephant [ˈefənt]
    c. 子音連続回避   snow [no]; brick [bɪk]
    d. 重複   water [ˈwawa]; doggie [ˈdada]
    e. 挿入   big [bɪgə]; blue [bəˈlu]
2. 同化プロセス
    a. 軟口蓋音同化   sock [gak]; chiken [ˈgɪkɪn]
    b. 唇音同化   sheep [bip]; boat [bop]
    c. 鼻音同化   bunny [ˈmʌni]; down [naʊn]
3. 音置換プロセス
    a. 摩擦音／破擦音閉鎖音化   very [ˈbɛri]; jaw [da]
    b. 流音わたり音化   rose [woz]; look [jʊk]
    c. 軟口蓋音前方化   go [do]; cup [tʌp]
    d. 脱口蓋音化   show [so]; chip [tsɪp]
4. 声帯振動にかかわるプロセス
    a. 有声音の前での有声化 pig [bɪg]; happy [ˈhæbi]
    b. 語末無声化   big [bɪk]; nose [nos]

彼女は4つのカテゴリーにわたる合計14種類のプロセスを列挙している。ところが他の研究者、例えばEdwards and Shriberg (1983)は4つのカテゴリーに属する21種類のプロセスを挙げているが、そのカテゴリーは、1) 音節構造に関するもの、2) 同化、3) 調音位置の変化、4) 調音方法の変化というように、Stoel-Gammonのカテゴリーとは少し異なり、語内音移動(migration)[54]、歯茎音化(alveolarization)、破擦音化(affrication)、脱破擦音化(deaffrication)[55]、母音化(vocalization)、摩擦音のわたり音化(gliding of fricatives)、流音同化(liquid assimilation)が新たに加わっている。ここ

---

[54] 例としては、snake [neɪkus]; snow [noʊs]等。
[55] 破擦音化の例としては、shoe [tʃu]; fish [pfɪs]、脱破擦音化の例としては、page [peʒ]; watch [wɔʃ]が挙げられている。

で音韻プロセスの性質を再確認すると、より困難な音や音連続をより易しい音・音連続に置き換える、人間の調音能力を反映した、普遍的なものと性格付けられていた。ところが、この普遍的なプロセスが、研究者によって異なるのである。上記の 2 例だけではなく、例えば Shriberg and Kwiatkowski (1980)は 8 通り、Weiner (1979)は 20 通り、Ingram (1976)では 27 通りと、普遍的であるはずのプロセスの数に違いが見られるのである。これは取りも直さず、普遍的であるプロセスの正確な同定ができていないことを意味する。幼児に見られる誤構音のうち、何が自然音韻プロセスなのかを決定することは、自然音韻論にとって理論として最も重要な部分であるが、それが不十分なのである。Edwards and Shriberg (1983)は、一般的な(common)プロセス以外に、「いくつかの特異な(unusual)変化[56]」として、11 通りの音の置換、脱落、添加をあげている。そのなかに、声門音置換(glottal replacement)があり、例として、happy [hæ'i]があげられているが、このような音交替は、英語の方言では成人の音韻に散見されるし、comb [kɔmə]と shoe [ʃuwə]が例にあげられている語末母音添加(final vowel addition)は、音節の構造を母語と同一にするため、日本語などの借語過程で広く見られる現象である。はたして、これらが自然なプロセスではないとする分類には、疑問が残るところである。

　さらに Stampe はプロセスを心的な操作と定義している。つまり単に調音器官の運動能力だけの問題ではないという主張である。しかしながら、プロセスが心的な操作なのかどうかは、現在まで明らかにされていない。また心的な操作であることを検証するには、どのような事実をもってすればよいかという点も、答がでていないように思える。もし心的操作という点を除外しても問題は残る。もしプロセスが調音や聴覚機能に課せられた制約で、これによって、より難しい音がより易しい音に置換されるとして、その難易を証明するのは非常に困難を伴う。たとえば、ひとつの調音動作は単一の分節音だけではなく、その前後の分節音にも及ぶことはよく知られており、単音だけを取り出して、難易を判断するのは困難である。この検証には、生理的、音響的、聴覚的な実験が不可欠であるが、Donegan and Stampe (1979)が言

---

[56] 彼らはここでは「プロセス」ではなく、「音変化」という表現を使用していることに注意。

及する 100 以上の引用で、音声学的な研究はわずか 4 件にすぎないという(Maxwell 1984)。

5.2 基底表示

基底表示のあり方に関しては、自然音韻論と臨床との関係で、比較的活発に議論がなされた領域である。まず自然音韻論では、基底表示は成人の音声標示に近いと主張する(Donegan and Stampe 1979:131, 169)[57]。基底表示は、実際に発音可能であり、それゆえ、完全に素性指定されたものであると主張する。Stampeは抽象的で表層に現れない基底型は排除していることになる。確かに基底表示は,否定的な事実が十分ある場合を除いて、できるだけ表層の音声標示に近い形であるべきだという考えが、研究者の共通認識として存在する(Kenstowicz and Kisserberth 1979)。しかしながら、すべての幼児が成人の音声形を基底表示にもっていると主張は、仮定であり、事実ではなく、これを先験的に決定することはできない。まず、この仮定が正しいならば、幼児は言語音を発し始める初期段階から、成人と同じ完全に完成された聴覚システムを獲得していなければならない。しかし現在のところ幼児の聴覚能力は十分に明らかになっていないので、この点は現在まで検証されていない。結果として、Stampeの言う幼児の基底表示は、成人の音声表示と同じであることが検証できていないが故に、別の意味で、きわめて抽象的な表示ということになる。

次に上述した「個別要素内(paradigmatic)プロセス」に関する問題を論じる。これは、単一の分節音において、より「簡単な」音を選択するプロセスであった Stampe (1973b)では、このプロセスは基底表示を支配することもありうると主張して、例として、英語の基底では[ŋ]→[n]というプロセスが働き、軟口蓋鼻音は避けられると述べている(Stampe 1973b: 29)。しかしながら、少なくとも基底表示は、語に固有の、予測不可能で、学習されなければならない情報を表す表示であり、動的な規則に支配されるものではない。

---

[57] Donegan and Stampe 1979 は、phonemic representation という表現を用いているが、これは数え切れない異音は含まないという意味であろう。自然音韻論の基底型が成人の音声形と同じであるのは、研究者間の共通の理解である(Maxwell 1984)。

もし基底表示が形成される以前に適用されるプロセスがあるのならば、そのプロセスは何に適用されているのだろうか？この考え方は、基底表示に複数のレベルを認めているようにも解釈できるが、もうそうならば、いたずらに文法体系を複雑にすることになる。

さて、言語習得には、**継続性仮説**(continuity hypothesis)という重要な仮説がある(Dinnsen 1996)。言語体系は発達と共に変化していくが、各段階の文法は可能な限り継続性を保つことが望ましいというものである。例えば、3歳時点での文法と5歳時点での文法は当然異なる。さて、5歳時点の音韻体系を記述するための文法は、当然のことながら複数の可能性がある。3歳時点の文法をまったく壊してしまって、まったく新しい文法を仮定することも、共時的には可能である。しかしながら言語発達の視点からすると、5歳時点の文法は3歳時点での文法の延長線上にあって、継続性を保っていることが望ましく、変化は最小でなければならない。今、この観点から、幼児の音韻体系と成人の音韻体系を考えみると、大きな相違点が存在する。Drachmann (1976)によると、幼児は摩擦音の代わりに破裂音を使用するが、成人の自然言語では、むしろ、破裂音が摩擦音で代替される方が一般的である。次に、語を短縮する場合、幼児は語頭の要素を脱落させるが、成人は語末の要素（特に音節）を脱落させる。最後に、幼児の音韻では、**子音調和**が非常によく観察されるが、自然言語では母音調和が一般的であり、少なくとも幼児に見られるレベルの子音調和は、ほとんど見られない。以上のような大きな相違点が、音韻体系の発達にしたがって、どのように修正されていくかを、自然音韻論は明示的に示す必要があるだろう。

5.3 第二言語習得

Donegan and Stampe (2009)は、プロセスは第二言語習得においても顕在化すると述べている。確かに、語末の阻害音がすべて無声であるドイツ語母語話者にとって、英語の語末の有声無声の対立を習得する場合、困難を感じるのが一般的である。語末阻害音には、無標の無声音しかないので、より有標の有声音の習得が難しいと考えられる。しかしながら、英語母語話者がフランス語を習得する場合にも同じように対立を学ばねばならないという問題がある。英語には語頭で後部歯茎摩擦音の有声無声の対立がないのである。具体的には、母語の英語には語頭で無声の[ʃ]は起こるが、有声の[ʒ]は起こ

らない。しかし英語母語話者は、有標であるはずの[ʒ]を問題なく習得する(Eckman 1977)。また多くのアラビア語の変種では両唇阻害音は[b]のみで、[p]を欠いている。それではアラビア語母語話者が、無標の[p]を習得するのは、困難ではないと予測できるが、事実は、目標[p]音の習得は難しく、[b]を代替に使用する。これはアラビア語訛りの典型的な特徴である[58]。このように第二言語習得でも、必ずしも自然音韻論の予測が当てはまらない例が報告されている。

6. 歴史的音韻変化

　最後に**歴史的音韻変化**に関係する問題を、取り上げておく。自然音韻論では歴史的音韻変化もまた、幼児の獲得と無関係ではないと主張する。すなわち歴史的変化も音声的に根拠のあるプロセスを反映していると考える。特に、先に述べた反順序付け制約が弱まることが原因になると Stampe (1973b)は述べている。この制約が弱化すると、プロセス間の適用順序が乱れ、出力として複数の音声形が現れる。そして何らかの理由で、後から出現した新しい異形態が定着すれば、音韻システムには変化が加えられたことになる。以上は順序付けに関する変化であるが、抑圧に関しても、もし成人の言語で抑圧されているプロセスを幼児が抑圧しなくなれば、そのプロセスは顕在化して、当該言語の音韻体系に加えられることになる。最後に、もし幼児がプロセスを制限できなければ、プロセスの適用範囲が広まったことで、その言語の音韻体系には変化が生ずることになる。要するに幼児の獲得過程で起こるプロセスにしかるべき抑圧がおこなわれない場合に、異形態が生まれ、それが漸次的に受け入れられて変化が起こるというのが、自然音韻論の音韻変化の捉え方である。この主張では、変化を被るのは抑圧された形式で、顕在化するのは、より自然で、無標の形式と言うことになる。例えば、ある言語に前舌円唇音[ü]が存在するとする、もしこれが上記の過程で変化をするとすれば、出現するのは、無標の後舌円唇音[u]ということになる。ところが、Dressler (1974)は、アイスランド語に起こった[u]から[ü]への真逆の変化を取り上げて、この変化は、文脈に依存されることのない、個別要素内の変化であって、中間段階も認められないと論じている。またこの変化

---

[58] これらに関しては、上田(1987)を参照されたい。

はアイスランド語だけではなく、フランス語など、他の言語にも見られる変化であり、決して例外的なものではなく、その意味で自然な変化ではないかと主張している。

　次に音挿入に少し触れておく。law and order[lɔ:rəndɔ:də]の例のように、英語の諸方言に見られる「**挿入の[r]**(instrusive-r)」は、歴史的に脱落したrを復活させ、母音連続を避けて無標の音節構造を作る、いわゆる「連結の[r](linking-r)」からの類推であるとされる(Sóskuthy 2013)。またフランス語では、不定代名詞 on の前に母音で終わる語がきた場合、やはり母音連続を避けるために、[l]が挿入され、例えば、si on [silɔ̃]と発音される。これは、on が元々男性名詞であり、冠詞 le とともに用いられていて、それが、si、et、ou、qui 等が前接すると、昔の冠詞付きの形で用いられているのである[59]。歴史的音韻変化は、このように何かの偶然から音変化が起こり、それが定着したケースが多い。もちろんこのような特定の形態やカテゴリーに関する、いわゆるマイナーな変化は、自然音韻論の射程外である。しかしながら、[r]の挿入は、発話スピードやスタイルに影響を受けるという点で、プロセスの性格をもつ。自然音韻論はこのような現象を主たる記述の対象から外してしまうことで、理論としての分析対象を著しく狭めたのである。3節で述べたように、はたして形態音韻交替が、音韻研究の射程に含まれないのであろうか？

7.　まとめ

　SPE の投げた形式主義というボールは、音韻論に強いインパクトを与えたが、このボールが壁にあたると、その反発も大さかった。自然言語の音韻には、SPE が切り捨てた、あるいは説明しようとしてできなかった、分布の広さや出現頻度といった機能的な側面が厳然として存在する。この形式外の言語面を中心に音韻体系を説明しようとした自然音韻論の出現は、SPE の理論的枠組を考えたとき、いわば当然の帰結であった。自然音韻論の着眼点にはすぐれたものがある。音韻獲得、言葉遊び、言い間違え、発話スピードやスタイル等に現れる音韻現象に注目し、生得的なプロセスと個別言語ごとに学んでいく規則を峻別し、理論の中核にプロセスを据えた点は評価できる。特

---

[59] この点に関しては、武井由紀氏にご教授いただいた。

に、その後、これらの現象が、後に続く音韻理論の分析対象になっているのを見るとき、Stampe は慧眼をもっていたというべきであろう。しかしながら、自然音韻論は、肝心のプロセスの数、種類、性質等の中心的な部分で、意見が分かれたり、反論・反例が出されたりして、理論のコアの部分をかためきれずに、衰退していった。SPE で振れた振り子が、反対に同じくらい振れるほどの勢いはなかったのである。

　しかしながら、自然音韻論の精神的支柱は、**最適性理論**(optimality theory)によって継承された。最適性理論でも、基底表示は音声表示と一致せねばならないとされるし(Prince and Smolensky 1993)、また、最適性理論では、制約のランキングで、**有標性制約**(markedness constraint)が**忠実性制約**(faithfulness constraint)の上位にランクされることで、自然性が担保される。これは自然音韻論のプロセスに相当する。また獲得にしたがって、このランキングが逆転したときに入力表示が現れるが、これは自然音韻論の規則に相当する。

　しかしながら、歴史的な偶然等の産物が、音韻システムに組み込まれた場合、これをどのように説明するか等の問題は、依然として残るだろう。たとえば先に取り上げた子音挿入に関して、英語では[r]が挿入されるが、モンゴル語では[g]が挿入される(Vaux and Myler 2018)。自然音韻論ではこのような言語個別の現象は、対象外として切り捨てられた。最適性理論では、当初から挿入音の適格性に関する議論がなされているが(Kager 1999)、なぜ[r]か、なぜ [g]かを説明するのは、たとえテクニカルには可能であっても、困難を伴うであろう。

　本章で見てきたように、本書の大きなテーマである形式主義と機能主義の接近と離反は、他の分野と同じく、音韻論でも振り子のように、左右に振れ続くのである。

第4章　自律分節音韻論・韻律音韻論

クレメンス・ポッペ

1. 音韻表示の理論としての韻律音韻論と自律分節音韻論

　本章では、**自律分節音韻論**(Autosegmental Phonology)と**韻律音韻論**(Metrical Phonology)を考察する。これらの理論はともにいわゆる**超分節的**(suprasegmental)な音韻現象に注目し、それ以前の線状的 (linear)な生成音韻論の限界を指摘した上で非線状的(non-linear)な音韻表示を導入したということから、**非線状音韻論**(non-linear phonology)とも呼ばれている。非線状的な考え方自体とその名称は新しくはなかったが、生成音韻論の中では自律分節音韻論と韻律音韻論の発展により、**音韻表示**(phonological representations)の性格が大きく変わった[60]。

　以前の生成音韻論とこの二つの理論における音韻表示を簡単な例で比較しておこう。(1a)では、*segment* ['segmənt]という単語の強勢と音調がそれぞれ[±stress]と[±H(igh tone)]という素性として分節音の一部になっている([e]と[ə]はそれぞれの母音の弁別素性を略した表示である)[61]。この線状的な表示においては、強勢と音調がともに分節音の一部として扱われているため、単一の層(tier)しかない。これに対して、(1b)では、強勢と音調がそれぞれ韻律構造(metrical structure)における強弱(strong-weak; s-w)の階層的関係、分節層(segmental tier)、そして音調層(tonal tier)の区別に基づき分

---

[60] Harris (1944)と Hockett (1947)の component（成分）に基づいた分析や Firth 式の韻律分析(Prosodic Analysis)などとの関連性については、Goldsmith (1990, 1992)、Clements (2000)や Coleman (2018)で説明されているので、ここでは省略する。また、自律分節理論と韻律理論と共通点が多い依存音韻論(Dependency Phonology; Anderson and Ewen 1987)という枠組みも、厳密には生成音韻論の一種ではないため、ここで扱わない。

[61] 以下で説明するように、SPE では強勢の記述が[±stress]という二項素性(binary feature)ではなく、[*n*stress]という多項素性(multivalued feature)でされているが、分節音の一部として扱われているという意味では変わらない。

析されている[62]。

(1) a. s $\begin{bmatrix} e \\ +\text{stress} \\ +H \end{bmatrix}$ gm $\begin{bmatrix} ə \\ -\text{stress} \\ -H \end{bmatrix}$ nt

b.
```
      s   w           韻律構造
      |   |
      segmənt         分節層
      |   |
      H   L           音調層
```

　次に、二つの理論の目標について確認しておきたい。自律分節音韻論の主な目標は、音韻構造を複数の層に分けることにより、声調言語(tone languages)でよく見られるような、分節音より大きな領域に関わる音韻過程の類型と普遍性を解明することにあったと言える。しかし、Goldsmith (1976)に提案された形式がその他の現象にも応用できることがすぐに明らかとなり、一般音韻理論の一部へと発展し、手話音韻論の発展にも大きく貢献した(Brentani 2018 を参照)。一方、韻律音韻論の目標は、世界中の言語に見られるアクセントとリズムに関わる現象の共通点と相違点を捉えることにあるため、自律分節音韻論に比べて適用範囲が限られているが、分節音現象が韻律構造に左右されることもよくあり、形態・統語構造との相互作用もあるため、音韻論の中で重要な位置を占めている。

　以下では、(1b)で簡単に紹介されている多層的な音韻構造を扱う自律分節理論と韻律構造を扱う韻律理論を詳しく紹介するとともに、今後の課題について論じる。本章の構成は次の通りである。第2節と第3節では、自律分節音韻論と韻律音韻論について詳しく紹介する。続いて、第4節において残された課題と今後の展望について述べる。

2. 自律分節音韻論

　第1章で述べられているように、自律分節音韻論は多くの研究において、

---

[62] 音調の自律した性格を強調するために、(1b)で高調と低調がそれぞれ[+H]と[−H]ではなく、[H]と[L]として表示されているが、自律分節音韻論では必ずしも音調を単項素性として扱う必要があるわけではない。

第4章 自律分節音韻論・韻律音韻論

非線状(non-linear)音韻論と呼ばれているが、厳密にいうとこの理論の特徴は多線状的(multi-linear)な構造にあると言える。たとえば、Goldsmith (1976)の声調の表示と Clements and Keyser (1983)の音節の表示を組み合わせると、(1b)で挙げた例は(2)のような内部構造になる。

(2) 自律分節音韻論における多線状的構造

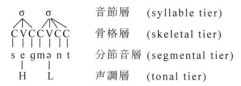

自律分節音韻論が提案されている Goldsmith (1976)では音調に関わる現象が議論の中心になっているため、本節でも音調に関わる現象から出発し、その後自律分節理論の分節音構造と形態構造への適用について論じる。

2.1 音調の分析

Goldsmith (1976)では、音調言語において音調が「**自律分節**」(autosegment)として振る舞う証拠をいくつか挙げている。その中で、まず声調と母音の一対多(one-to-many)と多対一(many-to-one)の連結を見よう。両方の現象は、Goldsmith (1976)で紹介されているイボ語(Igbo)の例で説明できる。(3)では、分節音層と音調層が二種類の**連結線**(association lines)で結びついているが、実線と破線はそれぞれ語彙的に連結されている音調と音調拡張(tone spreading)による連結を表すものである。

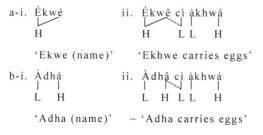

一対多の連結は、(3a-i)の高調(H)の二重連結と(3a-ii/b-ii)における低調(L)の音調拡張(tone spreading)で見られる。特に(3a-ii/b-ii)では、同一の L が二つの母音に連結されていることが明らかである。また、このLの拡張により、Lが語彙的についているHと同じ母音に連結されるようになり、曲線声調(contour tone)という一対多連結が生じる。いうまでもなく、このような「多対一」と「一対多」の連結は単純な線状的なアプローチにおいては表すことが困難である。

同じことは音調の安定性 (tone stability)についても言える。多くの言語では、分節音が削除されても、音調が残って再連結されるという現象が観察できるが、Goldsmith (1976)がモンゴ語(Lomongo)をそうした言語の一例として扱っている。一部の例が(4)で示されているが、再連結の過程を明記するため、Goldsmith (1976: 58)の例に音調層と連結線を追加した。

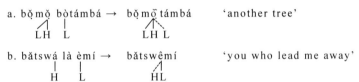

(4) 声調の安定性（モンゴ語；Goldsmith 1976: 58 に基づく）
 a. bǒmǒ bòtámbá → bǒmǒ támbá   'another tree'
 b. bǎtswá là èmí → bǎtswêmí   'you who lead me away'

日本語のアクセント研究で「語声調」と呼ばれる（早田 1999）、単語（或いは文節）全体に被さるメロディーの存在も自律分節理論の一つの証拠になる。Goldsmith (1976)では(5)のようなメンデ語(Mende)の例が挙げられている。

(5) メンデ語における語声調 (Goldsmith 1976: 62 に基づく)
　　a. H:　　pélé, kó
　　b. L:　　bèlè, kpà
　　c. HL:　　kényà, mbû
　　d. LH:　　niká, nàvó, mbǎ
　　e. LHL: nìkílì, nyàhâ, mbã̌

(5)のメンデ語の単語には五つの音調メロディーの中の一つが単語全体に、

左から右へ連結されると想定すると、簡潔に記述できる。同じ音調メロディーを持つ3音節、2音節、1音節語を見るとわかりやすいが、(6)で示されているように、単語の長さに関係なく、同じ連結過程により一対一で連結が行われ、音調が余った際は最後の音節に連結される。このように、音声的に下降調と上昇・下降調して現れるものを全て段位音調(level tones)のみで分析できるだけではなく、短い単語の語末にしか曲線音調が現れないことも説明可能になる。

(6) メンデ語における LHL の連結
 a. nìkílì b. nyàhâ c. mbã̂
   | | | | ∧   ∧
   L H L   L H L   L H L

なお、(5)を見ての通り、メンデ語には HHL や LLH といった、同じ音調が連続する音調メロディーがない。同じ音調が隣に並ぶことはないという現象は多くの音調言語で観察されるが、これを説明するために「**必異原理**」(OCP; Obligatory Contour Principle)という言語体系全体にかかる一般的な制約が提案された(Goldsmith 1976; Leben 1973 も参照)。この OCP という原理はその後、様々な音韻現象の説明のために利用されてきたが、その詳細はここで省略する(McCarthy 1986, Odden 1986, Myers 1997 を参照)。

以上ではメンデ語では連結線が左から右へ、一対一で引かれるために一つの過程で記述できることを見た。しかし、言語によって最初に引かれる連結線が左端ではないということもあるし、複雑語や句において再連結という過程もあるため、Goldsmith (1976, 1990)が連結過程をいくつかの規則に分けている。その規則の内容を説明するために、Goldsmith (1990)のキクユ語(Kikuyu)の分析を見ていきたい。キクユ語では、音調層にある音調が一対一に連結される過程もあるが、その前にまず最初の声調が(7a)の規則に従い、(7b)のように連結される。

(7) キクユ語における始端連結 (Goldsmith 1990: 13 に基づく)
 a. 連結開始規則(Initial Association)
   $\begin{bmatrix} C_0 \ V \ C_0 \ V \\ T \end{bmatrix}$

b. 連結開始規則の適応

$$\begin{bmatrix} \text{to} \text{—} \text{ma} & \text{rɔr} \text{—} \text{irɛ} \\ \text{L} & \text{H} & \text{L} & \text{H} \end{bmatrix}$$

次に、(8)のより一般的な「連結規約」(Association Convention)が適用される。

(8) 連結規約とその適用 (Goldsmith 1990: 14 に基づく)
    a. 連結規約(Association Convention): 未連結の母音と音調が連結線と同じ側にある場合、それは自動的に連結線の内側から外側へと連結される。
    b. 連結規約の適応

$$\begin{bmatrix} \text{to} \text{—} \text{ma} & \text{rɔr} \text{—} \text{irɛ} \\ \text{L} & \text{H} & \text{L} & \text{H} \end{bmatrix}$$

この段階では、第一音節の母音にまだ音調が連結されないため、(9a)の規則が適用され、最初のLが語頭音節の母音にも連結される (9b)[63]。

(9) 音調拡張規則 (Goldsmith 1990: 14 に基づく)
    a. 音調に未連結されている母音(Ⓥ)への音調拡張

    b. 音調拡張規則の適応

$$\begin{bmatrix} \text{to} \text{—} \text{ma} & \text{rɔr} \text{—} \text{irɛ} \\ \text{L} & \text{H} & \text{L} & \text{H} \end{bmatrix}$$

以上のように、レキシコンにおいて浮遊している音調(floating tones)とまだ音調に連結されていない母音が音調連結の規則の適用によって、適格な構造をなすようになる。Goldsmith (1976)ではこの音韻構造の適格性が「**適**

---

[63] ここで L の二重連結が二つの異なる規則によって行われるのは、文の中の位置によって、先行する要素の声調が連結されることもあるからである。

格性条件」(Well-formedness condition; WFC)という普遍原理として提案されている。

 (10) 適格性条件 (Goldsmith 1990: 319 に基づく)
  a. 全ての母音には少なくともどれか一つの声調が連結される。
  b. 全ての声調は少なくともどれか一つの母音に連結される。
  c. 連結線は交差してはならない。

(10c)の連結線の交差を禁じる条件は今日でも普遍的な条件として一般的に認められているが、(10a)と(10b)の条件に従わない言語もあるということが指摘されてきた。また、音調が直接に母音に連結されるのではなく、モーラか音節に連結されるという見解も広まってきた(Yip 2002: 72–74 を参照)。つまり、全ての母音に音調が連結されなければならないかどうか、そして全ての音調が母音に連結されなければならないかという条件は言語によって異なっており、音調を担う単位（tone-bearing unit; TBU）も言語によって違うようである。このような状態を捉えるために、パラメーターや違反可能な制約の枠組みを採用することができるが、ここではこれについて議論をしないことにする(Yip 2002 を参照)。

 次に、日本語諸方言のアクセント・音調体系への応用について見よう。実は、自律分析理論の発展において日本語が重要な役割を果たしてきた。Goldsmith 自身が 1974 年の論文で自律分節理論を紹介し、その原理を東京方言と大阪方言に応用した。Haraguchi (1977)では、自律分節理論がより多くの日本語の方言に応用されて、理論の修正案もいくつか提案されている。Goldsmith (1974)と Haraguchi (1977)の分析では、日本語の高低アクセント(pitch accent)を捉えるために、アクセント核(accent kernel)が音声内容を持たない「*」記号で表示されており、その抽象的なアクセント核の位置は語彙的に指定されているか、以下の 3.4 節で簡単に論じるように、韻律構造を以て計算されると考えられる。

 東京方言のアクセント体系の分析から見ていきたい。Haraguchi (1977)と原口(1979)によると、東京方言の「基本音調メロディー」(basic tone melody; BTM)は HL であり、その H が*のついた母音(V*)に連結されるが、*のついた母音がない無核語(unaccented word)の場合は、最終の V に連結さ

れる。この規則は、高低アクセント言語の連結開始規則として見ることができる。H が V*に連結されたら、(10a)の条件を満たすため、H が V*の左側にある全ての母音に拡張し、L が V*の右側にある母音に連結される。なお、Haraguchi (1977)では、V*の右側に母音がない場合に、(10b)の条件を満たすために L が一旦 V*に連結されて、その後東京方言個別の「音調簡単化規則」(tone simplification rule)の適用によってまた削除されるという分析がなされている。また、「語頭音調引き下げ規則」(initial lowering rule)がかかることにより、最初の母音に H が連結されている場合、最初の母音との連結線が削除されて、代わりに L が連結される。これらの過程を *i*noti 「命」、*koko*ro* 「心」、*atama** 「頭」、と *miyako* 「都」の例で示せば、次のようになる。

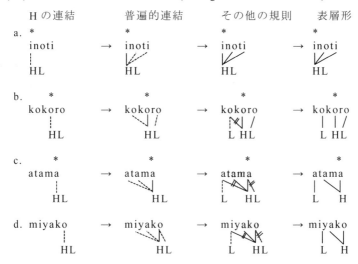

無論、(10)の適格性条件を普遍的な制約として見なければ、(11c/d)におけるLの連結と削除の過程が不要になる。その代わりに、連結されていない要素を削除する「遊離要素削除規約」(stray erasure convention; 原口 1994: 162–163 を参照)が適用されると考えられる。しかし、アクセント核に続くL が規則の適用によって挿入されると想定すると、BTM を H とすることができる(Shibatani 1979)ので、L 削除規則が不要になり、松森(1989)が提案

するように、全ての音調が規則で挿入されると考えることもできる。ただし、大阪方言のような、Haraguchi (1977)が HL と LHL という二種類の BTM で分析する方言の体系を捉えるためには、少なくとも(12a)のような H で始まる単語と(12b)のような L で始まる単語の音調を語彙的に指定する必要がある。

(12) 大阪方言における H と L で始まる単語 (Haraguchi 1977 に基づく)

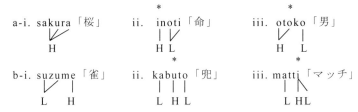

(12)からわかるように、大阪方言は H と L の音調の区別とアクセント核の有無と位置をともに用いるので、音調とアクセントを両方持っているのに対し、東京方言はアクセントの区別しかなく、アクセントしか持っていない言語であるといえる（早田 1999）。抽象的なアクセント核に基づいた分析ではこの違いが明らかであると同時に、英語のような強勢アクセント言語との共通点も反映されている[64]。すなわち、アクセント核は語彙的に決まっており、その核のある音節に音調が連結される。英語では音調メロディーが(13)からもわかるようにいくつかあるため、最初に連結される音調にもスターがついているが、アクセント核に音調が連結されるという意味ではよく似ていると言える。

---

[64] この共通点を必ずしも表示のレベルで捉えるべきかどうかは難しい問題である。すなわち、/*/、/HL/、または「下降」を直接に表す「下げ核」(lowering kernel; Uwano 2012)という表示のどれにするかは、どれほど抽象化させるかだけの問題であると言える。機能的にいうと、「卓立」（つまりアクセント核）がある場合、その位置だけが弁別的である（早田 1999）ため、音声実現の情報が余剰的である。この問題については、第 4 節でも書かれているように、位置の指定そのものが卓立を伴うと言える。

(13) 英語における L*H と H*L アクセント (Goldsmith 1976: 214)

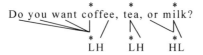

この分析では、英語と日本語の東京方言などの主な違いは、音調メロディーの数の違いである。すなわち、英語では、L*H と H*L を含めて、音調メロディーが何種類かあるが、東京方言には H*L しかない。

なお、東京方言などの体系においてアクセント核に連結される音調がいつも H であるため、その連結規則が余剰的であり、抽象的な*記号の代わりに基底形に H そのものが語彙的に連結されているという見方もある(Pulleyblank 1983)。アクセント核という概念（だけ）で分析できない音調言語においても語彙的な音調連結を想定する必要があるため、この考え方は自然であると言える。しかし、有核語においては、語末アクセントでない限り、Hの後に必ずLが来るため、そのLも指定しておくことができる。この表示は、Pierrehumbert and Beckman (1988)の日本語のイントネーションの研究で用いられている。Pierrehumbert and Beckman (1988)は Pierrehumbert (1980)で紹介された理論を日本語の東京方言と大阪方言に応用した研究であるが、その理論的枠組みは紛らわしいことに「自律分節・韻律理論」(autosegmental-metrical (AM) theory)と呼ばれている。AM 理論では、音調曲線が高低アクセントと境界音調(boundary tones)という二種類の音調の連鎖からなっているとされている。境界音調は韻律構造においてアクセント句(accentual phrase; α)か発話(utterance; υ)の接点に連結されるが、(14)で示されたように、句頭では二次的に直接モーラにも連結されると考えられている。(14a/b)は「山桜」と「紫色」という単語が単独で発話をなしている場合の音調構造であり、(14c)は「姉の赤いセーターはどこですか」という発話の音調・韻律構造である。

(14) AM 理論での韻律構造と音調連結 (PB 1988 に基づく)

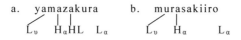

第4章　自律分節音韻論・韻律音韻論　　　　　　　　　　　81

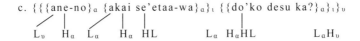

(14)は Pierrehumbert and Beckman (1988)の分析に基づいているが、(15)は Gussenhoven (2004, 2018)の修正案に基づいた表示である。Gussenhoven (2004, 2018)では、(15)からわかるように、句頭の境界音調の全てがアクセント句の音調($L_\alpha H_\alpha$)として、句末の境界音調は発話の境界音調(L_υ)として扱われている。また、句頭 L_α と H_α 以外にアクセントの L と発話の L_υ も二次的に連結される。

(15) AM 理論での韻律構造と音調連結 (Gussenhoven 式)

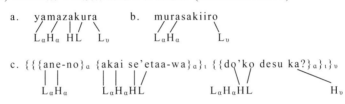

(14)と(15)のどちらの分析でも、音調連鎖をなしている、不完全に指定されている音調の間の内挿(interpolation)が重要な役割を果たしているが、これはこの理論の一つの特徴である。音調の不完全指定(tonal underspecification)は、例えば *murasakiiro* において 2 音節目から 5 音節まで高さが徐々に下がるという現象を説明するために想定されているが、Sugahara (2003)の実験研究によって、H が右へ拡張する場合としない場合の二つのパターンがあることが明らかにされた。また、Igarashi (2018)によると、コーパスにおいてもこの二つのパターンが両方見られる。この二種類のピッチパターンを(16a)と(16b)のようにピッチターゲットの有無で区別できるが、(16c)のように音声的実現の変異として捉えることもできるかもしれない。

(16) 東京方言の無核語に見られる二種類の音調曲線とその分析
　　　a. 音調拡張　　　b. 音調補完　　　c. 音調拡張（音声的変異）

```
    murasakiiro         murasakiiro         murasakiiro
     | |  |              | |  |              | |  |
     LₐHₐ                LₐHₐ   Lᵥ           LₐHₐ
```

　以上では、音調に関わる現象について自律分節理論の成立と発展を見てきたが、この理論が現在でもなお用いられている理由の一つは、音調以外の現象にも幅広く応用できたからであるといえる。この応用については次節で紹介する。

2.2 分節素性への応用
　音調以外の素性も分節音より大きい領域に被さることが以前から知られていたため、自律分節理論による分析が早い段階から提案された。ここではまず、Clements (1976)のトルコ語における母音調和の例を簡単に紹介する。トルコ語には、二種類の母音調和があるが、その一つは母音の前後に関わる。例えば、複数を表す-lArという接辞母音の前後の指定がなく、先行する母音によって、-larか-lerとして実現される。このことは、先行する母音の素性 [±B] ([±back])が拡張すると仮定すれば、簡単に説明できる。

(17) トルコ語における母音調和 (Clements 1976 に基づく)
```
    p i l o t + l A r   'pilots'
    |   |
    -B  +B
```

　分節音のそれぞれの素性が別の層にあるという考え方が進み、**素性階層**(feature geometry；第 5 章を参照)へと発展した。素性階層理論では、個々の弁別素性がそれぞれ別の層にあるだけではなく、喉頭素性(laryngeal features)、調音法素性(manner features)、そして調音位置素性 (place features)がそれぞれ類として類接点(class node)に連結されている。詳細については、第 5 章を参照されたい。

2.3 形態構造への応用

自律分節理論を形態構造に応用できることは、McCarthy (1979)のアラビア語やヘブライ語などのセム語族の音韻・形態構造の研究で明らかにされた。具体的には、形態構造を子音層、母音層、そして骨格層(skeletal tier)に区別することにより、子音だけからなる語根を持っている単語を形態素にわけることができることを示した。例えば、古典アラビア語 *kattab* 'caused to write' (「書かせた」) と *kuttib* 'was caused to write' (「書かせられた」) という単語の構造を(18a/b)のように分析できる。(18a)では、母音層、骨格層、そして子音層がそれぞれ形態的な情報を持っているが、/ktb/という語根は「書く」という意味を持っており、/a/は「過去・能動態」という意味を持っており、そして CVCCVC という骨格鋳型は特定の派生の類(derivational class)を表している。(18b)では、語根と派生の類は(18a)のと同じだが、/u...i/という母音の組み合わせが「過去・受動態」という意味を表している。

(18) アラビア語の形態構造 (McCarthy 1982 に基づく)

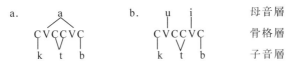

ここで重要なのは、形態構造をいくつかの層にわけることによって、線状的に形態的にわけることができない単語を、形態素にわけられるということである。

2.4 音節構造への応用

Fudge (1969)や Vennemann (1972)では既に音節の必要性について議論されていたが、Kahn (1976)が新しく登場した自律分節理論の影響を受けて、新しい音節理論を提案している。Kahn (1976)の理論では分節音が直接音節の接点に連結されているが、Clements and Keyser (1983)は分節音と音節の間に以上の(18)にも含まれている CV 層 (骨格層) を導入する。McCarthy (1979)ではこの C と V がそれぞれ[−syllabic]と[＋syllabic]という素性に該当するものだったが、Clements and Keyser (1983)は C と V を素性としてで

はなく、音節周辺部(syllable margin)と音節頂点(syllable peak)というタイミング・スロット(timing slot)として解釈している。例を挙げると、[tʃ]という破擦音(affricate)は、(19a)のように[t]と[ʃ]がともに一つのCスロットに連結されている。また、これとは逆に、[ss]のような重子音(geminate consonant)の場合は、(19b)のように[s]が二つのCスロットに連結されていると考えられる。

(19) 破擦音と重子音の構造 (Clements and Keyser 1983: 34)

代償延長(compensatory lengthening)という現象もCV層に基づいた分析で説明できる。この現象は多くの言語で観察されるが、ここでSezer (1986)で扱われているトルコ語の例を紹介する。トルコ語では、/v/が唇音の前で随意的に削除されるが、削除された場合は同音節内の母音の素性が空になったCスロットに連結されることにより、長母音が生じる。

(20) トルコ語における代償延長 (Sezer 1986: 34)

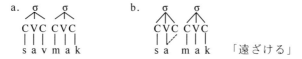

なお、Clements and Keyser (1983)やSezer (1986)では、音節の内部構造が(20)のように平坦であると想定されていたが、この見方よりも(21a)の頭子音(onset=O)と韻部(rhyme=R)をなす核(nucleus=N)と尾子音(coda=C)の区別に基づいた構造(Selkirk 1980)と、(21b)のモーラ(mora)に基づいた構造(Hayes 1989)が主流になった。前者では音節の核の接点があるため、骨格層においてCとVの区別をする必要がなく、全てのスロットは同じXスロット(x-slot)である。(21a)のような見方は以前から知られていたが、Selkirk (1980)では生成音韻論の観点から評価された。モーラという概念も以前から音韻研究で使われていたが、Hyman (1985)、McCarthy and Prince (1986)、Hayes (1989)の研究により、モーラに基づいた、新しい音節構造のモデルが開発された。(21)で示されている通り、どちらのアプローチでも代

償延長を(20)と同じように捉えられるが、頭子音が消える場合に代償延長が起こらないことはモーラ理論でしか説明できない。それは、尾子音と違い、頭子音がモーラに連結されていないからである。

(21) 音節の内部構造のもう二つの見方
　　 a. OR 理論　　　　　　b. モーラ理論

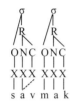

　日本語の音韻構造においてモーラが重要な役割を果たしているという考え方が早くからあった(Trubetzkoy 1939b)。英語などと違って日本語には韻部という構成素の証拠がないこと(Kubozono 1989)から、日本語の研究では、OR 理論よりも、モーラ理論の方が採用されることが多い。(22a)では「理論」という単語を例にとって日本語の音節構造を表したが、(22b)のような構造も提案されたことがある (Kubozono 1989)。

(22) 日本語の音節構造における当子音の連結問題

Kubozono (1989)は言い間違いのデータと分節音の配列制約を議論し、日本語において頭子音と音節の中核をなしている母音の間に明らかな境界がないと論じて、(22b)のような音節構造を提案している。Kubozono (1989)が指摘するように、英語の場合は言い間違いのデータがどちらかというと頭子音と韻部に基づいた音節構造が支持されてきた (Fudge 1987 など)。つまり、英語の言い間違いの場合では、*cl(ose)/n(ear)→clear* のように、最初のモーラの前の要素とそれ以外の要素に切れ目があるように見えるのに対し、日本語の言い間違いの場合は、*to.ma.(re)/(su.to.)p.pu→to.ma.p.pu* のように、

頭子音と母音の境界よりも二つのモーラの境界が重要であると言える。

なお、モーラという単位は(23)のような音律階層(prosodic hierarchy; Selkirk 1980, Nespor and Vogel 1986)に含まれるようになった(McCarthy and Prince 1986, 1996など)が、韻律語(prosodic word)とそれより上の範疇については、第7章で扱われる。フット(韻脚, foot)については、次節で詳しく論じる。

(23) 音律階層 (McCarthy and Prince 1996に基づく)

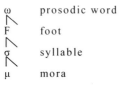

3. 韻律音韻論

韻律音韻論は強勢、アクセント、リズムという韻律現象を扱う理論として1970年代半ばに登場した。本節では、当時の韻律理論から出発し、その後の理論的な発展とアクセント類型論について紹介する。

3.1 韻律音韻論の概要

韻律音韻論の目標は、言語に見られる強勢パターン、アクセントの位置、リズムの法則などを説明することである。当初では主に英語における強勢とアクセントに関わる現象が扱われていた(Liberman 1975; Liberman and Prince 1977)が、原理とパラメーター(principles and parameters)というアプローチの影響を受けて、世界中の言語に観察される韻律現象を説明する理論へと発展した(Hayes 1980, 1995; Halle and Vergnaud 1987など)。

3.1.1 英語強勢と韻律音韻論

韻律音韻論の考え方を紹介する前に、SPEにおける強勢の扱い方を紹介する。第1節では、非線状的音韻論において強勢が分節音に内在するものとして扱われていたと述べた。例えば、SPE理論では、*explanation*という単語の第一音節の母音に[3stress]が付与されており、第三音節に[1stress]が付与

されている((24a); Chomsky and Halle 1968: 120)[65]。(24a)のような分析には、少なくとも二つの大きな問題がある。第一に、強勢が母音(音節)の相対的卓立(relative prominence)を表していることが反映されていない。第二に、強勢がリズム的な機能を持っていることが反映されていない。英単語では必ずしもこのようなきれいな「強弱」交代が見られるわけではないが、*e³xplana¹tion* のような強弱パターンを持っている単語がたくさんあるのに対して、*ex³pla¹nation* や *ex¹pla³nation* のようなパターンがなぜ避けられるのかは説明できない。しかも、この現象が英語においてだけではなく、世界中の強勢言語(stress languages)において一般的に観察できることを考えると、さらに問題になる。

　強勢が相対的な卓立を表していることを反映した音韻表示として、(24b)のような樹形階層構造が導入された(Liberman 1975; Liberman and Prince 1977)。それと同時に、リズムと強弱関係をより具体的に解釈できるように、(24c)のような韻律格子(グリッド、grid)が導入された(Liberman 1975; Liberman and Prince 1977)。

(24) a. e³xplana¹tion

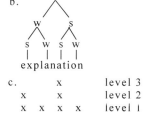

(24b)と(24c)を見てわかる通り、樹形図と韻律格子で強勢の性格がより正確に捉えられるようになったが、韻律構造が[±stress]という二項素性が規則の適用によって付与された後に構築されたという意味では、まだ[±stress]素性に頼っていた。この[±stress]素性は (25a)と(25b)のような強勢の違いを区

---

[65] 第一音節の強勢が[2stress]ではなく、[3stress]になっているのは語の中の全ての[1stress]より弱い強勢を持っている母音に強勢調整規則(Stress Adjustment Rule; SPE: 84)が適用されるからである。

別するために利用されていたのである(Liberman and Prince 1977: 264-265; 格子を含めた表示は原口(1994:76)による)。そこで、Selkirk (1980)が音節、フット、そして韻律語という韻律範疇(prosodic categories)を想定することで、[±stress]という素性が不要になることを示した。(25c)と(25d)からわかる通り、(25c)の *módest* では第二音節がフットをなしておらず、フット内の弱音節であるのに対して、(25d)の *cóntèst* では第二音節が独自でフットをなしており、第二音節がフット内の弱い音節ではなく、韻律語内の弱いフットであるということになる。この韻律構造の違いは、音声的なレベルで強勢パターンの違いとして実現される。

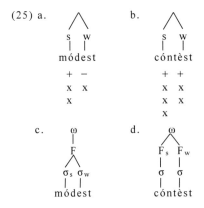

2.2 韻律理論の発展

Liberman and Prince (1977)や Selkirk(1980)は英語の強勢に関する研究だったが、Hayes(1980)は多くの言語のデータを基に、樹形図に基づいた強勢理論を提案した。その理論のパラメーター(parameters)は次の通りだった。

(26) Hayes (1980)の強勢規則の主なパラメーター
    a. 有界性(boundedness): フットの大きさが制限されているか(有界フット; bounded feet)否か(非有界フット; unbounded feet)
    b. 音節卓立(syllable prominence): 重音節(heavy syllables)が軽音節(light syllables)に優先されるか否か

c. 支配関係(dominance relations): left-dominant か right-dominant か
d. 二項分岐の条件(branching condition): 主要部(head)が二項分岐を有する必要があるか否か
e. 韻律外性(extrametricality): 語の端（語末、語頭）に位置する構成素（分節音、音節、形態素）が強勢規則の適応の際に無視されるか否か

Hayes(1980)の研究の貢献は類型論をパラメーターの設定で捉えようとしたことだけではない[66]。Hayes (1980)も Selkirk (1980)と同じように、[±stress]という素性の不必要性、そして音節とフットという単位のラベルの必要性を主張している。具体的には、音節とフットを導入することにより、音節卓立（音節量 syllable weight）の役割とフット構造に関わる制約を設けている。また、韻律外性を導入することで、拘束フットを二項フットに絞っている。例えば、Hayes (1980)によると、英語では名詞において語末の韻部(Rhyme/Rime; R)が韻律外(< >)になっているため (27a)、*América* の強勢が語末で直接に構築された三項フットから派生されているのではなく、韻律外性が適用されてから（27b）次末の音節から構築された二項フット(27c)における強弱関係を反映していると考えられる。最後に、語の樹形(27d)が構築され、韻律構造が音声的に解釈可能になる。

(27) *america* という単語における強勢の付与(Hayes 1980 に基づく)
   a. R → [+ex] /__]_N   名詞の韻律外性 (noun extrametricality)
      a m e r i c <a>
   b. a m e r i c <a>   英語強勢規則 (English Stress Rule)

   c. a m e r i c a   遊離音節付加 (stray syllable adjunction)

---

[66] Hayes (1980)の理論的貢献については原口(1994)が詳しいので、それを参照にした。

d. américa   その他の規則 (other rules)

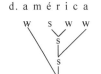

　Hayes(1980)は以上のパラメーターに基づき、様々な言語の強勢パターンが樹形で記述できることを示したが、Prince (1983)と Selkirk (1984a)は Hayes(1980)と違い、格子のみに基づいた強勢理論を発展させた。この格子理論では *módest* と *cóntèst* の表示として(28a)と(28b)のようなもので十分だという立場をとっている。格子の層がそれぞれ音節、フット、そして韻律語に対応すると考えられるが、構成素として見る必要がないという点では、樹形階層構造と違う。

(28) a. módest   b. cóntèst
     x x   x x   σ
     x   x x   F
                      x   ω

Prince (1983)と Selkirk (1984a)では Hayes (1980/81)で提案されたようなパラメーターに基づいたアプローチが格子理論でも可能であることが示された。Prince (1983)で提案されたパラメーターと具体例がそれぞれ(29a/b/c)と(29d)で紹介されている。

(29) Prince (1983)のパラメーター(Kager 1995: 383–384 に基づく)
    a. 方向性(directionality): 左→右(L→R)か右→左(R→L)か
    b. 始端(start): 山(peak)で始まるか、谷(trough)で始まるか
    c. 終端規則(End rule; ER): 左(L)か右(R)か
    d.i) ワラオ語(Warao)   ii) アラウカニア語 (Araucanian)
        R→L, trough first, ER-R   L→R, trough first, ER-L
                    x   ω   x   ω
         x x x   F   x x x   F
         x x x x x x x   σ   x x x x x x x   σ

第4章 自律分節音韻論・韻律音韻論

```
iii) ウェリ語(Weri)              iv) ハンガリー語 (Hungarian)
    R→L, peak first, ER-R           L→R, peak first, ER-L
                x     ω                       x       ω
    x  x  x  x        F              x  x  x  x      F
    x x x x x x x     σ              x x x x x x x   σ
```

なお、次々末アクセント(antepenultimate accent)と次々頭アクセント(antepeninitial accent)の場合は、最後か最初の単位を韻律外要素として除外することができる。

リズムに関わる現象に注目すると、格子理論にいくつかの利点があることがわかる。具体的には、三つの簡単な操作で、グリッド・マークの挿入(Add x)、削除 (Delete x)、または移動(Move x)が可能である。(30a)で示されている通り、Add x は強勢間隙(無強勢音節の連続; stress lapse)の修正を可能にする。また、(30b)と(30c)で示されているように、Delete x と Move x の適用により、強勢衝突(stress clash＝強勢音節の連続)を回避することができる。(31)は Move x の実際の適用例である。

(30) 格子理論におけるリズム規則 (Kager 1995 に基づく)

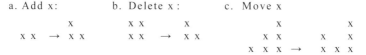

(31) Move x の適用例 (Prince 1983 に基づく)

以上のようなリズム規則は樹形理論において樹形の一部の再構築でしか捉えられないし、そもそも格子表示が樹形表示に比べて単純であるため、格子理論のほうがよさそうである。しかしこれとは逆に、樹形表示で明快に説明できるのに、格子表示で説明できない現象もあると主張されてきた。Hayes (1995: 43–48)ではそのような現象がいくつか紹介されているが、例えば、多くの言語では、韻律形態論(prosodic morphology)と最小語条件に関わる規則か制約がフットという構成素に言及する(McCarthy and Prince 1986)。

強勢言語においては、その際に選択されるフットの鋳型が強勢規則によって構築されるフットと同じであることが多い。また、日本語のような非強勢言語においても、フットが形態論と最小語条件に関わっていると主張された(Ito 1990, Poser 1990)。例えば、Poser (1990)が指摘するように、愛称語形成では接尾辞がつく語幹が常に 2 モーラのフットである(「ミドリ」→「ミーちゃん・ミッちゃん・ミドちゃん」)になる。

　樹形と格子に関する論争の結果、Halle and Vergnaud (1987)が(32)のような「構成素格子」(constituentized grid)を提案するが、その後も「括弧付き格子」(bracketed grid)という名称で使われてきた。

(32) Halle and Vergnaud 式の構成素格子
```
          x              line 2
   (x    x   )           line 1
   (x  x)(x  x)          line 0
   Mississippi
```

Halle and Vergnaud (1987)の格子では、括弧が構成素(constituents)の境界を表しており、それぞれの層 (lines)が音節(または韻部・モーラ)、フット、そして韻律語(prosodic word)のレベルに対応する。Halle and Vergnaud (1987)の方式でも有界性(bounded か unbounded)、主要部位置(L か R)や方向性(L→R か R→L)のようなパラメーターが利用されているが、その詳細とHaraguchi (1991)の修正・拡大案について、原口(1994)と田中(2005)が詳しい。

　Hayes (1995)は Halle and Vergnaud (1987)と同様に、括弧付き格子という格子と構成素を組み合わせた表示を利用するが、(33)からわかるように、line 0 と line 1 の区別を省略しているという点では少し違う。

(33) Hayes 式の括弧付き格子
```
   (    x   )          line 2
   (x  .)(x  .)        line 0/1  (「.」= 強勢のない音節)
   Mississippi
```

理論の内容については、Hayes (1995) は Halle and Vergnaud (1987)と違い、McCarthy and Prince (1986)と Prince (1990)に倣って、(34)の三つの基

本的なフットの種類のみで韻律類型を捉えようとしている。ここで重要なのは、フットの非対称性(asymmetry)である。この非対称性は、弱強フットが繰り返して形成される言語では、フットをなしている音節の長さが異なるのに対して、強弱フットが繰り返して形成される言語では、フットをなしている音節かモーラが同じ長さを持つ傾向があるということを反映している。従って、($\sigma^x_{\mu\mu}\sigma^{\cdot}_{\mu}$)という非均衡な強弱フット(unbalanced trochee)もなければ、モーラ単位の弱強フット(moraic iamb)と音節単位の弱強フットの区別もないとされている。

(34) フットの種類 (Hayes 1995)
    a. 音節単位の強弱フット (syllabic trochee):   (σ^x $\sigma^{\cdot}$)
    b. モーラ単位の強弱フット (moraic trochee):   (μ^x $\mu^{\cdot}$)
    c. 弱強フット (iamb):   (. x)

(34)のどのフットが特定の言語に現れるかはパラメーターの設定によって決まるが、不完全フットというパラメーターの値(可能か不可能か)によって、強勢のある場合のみに(σ_μ)という変性フット(degenerate foot)も認められる。

Hayes (1995)の理論ではフットの種類と方向性(L→RかR→L)のパラメーターの組み合わせによって、(35)から(37)までのようなリズム・パターンが生み出される(Kager 1995: 397–398に基づく)。

(35) Syllabic trochees　(音節単位の強弱フット)
    a.   L→R   b.   R→L
       (x .)(x .)(x .) .　　　　. (x .)(x .)(x .)
       σσ　σσ　σσ　σ　　　　σ　σσ　σσ　σσ

(36) Moraic trochees　(モーラ単位の強弱フット)
    a.   L→R   b.   R→L
       (x .)(x) (x .) .　　　　(x .)(x) . (x .)
       $\sigma_\mu\sigma_\mu$ $\sigma_{\mu\mu}$ $\sigma_\mu\sigma_\mu$ σ_μ　　　　$\sigma_\mu\sigma_\mu$ $\sigma_{\mu\mu}$ σ_μ $\sigma_\mu\sigma_\mu$

(37) Iambs　(弱強フット)
    a.   L→R   b.   R→L
       (. x) (. x)(x)　　　　(. x) . (. x)
       $\sigma_\mu\sigma_{\mu\mu}$ $\sigma_\mu\sigma_\mu$ $\sigma_{\mu\mu}$　　　　$\sigma_\mu\sigma_{\mu\mu}$ σ_μ $\sigma_\mu\sigma_{\mu\mu}$

それぞれのフットの種類の実際の例として、オーストラリアのピントゥピ語 (Pintupi)、アメリカオクラホマ州・フロリダ州のクリーク語(Seminole Creek)、そしてエジプトのアラビア語カイロ方言を挙げることができる。

(38) ピントゥピ語：syllabic trochees (Hayes 1995: 62–64)
  a. (x   ) b. (x   )
    (x .)(x .)(x .)   (x .)(x .)(x .) .
    σ σ σ σ σ σ   σ σ σ σ σ σ σ
    $t^j ámulìmpat^j ùŋku$ $ṭíḷirìŋulàmpat^j u$
    'our relation'   'the fire for our benefit flared up'

(39) アラビア語カイロ方言：moraic trochees (Hayes 1995: 67–71)
  a. (x) b. (x) c. (x)
    . (x)   (x)(x)   (x .) .
    $ka_\mu tá_\mu b_\mu \langle t_\mu \rangle$ $ka_\mu ta_\mu bí_\mu tu_\mu$ $ká_\mu ta_\mu ba_\mu$
    'I wrote'   'she wrote'   'he wrote'

(40) クリーク語: iambs (Hayes 1995: 64–67 に基づく)
  a. (x) b. (x) c. (x)
    (. x)(. x) (. x)(. x) . (x)(. x) .
    $a_\mu pa_\mu ta_\mu ká_\mu$ $a_\mu m\text{-}a_\mu pa_\mu tá_\mu ka_\mu$ $ta_\mu a_\mu sho_\mu kí_\mu ta_\mu$
    'pancake'   'my pancake' 'to jump (dual subj.)'

従来 3 項フットで分析されていたパターンを 3 種類の 2 項フット(binary feet)を以て分析するために、Hayes (1995)が局所性(locality)のパラメーターを導入する。厳密に局所的(strong local)という設定では、フット境界が隣接しなければならない(41a)が、非厳密に局所的(weak local)という設定の場合は、二つのフットの境界の間に 1 音節が挟まっている(41b)ため、結果的に「強弱弱」というパターンになる。

(41) 厳密な局所性の有無と強勢パターン (Hayes 1995)
  a. 繰り返し性：あり(iterative)かなし(non-iterative)か
  b. 局所性: 厳密に局所的(strong local)か否(weak local)か

厳密に局所的でないフット構造(42)を持っている言語としてカユババ語(Cayuvava)が挙げられる。

(42) 厳密な局所性のないカユババ語 (Hayes 1995: 309–312)
    a. (x)   b. (x)
       (x .) . (x .) . (x .)<.>   . (x .) . (x .)<.>
       čàadiròboβurúruče   maràhahaéiki
       '99'   'their blankets'

Hayes (1995)の理論では有界性のフットの種類が非常に制限されており、音節量に依存しない弱強フット(quantity-insensitive iamb)がないと想定されているが、Gordon (2002)によると、そのようなフットが全く観察できないわけではない。また、Hayes (1995)でも指摘されている通り、オーストラリアのイディン語(Yidiɲ または Yidiny)のような、強弱フットと弱強フットが共存すると思われる言語もある。つまり、三種類のフットだけでは全ての言語が記述できず、パラメーターの設定に条件をつけなければならない言語もあるということになる。

以上で紹介したパラメーターに基づいた理論以外は、Idsardi (1992)とHalle and Idsardi (1995)の Simplified Bracketed Grids (SBG)理論と van der Hulst (1984, 1996, 2009, 2014 など)の Primary Accent First (PAF)理論がある。SBG 理論は Halle and Vergnaud (1987)の理論を簡潔にしたものであるが、(43)で示されているように、構成素の境界を片方の括弧（左括弧か右括弧）のみで表すことが特徴である。

(43) SBG における韻律構造の例 (Halle and Idsardi 1995: 405)
                 x   line 2
        ʌ   x   x)   line 1
      (x x (xx (x   x   line 0
      àuto-bìográphic

いうまでもなく、このような表示になると、構成素よりも構成素境界が処理対象になっているので、それぞれのレベルにある構造を構成素とみなすことができないようである(van der Hulst 2009)。

PAF 理論(van der Hulst 1984, 1996, 2009, 2014)は、従来のボトムアップ(bottom-up)の韻律理論と違い、一次強勢の位置を決めるために最小限の韻

律領域のみが決まっており、一次強勢が付与された後に二次アクセントに関わる韻律構造が形成されるというトップダウン(top-down)のアプローチである。アクセントとリズムを分離させることにより、多くの言語において一次強勢と二次強勢が音節量、フット形成の方向性、フットの種類といった次元で振る舞いを異にするという問題を解決できる。例えば、オーストラリアで話されるピントゥピ語(44a)では、一次強勢が付与された後に、同じ左方向から「反響リズム」(echo rhythm)が付与されるのに対し、同じオーストラリアのガラワ語では、一次強勢とは全く別に、逆方向から（つまり右から左へ）「極性リズム」(polar rhythm)が次末音節から一音節おきに付与される。この二つの体系の違いは PAF 理論では簡潔に分析できるし、リズムのレベルにおいてはフット構造に言及する必要もない。

(44) PAF 理論におけるアクセントとリズムの分離
　　　 (van der Hulst 2014: 354 に基づく)
　　a. ピントゥピ語における反響リズム (echo rhythm)
　　　　 x　　　　　　　　　 Accent
　　　(σ σ)σ σ σ σ σ
　　　　 x　　x　　x　　　　 Rhythm
　　b. ピントゥピ語における極性リズム (polar rhythm)
　　　　　　　　　　　 x　　 Accent
　　　(σ σ)σ σ σ σ σ
　　　　 x　　　x　　x　　　 Rhythm

クリーク語のような、リズム構造が先に構成されなければアクセント付与ができない言語もあるが、van der Hulst によると、そのような言語では一次強勢がなく、リズム的に強い音節のどれかにイントネーション的高低アクセント(intonational pitch accent)が置かれると分析できる。

最後に、フット構造を利用した日本語のアクセント研究を簡単に紹介したい。第 2 節では、自律分節理論に基づいた東京方言や大阪方言のアクセント体系の分析を紹介したが、高低アクセントを「音調」としてではなく、抽象的なアクセント核で表すと、英語のような強勢アクセント言語との共通点が明らかになると述べた。しかし、もう一つの英語との共通点についてはまだ述べていない。それは、アクセント核の位置の計算が部分的にはよく似ている点である(Kubozono 2011; Ito and Mester 2016 など)。この共通点を捉え

るために、日本語のアクセント研究でもフットが使われてきたが、フットに基づいた分析について Ito and Mester (2016)の研究を中心に扱いたい。Ito and Mester (2016)は、固有語(native words)と外来語(loanwords)で最も頻度の高いアクセント・パタンを韻律構造で捉えようとしているが、軽音節のみからなる外来語が(45)のフット構造を持っていると提案している。

(45) 東京方言におけるアクセントとフット (Ito/Mester 2016 に基づく)
  a. 2μ (píza)   「ピザ」
  b. 3μ (bána)na   「バナナ」
  c. 4μ (kari)(suma)   「カリスマ」
  d. 5μ (asu)(fáru)to   「アスファルト」

ここで Ito and Mester (2016)の最適性理論での分析の詳細を紹介することができないが、簡単にまとめておくと次の通りである。なお、(45a/b/d)が示唆する通り、優先されるフット種類は強弱フット(moraic trochee)である。基本的には語頭からフットが左から右へ構築されるが、これは「韻律語はフットで始まる」(Initial Foot)という制約で捉えられている。この制約に違反する例は一般的に観察されない*ka(rísu)ma である。また、フットに含まれていない 2 音節の連続—例えば*(kári)suma—は認められない(No Lapse)。アクセント核の付与に関しては、「アクセント核が語末に最も近いフットに含まれていなければならない」(Rightmost)という制約と、「一つのフットのみから成る最小韻律語(minimal word)は必ずアクセントを持つ」(Minimal Word Accent)という制約を立てている。しかし、それより長い韻律語では、Minimal Word Accent が無効のため、「アクセント核は最終音節を含んでいるフットに含まれてはならない」(Non-Finality (Ft'))という制約が有効になり、(45c)の(kari)(suma)にアクセント核が付与されない。これは、Non-Finality が「韻律語は必ずアクセントを持つ」(Word Accent)という制約より弱いからである。以上の制約の相互作用の結果、(piza)は認められるが、*(kari)(súma)は認められない。また、(bána)na は語頭にアクセント核の含まれた強弱フットがあり、フットに含まれていない音節の連続もないので、最適な形式である。

Ito and Mester (2016)が提案する韻律構造を括弧付き格子と自律分節的な音調構造で表すと、(46)のような構造になるが、HL の H が韻律語レベルまで投射される x に付与されていることを除き、音調の連結と韻律構造は互いに関係がないように見えてしまう。

(46) 格子から見た東京方言におけるアクセント（強弱フットのみ）

この問題を解決するために、(47)で示されているように、アクセント核が含まれていない場合、弱強フットが構築されると考えられる。

(47) 格子から見た東京方言におけるアクセント（二種類のフット）

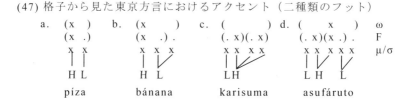

さらに主要部が決まっていない(x x)のような均衡フット(balanced foot)を認めれば、(47c)の構造が (. x)(x x)となり、(47a/b/d)と同様に、韻律構造が直接ピッチパターンを表すことになる。これらのような分析が他の方言・言語にも適用できるかどうかは今後の課題である。その一環として、「音調フット」(tonal foot; Leben 2002)と「音調複合」(tonal complex; Akinlabi and Liberman 2001; Ito and Mester 2018)という概念の検討も必要である。

以上の議論からわかる通り、自律分節理論と韻律理論はかなり長い間利用されてきたが、これらの理論を発展させるための可能性はまだある。次節では、今後の展望についてより一般的に論じる。

4. 今後の展望

Hyman (2014)が論じるように、自律分節表示は現在でも音韻分析の道具として意義を持っている。同じことを、韻律理論で発展させられた概念について言えよう。音調や強勢を扱う記述的な研究においても、ある程度自律分節表示と韻律構造が採用されるようになってきた。

理論的な研究では、Prince and Smolensky (1993)の**最適性理論**(Optimality Theory (OT); 第10章を参照)が登場した後、表示への関心が減り、新しい発展は1970・80年代に比べて少なかった。OTを採用した研究では表示に関する新しい提案が全くなかったわけではないが、音調と強勢に関する研究では、Cassimjee and Kisseberth (1998)やShih and Inkelas (2019)等の研究を除き、主に多線状的表示が利用され続けてきた (Yip 2002；田中 2005 も参照)。

Anderson (2021)が20世紀の音韻理論の歴史を考察し、音韻表示と音韻計算への関心のバランスが時期によって違うと指摘している。1970・80年代には音韻表示への関心が高かったのに対し、1990年代には最適性理論が多くの研究で採用されて、音韻表示への関心が低くなった。もちろん、Browman and Goldstein (1992)の**調音音韻論** (Articulatory Phonology)やBybee (2001)の**使用基盤音韻論**(Usage-based Phonology; 第12章を参照)のようなアプローチも提案されたが、これらの理論では音声的な側面に重きが置かれている。Bybee (2001)のモデルでは、具体的な「事例」(exemplar)からより抽象的な「スキーマ」(schema)が抽出されるが、そのスキーマの中身についての議論はあまりない。今後の課題としては、使用基盤モデルの観点から音韻理論を発展させることが必要である。**構文形態論**(Construction Morphology; Booij 2010) と密接な関係にある**関係形態論**(Relational Morphology; Jackendoff and Audring 2020)もスキーマに基づいたモデルの一つであるが、Poppe (2022)ではこの枠組みの中で自律分節層を区別することにより、日本語（東京方言）における接辞と助詞がアクセントに与える影響を特別な装置を使わずに分析できることが示されている。このアプローチは単語や構文の内部およびそれらの間の音韻的関係が重要であるため、「関係音韻論」(Relational Phonology)または「構文音韻論」(Construction Phonology)と呼ぶこともできるが、「〜的」という接尾辞のアクセントの分析を例に紹介する。「〜的」のような無核化接尾辞(deaccenting suffix)は、

(48)で示されている通り[67]、どのベースについても((48)の[X]ₐ)、接辞(aff(ix))「〜的」のアクセント層(ア層)が形容動詞(AN)全体のアクセント層になる。一方、「から」のような無核助詞の場合は、ベースのアクセント層がそのままで反映される。このような振る舞いは、該当形態素との界面リンクがないし、構文全体のものでしかないからだと考えられる。そのため、「アクセント句の最初のアクセントが生きる」という一般的なスキーマが適応され、ベースのアクセントが残る(48f)（この一般的なスキーマの適応は(48c)の任意的な「<…ₐ>」の指定がなくても行われると考えられる）。

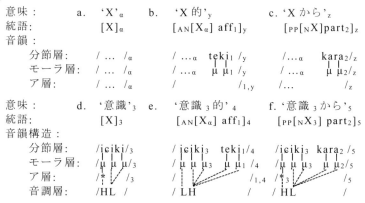

ここでは敢えて音調を語彙・構文レベルのものとしてではなく、純粋に音韻的なものとして扱い、その連結を波線で表した。一方は、アクセント核を語彙的情報として扱い、抽象的な卓立記号「*」で表した。最も抽象的なレベルでの「アクセント」には音声的解釈の情報が（位置以外に）含まれておらず、指定そのものが認知的な卓立を伴うと言える。

---

[67] 下付き数字は「〜的」、「意識」、「意識的」、「意識から」の意味・文法・音韻的情報をつなげる部門と層の間の「界面リンク」(interface links)を表すと同時に、それぞれの語彙・構文の項目の間の「関係リンク」(relational links)も表す。界面リンクのみが変数の場合は、ローマ字で表示されるが、同時に関係リンクの変数でもある場合は、ギリシア文字で表示される。

今後は、以上のように、自律分節理論と韻律理論の枠組みで行われてきた研究の成果を踏まえつつ、さまざまな観点から考え直す必要があると思われる。本章が、そのような研究に挑む研究者に少しでも役に立てば幸いである。

Part III

繁栄期
(80年代〜)

普遍性と多様性の探求

第5章　素性階層理論・不完全指定理論

平山真奈美

1. はじめに

　素性が、分節音の対立や交替、自然音類などを記述、説明するために音韻論における重要な概念として議論されてきたことは、第2章などこれまでの章で触れてきた。そこでは、分節音はそれぞれ**素性の束**(bundles of features)から成っているというのが標準的な考え方である。初期の素性の束の概念では(e.g., Bloomfield 1933)、その束の中の素性はすべて同等であり、素性全体としての構造のようなものは想定されていなかった。たとえば、/p/という音素があった場合、この表示は、(1)のように素性行列(feature matrix)としてすべての素性が羅列されているだけである(e.g., Chomsky and Halle 1968)。((1)に「...」とあるのは、他の素性を省略するという意味である。)

(1) 線状音韻論における/p/の素性表示

$$\begin{bmatrix} +\text{consonantal} \\ -\text{sonorant} \\ -\text{continuant} \\ -\text{nasal} \\ -\text{lateral} \\ -\text{voice} \\ \text{LABIAL} \\ ... \end{bmatrix}$$

　本章では、それらの素性が何らかの構造をなすという理論を扱う。特に、素性間には何も関係がないのではなく、素性は系統別にグループをなしているという理論（**階層的素性配列**あるいは**素性階層理論**(feature geometry theory))（§2)、音韻表示において素性（値）はすべて指定されている必要がないという理論（**不完全指定理論**(Underspecification Theory))（§3)

を、そのモチベーションとともに紹介する。さらに、そこから、素性が普遍的なものなのかどうかという議論にも言及する（§4）。素性のあり方を論じる理論として他にも**エレメント理論**(Element Theory)があるが、この理論はいわゆる *SPE* から続く素性を使わないということもあり、本章では扱わず第 9 章で改めて議論される。また、本章の各節に関わる研究は数え切れないほどあるが、誌面の制約上と私の力量不足からすべての議論や事例を網羅できず、膨大な量の文献のほんの一部しか扱えないことをお許しいただきたい。本章のトピックは、各種の音韻論ハンドブック類(Archangeli 2011、Reiss 2018、Uffman 2011 など)で論じられてもおり、それらも参考にされたい。本章もそれらの記述を参考にした部分があることもお断りしておく。

2. 素性の階層性

　（1）のように、ただ素性が整列しているだけの表示においては、音韻過程や音韻規則の記述を考えるといくつかの限界が生じてくることが指摘されている(e.g., Clements 1985、McCarthy 1988、Sagay 1986)。たとえば、素性は類をなして音韻プロセスの対象(target)となったり引き金(trigger)となったりするが、各素性が羅列しているだけの表示では、そのサブグループがグループをなしていると明示することができない。そのような問題を解決しようと提唱されたのが階層的素性配列あるいは素性階層理論である。以下、この枠組みを用いることによって問題がどのように解決されるか、例を挙げながら述べる。

　同化現象は、多くの言語で見られ、さらにその様態も多くの言語で似ている。たとえば調音点の同化は非常によく見られる音韻現象であり、たとえばClements (1985)が示すように、英語では（2）のように、舌頂音[t d n l]に舌頂音が後続した場合、調音点の**逆行同化**(regressive assimilation)が起こり、歯音の前では歯音になり、歯茎音の前では歯茎音のままで、*r* のような後部歯茎音の前では後部歯茎音となる(Gussenhoven and Jacobs 2017: 233)。

第 5 章　素性階層理論・不完全指定理論　　　　　　　　　　107

(2)　a. i[n̪] Rome
　　　b. a[l̪] there
　　　c. i[n̪] Thirsk
　　　d. [t̪]ry
　　　e. ge[t] red
　　　f. wi[d̪]th

舌頂音の持っている素性を (3) のように仮定すると、この現象を、(1) をベースとした規則で記述しようとすると、(4) のようになるだろう。

(3)　　　　　　　　　θ ð　　　t d n l　　r
　　　CORONAL　　　√　　　　√　　　　√
　　　anterior　　　　＋　　　　＋　　　　－
　　　distributed　　　＋　　　　－　　　　－

$$(4)\begin{bmatrix} \text{CORONAL} \\ -\text{continuant} \end{bmatrix} \to \begin{bmatrix} \alpha \text{ anterior} \\ \beta \text{ distributed} \end{bmatrix} / \_\_ \begin{bmatrix} \text{CORONAL} \\ \alpha \text{ anterior} \\ \beta \text{ distributed} \end{bmatrix}$$

規則 (4) は、英語の調音点の同化現象 (2) を記述できているものの、なぜこの規則となるのかの必要性が表現できていない。つまり、他の素性、たとえば[anterior]の代わりに[nasal]が使われている別の規則 (5) も簡単に書ける上、(5) は、(4) と同等に一つの規則であるが、言語を見てみると (4) はよく見られても (5) は稀である(Clements 1985: 237)。つまり、線状音韻論の規則においては、言語として自然な規則も不自然な規則も同等のものとして等しく生成できてしまう。よく見られる音韻過程は説明するがそうでないプロセスは生成しない理論の方が、そうでないものより良いと考えるとすると、理論としては弱いと言わざるを得ない。

$$(5)\begin{bmatrix} \text{CORONAL} \\ -\text{continuant} \end{bmatrix} \to \begin{bmatrix} \alpha \text{ nasal} \\ \beta \text{ distributed} \end{bmatrix} / \_\_ \begin{bmatrix} \text{CORONAL} \\ \alpha \text{ nasal} \\ \beta \text{ distributed} \end{bmatrix}$$

階層的素性配列の枠組みでは、素性は（第4章で議論された自律分節音韻論的な意味での）自律的で、層(tier)をなし、ある類をなす素性はそのグループで節点(node)の下にまとまる。この考え方は、層がそれぞれ自律して類をなし音韻のパターンに関係するという自律分節音韻論のコンセプトを援用したものである(Clements 1985)。さらに、素性のグループ間にはハイエラキーがあり、ある素性の類は依存する上のレベルの節点の下位に属する。最高レベルは root node である。イメージとしては、(6) (Clements 1985: 229)である。aa'が root tier、bb'が laryngeal tier、cc'が supralaryngeal tier、dd'が manner tier、ee'が place tier となっている。Manner tier と place tier は supralaryngeal tier という上のレベルの節点下にあることがわかる。

(6) Clements (1985: 229, (3))を再作図[68]

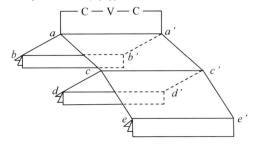

これと、自律分節音韻論に備わっている拡張(spreading)と解除(delinking)の装置を使うと、(2) のプロセスは (7) のように[CORONAL]素性の拡張として記述できる。以下、該当の節点より上部にある構造については省略して記す。

---

[68] 再作図許可 2008@Cambridge University Press

(7)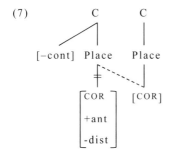

　また、同じく英語の調音点の同化現象であるが、(8)にみられるように、[t d n]が語境界を超えて後続子音の調音点に同化する(Gussenhoven and Jacobs 2017: 241)。これは**随意的**(optional)な同化であるが、この現象は、(9)のように、Place 接点の拡張と解除として記述できる（語境界の表示は省略する）。

(8) a. θɪn　　θɪm bʊk　　*thin book*
　　b. ðæt　　ðæk kʌp　　*that cup*
　　c. gʊd　　gʊb bɔɪ　　*good boy*
　　d. tɛn　　tɛm maɪlz　*ten miles*
　　e. ðæt　　ðæt naɪt　　*that night*

(9)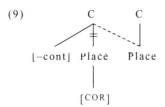

　声の同化も通言語的によく見られる現象である。たとえば、(10)に示すように、イギリス英語の Yorkshire 方言と Durham 方言では語境界を超えた子音連続で**後語彙的**(post-lexical; 後語彙的な性質については第 6 章を参照)に声の逆行同化が起こる(Gussenhoven and Jacobs 2017: 242)。RP は Received Pronunciation（容認発音）の略である。

(10)　　　　　　　　　　Yorkshire　　Durham　　Cf. RP
　　a. *white blouse*　　　[tb]　　　　[db]　　　[tb]
　　b. *wide shot*　　　　 [tʃ]　　　　[dʃ]　　　[dʃ]
　　c. *ripe beans*　　　　[pb]　　　　[bb]　　　[pb]
　　d. *drab conditions*　 [pk]　　　　[bk]　　　[bk]
　　e. *black velvet*　　　[kv]　　　　[gv]　　　[kv]
　　f. *five votes*　　　　[vv]　　　　[vv]　　　[vv]
　　g. *rough boys*　　　　[fb]　　　　[vb]　　　[fb]
　　h. *this village*　　　[sv]　　　　[zv]　　　[sv]
　　i. *bad joke*　　　　　[ddʒ]　　　 [ddʒ]　　 [ddʒ]
　　j. *live performance*　[fp]　　　　[vp]　　　[vp]
　　k. *Bradford*　　　　　[tf]　　　　[df]　　　[df]
　　l. *that night*　　　　[tn]　　　　[dn]　　　[tn]
　　m. *at last*　　　　　 [tl]　　　　[dl]　　　[tl]
　　n. *all true*　　　　　[lt]　　　　[lt]　　　[lt]
　　o. *in Spain*　　　　　[ns]　　　　[ns]　　　[ns]

この現象は、(11)のように、Laryngeal 節点の拡張と解除として記述できる（語境界の表示は省略する）。

(11) a. Yorkshire　　　　　　　　　b. Durham

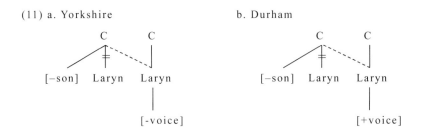

このように、同化現象に対して、節点が拡張するという説明を支持するデータが通言語的にも多く見られるため、その点からしても、階層的素性配列の枠組みのように、素性が集まりをなして構成素を作りそれが階層的な構造をなすという考え方が支持されると Clements (1985: 232)は述べている。**非線状音韻論**(non-linear phonology)では、同化現象は、一般的に、トリガー

である節点や素性がターゲットに拡張するというふうに捉えることができるというわけである。

遠隔同化(long distance assimilation)も階層的素性配列と相性が良く、この枠組みを使った説明がなされることがあるが、不完全指定と関わることが多いので、次節で扱う。

階層的素性配列の枠組みは、音韻過程のみならず、分節音のタイプを表示するのにも提唱されている。たとえば、**副次調音**(secondary articulation)や**同時調音**(double articulation)のような複雑な分節音である**複合分節音**(complex segments)や、破擦音のような**変調分節音**(contour segments)の表示がそれで、たとえば同時調音は(12)のように該当の節点の下に関係のある素性がどちらも表示されているというように表示できる。

(12) 同時調音の表示

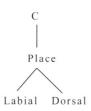

階層的素性配列の枠組みが提唱され、1980年代後半から、妥当な素性配列 (geometry) のありかたを巡って議論が活発になされた。たとえば、(6)にある manner 節点・層に関しては、Place 節点・層や Laryngeal 節点・層とは違い、この節点全体でパターンをなす音韻プロセスが見つかっていないという言語事実から(McCarthy 1988)、グループとして構成素をなさない構造が一般的となった。また、同様に[consonantal]と[sonorant]がある音から隣接の音へ**転移**(transfer)する事例がないことから、これらの素性は root 接点を構成する要素とすることが一般的となった。このように、どの素性が類をなすか（あるいは geometry で表現すると節点となるか）は、音声的な事実（特に肉体的調音音声学的事実）ではなくて、音韻パターンから決まると Clements (1985, 2006)はしている。

階層的素性配列の全体像にも、いくつかの提案がなされた。たとえば Clements and Hume (1995)他は、子音と母音の place が同じ素性で表示され

る Unified Place Theory を提唱し、それによって子音と母音の相互作用が説明される。たとえば、子音の**口蓋音化**(palatalization)は、多くの言語において**前舌母音**(front vowels)が後続するときに起こるが、前舌母音も口蓋音化する子音も同じ素性、たとえば[coronal]、を持つと分析することによって、この現象を同化現象として捉えることができる。子音と母音を同じ素性で表示する方法はその後 Morén (2003, 2006)などでも提案されている。
（13）は Clements and Hume (1995: 292)の、そして（14）は、Gussenhoven and Jacobs (2017: 238)の素性配列である。(14)も、子音母音どちらにも汎用性のある構造であることがわかる。

(13) Clements and Hume (1995: 292)

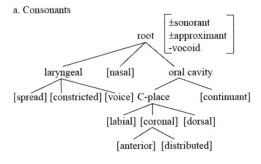

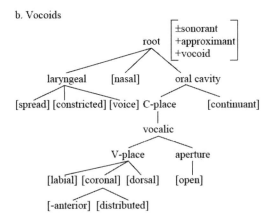

(14) Gusenhoven and Jacobs (2017: 238)[69]

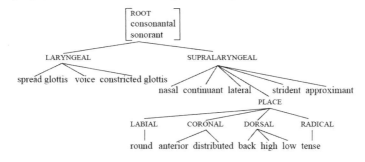

　また、全体のみならず節点の内部つまり構成素の中身も、素性はフラットな構造をしているのではなくて階層的であるという提案(e.g., Avery and Rice 1989)もされている。

　階層的素性配列は、音韻表示の問題であり、音韻表示をどのようにするかは、現代に続く音韻論の大きな課題の一つである。何度も引用されているMcCarthy (1988: 84)をここでも引用すると、"simply put, if the representations are right, then the rules will follow"である。その意味では、素性そのものの議論や次に議論する素性の指定の度合い、素性の普遍性とも大きく絡んでくる。たとえば、本節で議論した階層的素性配列は普遍的なものであるという前提で提案されたものが多いが、素性間のハイエラキーは言語により異なり**創発的**(emergent)に決まる（Dresher 2009 など）という提案もされている。素性の普遍性については第4節で論じる。

3. 素性の指定

　素性の表示に関して、*SPE*の後に盛んに論じられるようになったもう一つの論点は、形態素の基底形、あるいは基底に限らずとも音韻のいろいろなレベルにおいて、表示に**余剰**な(redundant)素性の指定がどれくらい含まれるべきか、もしそのような素性の指定が含まれないとしたらどの時点で指定されるべきか、また何をもって余剰とするか、という点で、この議論は、**不**

---

[69] 素性の名前はフルに記した。Gusenhoven and Jacobs では place 素性[LABIAL][CORONAL][DORSAL][RADICAL]は、**単項**(univalent)**素性**、その他の素性は**二値**(binary)**素性**としている。

完全指定理論(Underspecification Theory)と呼ばれている。このとき、音韻表示に素性（あるいはその値）が指定されていない状態を、その素性（値）に関する**不完全指定**(underspecification)という。

たとえば、有声[+voice]か無声[-voice]かという対立は、共鳴音においては予測が可能であり、共鳴音であれば有声音である。つまり[+sonorant]であれば[+voice]である。したがって、[±voice]の指定は[+sonorant]においては余剰であるから、[+sonorant]→[+voice]という、適用環境を指定しない(context-free)**余剰規則**(redundancy rule)・**デフォルト規則**(default rule)を設定すれば、共鳴音には[±voice]を指定する必要がない。このときに、共鳴音には[±voice]を指定しない、とするのが、不完全指定の一つの考え方である。

前節で触れた階層的素性配列に関しても（素性の不完全指定の議論自体は、素性の階層構造からは独立したものであるものの）、たとえばClements (2001)は、geometryの全体構造自体は普遍的であるものの、そこに用意されているすべての素性及び構造をすべての言語で使う必要はなく、特定言語では、その言語に必要なだけ表示があると言っており、不完全指定の考え方を示している。

完全指定で言語が説明できないわけではない。*SPE*では、すべての弁別素性の値（+、-）は音韻規則がかかる前に指定され、そのレベルでは素性の指定がすべてフルにしてある**完全指定**(full specification)モデルである。しかし、言語の状態（音韻目録や音韻プロセス、有標性など）を見ると、音韻パターンには非対称性が見られ、それを説明できる一つの方法が、不完全指定を仮定することである。つまり、ある段階ではある素性が指定されていないと考えると、そういった非対称性をなす音韻パターンがよりはっきりと説明されるという側面がある。以下に、不完全指定を仮定すると説明力が上がる音韻現象の例をいくつか挙げる。

日本語の連濁では、形態素の先頭で阻害音の声の交替がある。無声阻害音から始まる形態素（15a）が複合語形成やある種の接辞添加で第2要素の位置に来た場合、有声阻害音で発音される（15c）（第1要素の場合は、無声阻害音の異形態が現れる（15b））。

第 5 章 素性階層理論・不完全指定理論

(15) a. [t]ori 'bird'
　　b. [t]ori+me 'night blindness' cf. *me* 'eye'
　　c. oya+[d]ori 'parent bird' (Vance2016: 3)
　　d. isi+[k]abe, 'stone wall' (Vance2016: 7), *isi+[g]abe
　　e. [k]ame 'turtle' ~ umi+[g]ame 'sea turtle' cf. *umi* 'sea'
(Vance2016: 3)

連濁は、形態素の最初以外に有声阻害音があると阻止される（15d）（ライマンの法則）。しかし、共鳴音は連濁を阻止しない（15c, e）。ここで、連濁には[+voice]が関与していると考え、そして、ライマンの法則は、語中の有声阻害音の[+voice]が引き起こしていると分析するとする。つまり、形態素に[+voice]が二つ指定されるのを避けるために連濁が起きない、と分析するとする。[70]すると、もし共鳴音に[+voice]が指定されていると、共鳴音が形態素の語中にあるとき、有声阻害音がある時同様、連濁が阻止されると予測されるが、実際にはそうはならず（*oya+[t]ori, *umi+[k]ame）連濁が起こる。そこで、共鳴音には（少なくとも連濁のかかる段階では）[+voice]が指定されていないと分析すれば、語中に共鳴音がある形態素が連濁を起こす（が有声阻害音がある形態素は連濁を起こさない）ことが説明できる。つまり、共鳴音には[+voice]が指定されていないが、有声阻害音には[+voice]が指定されており、この[+voice]の有無の別が連濁を阻止するか否かに関係し

---

[70] 漢語と和語を比べると、ライマンの法則を、voice に関する OCP (Obligatory Contour Principle, OCP-voice)、つまり、同一形態素内に二つの[+voice]が指定されるのを避けると解釈するには問題があるという指摘もある（Vance, Hirayama and Masuda 2023）。漢語も、和語同様、二つの形態素からなる binom の語中に有声阻害音があれば連濁は起きない。しかし、和語と違って、同一 binom 内に有声阻害音が二つあることは多分にありうる（が和語ではそのような形態素はない）。つまり、OCP-voice は和語の形態素の形にかかる制約(morpheme structure constraint)ではあるものの、漢語の binom はこの限りではない。それにもかかわらず、連濁におけるライマンの法則は和語でも漢語でも同じようにその効果を発揮する。したがって、ライマンの法則を OCP-voice と解釈することには疑問が残る。

ていると説明できる。

　日本語の mimetics における口蓋化現象(palatalization)でも、不完全指定が提案されている(Mester and Ito 1989)。(16) (Mester and Ito 1989: 268, (10)) に見るように、口蓋化した語と口蓋化していない語のペアがあり、それぞれのペアには共通の意味があるので、共通の語幹があると分析できる。Mester and Ito の分析によれば以下である。この口蓋化は、「uncontrolledness」（無制御性）という意味の形態素であり、この形態素は、口蓋化を起こす[+high, -back]という素性からなっている（πと呼ぶ）。この素性形態素 π は浮遊(floating)素性であり、それが語幹を右端から左に向かってサーチして、最初の舌頂音子音にくっつく（16b-e）。もし舌頂音が一つもなければ、π は左端の子音にくっつく（16a）。r は音声的には舌頂音であるにも関わらず、口蓋化しない（16f）。

(16) a.　poko-poko　　　'up and down movement'
　　　　p^{y}oko-p^{y}oko　　'jumping around imprudently'
　　b.　kata-kata　　　'homogeneous hitting sound'
　　　　kat^{y}a-kat^{y}a　　'nonhomogeneous clattering sound'
　　c.　kasa-kasa　　　'rustling round, dryness'
　　　　kas^{y}a-kas^{y}a　　'noisy rustling sound of dry objects'
　　d.　pota-pota　　　'dripping, trickling, drop by drop'
　　　　pot^{y}a-pot^{y}a　　'dripping in large quantities'
　　e.　zabu-zabu　　　'splashing'
　　　　z^{y}abu-z^{y}abu　　'splashing indiscriminately'
　　f.　noro-noro　　　'slow movement'
　　　　n^{y}oro-n^{y}oro　　'(snake's) slow wriggly movement'

自律分節音韻論的に分析すると、これは（17）のように分析できる。（(17)は Mester and Ito 1989 の表示に筆者が[coronal]を加筆したものである。また節点などの表示は簡素化して記す。）π が語幹を右端から左に向かってサーチして、最初の舌頂音、つまり[coronal]を持った子音、にくっつくのは（17a）と表現できる。舌頂音が一つもない時に π が左端の子音にくっつく（16a）は、（17b）のようになる。r が音声的には舌頂音であるに

第5章　素性階層理論・不完全指定理論　　　　　　　　　117

も関わらず、口蓋化のターゲットとならずスキップされる（16f）は、rに
は基底で[coronal]が指定されておらず、それゆえこのプロセスの起こる段
階では[coronal]を持っていないからターゲットにならずにスキップされる
（17c）と説明されるという。

(17) a. pota-pota ~ pot^{y}a-pot^{y}a

b. poko-poko ~ p^{y}oko-p^{y}oko

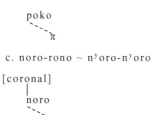

c. noro-rono ~ n^{y}oro-n^{y}oro

[coronal]
　|
noro
　╲
　　π

まとめると、この口蓋化プロセスにおいて、音声的には舌頂音であるにも関
わらず、このプロセスのターゲットになる（r 以外）かならない（r）かと
いう点で、r 以外の子音と r の間に非対称的なパターンが見られるわけであ
るが、それは、前者は[coronal]という素性を持ち、後者はこの素性を持た
ないという分析をすることによって説明できる。[71]

　不完全指定のもう一つの例は、**遠隔同化・異化**(long-distance
assimilation/dissimilation)である。ここではラテン語の l と r に関する異化
現象を扱う(Gussenhoven and Jacobs 2017: 83)。ラテン語では（18）に見
られるように、形容詞の接尾辞で *alis*~*aris* の交替がある。(18a, b) を見る
と、**ベース**(base)に[+lateral]があれば *aris*、なければ *alis* が生起する。し
かし (18c) を見ると、ベースに[+lateral]がある（l がある）のにも関わら

---

[71] Mester and Ito (1989: 273–276)は、口蓋化の他にも、日本語の r が
[coronal]に関して不完全指定である論拠を提示している。

ず接尾辞は *alis* である。

(18) a. nav-alis 'naval'
   crimin-alis 'criminal'
 b. sol-aris 'solar'
   milit-aris 'military'
 c. flor-alis 'floral'

Steriade (1987)の分析(Gussenhoven and Jacobs 2017: 83–84)では、ラテン語の流音 *r* と *l* は流音という類の中で[±lateral]で区別されており、この二音の対立を区別するのはこの素性[±lateral]であるから、このように対立に寄与する素性は該当の音に指定されるとする。すると、*r* は[-lateral]、*l* は[+lateral]が指定され、その他の音、つまり非流音、は、基底では[+lateral]も[-lateral]も指定がされない。そうすると、この接尾辞の交替は、ベースの中で指定のある[±lateral]のうち、後続の接尾辞に一番近い、つまりベース右端に一番近い、[±lateral]と反対の素性値を持つ接尾辞が生起する、と分析できる。つまり、たとえば *milit-aris*（18b）では、ベース末の子音 *t*（や頭の *m*）は[±lateral]に関して指定がなく、流音である *l* のみが[±lateral]に関して指定されておりこれがベース右端の[±lateral]（この場合は *l* であるから[+lateral]）で、それゆえにそれと値の異なる[-lateral]の *aris* が生起する。(18c)に関してはベース末に一番近い[±lateral]指定は *r* の[-lateral]であるので、[+lateral]を持つ *l* が使われている *alis* が生起する。

以上に見たように、不完全指定を仮定することで、音韻パターンの説明ができる。

不完全指定を論じる上で、どの素性が指定されていないかと裏腹の関係にあるのが、どの素性が指定されるべきなのかという点である。つまり、どういった証拠をもって、ある素性が指定される・されないと分析できるのかという点も重要な論点となる。この点で、これまで**根本的不完全指定**(Radical Underspecification) (e.g., Archangeli 1984, 1988)、**対比的不完全指定**(Contrastive Underspecification) (e.g., Steriade 1987)、Combinatorial Specification (Archangeli and Pullyblank 1994)、**新対比的不完全指定**

(Modified Contrastive Specification) (e.g., Avery and Rice 1989, Dresher 2009, 2018, Dresher, Piggott and Rice 1994)などの提案がされてきた。以下、根本的不完全指定(RU)、対比的不完全指定(CU)、新対比的不完全指定(MCS)の 3 つを取り上げる。RU、CU、MCS の提唱時に共通していたことは、素性のセットは普遍的にあり、そこからそれぞれの言語で、弁別的な素性を使う、ということである(Dresher, Piggott and Rice 1994: vii)。[72]

RU では、基底の表示では、予測できることは文法にまかせ、レキシコンはなるべく最小にするという**語彙情報の最小性**(Lexical Minimality) (e.g., Chomsky and Halle 1968)のモデルを最大限に援用した表示をするというのが基本的な考え方である(Steriade 1995)。このモデル自体は、そもそも生成文法ではしばしば前提とされてきたモデルである。これによって、基底形では形態素を区別できるほどに指定してある必要はあるが、音韻情報としては最低限にしておくという前提が生じる。

RU では、どの素性の値が基底で指定されないかが決まるのに、二つのタイプの予測可能性が重要になる。一つ目は、素性に関する**共起**(co-occurrence)条件から予測できるかという点で、予測できる素性は基底に指定しない。前述したように、共鳴音であれば[+voice]であることは予測可能なので、共鳴音の基底形には[(+)voice]は指定しなくて良いという例がこれにあたる。他の例としては、高母音であれば[-low]であることが予測可能なので、高母音の基底形には[-low]を指定しないでよい。これらに関しては、RU ではデフォルト規則（たとえば前者であれば[+sonorant]→[+voice]）を設定する。

もう一つの不完全指定のタイプは、一つ目に該当しない場合と考えられるが、ある素性の値（±）のうちどちらかが基底に指定されるが、それは UG によって決まり、より有標である方が基底に指定されるとする。阻害音に有声音と無声音/p b t d k g/がある言語を例にとると、この言語において阻害音では[voice]は弁別的である。このとき、語彙情報の最小性の観点からは、有声阻害音/b d g/に[+voice]を指定するか無声阻害音/p t k/に[-voice]を指定するかのどちらかで良いが、UG によると前者の方が有標なため、基底形では有声阻害音/b d g/に[+voice]を指定し無声阻害音/p t k/には[-voice]

---

[72] 素性の普遍性に関するその後の展開は、第 4 節で論じる。

を指定しない。

　しかし、特定言語の音韻パターンを見て、UG の方向と反対の音韻事実があれば、この限りではない。たとえば阻害音に有声音と無声音がある言語で、音韻プロセスから阻害音で[-voice]が使われることがあれば、その言語では基底形で、有声阻害音/b d g/に[+voice]を指定せず、無声阻害音/p t k/に[-voice]を指定する。また、ある素性のある値[αF]に言及する規則の直前に[αF]を指定する余剰規則を適用するという規則順序を制約として課す提案もなされた(Abaglo and Archangeli 1989（Steriade 1995 から引用））。このような追加事項があるものの、もしそのような必要がなければ語彙情報の最小性を優先させるのが、RU の考え方である。

　CU でも、RU と同じように、共起条件により完全に予測できる素性の値に関しては基底形には指定しないとし、余剰規則を設定する(Dresher, Piggott and Rice 1994)。たとえば共鳴音は[voice]の指定が基底にはなく、[+sonorant]→[+voice]という R-rule が設定される。しかし、CU が RU と異なる点は、語彙情報の最小性を優先せず、弁別的な素性に関しては、その値[±F]をどちらも基底形で指定する、とする点である。たとえば、阻害音に有声音と無声音/p b t d k g/がある言語では、阻害音では[voice]は弁別的であるから、基底形では有声阻害音/b d g/に[+voice]を指定し、無声阻害音/p t k/には[-voice]を指定する。これら弁別的な素性の値を指定する規則は D-rules と呼ばれ、それによって指定された値は D-values と呼ばれる。上述（18）のラテン語の例もこの類で、流音の l と r を弁別するのに必要な[±lateral]がこの二つの音には指定される。

　CU にとって R-rule によって決まる R-values と D-rule によって指定される D-values の区別が重要であるが、Dresher (2009)、Dresher, Piggott and Rice (1994)によると、CU の問題点は、どの素性が余剰的（つまり R-values）でどの素性が対比的（D-values）なのか、この二つのタイプの別を決めるきちんとした法則が提言されていないことだという。Steriade は、たとえば狭窄(stricture)性は調音点より優先され、調音点の対立は狭窄の対立のもとで決定されるなどの提言をしたものの、どの素性が**対比的**(contrastive)となるのかの一貫したメカニズムが提唱されなかった。たとえば、/i e a o u/の 5 母音システムの言語があったとして、non-low 母音に関しては、[back]と[round]はどちらかが指定されていれば良く両方指定され

る必要はないわけであるが、この時この二つの素性[back][round]のどちらが指定されるべきなのかについて、きちんとした基準がないということは、恣意的な選択によって決定されるに等しくなってしまう(Dresher 2009: 129)。

また RU にも限界がある。たとえば、Mester and Ito (1989: 276)、田中(pc 2023 年 10 月)も指摘するように、前述した日本語の r の例をとると、RU に従うと、[coronal]は日本語では無標の調音点であり日本語の音素すべてについて不完全指定になっていることが予測されるが、実際の音韻パターン（口蓋化など）を見ると、r は[coronal]に関して不完全指定であるが他の舌頂音は[coronal]が指定されている。RU ではこの現象を説明できない。[73]

これらの問題を解消し、また、それまで**対立**(contrast)に関して Trubetzkoy や Jacobson and Halle などが提唱してきた考え方や、**有標性**(markedness)の考え方、そして素性の階層性を加味して形式化したのが MCS である。

MCS では、音韻の複雑性(complexity)に注目して、有標性と対立を反映させた指定を考える(Avery and Rice 1989, Dresher and Rice 1993, Dresher, Piggott and Rice 1994, Dresher and van der Hulst 1998)。ここでの考え方の根幹をなすのは、ある言語においては、その言語で音韻的に対立に関与する(contrastive)素性のみが音韻のパターンに寄与するということである。これを Hall (2007)は Contrastivist Hypothesis と呼ぶ。そのため、MCS では、RU や CU と違って、論理的に導き出される余剰性(logical redundancy)という視点から指定を考えることは重要視しない。そうではなくて、当該言語における音韻（音素配列や交替事象など）を表現する時に必要であるという意味で音韻的に動的な(active) (Clements 2001)素性を反映させた指定であることが重要であるとする。その限りにおいては余剰な素性も指定されうる。逆に言えば、音韻的に動的な素性は対立に関与するということができる。つまり、当該言語の音韻パターンを見たとき、そこでの記述に必要な素性がその言語において指定に積極的に関わると考える。[74]

---

[73] Mester and Ito (1989)において有標性あるいは無標性の基準は複数あるとしている。

[74] 後語彙的には、これ以外の素性、たとえば区別を助長する特徴である拡

音韻パターンを記述するのに関係する素性、というときに MSC において重要な概念が有標性である。それぞれの素性には有標と無標の二つの値があるという前提のもと、有標な素性のみが該当言語の基底では指定されており、有標な素性は音韻パターンや交替で役を果たし、無標な方はその言語での音韻パターンでは積極的な役割を果たさない。その結果、有標な方のみが音韻の複雑性にかかわるとする。つまり、ある言語において、有標な素性がより多く指定されている音素は他の音素よりより複雑な構造をした音素となる。

具体的にどの素性が指定されているかについては音韻パターンを個別に見ることになり、たとえば、同化のプロセスで分節音間に非対称性がある場合、トリガーになる素性が有標であるという強い証拠となる(Rice 2007)。たとえば、/t/は/k/に同化するが、/k/は/t/には同化しないという非対称性が見られることがしばしばあるが、そのようなパターンが観察された場合、当該言語では/k/が/t/より有標であると考える。これは、(19)に示すように、同化のプロセスでトリガーとなる素性がターゲットに拡張するとき、拡張する素性を持っている音（本例であれば/k/）がその素性を持っていない音（/t/）に拡張するという分析をすることができる。/k/は Place の下に dorsal が指定されているが、/t/は Place の下に指定がない。/k/は/t/に比べて、dorsal という素性を持っているという意味でより複雑かつ有標な構造をしている。

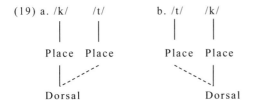

また、**語中音添加**(epenthesis)に用いられる分節音を、その言語の音素目録で最も複雑度の低い、つまり最も指定素性の少ない、音であると分析することも提案されている(e.g., Causley 1999, Dresher 2018)。この考え方は、

張(enhancement)素性（たとえば英語の r における円唇性）、が指定される。

MCSに特有ではなく、Archangeli (1984: 94)やMcCarthy and Prince (1994)などでも提案されている。

　MCSのように有標性を対立と関係させるという枠組みを想定すると、音韻の有標性のパターンは普遍的に決定されている（SPEなど）という考え方に拮抗する。つまり、有標性のスケールは、普遍的なものではなくて個別言語によって変わってくるという考え方となる。MCSでは、そのように言語間にバリエーションがある(Avery and Rice 1989, Rice 1996)という言語事実を言語の素性指定に組み込もうとしている。[75]

　MCSの特徴のもう一つの点は、ある言語の音素の対立全体の構造として、対立をなす素性が階層的な構造をなしているとするContrastive Hierarchy (Dresher 2009)である。有標性のありようが個別言語によるとするように、このハイエラキーも個別言語の音素の指定状況を反映したものとなる。たとえば、Dresher (2009: 57–58、2018)の分析によれば、アルチ(Artshi)語と日本語（東京方言）はどちらも母音目録としては/i e a o u/であるが、(20)のように素性指定ハイエラキーが異なる。両言語の音韻パターンを見ると、各母音の振る舞いが両言語で異なることから、ある素性の持つスコープが異なるという分析を反映している。アルチ語(20a)では、子音との相互作用パターンから、/u o/が[round]でその他/i e a/は[-round]であると分析できる。[round]がトップにくる[round]> [low], [high]のハイエラキーは、そのパターンを反映した指定を可能にする。これに対して日本語(20b)では、/i e/が[front]を持っているパターンが見られるが、それを反映したハイエラキーとして[front]がトップにある構造がそれを説明する。

---

[75] 音韻論における有標性一般に関しては、Rice（2007）を参照されたい。

(20) アルチ語と日本語の母音の素性指定ハイエラキー
 a. アルチ語 (Dresher 2009: 57, (23)): [round] > [low], [high][76]

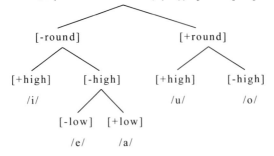

 b. 日本語 (Dresher 2018: 93, (8)): [±front] > [±open] > [±low][77]

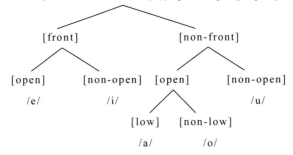

　以上のように、素性の指定に関しては、長い議論がされてきた。次節では、音韻素性は音声的実体を伴うのかという 2000 年代からの議論を扱う。

4. 素性（階層）の普遍性

　素性の階層的素性配列は、Clements (1985)では普遍的、つまりすべての言語で同じ構造である、とされていた(Clements 2006)。前述のように、階層的素性配列には、自然音類を説明しようとする目的があり、それはすなわち通言語的なパターンを反映させることであり、それが普遍的であるとする根拠であろうと思われる。しかし、前節で言及したように、音類には言語間でバリエーションがあり、有標性のスケールも普遍的なものではなく個別言

---

[76] 母音の記号とそれを囲むスラッシュは、(20b) に合わせた表記にした。
[77] [non-F]あるいは[-F]は無標の素性値であることを表す(Dresher 2018: 92)。

第 5 章　素性階層理論・不完全指定理論　　　　　　　　　　125

語によって異なるという提案(e.g., Avery and Rice 1989)もされていた。実際、近年では、素性は普遍的生得的(innate)なものなのかどうかという点が議論されている。

　Jakobson et al. (1952)、Chomsky and Halle (1968)、Clements and Hume (1995)などでは、素性は substantive なもの、つまり、音韻素性それぞれは固有の音声的な中身・実体を伴っているという前提で扱われており、そこでは、素性は普遍的なもので生得的なものとされていた。つまり人間はすべてそういった中身の普遍な素性を持って生まれてくるという考え方である。そこでは、異なる（しかも関係のない）言語間で同じ音類が繰り返し観察されることから、それを説明すべき存在の弁別素性は UG の一部であるという考え方が標準的なものである。そうすると、自然音類を生得的な弁別素性によって定義することができるわけである。また、音韻の中で素性に既に定義されているので、音声でもそのままその素性の内実が実現される(Scheer 2019)。たとえば、音韻で[labial]という素性があれば、音声ではそのままこれが処理されて唇音で発音されることになる。

　これに対して、音韻素性に音声実体はない(substance-free)という主張がなされている。この主張は、それぞれ議論の詳細な点は異なれど、Odden (2006, 2022)、Mielke (2008)、Dresher (2014)、Scheer (2019)、Rice (2018)などに議論されており、広く**音実質脱却音韻論**(Substance-free phonology)と呼ばれる議論(Blaho 2008、Hale and Reiss 2008、Odden 2006 など)と関係する。

　たとえば、Mielke (2008)は、素性は普遍的でも生得的でもなく、素性の音声的な中身・実体は、言語習得の過程で学習者が周りの言語環境から学習して創発的(emergent)に定義されるものであると主張する。このように主張する一つの理由は、不自然な音類(unnatural classes)の存在である。もし素性が生得的なものであれば、想定されている素性で自然音類の（ほぼ）全部をとらえられるはずだが、実際に 628 言語をみたところ、音韻プロセスで、トリガーやターゲットとしてグループをなすものを考えると、その 71%以上の音類をとらえられる素性理論はなく、また 24%のグループについてはどの素性理論によってもとらえられないという（p. 3）。つまり通言語的に、音韻プロセスには、音声的なコンテンツのある素性ではまとめられない不自然な音類が観察される。

このことから、Mielke (2008)は、言語に観察される自然音類や弁別素性は、生得的にあるわけでなくて、音声的な要因に基づく音変化などの結果そのようなパターンが出てくると主張する。素性ありきで言語音のパターンが出てくるのではなくて、パターンがあることから、その結果、学習者や言語学者が構築するものとして素性システムが出来上がるという。それまで生得的な素性が説明するとされてきた現象は、言語変化や**類似性**(similarity)といったコンセプトで説明されるため、弁別素性が生得的なものであると考える必要はない（p. 4）と主張する。

　Hale and Reiss (2008)やReiss (2018)は、音韻のいろいろな側面に関して、文法の一部をなすとされることが多いものについて議論し、音韻論で説明する必要はない側面があるとして音実質脱却音韻論を提唱している。たとえば、**音素配列**(phonotactics)は、母語話者のジャッジメントにも揺れがある場合があるなどの理由から、音韻の一部ではないと主張する(Reiss 2018: 435–437)。素性に関しては、生得的・普遍的であり、音声的な中身も有るとするが、音韻論の中ではプロセスは恣意的(arbitrary)であるという。つまり、音韻表示とそれが物理的に変換され（て発音され）るものの間には関係性があるが、音韻計算(computation)を行う音韻文法の中では両者（音韻表示と音声実現）に関係性はない、と主張する(Hale and Reiss 2008: 171)。[78]

　Odden (2022)は、Odden (2006)、Blaho (2008)の主張をRadical substance-free phonologyと呼び、音韻理論においては素性に音声的な中身は不必要かつ許してはならない、音韻文法のいかなる側面も音韻外（phonology-external）のsubstanceに言及することはないという。Radical substance-free phonologyは、Mielke (2008)やHale and Reiss (2008)同様、音韻外部の要因を音韻に帰することはないと主張するが、Mielke

---

[78] 関連した視点から、Scheer（2019）は、素性の音声的中身が恣意的であるという主張をしている。Scheerは、同じ「素性」が指定された音でも、言語間、あるいは同じ言語の話者でも話者間で、実際の音声にはバリエーションがあるということはこれまでもどの理論でも前提とされていたことであるが、どれくらいのバリエーションが許されるのかはあまり議論されてこなかった、と指摘している(pp. 110–111)。

(2008)と違って、素性に関することは（音声的コンテンツではなくて）音韻計算（computation）が決めるという(p. 503)。

Hall (2014)は、substance-freeな素性の考え方はFudge (1967)でも既に提唱されていることを指摘している。[79]Fudgeでは、やはり音声的に考えると不自然な音類が音韻には存在することから、音韻モジュールでは素性に音声的なコンテンツがないと考えざるを得ないとして、素性は数字番号やアルファベットの無意味な記号で表されている。たとえば、Tswana語の子音目録は、この言語の交替パターンから（21）のようにまとめられるとFudgeは分析している。ここで音声と無関係の番号（1、2、3）やアルファベット（A、B、C、a、b、i、ii など）がカテゴリーの名前に使われていることに注意されたい。そしてそれぞれの「素性」について、たとえば素性1であれば（22）のように規則が設定されている。

(21) Fudge (1967: 17, Table 8)によるTswanaの子音目録分析

		A	B				C
			i		ii		
			x	y	f	g	
1	a	p'	t'	tl'	ts'	tʃ'	k
	b	b	d/l			dʒ	ʔ
2	a	pʰ	tʰ	tlʰ	tsʰ	tʃʰ	kx/kʰ
	b	ɸ	r		s	ʃ	x/h
3		m	n		ɲ		ŋ

---

[79] Fudge (2006)によれば、Hjelmslevの提唱した言理学(Glossematics)においては、言語のさまざまな側面で形式(form)とその中身(substance)が区別され、論理的に形式は中身に先行するものであった。これは、substance-freeの思考であるといえよう。（ポッペ pc. 2023年10月。）

(22) Fudge (1967: 18)による Tswana 語の素性 1 の規則

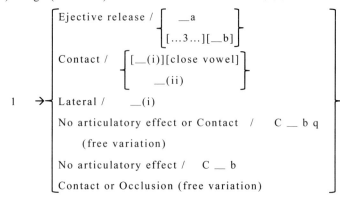

Hall (2014)は、しかし、たとえば Fudge の素性 1 は、[-spread glottis]という類(class)でも説明できることを指摘し、ある言語でその言語の音素を区別する対立に必要な限りにおいて、音韻の中で substance の果たす役割は一定程度あると主張している。ここで対立に必要な素性というのは、その言語において音韻的に必要な(active な)素性と解釈できるだろう。

　Dresher (2014)や Rice (2018)でも、素性は生得的なものではなく、言語習得の過程で創発(emerge)してくるものだという主張がされている。Dresher (2014)によれば、当該言語の音素目録を構成する素性を学習するのが学習者のタスクである。

　Rice (2018)は、有標性のスケールと音素目録について、これらが普遍であるという提案（有標性スケールは de Lacy 2006、音素目録に関する素性指定状態は Duanmu 2016）に反論し、言語間にバリエーションがあることから、有標性スケールや音素を構成する素性は普遍的ではないと主張している。たとえば、有標性スケールが普遍であるという立場では、舌頂音は無標で舌背音は有標であるとされている。そこで、無標な音が語中音添加に使われるという考え方（前述）で、実際にいろいろな言語を見て検証してみると、音添加に舌頂音が使われる言語もあれば舌背音が使われる言語もあるという。つまり、（統計的な傾向はあるけれど）無標な音が何かは言語によって異なる可能性がある。また、音素目録に関しても、「同じ」音素目録である言語が、音韻パターンに違いを見せるという例を、3 母音体系の Warlpiri 語と Nyangumarta 語から議論している。両言語の母音調和では、母音調和

を起こすトリガー母音と影響を受けるターゲット母音が異なるが、同じ母音体系であれば同じ素性指定状況になることが予測されるDuanmuのモデルでは、WarlpiriとNyangumartaの例のような、音韻パターンの言語間バリエーションを説明できないと指摘する。[80]

　以上のように、素性の音声的コンテンツや言語間バリエーションの観点から、素性は普遍的・生得的なものではなく、創発的であるという考え方を支持する議論がある。

　もしそうだとすると、では音韻には何が残るのか、という問いが浮かぶ。これに対していくつかの見方が出されている。Reiss (2018)は、音韻の何がsubstance-free かについて、まだまだ議論していくべきであるという。Rice (2018)は、音韻に重要なのは対立の概念であり、音韻パターンを見ていけば当該言語の対立のありようが、そしてどんな素性がその言語で重要なのかといったことが議論されるが、この時に音声がどのように関わってくるのか、研究すべき領域であるという。今後の議論が待たれる。

---

[80] (20)のアルチ語と日本語の母音目録の例と同類である。

第 6 章 語彙音韻論と形態インターフェイス

本間 猛

1. はじめに

　この章では、**語彙音韻論** (Lexical Phonology) における音韻部門と形態部門のインターフェースついて考察する。語彙音韻論は、語彙部門（レキシコン）内部における音韻部門と形態部門の相互作用についての理論であると同時に、音韻規則同士の関係、その中でも特に**規則の順序付け**(rule ordering)についての理論であると言える。そこでまず、SPE 理論 (Chomsky and Halle 1968) から語彙音韻論に至るまでの規則の順序付けに関わる理論について考察し、その後、語彙音韻論の理論的仮定を概観する。具体的な規則の相互作用については、主に英語の現象を例に考察することにする。

2. 音韻規則

　SPE 理論において、統語部門が出力として表層構造[81]を構築したのち、さらに音韻部門は、音韻表示によって示される表層構造(音韻表示)を入力とし、これに音声解釈を行うことで音声表示を出力とする。つまり、音韻規則は音韻表示を音声表示に変換する働きをもつ。音韻規則には一定の形式があり、また、その適用に関して順序を考える必要がある。ここでは、規則の形式と順序について概観する。

2.1 規則の形式

　音韻規則は、(1) のような形式を持つ。

　　(1) A → B/X ＿ Y

---

[81] SPE 理論では、統語部門の出力である語彙目録的表示による表層構造は、再調整規則によって修正を受け、音韻部門への入力となる。これは音韻表示と呼ばれる（第 1 章参照）。

A, B, X および Y は、なんらかの音韻的単位であり、通常、素性の集合で表される。矢印 → は「〜として実現する (is actualized as)」という意味であり、斜線 / は「次の環境において」、下線 __ は「この位置において」を意味する。X と Y は、それぞれ、A の左側の環境と右側の環境である。したがって、(1) は「X と Y の間において、A は B として実現する」ことを示している。A, B, X および Y は、空 (null) であることもあり得る。

具体的な音韻規則として、(2) の g-削除を取り上げる[82]。ϕ は空であり、# は語境界を表す。

(2) g-削除規則
　　g → ϕ /[+nasal] __ #

(2) は、*long* [lɔŋ] と *longest* [lɔŋgəst] に見られる [ŋ]と[ŋg] の交替に関わる規則である。形容詞 *long* は、基底において、その語末に子音連鎖 /ŋg/ を持っていると仮定されるが、接辞が付加されない場合（つまり、語境界の前という環境では）、語末の /g/ が削除される。-*est* が続く場合は、そのまま [ŋg]が残るというわけである。

2.2 規則の順序
2.2.1 線形順序

SPE 理論では、音韻規則は**線形順序** (linear order) をなすとされている。(3) にその定義を、(4)に線形的に順序付けられた規則による派生を図式的に、それぞれ示す。

(3) 線形順序
　　規則は、1 番目から n 番目まで、順番に配列されて、その順番の通りに適用される。すなわち、各々の規則は、それに先行する適応可能な規則が適応された結果に適応される。

---

[82] Halle and Mohanan (1985) の定式化による g-削除(g-deletion)を参考にした。後述するように、この規則に先んじて鼻音同化規則が仮定されている。

(4) 線形的に順序付けられた規則による派生
　　　基底形　　　　　　　　　　　　　　　　　　　表層形
　　　音素表示　　規則 1 →　規則 2 →　… →　規則 n →　音声表示

規則の間に順序が存在することの例として、先に挙げた、*long* [lɔŋ] と *longest* [lɔŋgəst] に見られる [ŋ]と[ŋg] の交替を取り上げる。この交替には、先に挙げた規則 (2)の g-削除規則の前に、(5)の鼻音同化規則が順序付けられている。英語においては、子音の前の鼻音の調音位置は基底形では未指定であり（もしくは、指定されていても）、(5)の鼻音同化規則により、その調音位置が決定されると考えることにする。その根拠の詳細については、紙面の関係で省略する。*long* の表層形である[lɔŋ] は、（例えば）/lɔng/ に(5)の鼻音同化規則が適用されて/lɔŋg/ となり、さらに(2) の g-削除規則によって語末の/g/ が削除されることによって得られる。

(5) 鼻音同化規則
　　　[+nasal] → [α place] / __ [C, α place]

つまり、鼻音同化規則 (5) は、g-削除規則 (2) に先行して適用されるように線形的に順序付けられているとすると、(6a) で示すように適正な音声形が得られる。しかし、もしこの順序を逆にしてしまうと (6b) で示すように適切な音声形が得られない。

(6) *long* [lɔŋ] に関わる規則の順序

基底形	a.	/lɔng/	b.	/lɔng/
	鼻音同化	/lɔŋg/	g-削除	/lɔn/
	g-削除	/lɔŋ/	鼻音同化	/lɔn/ (不適用)
音声形		[lɔŋ]		*[lɔn]

ところで、この順序付けが個別文法内で指定される**外在的順序** (extrinsic ordering) なのか、はたまた、一般的原理に基づいて予測できる**内在的順序** (intrinsic ordering) なのかについては一考の価値があるので、後に考察する。両者の違いは(7)のようにまとめられる。

(7) 規則の順序のしくみ
　　a.　内在的順序: 普遍的一般理論に基づくもの
　　b.　外在的順序: 一般理論によらず、個別文法内で規定されるもの

SPE 理論では、内在的順序として、**循環順序** (cyclic order)や**排反的順序** (disjunctive order) が想定されている。以下に、それぞれを見てみる。

2.2.2 循環順序

SPE 理論では、音韻規則は、**循環規則** (cyclic rules) と**非循環規則** (noncyclic rules) とに大別される。循環規則は、(8) で示すような適用順序を持った規則である。非循環規則は、循環規則に先立って、あるいは循環規則の適用後に、1 回だけ適用される。

(8) 循環順序
　　　線形順序をなす規則群 *R* が、音韻表示で示された括弧の中の最も内側の構成素に対して適用された後に、その括弧は消去される。その後、新たに最も内側となった括弧の中の構成素に対して、再度規則群 *R* が適用される。このような循環的適用が、音韻過程の最大領域である音韻句 (phonological phrase) のレベルに到達するまで、繰り返し適用される。(SPE p.60)

例えば、*theatricality* という語は、(9)のように音韻表示される。分節音は、本来は素性の束で表示されるが、ここでは綴り字で代用している。また、ここでは多数ある規則の中で、強勢に関わる規則に注目する。

(9) [$_N$ [$_A$ [$_N$ theater]$_N$ + ical]$_A$ + ity]$_N$

循環規則は、まず、(9)の最も内側の構成素である [$_N$ theater]$_N$ に対して適用される。強勢に関わる規則によって、第 1 音節に強勢が付与される。その後、両側の括弧が消去される。新たに最も内側の構成素となった [$_A$ theatr + ical]$_A$ に対して、再び循環規則が適用される。第 2 音節に主強勢が付与され、第 1 音節の強勢は弱められる。その後、両側の括弧が消去される。

そのようにして得られた [N theatr + ical + ity]N 対して、さらに、循環規則が適用されることになり、結果として次次末音節 (antepenultimate syllable)に主強勢が付与され、第 1 音節と第 2 音節の強勢は弱められ、*thĕàtricálity* が得られる。

　1 組の括弧内の構成素に対して循環規則が適用される過程を、1 サイクルと呼ぶ（例えば、(9)の例では、全体で 3 サイクルの過程があったことになる）。ちなみに、循環順序をなす規則群に属す規則の間では、1 つのサイクルの中で、線形順序が守られていることになる。

2.2.3 排反的順序

　SPE 理論では、(10)の規則のように丸括弧 ( ) を用いて、規則の式型を折りたたむ (abbreviate) 仕組みを提供している。(10a) は、(10b) と (10c) の二つの規則を折りたたんだものである。ちなみに、(10)は英語の動詞及び形容詞の強勢の位置に関わる規則である。

(10) a.　V → [1stress] / X __ C_0(W)]
　　 b.　V → [1stress] / X __ C_0W]
　　 c.　V → [1stress] / X __ C_0]

　(10)において、C_0 は 0 個以上の子音の連鎖を表し、X には語境界が含まれおらず、また、W は弱連鎖 (weak cluster) である。弱連鎖とは、短母音に最大限 1 つの子音が後続している連鎖のことである。対して、強連鎖 (strong cluster) とは、母音に 2 つ以上の子音が後続しているか、もしくは長母音または二重母音に子音が 0 個以上後続されたものである。

　このようにして折りたたまれた規則は、排反的に順序付けられるとされる。これは、一方が適用されれば他方が適用されず、また他方が適用されれば一方が適用されない、という関係である。このような関係にある規則を「**排反的順序をなす** (distinctively ordered)」という。また、排反的順序をなさない規則は「**両立的順序をなす** (conjunctively ordered)」という。

　丸括弧 ( ) を使って折りたたまれた規則では、括弧の中身を用いた規則がそうでない規則よりも先に順序付けられ、また、もし前者が適用されれば、後者は適用されない。つまり、(10)の例では、(10b) と (10c) は、この順序

で排反的に順序つけられていることになる。

(10b)は *relish, develop, common* などの語末に弱連鎖を持つ単語に適用され、次末音節に強勢が置かれる。一方で、(10c)は *evade, supreme, exist* のような語末に弱連鎖を持たない（つまり、強連鎖を持つ）単語に適用され、最終音節に強勢が置かれる。もし(10b)が(10c)に排反的にではなく、単に先に順序付けられているとすると、(10c)は語末に 0 個以上の子音がある場合に適用されるため、*relish* などの単語に(10b, c)の両方の規則が適用されることになり、望ましい結果が得られない。

2.2.4 外在的な順序の必要性

次に外在的順序の必要性について考察する。Kiparsky (1968) では、線形順序を仮定した上で、同じ規則をもつ文法の間にその順序により、自然度の差がある場合があることを指摘している。例えば、規則 A 及び規則 B の間に、より自然で無標な順序と、そうではなく有標な順序があるということである。仮に A-B という順が無標だとすると、B-A という順は有標ということであり、前者の順を持つ文法がより自然で、後者の順をもつ文法はより不自然ということになる。言い換えれば、Kiparsky は、線形順序を擁護し、その上で外在的順序が必要であると主張したことになる。Kiparsky の議論は、言語の歴史的変化に見られる事実に基づいている。紙幅の関係で詳細については立ち入らないが、歴史的変化に基づく議論が、共時的文法の記述・説明にどの程度有効であるのかを熟考する必要があろう。

以下の議論は、Kiparsky (1968) の議論を受け、Koutsoudas, Sanders and Noll (1974)（以下 KSN と呼ぶ）が整理した議論を示す。KSN では、音韻規則の適用順序に関わるすべての制限は普遍的に規定されており、個別文法において規定される必要はないと考えている。つまり、音韻規則の外在的順序付けは不要であり、内在的順序付けから説明できるという立場である。

SPE 理論のように規則が線形的に順序付けられているとする。規則 A が規則 B に先んじて適用される場合、規則 A は規則 B との間に(11)に示すいずれか一つ (one and only one) の関係に立ち、一方で規則 B は規則 A との間に(12)に示すいずれかの関係に立つ。

(11) 規則Aが規則Bに（外在的に）先行して順序付けられている場合、
- a. Aの適用によってBが適用される形式の数が増える場合、AはBに**投与** (feed) すると言う。
- b. Aの適用によってBが適用される形式の数が減る場合、AはBを**奪取** (bleed) すると言う。
- c. Aの適用がBに投与もせず、Bを奪取もしない場合、AはBに**影響しない** (does not affect) と言う。

(12) 規則Aが規則Bに（外在的に）先行して順序付けられている場合、
- a. Bの適用によってAが適用される形式の数が増える場合、BはAに**反投与** (counter-feed) すると言う。
- b. Bの適用によってAが適用される形式の数が減る場合、BはAを**反奪取** (counter-bleed) すると言う。
- c. Aの適用がBに反投与もせず、Bを反奪取もしない場合、BはAに**影響しない** (does not affect) と言う。

規則AとBがこの順で線形的に順序付けられているとすると、規則Aは規則Bに対して投与するか、奪取するか、影響しないかのいずれかであり、規則Bは規則Aに対して反投与するか、反奪取するか、影響しないかのいずれかである。以上の(11)と(12)を踏まえると、規則Aと規則Bがこの順序で順序付けられている場合、両者は(13)に示される9つの関係のいずれか1つに立つことになる。

(13)
- a. 投与関係: AがBに投与するが、BはAに影響しない。
- b. 奪取関係: AがBを奪取するが、BはAに影響しない。
- c. 反投与関係: AがBに影響しないが、BはAに反投与する。
- d. 反奪取関係: AがBに影響しないが、BはAを反奪取する。
- e. 相互無影響関係: AがBにも、BがAにも影響しない。
- f. 投与反投与関係: AがBに投与し、BがAに反投与する。
- g. 奪取反奪取関係: AがBを奪取し、BがAに反奪取する。
- h. 投与反奪取関係: AがBに投与し、BがAに反奪取する。
- i. 奪取反投与関係: AがBを奪取し、BがAに反投与する。

(13)で示された関係のそれぞれについて、外在的順序付けの必要性を考察してみる。まず、(13e)の**相互無影響関係** (mutually non-affecting relation) にある規則間には、その適用順序を決定する経験的証拠が見つからない。よって、当該の規則間の順序を定める必要がない。次に、(13h)の**投与反奪取関係** (feeding and counter-bleeding relation)と (13i)の**奪取反投与関係** (bleeding and counter-feeding relation) にある規則の対は、KSN によると自然言語の音韻規則として観察されたことがない。さらに、(13f)の**投与反投与関係** (feeding and counter-feeding relation) に立つ規則としては、いわゆる **α切り替え規則** (alpha-switching rules) と呼ばれる規則の下位規則がある。α切り替え規則とは、ギリシャ文字αやβなどを使って表記される規則であり、例えば(14a)に一般的に示されるような形式を持つ。αなどのギリシャ文字は + もしくは − に置き換えられるので、(14a)は(14b)および(14c)の 2 つの下位規則を折りたたんだものである。

(14) a. [α F] → [- α F]
  b. [+F] → [-F]
  c. [-F] → [+F]

(14b, c)の 2 つの下位規則のどちらかが先行して、かつ単に線形的に順序付けられているとすると、後に適用される規則によって、先に適用された規則の効果を元に戻してしまうことになる。そこで、SPE 理論では、α切り替え規則として折りたたまれた下位規則同士は排反的に順序付けられているとすることとしてある。つまり、(13f)の投与反投与関係にある規則同士の順序付けは、規則の折りたたみに関わる一般原理（排反的順序付け）によるもので、外在的ではなく内在的であり、個別文法で規定する必要がないことになる。

ここまで見てきた規則同士の 2 つの関係 (13e, f) は、線形的順序 (3) を仮定する SPE 理論の枠組み内においても、外在的順序が不要であり、一般的な原則に基づいて内在的にその順序が決定できるものであった。また(13h, i)の関係については、KSNによれば、自然言語の音韻規則として観察されたことがない。

以下では、SPE 理論の枠組みでは、外在的な順序付けが必要だとされる残

りの例 (13a, b, c, d, g) を検討する。KSN は、(15)の原則（以下、**KSN 仮説** (KSN hypothesis) と呼ぶ）を立てることによって、(13a, d, g) の場合に自然な解決が得られることを示した。また、残りの (13b, c) についても、KSN 仮説に見合う分析が可能であることを示した。

(15) KSN 仮説
    義務的な規則は、その構造記述に適合した表示に必ず適用されなければならない。ただし、普遍的原理である真包含関係の優先原理 (Proper Inclusion Precedence) によって禁じられている場合は、その限りではない。

KSN 仮説の下では、線形的順序を廃して、**規則の同時適用** (simultaneous application of rules) を許す。つまり、構造記述を同時に満たす規則が複数ある場合、それらの規則は、（一般理論の原則が禁じていない限り）その表示に「同時に」適用されるとされる点に注意して欲しい。一方、**真包含関係の優先原理** (Proper Inclusion Precedence) は、(16)のように規定される。

(16) 真包含関係の優先原理
    なんらかの表示 R に対して、2 つの規則 A と B の構造記述に合致している場合、もし規則 A の構造記述が規則 B の構造記述を真に包含しているのであれば、規則 A が規則 B よりも優先して適用され、規則 B は規則 A の（直接的、間接的を問わず）出力には適用されない。

言い換えると、適用範囲の狭い個別的な規則である規則Aの方が、適用範囲の広い一般的な規則よりも優先して、排反的に順序付けられるということである。これは、Kiparsky (1973, 1982a, b) の**非該当条件** (Elsewhere Condition) と実質的に同様の原則である。

まず、(13a) の**投与関係** (feeding relation) に立つ規則の場合を検討する。KSN 仮説の下では、それぞれの規則が単に適用可能な表示に適用すると考えればよい。投与関係に立つ規則の対の例として、イギリス英語に見出され

第6章 語彙音韻論と形態インターフェイス

る次の 2 つの規則を取り上げる。

(17) a. y 挿入規則

$\phi \rightarrow y \,/\, \underline{\quad} \, ɨ$

b. 口蓋音化規則

$/t, d, s/ \rightarrow [tʃ, dʒ, ʃ] \,/\, \underline{\quad} \, yV$

(17a)の y 挿入規則の構造記述に現れている /ɨ/ という母音の詳細については、誌面の関係で議論を省くが、*duty* の第 1 音節の母音の基底表示である。(18) に *duty* の派生を示す。

(18) *duty* の派生
- a.　dɨti　　　基底形
- b.　dyɨti　　y 挿入規則
- c.　dʒɨti　　口蓋化規則
- ....　　　　他の規則
- e.　dʒuwti　音声形

KSN 仮説の下では、y 挿入規則と口蓋化規則に外在的順序が不要である。構造記述を満たした規則が適用されるだけでよい。つまり、y 挿入規則によって出力された表示が口蓋化規則の構造記述を満たしたので、この規則が適用されるというだけのことである。

　では、次に (13d) の**反奪取関係** (counter-bleeding relation) の場合を見てみよう。反奪取関係に立つ規則の対の例として、先に取り上げた *long* の派生に関わる 2 つの規則、鼻音同化規則(5)と g-削除規則(2)がある。SPE 理論など線形順序を採用している理論では、(6)で示したように鼻音同化規則が g-削除規則に先行するように（外在的に）順序付けをすることになる。一方、KSN 仮説を採用すると、この 2 つの規則は基底形に「同時に」適用され、表層形を得ることになる。その派生を (19)に示す。

(19) 規則の同時適用による *long* [lɔŋ] の派生

では、次に(13g)の**奪取反奪取関係** (bleeding and counter-bleeding relation) の場合を考察する。この関係に立つ規則は、(16)の真含意関係の優先原理によって規定される。英語に見られる (20)の y-母音化規則 (y-vocalization) と (21)の y-削除規則 (y-deletion) は、この関係にある。

(20) y-母音化規則
　　　y → i /{tʃ, dʒ, ʃ} _ [V, +stress]
(21) y-削除規則
　　　y → φ /{tʃ, dʒ, ʃ} _ V

この2つの規則は、(22a, b) の交替によって動機付けられる。接尾辞 -*ial* の先頭には、分節音 /y/ を想定する。この分節音は、{tʃ, dʒ, ʃ} の直後でかつ強勢母音に先行する場合、つまり(22b)のような場合に、母音[i]として実現する。一方、この分節音は、{tʃ, dʒ, ʃ} の直後でかつ（強勢を持たない）母音に先行する場合、つまり(22a)のような場合に、削除される。

(22) a.　presidential, artificial [... ʃəl] *[... ʃyəl]
　　　b.　presidentiality, artificiality [... ʃiæl] *[... ʃæl]

線形的順序を仮定する理論では、(20)が(21)より先に順序付けられる必要がある。もし逆順であれば/y/が削除されてしまい、この分節に由来する母音 /i/ がどの音声形にも出現しないことになるからである。一方、(14)の真包含関係の優先原理を採用すると、(20)と(21)の順序は個別文法で規定する必要がなくなる。(20)の構造記述が(21)の構造記述を真に包含しているので、(14)の真含意関係の優先原理によって、(20)は(21)に先行して排反的に適用されるからである。

第6章 語彙音韻論と形態インターフェイス

ここまでの議論を整理する。(13)で示された規則同士の9つの関係のうち、(13b)の反奪取関係及び(13c)の反投与関係以外の7つの関係については、KSN仮説に矛盾せずに、規則同士の順序は内在的に決定され、外在的な順序付けが不要であることが示された。以下、(13b)と(13c)の関係について検討する。

まず、(13c)の**反投与関係** (counter-feeding relation) について検討する。現代ポーランド語と古代教会スラヴ語には、脱破擦音化規則 (deaffrication) (23)と第2口蓋音化規則 (secondary palatalization) (24)の規則があり、この順で適用されるとすると反投与関係に立つことになる。これらの規則はKiparsky (1968)で提案され、KSNが引用している。

(23) 脱破擦音化規則

$$\begin{bmatrix} +\text{voice} \\ -\text{grave} \\ +\text{strident} \end{bmatrix} \rightarrow [+\text{contiuant}]$$

($\{dʒ, dz\} \rightarrow \{ʒ, z\}$)

(24) 第2口蓋音化規則

$$\begin{bmatrix} +\text{osbruent} \\ -\text{grave} \\ -\text{strident} \\ -\text{diffuse} \end{bmatrix} \rightarrow \begin{bmatrix} +\text{strident} \\ +\text{diffuse} \end{bmatrix} / \_\ ě$$

($\{k', g'\} \rightarrow \{ts, dz\} / \_\ ě$)

これらの言語では、(24)の出力は(22)に投与されてはならない。なぜならば、/g'elo/を基底形とした場合、音声形は*[zelo]ではなく[dzelo]であるからである。そこで、Kiparsky (1968)は線形的に順序付けを仮定しているので、(23)が(24)に先行するような順序を仮定することになる。

KSNの立場では、線形的順序を仮定せず、派生の段階で適用可能となった規則は必ず適用されるとするため、このままでは/g'elo/に対する(24)の適用を妨げられず、中間段階として[dzelo]を経て、さらに(23)の適用を受けて、音声形として*[zelo]が出力されることになる。そこで、KSNはこの問題を解決するため、(23)を(25)のように再定式化することを提案している。つまり、脱破擦音化規則は[dz, dʒ]の両方に作用するのではなく、[dʒ]のみに作用する。このように定式化することで、(25)と(24)は反投与関係で

(25) 脱破擦音化規則 (KSN による再定式化)

$$\begin{bmatrix} +\text{voice} \\ -\text{grave} \\ +\text{strident} \\ -\text{diffuse} \end{bmatrix} \rightarrow [+\text{contiuant}]$$

({dʒ} → {ʒ})

(23)と(25)の定式化を比較すると、後者に素性 [-diffuse] の指定が加えられている。たった1つの素性の指定を増やすだけで、外在的順序付けが不要になるということである。この議論を踏まえると、反投与関係に立つ規則の全ての対で、反投与される側の規則を再定式化することで、KSN の仮説に見合った分析が可能になることを示唆する。

では、次に最後に残った(13b)の**奪取関係** (bleeding relation) の場合について考察する。Kiparsky (1968) では、スイスドイツ語の方言 (Schaffhausen dialect) の規則として、ウムラウト規則(26)と後母音低舌音化規則(27)を提案している。(28)がこれらの規則に関わる事実である。

(26) ウムラウト規則
  V → [-back]/ ウムラウトの環境にて
(27) 後母音低舌音化規則

$$\begin{bmatrix} V \\ -\text{high} \\ +\text{back} \end{bmatrix} \rightarrow [+\text{low}]/\_\_ \begin{bmatrix} +\text{consonantal} \\ -\text{grave} \\ -\text{lateral} \end{bmatrix}$$

(/o/ → [ɔ] / __ {t, d, …})
(28) 単数形   複数形 (ウムラウト環境)
基底形 bogə bodə bogə-PL bodə-PL
音声形 bogə bɔdə bögə   bödə

Kiparsky は、単数形の[bɔdə]が、複数形では [bɔ̈də] ではなく[bödə] として実現することを説明するために、ウムラウト規則(26)が後母音低舌音化規則(25)に先行するように外在的な順序を想定している。

一方、KSN は、単数形の[bɔdə]が、複数形では[bɔ̈də]ではなく[bödə] として実現することを説明するため、(29)の規則を導入する。KSN によれ

第6章　語彙音韻論と形態インターフェイス

ば、Schaffhausen 方言では全ての前舌円唇母音が非低舌母音となる事実を捉えるために、(29)が文法の中に独立して必要な規則となる。

(29) $\begin{bmatrix} V \\ -\text{back} \\ +\text{round} \end{bmatrix} \rightarrow [-\text{low}]$

(29)の規則を用意すれば、問題の現象を外在的な順序を想定せずに、説明できる。すなわち、(26)、(27)および(29)の規則が、その構造記述に合致した表示に適用されると仮定するだけでよい。(30)にその派生を示す。

(30)
```
      [+back, +round, -high, -low,  ...] bodə-PL
         |                       |
        (26)                    (27)
         ↓                       ↓
      [-back, +round, -high, +low,  ...] bɔ̃də
                          |
                         (29)
                          ↓
      [-back, +round, -high, -low,  ...] bödə
```

基底形の /bodə-PL/ は、(26)と(27)の構造記述に合致しているが、(29)のそれには合致していない。そこで、前2者が（同時に）適用され、中間段階の [bɔ̃də]が得られる。その結果、[bɔ̃də]が(29)の構造記述を満たすことなり、この規則の適用後、求められる音声形である [bödə] が得られる。

Schaffhausen 方言には、低舌前舌円唇母音は存在しないので、(29)はこの方言の重要な事実を捉えるために、ウムラウト規則(26)や後母音低舌音化規則(27)とは独立して、文法の中に必要な規則である。つまり、外在的順序を想定せずに (26)、(27)、(29) の 3 つの規則を含む文法の方が、(26)と(27)の間に外在的順序を想定する文法よりも適切であると言える。

KSNの議論をまとめてみよう。まず、規則同士の2つの関係 (13e, f) は、線形的順序 (3) を仮定する SPE 理論の枠組み内においても、外在的順序が不要であり、一般的な原則に基づいて内在的にその順序が決定できるものであった。さらに、(13h, i) の関係については、KSN によれば、自然言語の規則として観察されたことがない。また、SPE 理論の枠組みでは、外在的な順序付けが必要だとされる例 (13a, b, c, d, g) のうち、(13a, d, g) の場合につ

いては、(15)のKSN仮説を立てることによって、自然な解決が得られることを示した。また、残りの(13b, c)についても、KSN仮説に見合う分析が可能であることを示した。つまり、(13)に示した全ての関係に立つ規則同士の順序は内在的に決定されるのであって、外在的な順序は不要である可能性があるということである。

ここで、KSNが存在しないとした(13h, i)の関係が本当にどの自然言語の文法にも見つからないのか、またKSNの分析にとって都合の悪い(13b, c)の関係に立つ規則の全てをKSNに都合の良い規則に再定式化できるか、といった疑問は問題として残る可能性はある。この点については、規則を使わずに原理や制約に基づく音韻理論（例えば、**最適性理論** (Optimality Theory)）に移行してしまった21世紀の音韻論者にとっては、考察するのは無駄なこととなってしまったかも知れない。

3. 語彙音韻論

SPE理論では、2.2.2で既述の通り、音韻規則は循環規則と非循環規則に大別されていた。そして、循環規則であるか非循環規則であるかは、規則の特性であるとされていた。さらに、接辞 (affix) の種類は、**形式素境界** (formative boundary + を用いて表示される) が関わるもの (31a) と**語境界** (word boundary # を用いて表示される) が関わるもの (31b) に分けられる。前者は、**クラス I 接辞** (class I affix)、後者は、**クラス II 接辞** (class II affix) と呼ばれる。

(31) a.　クラス I 接辞: ad-, in-, -al, -ic, -ion, -ity など
　　 b.　クラス II 接辞: un-, -dom, -ed, -er, -hood, -less, -ness など

クラス I 接辞は、強勢の移動や同化規則など様々な音韻規則の適用されるのに対して、クラス II 接辞では、それらの規則の適用に関わらないことが明らかにされてきた。SPE理論では、この性質の違いを境界の違いとして扱ってきた。

Chomsky (1970) が、形態論もしくは語彙部門が独自の原理を持っているとする**語彙論仮説** (Lexicalist Hypothesis) を打ち出し、語彙部門に新たな光が当たるようになった。それを受けて、形態論の研究者ら（例えば、

Siegel (1974), Aronoff (1976), Allen (1978) など）が、語彙部門がいくつかの層 (stratum) を持つという理論を展開する。層を仮定することによって、クラス I 接辞がクラス II 接辞のより内側に出現するが、通常はその逆がないことを自然に説明できる。

(32) a.　grammaticality (I + I)
　　 b.　grammaticalness (I + II)
　　 c.　guardedness (II + II)
　　 d.　*guardedity (II + I)

形態論に続いて、音韻論においてもいくつかの層を仮定し、形態部門と音韻部門の相互関係に関わる理論が登場するに至る。Mohanan (1982), Kiparsky (1982a, b, 1984, 1985), Pulleyblank (1983, 1986), Halle and Mohanan (1985), Borowsky (1986) などにより展開されたこの立場に立つ音韻理論を**語彙音韻論** (Lexical Phonology) と呼ぶ。日本語で書かれた語彙音韻論の紹介と問題点の指摘としては、原口 (1994) の第 7 章や田中 (2009) の第 3 章がある。

語彙音韻論の基本的な考え方は、(33)のようにまとめることができる。

(33) 語彙音韻論の基本的考え方
　　 a.　音韻部門は、語彙部門で適用される語彙音韻論と統語論のあとに位置づけられる後語彙音韻論に分けることができる。
　　 b.　語彙音韻論は、形態論と相互作用する。
　　 c.　語彙音韻論はいくつかの層 (strata) に分かれており、規則が循環的か否かは、規則の性質ではなく規則の属する層の性質により決まる。
　　 d.　後語彙音韻論の規則は、非循環的である。

以下、語彙音韻論について概観する。

3.1 語彙規則と後語彙規則

語彙音韻論では、音韻規則には語彙規則と後語彙規則があり、前者は形態

論的な規則と相互作用するが、後者はそうではないと考える。言い換えると、語彙規則は、形態素境界の位置や語の内部構造、形態素の種類、例外性の情報などの形態論的情報を利用することができるが、後語彙規則は、そのような情報を利用しない。

例えば、(34)の3音節短母音化規則 (trisyllabic shortening) や(35)の摩擦音化規則 (spirantization) などは形態論的な情報を必要とするが、(36)の口蓋音化規則 (palatalization) や(37)の弾音化規則 (flapping) などはそうではない。

(34) 3音節短母音化規則
$$VV \rightarrow V \;/\; \underline{\quad} \quad \overset{[-stress]}{\sigma} \quad \sigma$$

(35) 摩擦音化規則
/t/ → [s] / __ {[i, y]}

(36) 口蓋音化規則
/t, d, s/ → {tʃ, dʒ, ʃ} / __ yV

(37) 弾音化規則
/t, d/ → [ɾ] / V __ $V　（$ は音節境界を示す）

(34)の3音節短母音化規則は -ity, -ative, -atory などのクラス I 接辞の場合に適用される（div[ai]ne/div[i]nity）が、-ness や -hood などクラス II 接辞の場合には適用されない（lively/liveliness どちらも [ai] で長いまま）。(35)の摩擦音化規則は -y や -ial などのクラス I 接辞では適用される（presiden[t]/presiden[s]y）が、他の接辞では適用されない（president-elect では摩擦音化しない）。

一方、(36)の口蓋音化規則や(37)の弾音化規則は、その構造記述が満たされれば、形態論的情報には無関係に適用される。(38)と(39)の例から明らかなように、これらの規則は語境界を越える場合でも、超えない場合でも適用される。

(38) a. miss you [mɪʃ yə], got you [gɑtʃ yə], did you [dɪdʒ yə]
　　 b. expression, question, confusion
　　　 (Halle and Mohanan 1985, p.85)
(39) a. atom/atomic (a[ɾ]om/a[t]omic)
　　 b. butter (bu[ɾ]er), party (par[ɾ]y)
　　 c. Get Anne! (ge[ɾ] Anne), Eat up! (Ea[ɾ] up)
　　　 (Borowsky 1986, p.268)

このような規則の振る舞いを説明するために、語彙音韻論は音韻部門が少なくても2つ以上の下位部門もしくは層からなっていると仮定する。すなわち、語彙音韻論部門と後語彙音韻論部門である。語彙音韻論部門をさらにいくつかの層に分けることもある。3.3 節で Halle and Mohanan (1985) の語彙層のモデルを紹介する。

3.2 語彙規則の性質

　語彙規則と後語彙規則には、(40)のような性質の違いがあるとされる。Borowsky (1986) では、このような性質のことを**語彙症候群** (the Lexical Syndrome)と呼んでいる。

(40) 語彙症候群 (Borowsky 1986, p.61)

	語彙規則	後語彙規則
a.	語の範囲を越えない	語の範囲を越える
b.	同じレベルで付与された内部構造に言及できる	句構造に言及できる
c.	後語彙規則に先行する	語彙規則に後続する
d.	循環的である	循環的でない
e.	他の語彙規則と排反的順序をなす	他の後語彙規則と両立的順序をなす
f.	派生環境で適用する	一律に適用する
g.	構造を保持する	構造を保持しない
h.	品詞を選ぶ	品詞を選ばない
i.	例外がある	例外がない

　(40)の特性は、語彙音韻論部門および後語彙音韻論部門の性格付けをするものである。すべての特性を解説する紙幅がないこともあり、(40g)の構造

保持についてのみ触れる。

(41) **構造保持の原則** (Structure Preservation)
語彙規則は、当該言語において、弁別的でない素性を付与してはならない。また、(音節や韻脚などの) 基本的な韻律構造にそぐわない構造を構築してはならない。
(Lexical rules may not mark features which are non-distinctive, nor create structures which do not conform to the basic prosodic templates of the language (i.e., syllable and foot templates).
(Borowsky 1986, p.28)

(41)の構造保持の原則によって、語彙規則はその言語で弁別に関わる素性の値のみを挿入することができる。言い換えると、語彙規則（例えば、軟口蓋子音軟音化規則）は、その言語における音素（例えば、*critic* の語末の分節音 [k]）を別の音素（例えば、*criticize* の語中の綴り字 *c* にあたる分節音 [s]）に変換することができるということである。ある音素の異音を記述するような規則 (例えば、英語の弾音化規則(37)) は、後語彙規則ということになる。

3.3 語彙部門の層

語彙音韻論部門にいくつの**語彙層** (lexical stratum) を認めるべきかについては、様々な立場がある。例えば、Kiparsky (1982a, b) では、語彙音韻論部門の中に 3 つの層を認めている。Halle and Mohanan (1985) では、4 つの層を想定している。Borowsky (1986) では、2 つの層を想定している。以下、Halle and Mohanan (1985) のモデルを概観する。

Halle and Mohanan (1985) のモデルは(42)のように図式化できる。

(42) Halle and Mohanan (1985) の語彙音韻論のモデル

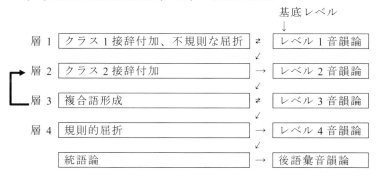

このモデルでは、語彙音韻論部門に4つの層が存在する。それぞれの層は、図に示された形態論的過程と相互作用する。層2と層4、後語彙音韻論部門は非循環的であるが、その他の層は循環的であると仮定されている。また、(43)の例を見ると、層2のクラスIIの接辞化は、層3の複合語形成と相互に入力を提供すると考えることができるので、ループという仕組みが用意されている。(42)の図では、層3から層2に向けて左端の太字の矢印を添えることで、ループを表している。

(43) a. [[neighbor-hood] gang]
クラスII接辞 -hood の付加の後、複合語形成が起こっている
b. [re-[air-conditioning]]
複合語 air-conditioning に、クラスII接辞 re- が付加している

3.4 順序付けのパラドックス

語彙音韻論は、音韻論部門を語彙音韻論部門と後語彙音韻論部門に分け、さらに語彙音韻論部門にいくつかの層を想定することで、規則の順序付けの問題の大きな部分を解決できるようになった。しかし、上で見たループという仕組みは、事実を記述するためには必要であるとしても、語彙音韻論の理論的主張を弱めてしまったと言える。

また、(44)の例のようにクラスI接辞とクラスII接辞による派生についても、いわゆる**順序付けのパラドックス** (ordering paradox) または、**形態構造のパラドックス** (bracketing paradox) と呼ばれる問題がある。

(44) 順序付けのパラドックス
    a. 下位範疇化に基づく構造 [N [A un- [A grammat-ical]] -ity]
    b. 接辞クラスに基づく構造 [un$_2$- [[grammat-ical$_1$]-ity$_1$]]

下位範疇化、すなわち接辞の要求する品詞に基づいて構造を構築すると、(44a)のような構造になるはずである。すなわち、*un-*は形容詞を要求し、*-ity*も形容詞を要求するために、まず[A un- [A grammat-ical]] が形成され、さらに*-ity*が接辞化され、[N [A un- [A grammat-ical]] -ity]となる。一方、接辞のクラスに基づけば、(44b) のような構造が構築されることになろう。すなわち、まずクラス I の*-ity*の接辞化が起こって[[grammat-ical$_1$]-ity$_1$] となり、さらにクラス II 接辞の *un-*が接辞化され、[un$_2$- [[grammat-ical$_1$]-ity$_1$]] となる。(44a, b) の2つの構造を見比べてみれば、矛盾があることに気がつく。この事実は、語彙音韻論にとって大きな問題であると言える。

4. まとめ

この章では、規則の順序付けと語彙音韻論について考察した。まず2節において、SPE 理論で仮定されていた音韻規則の形式とその順序付けの理論を概観し、外在的な順序の必要性について KSN (Koutsoudas, Sanders and Noll 1974) の議論を再考した。KSN によれば、(13) に示された9つの規則間の関係のうち、(13h, i) の2つの関係に立つ規則の対は自然言語の音韻規則として提案されたことがなく、残りの 7 つは(15)の KSN 仮説に見合う分析が可能であり、外在的順序を仮定する必要がないとした。(13h, i) の2つの関係については、本当に自然言語の音韻規則の対としてあり得ないのか確認する必要があろう。また、(13b, c) については、そのような関係に立つ規則の対のいずれかを定式化しなおすことで、KSN 仮説に見合う分析が可能であった。この2つの関係についても、再考が必要かもしれない。

3 節においては、語彙音韻論について概観した。SPE 理論では、音韻規則が循環規則と非循環規則に大別されていた。そして、規則が循環的か非循環的かはそれぞれの規則の特性であるとされていた。さらに、接辞は形式素境界が関わるものと語境界が関わるものに分けられており、前者がクラス I 接辞、後者がクラス II 接辞と呼ばれていた。1970 年代になると、形態部門と音韻部門の相互作用が研究されるようになり、理論的立場として語彙音韻論

が提唱されるにいたる。

　語彙音韻論では、音韻規則には語彙規則と後語彙規則があり、前者は形態的な規則と相互作用するが、後者はそうでないとされた。また、語彙規則が適用される語彙部門もいくつかの層をなすとされた。語彙音韻論は様々な音韻現象に自然な説明をもたらしたが、順序付けのパラドックスと呼ばれる問題なども残されている。

第 7 章　韻律階層と統語インターフェイス

時崎 久夫

1. 韻律階層と統語インターフェイスの目的と特徴

　この章では生成文法における音韻論と統語論のインターフェイス研究を扱う。語より大きい複合語や句、節、文における音韻現象は、統語構造と関係がある。その関係を明らかにするのが、この研究分野の目的である。
　以下では、ほぼ年代順に代表的な研究を概観しながら研究の流れをたどり、今後の研究に向けて、展望を示したい。その際に2つの軸となるのは、**強勢**(stress)と**韻律構造**(prosodic structure)（あるいは**韻律境界**(prosodic boundary)）である。ここでは時代順に研究史をたどっていくため、この2つの流れが飛び飛びに出てくることがある。また両方に関わる研究もある。どちらの問題かをその都度示していくが、それぞれの研究のつながりに留意していただきたい[83]。

2. SPE 以前：強勢弱化規則と構造の深さ

　Chomsky and Halle (1968)(SPE)を生成音韻論の出発点と考えることが一般的であるが、それ以前にも、Chomsky (1957, 1965) で示された句構造規則を基にした音韻インターフェイス研究がすでに行われていた。
　まず、句や複合語の強勢位置に関しては、Chomsky, Halle and Lukoff (1956: 73) が、Chomsky and Halle (1968) の**核強勢規則** (Nuclear Stress Rule) と**複合語強勢規則** (Compound Stress Rule) の基になる規則を示している[84]。

---

[83] 統語音韻インターフェイス研究の優れた概説としては、Inkelas and Zec (1995), Kager and Zonneveld (1999), Elordieta (2007), Truckenbrodt (2007), Revithiadou and Spyropoulos (2011), Scheer(2011a), 菅原 (2014), Dobashi (2017), 土橋 (2021) がある。時崎・岡崎 (2022) も、本章と内容が一部重複するが、参照されたい。

[84] (1) には、さらに条件が2つ付いているが、ここでは省略する。

(1) The effect of internal (external) juncture is to weaken the main stress in its right (left) domain by one.

ここでの internal juncture (**内部連接**) (–) は語形成に、external juncture (**外部連接**) (=) は句形成におおよそ相当するものである。例えば「体重の軽いお手伝い」は light = house – keeper と表示される[85]。

(2) light = house – keeper
   1   1   1   2
   1   1____2   3 (internal juncture, 右の強勢が弱化)
   2____1   3   4 (external juncture, 左の強勢が弱化)

house と keeper は internal juncture (–) で結ばれているので右側の keeper が1段階弱化して2 3となり、light と house は external juncture (=)で結ばれているので左側の light が1段階弱化して2となる（右側の keeper も1段階弱化して3 4となっている）。この規則は、Chomsky and Halle (1968) で核強勢規則 (Nuclear Stress Rule) と複合語強勢規則 (Compound Stress Rule) に分かれて提示されることになる。

韻律境界に関しては、Cheng, R. (1966) が、Wang, W. S-Y. の統語境界の深さによる中国語の変調の分析を紹介している[86]。中国語では第三声（低平）が連続すると前の第三声が第二声（上昇）に変調する。次の例 (3) の語はすべて単独では第三声であるが、**発話速度**（speed of utterance）が速くなると(1a), (1b), (4c) の順に変調の範囲（**音調領域**（tonal domain）、括弧で示す）が広くなる。これは (3)の統語構造の浅い切れ目では変調が起こりやすく、深い切れ目では変調が起こりにくいということである。

---

[85] 同じ語句でも、複合語 light house に keeper が繰り返し複合した [[light house] keeper]「灯台守」は、light – house – keeper である。
[86] Cheng, R. (1966: 150) の紹介による。Cheng (1966) の参考文献表には Wang, W. S-Y. (1965) TRIP Report, the Ohio State University. Mimeographed. と書かれているが、残念ながら入手できていない。

(3) [s [NP lao li] [VP mai [NP mei jiu]]]　老李买美酒
　　　　old Lee　　buy　　good wine
(4) a.　(2　　3)　(3)　(2　　3)
　　b.　(2　　3)　(2　　2　　3)
　　c.　(2　　2　　2　　2　　3)

この研究は、音韻規則の適用が統語構造と発話速度に依存することを示すものである。Wang が構造の深さを具体的に定義しているかは不明であるが、これは Chomsky and Halle (1968) の語境界挿入や Clements (1978) の統語構造の括弧の数といった考えを先取りしている[87]。

3. SPE: Chomsky and Halle (1968)

Chomsky and Halle (1968)(SPE)では、音韻部門と統語部門のインターフェイスに関して、(i) **音韻境界** (phonological boundary), (ii) **音韻句** (phonological phrase), (iii) **再調整規則** (readjustment rule), (iv) 複合語強勢規則・核強勢規則など、いくつかの基本的な考えが示されている。これらは、この後に、それぞれ他の研究によって発展していくことになる。順に見ていこう（第1章2.1節参照）。

3.1 音韻境界

Chomsky and Halle (1968: 366)では、語境界(#)を (5) の**語境界挿入規則** (#-Insertion) で導入する。

(5) The boundary # is automatically inserted at the beginning and end of every string dominated by a major category, i.e., by one of the lexical categories "noun," "verb," "adjective," or by a category such as "sentence," "noun phrase," "verb phrase," which dominates a lexical category.

---

[87] 構造の深さに関しては、Yngve (1961, 1975, 1996) が機械翻訳の観点から syntactic depth という考えを示している。

語境界を、主要範疇（名詞・動詞・形容詞という語彙範疇、および語彙範疇を支配する文・名詞句・動詞句などの範疇）によって支配される記号列の最初と最後に挿入する、というものである。(5) を (6a)の文に適用すると(6b)が得られる。ここでは(6b)から括弧と範疇ラベルを取って、語と音韻境界だけにしたものを(6c)に示す[88]。

(6) a. The book was in an unlikely place
  b. [s # [NP # [D the] [N # book #] #] [VP # was [PP # [P in] [NP # [D an] [[A # un [A # likely #] #] [N # place #] #] #] #] #]
  c. ## the # book ### was # in # an # un # likely ### place ####

このようにして文は語境界によって音韻的に区分されると考えるのである。

この語境界を発展させたものには Selkirk (1972) のフランス語のリエゾンの研究がある。また以下に述べるように、Clements (1978) は枝分かれの深さを数値で表し、それは語彙項目の間の括弧の数に等しいという考えを示している（5 節）。Selkirk (1984a) の**無音半拍付加** (Silent Demibeat Addition) も語境界挿入規則 (5) と同様の考えであるが、範疇の終わりだけに付加する点が異なっている (7.2 節)。Tokizaki (1999) の**最小句構造写像** (Bare Phrase Mapping)は、語境界挿入規則 (5) をミニマリスト・プログラムの最小句構造に適用するものと考えることができる（14 節）[89]。

---

[88] Chomsky and Halle は、(6b) に再調整規則が適用し、was, in, an が接語 (clitic) となって unlikely に接語化し、(i)が派生すると考えている。

(i) [s # [NP # [D the] [N # book #] #] [VP # [PP [NP [A # was # [P in] # [[D an] # un [A # likely #] #] [N # place #] #] #] #]

[89] これに対し、Rotenberg (1978) は、境界は区別記号 (diacritic mark) で望ましくないという考えを示し、これが Kaisse (1985) の直接参照理論（6 節）と Selkirk (1981, 1984a, 1986) などの韻律階層（7 節）につながっていった。ただし、Scheer (2011a: 305-317, 342-345) は、韻律領域も区別記号で

3.2 音韻句

音韻句は、Chomsky and Halle (1968: 372)で、音韻部門の規則の適用が限られる記号列として、"phonological phrase"と引用符付きで提示された。これは統語構造にある種の再調整規則が適用して区切られた記号列と定義されたが、その詳細は明らかではなかった。

この後、音韻規則の適用領域を説明するものとして、音韻句に加えて、さまざまな**韻律範疇** (prosodic category) が Selkirk (1981, 1984a) や Nespor and Vogel (1986) などで提示されることになる。

3.3 再調整規則

Chomsky and Halle (1968: 371–372)では、統語音韻インターフェイスに関する2つの**再調整規則** (readjustment rule) が論じられている。ひとつは、次の統語構造 (7a) を構造 (7b) に変換するものである。

(7) a. [s This is [NP the cat [s that ate [NP the rat [s that ate [NP the cheese]]]]]]

b. [s1 [s2 This is the cat] [s3 that ate the rat] [s4 that ate the cheese]]

(7a) は名詞を関係節が修飾する多重埋め込み構造であるが、(7b) では3つの節 S2, S3, S4 が埋め込みなしに連結して S1 を構成している。そして、それぞれの S の終わりに音韻的な切れ目 (major break) が置かれると考えている。ただ、この再調整規則が統語部門のものなのか、音韻部門のものなのかは不明である。

もう1つの再調整規則は、記号列 (string) を音韻規則が適用する「音韻句」("phonological phrase")に区分けする (demarcate) ものと述べられているが、具体的な規則は示されていない。ただ発話速度などの**言語運用** (performance) にも依存する、と指摘している点は興味深い[90]。

あると論じている。

[90] Chomsky and Halle (1968: 372) では "phonological phrase" と引用符付きで書かれており、音調句を含む可能性がある。

3.4 核強勢規則と複合語強勢規則

統語音韻インターフェイスに関して Chomsky and Halle (1968)が示した、もう1つの重要な点は、語よりも大きな範疇の強勢位置を予測する規則である。句の強勢には核強勢規則 (Nuclear Stress Rule (NSR))、複合語の強勢には複合語強勢規則 (Compound Stress Rule (CSR)) を定式化している (pp. 89-94)。これは概略次のようなものである[91]。

(8) 核強勢規則 (Nuclear Stress Rule (NSR))
   句の右にある要素の第1強勢を保持し、その他の要素を1段階格下げせよ。

(9) 複合語強勢規則 (Compound Stress Rule (CSR))
   複合語の左にある要素の第1強勢を保持し、その他の要素を1段階格下げせよ。

核強勢規則 (8) により、(10a) の名詞句と (10b) の動詞句は、次のようなステップで強勢が決定されて、句の右の要素に第1強勢が置かれる。

(10)a. [NP absolute equality]   b. [VP demand capitulation]
         1   3 3   1   1   3   1
         2   4 4   1   2   4   1

また、複合語強勢規則 (9) により、(11) の複合語は次のステップで強勢が決定され、複合語の左の要素 chemistry に第1強勢が置かれる。

(11) [N chemistry laboratory]
         1   1   3
         1   2   4

ただし、Chomsky and Halle (1968: 92-93) は、[chemistry [research-

---

[91] (8) の NSR と (9) の CSR は上で見た Chomsky, Halle and Lukoff (1956: 72-73) の強勢規則 (1) を句と複合語に分けたものと考えられる。

laboratory]]「化学のための研究実験室」のような、複合語の右側の要素自体が複合語 (research-laboratory) の場合は全体が通常２１３の強勢パターンで発音されるため、その場合は CSR (9)が繰り返し適用して１２３とならないように (9) に規定を付け加えている。この規定は、次の Liberman and Prince (1977) では CSR (12b) の中に明示される（例は (13b)）。

4. Liberman and Prince (1977)
　核強勢規則と複合語強勢規則は、Liberman and Prince (1977: 257) では**韻律理論** (metrical theory) に基づいて、次のように再定式化された[92]。

　　(12) In a configuration [c A B]:
　　　　a. NSR: If C is a phrasal category, B is strong.
　　　　b. CSR: If C is a lexical category, B is strong iff (if and only if) it branches.

(12a) の NSR は句 C を構成する右の要素 B に強を付与する（姉妹要素の A は弱となる）。(12b) の CSR は語 C を構成する右の要素 B が枝分かれする場合そしてその場合のみ（NSR 同様）B に強を付与し（A は弱）、B が枝分かれしない場合は A に強を付与する（B は弱）。(12b) の適用例を示す。

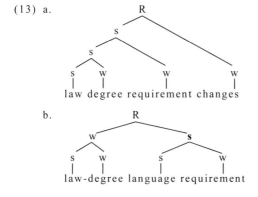

---
[92] Liberman and Prince (1977) の理論については、第１章 2.2 節、第４章 3.1 節を参照。

左枝分かれの複合語 (13a) では、どの構成素でも右の要素は枝分かれしないので w が付与され、主強勢は law に置かれる。(13b) では、law-degree と language requirement の比較で、後者が枝分かれしている複合語のため s が付与され（太字の s で示す）、主強勢は language に置かれる。

　Liberman and Prince (1977) の NSR と CSR は韻律構造を基に、CSR に右要素の枝分かれの有無を組み込んで一般性の高い規則となった。しかし、まだ要素の左右関係と枝分かれに言及しており、さらに簡潔で一般性の高い規則を求める余地が残った。これは Cinque (1993) につながる。

5. Clements (1978)

　音韻境界に関して、Clements (1978: 30–32) は、2 節で見た枝分かれの深さを数値で表し、その数は語彙項目間の括弧 [と] の数に等しいと考えた。

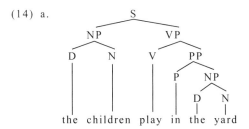

(14) a.
　　b.　[[[the] [children]] [[play] [[in] [[the] [yard]]]]]
　　c.　3 the 2 children 4 play 3 in 3 the 2 yard 5

これにより、主部と述部の間 [4] に音韻的な切れ目があること、またそれが冠詞と名詞の間の切れ目 [2] よりも大きいことを説明できる。
　ただし、Clements (1978: 32) 自身が指摘しているように、この考えでは、次のような大きな左枝分かれ構造を含む文が問題となる。

(15) a.

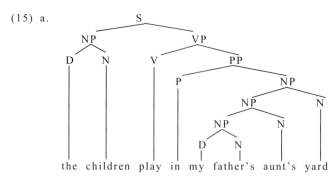

the children play in my father's aunt's yard

b. [[[the] [children]] [[play] [[in] [[[[my] [father's]] [aunt's]] [yard]]]]]

c. 3 the 2 children 4 play 3 in 5 my 2 father's 3 aunt's 3 yard 5

in は左枝分かれの my father's aunt's yard と合計 5 つの境界で分けられているが、実際は小さな構造 (14)の the yard（合計 3 つの境界）の場合と同じく音韻的な切れ目が生じない（Tokizaki 2020b を参照）。

6. 直接参照理論 (Kaisse (1985))

Kaisse (1985) は、音韻規則が統語構造を直接参照して適用するか否かが決定されるという**直接参照理論**（direct reference theory）を示した（第 1 章 2.3 節参照）。例えば、Gilyak 語（ニヴフ語）の子音弱化 (lenition) は構成素統御 (c-command) が条件だとしている（p. 181）。

(16) Lenition occurs between *a* and *b* where *b* c-commands *a*.

子音弱化は次のように複合語 (17a) や目的語−動詞 (17b) には適用するが、主語−動詞 (18a) や主語−目的語および直接目的語−間接目的語 (18b) には適用しない (cf. Kenstowicz and Kisseberth (1979: 437))[93]。

---

[93] Kenstowicz and Kisseberth (1979: 437) は、(17b)の動詞の単独形を vəkz-ḍ と表記しているが、ここでは説明のために基底形を pəkz-ḍ とした。歴史的に不定人称接頭辞 i- によって p が v に変化し、後に i- が脱落して vəkz-

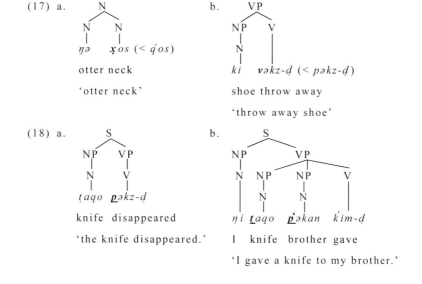

(17a, b) では、後ろのNとVは前のNとNPを構成素統御するので(16)を満たし、語頭の子音が弱化（摩擦音化 Spirantization）する。Kaisse (1985) は、X-bar 理論に基づいて枝分かれしない節点 NP(-N), VP(-V) を仮定しているので、(18a, b) ではVの _pəkz-ḍ_ やNの _taqo_ や _p'əkan_ が、それを支配する VP や NP を越えてその前の語を c-command することはない。よって(18)で子音弱化が起きないことが(16)の条件で説明される。

　Kaisse (1985) の直接参照理論は、簡潔であるが、音韻規則の定式化の中に c 統御のような階層構造を規定することが妥当なのか、という問題が残る[94]。Seidl (2001) は、音韻規則から統語構造への直接参照を基本としながらも、統語構造から写像された韻律構造を仮定する**間接参照** (indirect reference)も最小限必要であると論じている。次に間接参照理論の代表例として、Selkirk と Nespor and Vogel の研究を振り返る。

ḍ となった。ご教示下さった白石英才氏に感謝申し上げたい。
[94] 後で述べる最小句構造を仮定した場合は、(18a) でもVが、(18b) でも間接目的語が、前の要素を構成素統御する可能性があり、問題が生じる。

7. Selkirk (1981, 1984a, 1986)

7.1 意味単位条件

　Selkirk は 1980 年代の一連の研究で、統語構造とは異なる韻律範疇と韻律階層を音韻部門に設定し、その性質を探った（第 1 章 2.3 節参照）。統語構造から写像規則によって韻律構造ができ、音韻規則はそれに従うという考えである。まず Selkirk (1981) では、**韻律語** (prosodic word)、**音韻句** (phonological phrase)、**音調句** (intonational phrase)、**発話** (utterance)という韻律範疇が示され、それらが階層構造を成していることが論じられた。

　続く Selkirk (1984a) では、音韻論と統語論の関係についての全体像と個々の問題が広く論じられたが、中でも音調句に対する**意味単位条件** (Sense Unit Condition) と**無音半拍付加** (Silent Demibeat Addition) の規則は具体的な提案であった。

　意味単位条件 (19) は、音調句の直接構成素は意味単位を作らなければならないと規定し、意味単位を成すのは主要部と修飾部 (20a) か主要部と項 (20b) とする。

(19) The immediate constituents of an intonational phrase must together form a sense unit.

(20) Two constituents C_i, C_j form a sense unit if (a) or (b) is true of the semantic interpretation of the sentence:
　a.　C_i modifies C_j (a head)
　b.　C_i is an argument of C_j (a head)

これによって、音調句化で可能なものと不可能なものを区別できるとする。

(21) a.　(Jane gave the book) (to Mary)
　　 b.* (Jane gave) (the book to Mary)

(21a) では Jane と the book が gave の項であるが、(21b) では the book と to Mary が主部と修飾部・項の関係でない。

　この意味単位条件は妥当なものと考えられる。これに言及した研究としては Watson and Gibson (2004) がある。

7.2 無音半拍付加

Selkirk (1984a: 314) は統語構造を無音半拍 (silent demibeat) に写像する規則 (Silent Demibeat Addition) も提案している。

(22) Add a silent demibeat at the end of the metrical grid aligned with
   a. a word
   b. a word that is the head of a nonadjunct
   c. a phrase
   d. a daughter phrase of S.

この規則は Chomsky and Halle (1968) の語境界挿入規則 (5) を発展させたものと考えられるが、(5)が範疇の始めと終わり両方に語境界を挿入したのに対し、(22)は規定した範疇の終わりだけに無音半拍を付加する (p. 316)。

(23) a. [s [NP [N Mary]] [VP [V finished] [NP [her] [[AP [A Russian]] [N novel]]]]
   b. Mary xxx finished xx her Russian x novel xxxx
              a,b,d   a,b   a   a,b,c,d
   c.

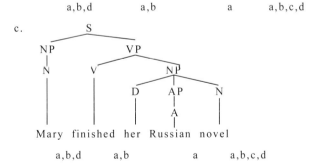

この (23b) の表示は、例えば主語の Mary と動詞句の間 (無音半拍3つ) は、動詞 finished と目的語の間 (無音半拍2つ) よりも間隔が長いことを正しく示している。構成素の終わりだけに無音半拍を付与するのは一般的な音韻観察によるものと考えられる。また、無音半拍付加のうち、(22a) と

(22c) は語と句一般に適用するものであるが、(22b) は非付加部の主要部である語、(22d) は文 S の姉妹である句、と指定していて、適用対象の選択は、音韻観察によるものとはいえ、恣意的である。

　Selkirk (1986)は、次節で述べる統語範疇の左端か右端に合わせて韻律範疇を作る end-based theory を提唱したが、そこでも、代案として、無音半拍付加を用いて音韻現象の適用範囲を定める方法を検討している (p. 388)。無音半拍が連続する数に応じて韻律範疇を作成するという案である。次の模式的な例 (24) で、fw は function word（**機能語**）、PWd は prosodic word（**韻律語**）、PPh は phonological phrase（音韻句）を示す。

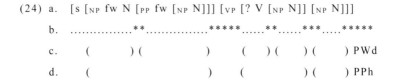

ここでは、無音半拍が2つ連続する箇所を韻律語の境界とし、3つ以上連続する箇所を音韻句の境界としている。(24a) は PP 付きの NP を主語とする二重目的語構文であろうが、(24c, d) は、無音半拍が2つ以上・3つ以上生じる箇所を韻律語と音韻句の境界としており、直感に合うものと思われる。

　しかしながら、Selkirk (1986: 389) は「勘に従って（with the hunch in mind）」この分析を取らず、次に紹介する統語範疇の端を韻律範疇の端に合わせる end-based theory を採用して研究を進めていった[95]。これが現在までの韻律音韻論の主流となっているが、語境界挿入規則や無音半拍付加のような韻律境界をもとにした研究にも大いに可能性がある。

---

[95] Selkirk (1986: 376) は、"Silent demibeats in the phonological representation are formally speaking quite like boundary elements and all the arguments against boundaries as designators of phonological domain obtain ..." と述べ、境界に似た無音半拍よりも韻律構造を用いる方針をとった。

7.3 片端対応理論

Selkirk (1986) は、統語範疇の片端を韻律範疇の片端に写像する**片端対応理論** (end-based theory) を提案した。例えば、句（XP = Xmax）の左端あるいは右端が音韻句の片端に対応するというものである。どの統語範疇の左右どちらの端を韻律範疇の端に合わせるかはパラメータになっており、その値は言語によって異なると考えた (p. 389)。

(25) End parameter settings
 (i) a.]$_{Word}$ b. $_{Word}$[
 (ii) a.]$_{Xmax}$ b. $_{Xmax}$[

Selkirk (1986: 382) は、次の (26) の例を示して、バンツー語族のムウィニ語 (Chi Mwi:ni) は、(25iia) のように、語彙範疇が主要部である句（XP = Xmax）の右端（太字）が音韻句 (PPh) の右端に対応すると論じた[96]。

(26) a. [$_{VP}$ [$_{V'}$ [$_V$ pa(:)nzize] [$_{NP1}$ cho:mbo]] [$_{NP2}$ mwa:mba]]
     ran   the vessel rock
   'He ran the vessel on to the rock'
 b. ....]$_{Xmax}$ ....]$_{Xmax}$
 c. PhP(_____) PhP(_____)
 d.
```
                VP
              /    \
            V'      \
           /  \      \
          V   NP1    NP2
          |    |      |
      pa(:)nzize cho:mbo mwa:mba
```

---

[96] Selkirk は (26a, d) で pa(:)nzize cho:mbo を支配する節点を V' ではなく ? と示している。統語範疇の VP=Vmax ではない中間範疇であるのに韻律範疇を成しているので、片端対応理論を支持する証拠になると論じている。ここでの V' 表記と gloss は筆者による。

Selkirkの分析によれば、ムウィニ語の強勢は、語末第2音節がCVVかCV:の重音節であればそこに、そうでなければ語末第3音節に置かれ、強勢のない音節は短母音化する。従って、基底で長母音を持つ動詞（pa(:)nzize）が短母音化していることから、この動詞の右側には音韻句の境界はなく、NP₁とNP₂の語は末尾第2音節が長音であることから、それぞれの右側に音韻句の境界があると考えている。(26b)に示すXmaxの[NP1 cho:mbo]と[NP2 mwa:mba]の右端は、(26c)に示す音韻句PhPの右端に対応している。これに対し、[NP1 cho:mbo]の左端は音韻句の境界を生じない。[NP2 mwa:mba]の左端は音韻句の境界に対応しているが、この音韻句境界は[NP1 cho:mbo]の右端によって作られたものと考えている。

このようにムウィニ語が統語的な句の右端を音韻句の右端に対応させる(25iia)のパラメータ値を持つのに対し、Selkirk and Tateishi (1991: 524, 529) では、日本語は統語的な句（最大投射 (maximal projection)）の左端（太字部分）を音韻句（主要句 Major Phrase）の境界に対応させる(25iib)の言語であると論じている。

(27)a.[ₛ [NP1 [NP2 Ao'yama-no] [N Yama'guchi-ga]] [VP [NP3
　　　　　Aoyama-from　Yamaguchi-Nom
　ani'yome-o]　　　[ᵥ yonda]]]
　sister-in-law-Acc　　called
　'Mr. Yamaguchi from Aoyama called his sister-in-law.'
　b. (MajP Ao'yama-no Yama'guchi-ga) (MajP ani'yome-o
　　yonda)

(27a)の[NP3 ani'yome-o]の左端が(27b)で主要句 (Major Phrase)の左端に対応しており、[NP2 Ao'yama-no]と[NP3 ani'yome-o]の右端は主要句の境界に対応していない。このように、Selkirkは、普遍的に統語範疇の片端が韻律範疇の片端に対応し、統語範疇の端の左右どちらが韻律句の端に対応するかが言語によって異なるパラメータであると考えた[97]。

---

[97] しかしながら、ムウィニ語 は(22)に見られるように動詞―目的語の主要部先行語順であるのに対し、日本語は(23)のように目的語―動詞の主要部後

8. Nespor and Vogel (1986)

　Nespor and Vogel (1986) も、韻律範疇と韻律階層を仮定する間接参照理論であるが、発話・音調句・音韻句・音韻語という4つの韻律範疇に、**接語群**（Clitic Group）を音韻句と音韻語の間に加えている（第1章 2.3節参照）。そして、それぞれの韻律範疇を定める統語音韻写像規則と、韻律範疇を適用領域とする音韻規則の例を示している。例えば、Nespor and Vogel (1986: 168) は次の**音韻句形成規則** (Phonological Phrase Formation) を示している（φは音韻句、Cは接語群を示す）。

(28) Phonological Phrase Formation
   a. φ domain
      The domain of φ consists of a C which contains a lexical head (X) and all Cs on its nonrecursive side up to the C that contains another head outside of the maximal projection of X.
   b. φ construction
      Join into an n-ary branching φ all Cs included in a string delimited by the definition of the domain of φ.
   c. φ relative prominence
      In languages whose syntactic trees are right branching, the rightmost node of φ is labeled s; in languages whose syntactic trees are left branching, the leftmost node of φ is labeled s. All sister nodes of s are labeled w.

行語順をとる。世界の言語で、主要部先行語順の言語は句の右端が韻律境界になり、主要部後行語順の言語は句の左端が韻律境界になる。よって、音韻境界の左右は、統語的な**語順パラメータ**から導き出すことができ、写像パラメータを別に設定する必要はないと考えられる（Tokizaki 1999, 2008）。

次のイタリア語の例では _ の箇所で子音重複 (raddoppiamento sintattico 統語的音韻重複) が起こるが // の箇所では起こらない[98]。

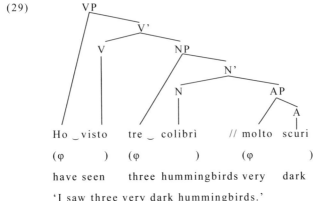

'I saw three very dark hummingbirds.'

　まず、(28a) により、文末の語彙的な主要部 A から繰り返しのない方向（文頭方向）に向かって AP の外にある主要部 (N colibrì) （の手前）までが音韻句の領域となる。そして(28b)により、そこまでのすべての C、(29)では molto と scuri が 1 つの音韻句にまとめられる。同様に tre _ colibrì と Ho _ visto が音韻句となり、その内部では子音重複が起こるが、colibrì と molto は別の音韻句に属しているため、その間で音韻重複は起こらない。

　(28c) は、右枝分かれの統語構造を持つ言語では音韻句内の右端の要素に強（strong）を付与し、その姉妹の要素にはすべて弱（weak）を付与する。逆に左枝分かれの言語では左端の要素に強を付与する[99]。例えば、イタリア語は前者であり、日本語は後者であるという (cf. Miyara (1981))。

---

[98] (29) の例で、Nespor and Vogel (1986: 171) では 'hummingbirds' が colibrí と書かれているが、colibrì が正しい。
[99] これは、統語構造で繰り返しの起こる側（recursive side）に強（strong）を与えるという一般化が可能である (cf. Tokizaki 2020a)。

(30) a. [_Φ Aveva_(W) giá_(W) visto_(S)] [_Φ molti_(W) canguri_(S)]
      had   already seen   many   kangaroos
   'He had already seen many kangaroos.'
  b. [_Φ Ho_(W) sognato_(S)] [_Φ che_(W) una_(W) civetta_(S)] [_Φ era_(W)
     have dreamed   that   an   owl   was
     caduta_(S)]
     fallen
   'I dreamed that an owl had fallen.'
(31) a. [_Φ kore-wa] -> koryaa (SWW)
       this-Top
  b. [_Φ ik-re ba] -> ik-e-ba -> ikyaa (SWW)
       go-if

(30)のイタリア語では音韻句 (Φ) の右端の語が強 (S) になっている。これに対し、日本語の (31) は、速い発話で、音韻句の最初のモーラを除いた右側の部分が e の脱落を含む語形変化を受けることを示している。この変化は、音韻句の最初のモーラ (ko と i) に強 (S) が与えられ、右側の 2 モーラ (re-wa と ke-ba) は、弱 (W) が与えられるためであると Nespor and Vogel (1986: 183)は考えている[100]。

　(28c) の強弱ラベル付与は、言語による統語構造の枝分かれ方向の違いに着目し、強勢との関係を定式化した点が高く評価される。(28c) では、まだ左右関係に言及しているものの、基本的な発想は、構造のみに言及して強勢を付与するという Cinque (1993) の先取りになっている。これは、語順の習得との関係において Nespor et al. (1996) で発展することになる。

9. 統語構成素の枝分かれと樹形写像

　Selkirk の片端対応理論に対して、Cowper and Rice (1987), Bickmore (1990), Zec and Inkelas (1990) は統語構造の**枝分かれ** (branchingness) の

---

[100] Nespor and Vogel (1986) はこのイタリア語の句の弱強と日本語の語における強弱を対比させているが、日本語の句も強弱となると考えられる（例:「空を見る」で「見る」はダウンステップを受けるので弱）。

問題を提起した。メンデ語 (Mende) の Consonant Mutation、ニャンボ語 (Kinyambo) の High Deletion、ハウサ語の談話小辞挿入は、統語構成素が枝分かれする場合としない場合とで、適用するかどうかが異なることを示した。Bickmore (1990) のニャンボ語の例は次である。

(32) a. [s [NP abakozi] [VP bákajúna]] (<- abakózi)
             workers   they-helped
    'The workers helped.'
  b. [s [NP [N abakozi] [AP bakúru]] [VP bákajúna]] (= bakúru)
             workers   mature   they-helped
    'The mature workers helped.'

High Deletion は、ある語の High は左にある語の High を消す、という規則である。これによって主部の NP が枝分かれしない (32a) では、動詞 bákajúna の high tone が、その左の abakózi の high tone を消す (-> abakozi)。しかし、主部の NP が枝分かれする (32b) では、その最後の語 bakúru の high tone が消えない。High Deletion の適用領域が音韻句であるとすれば、(32a) では枝分かれしない NP が独立の音韻句を形成しないが、(32b) では枝分かれする NP が独立の音韻句を形成する、と言える。

(33) a. [s [NP abakozi] [VP bákajúna]] (<- abakózi)
           (   )
   b. [s [NP [N abakozi] [AP bakúru]] [VP bákajúna]]
           (   )   (   )

Bickmore (1990: 17) は片端対応理論に基づいて、枝分かれをパラメータに組み込んだ (cf. (25ii))。

(34) a.]Xmax-b   b.   Xmax-b[

これは記述的には妥当であるが、そもそも端を対応させるはずが、構成素の内部構造に言及する点が問題である。

第7章 韻律階層と統語インターフェイス　　　　　　　　　　171

　　Zec and Inkelas (1990: 377), Inkelas and Zec (1995: 542) では、この枝分かれの問題を受けて、**樹形写像** (Arboreal Mapping) を提案した。これは、統語構造の姉妹要素を音韻句にまとめる、というものである。これによれば、(33)のニャンボ語や(26)のムウィニ語、(27)の日本語の各例を説明できる。例えば (33a) では、[NP abakozi] と [VP bákajúna] は姉妹要素であるために1つの音韻句にまとめられるが、(33b) では、[AP bakúru] と [VP bákajúna] は姉妹要素でないため、同一の音韻句にまとめられない。ただし、イタリア語の例 (29) は、Ho _ visto と tre _ colibrí が、それぞれ姉妹要素でないのに音韻句をなしているため、樹形写像では説明できない。

10. Duanmu (1990)

　　Duanmu (1990) は中国語の韻律について、**非主要部強勢**（non-head stress）という規則を提案している。Duanmu (1990: 142) の主要部と非主要部の定義と非主要部強勢（non-head stress）の規則は次である。

　　(35) In [X_{n+1} Y X_n], Y is the non-head and X_n is the head. (Y = any projection)
　　(36) In a head-nonhead structure, stress the nonhead.

ここで、Duanmu は、X^0 ばかりでなく X^1 (=X') も、Xn+1 に投射する範疇として Xn とまとめ、「主要部」と呼んでいる。そして投射しない範疇 Y を非主要部 (non-head) とするので、Y には補部（complement）に加えて指定辞（specifier）も含まれる。よって、普通の X-bar 理論に基づく句構造を用いて、強勢位置を下線で示せば、次のようになる。

　　(37) a.　[X' X YP]
　　　　 b.　[XP YP X']

つまり、非主要部強勢とは、主要部ではなく、補部あるいは指定辞に強勢を与えよ、というものである。これにより、主要部の補部だけでなく主要部に先行する修飾部に強勢が置かれる場合も説明される (Duanmu (1990: 142))。　強勢を太字で示す。

(38) a. [NP **niu** nai] 牛奶
        cow milk
   'cow's milk'
   b. [VP chao **fan**] 炒饭
        fry rice
   'to fry rice'

(38a) の名詞句では nai が主要部で、それに先行する非主要部（修飾部）の niu に強勢が置かれる。(38b) の動詞句では、主要部の動詞 chao に後続する補部（目的語） fan に強勢が置かれる。このように、Duanmu (1990) の非主要部強勢は、指定辞と補部をまとめてそれに強勢を付与するという広い一般性を持つ。Duanmu は (38a)の「牛乳」を名詞句 NP として扱っているが、これは複合語 N と考えることもできる。とすると、非主要部強勢は次に述べる Cinque の**最深部強勢** (bottom stress) の先取りになっているとも言える[101]。

11. Cinque (1993)

　Cinque (1993) は、Halle and Vergnaud (1987: 264) の核強勢規則の定式化から「右」という指定を取り除いた強勢付与規則を示した。

---

[101] 非主要部強勢では、指定辞と補部の両方が同時に生起した場合に、どちらに第 1 強勢が置かれるかは不明である。

(39) a. Interpret boundaries of syntactic constituents as Metrical boundaries.
b. Locate the heads of line N constituents on line N + 1.
c. Each rule applies to a maximal string containing no internal boundaries.
d. An asterisk on line N must correspond to an asterisk on line N – 1.

この規則は、[A * [B * [C *]]] あるいは [A [B [C *] *] *]]]（A, B, C は最大投射、* はその主要部の語の主強勢）に適用して、次の表示を生成する。

(40) a.　　　　　*　　　　b.　　*　　　　　　line 6
　　　　(.　 . 　* 　)　　　 (　* 　. 　. 　)　　line 5
　　　　(. (. 　* 　))　　　((　* 　. 　) . 　)　line 4
　　　　(* (* (*)))　　　(((*) *) *)　　line 3

これは結局のところ、構造の一番深いところ（最初の**併合** (Merge) で作られる集合に一番強い強勢を与える規則である（cf. Tokizaki 2020a, b）。
　具体的な適用例として、Cinque (1993: 246)は、次の句を示している。

(41) 　　.　　　　.　　　　　.　　　　*　　　　line 7
　　(.　　　　.　　　　　.　　　　* 　)　　 line 6
　　(.　(.　　　　　.　　　　* 　))　　line 5
　　(*　(.　　 (　　　.　　　　* 　)))　　line 4
　　((*) (*　　　(　　* 　(　　* 　))))　line 3
　　[[Jesus] [preached [to the people [of Judea]]]]

このようにして句の主強勢は構造の最も深い位置に置かれる。
　(39) は複合語にも適用できる (cf. Chomsky and Halle (1968: 93))。

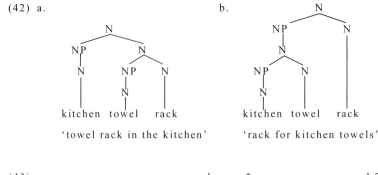

Cinque (1993) では、X-bar 構造を仮定して [NP [N kitchen]] のような枝分かれしない節点を認めているので、(39) によって(42a)の「台所のタオル掛け」が(43a)、(42b)の「キッチンタオル掛け」が (43b) の表示となり、それぞれ towel と kitchen に主強勢が置かれることが説明される。

　Cinque (1993)の規則 (39) は、左右関係に言及せず、構造の深さだけに注目することによって複合語強勢と句強勢を統合し、一般化することができた。上で見た Duanmu (1990) の非主要部強勢が主要部・非主要部という概念を必要としたのに対し、Cinque (1993) の最深部強勢は構造にのみ言及するものであり、一般性が高く、理論として望ましい。

　しかし、ミニマリスト・プログラムの**最小句構造** (bare phrase structure) (Chomsky (1995)) では (42b) の [NP [N kitchen]] のような枝分かれしない節点を認めないので、主強勢を受ける要素がその姉妹の語より深い構造的位置にあることを何かの形で述べなければならない[102]。

---

[102] Tokizaki (2020a, b) を参照。Cinque は(20b)と(20c)のような複合語の下位構造については、N^0 以下の N^{-1}, N^{-2}, … というラベルを付けている。

12. Truckenbrodt (1995, 1999)

　Truckenbrodt (1995, 1999) は、**最適性理論**（Optimality Theory）を使って、Wrap XP などの制約をランク付けすることにより音韻句の説明を行った（第 1 章 2.3 節参照）。Wrap XP は、統語範疇の句を音韻的に区切ってはいけないという、直感的に納得できる制約である。また制約のランキングを変えることにより、言語による音韻句の違いをとらえることができる。例えば、Truckenbrodt (1999: 252) では、マトゥンビ語 (Kimatuumbi) とチェワ語 (Chichewa) において (44) の構造で、それぞれ (44a) と (44b) の音韻句を持つことを述べ、違反している制約を示している。

(44)　　NP$_1$　[$_{VP}$ V　NP$_2$　NP$_3$]　　違反する制約　　該当する言語
　　a.　(　)$_P$ ((　　　　)$_P$　)$_P$　Nonrecursivity　マトゥンビ語
　　b.　(　)$_P$ (　　　　　　　)$_P$　Align-XP　　　　チェワ語
　　c.　(　)$_P$ (　　　　)$_P$ (　)$_P$　Wrap-XP　　　　?

(44a) では音韻句 P の繰り返しがあり、(44b) では NP$_2$ の右端が P の右端に対応していない。この音韻句の違いは次の制約ランキングで説明される。

(45)　a.　マトゥンビ語：　Wrap-XP, Align-XP >> Nonrec
　　　b.　チェワ語：　　Wrap-XP, Nonrec >> Align-XP
　　　c.　?：　　　　　Align-XP, Nonrec >> Wrap-XP

つまり、マトゥンビ語は XP の右端を音韻句に合わせることを音韻句の繰り返しを避けることより優先させ、チェワ語は音韻句の繰り返しを避けることを XP の右側を音韻句に合わせることより優先させる、ということである。
　しかし、そのランキングの違いは何によるのか、また論理的に可能なランキング (45c) を持つ言語がなぜ見つからないのか、という疑問が残る。

13. Match theory

　Selkirk (2011) は、統語範疇と韻律範疇が基本的に一致するという**マッチ理論**（match theory）を提案している。

(46) a. a clause = an intonational phrase (ι)
b. a phrase = a phonological phrase (φ)
c. a word = a prosodic word (ω)

節は音調句、句は音韻句、語は音韻語に対応するということであり、この対応は Match(Phrase,φ) などの制約で表される。最適性理論を仮定しているため、音韻的な条件や構成素の長さなどの他の制約が優先されれば、統語範疇と韻律範疇は必ずしも一致しない。例えば、9 節で見た枝分かれする構成素のみが音韻句を形成するという事実は、次の韻律的有標制約 BinMin(φ,ω) が Match(Phrase,φ) に優先するためと説明される。

(47) BinMin(φ,ω): φ must be minimally binary and thus consist of at least two prosodic words.

音韻句は少なくとも 2 つの韻律語を含まなくてはならない、というものである。9 節の(33)の例を再掲する。

(48) a. [s [NP abakozi] [VP bákajúna]] (<- abakózi)
          (   )
     b. [s [NP [N abakozi] [AP bakúru]] [VP bákajúna]]
          (   ) (   )

(47) により(48a) の主語は音韻語 1 つのため独立の音韻句を形成できないが、(48b) の主語は音韻語が 2 つで音韻句を形成する、と説明される。
　Match Theory は、統語構造との一致を制約として、様々の韻律的制約とともに最適性理論で扱うことで、広いデータの説明を可能にしている。しかし、その反面、理論としての簡潔性が失われてしまうことが懸念される[103]。

---

[103] Bellik et al. (2023) はソフトウェア Syntax-Prosody in OT (SPOT) で、可能な入力と出力の候補を自動的に生成・評価する試みをしている。

14. ミニマリスト的インターフェイス研究

最後に Chomsky (1995) などに始まる**ミニマリスト・プログラム**に基づく統語音韻インターフェイス研究の一例として拙論を簡単に紹介したい[104]。

Tokizaki (1999, 2008) では、**最小句構造写像規則** (Bare Phrase Mapping) (49) を提案した[105]。

(49) Interpret boundaries of syntactic constituents [...] as prosodic boundaries / ... /.

この規則により、(33)=(48) の最小句構造は次のように音韻に写像される。

(50) a. [s [NP abakozi] [VP bákajúna]] (<- abakózi)
        // abakozi // bákajúna //
    b. [s [NP [N abakozi] [AP bakúru]] [VP bákajúna]]
        /// abakozi // bakúru /// bákajúna //

(50a)の枝分かれしない NP と動詞の間には韻律境界が２つしかないが、(50b)の枝分かれする NP と動詞の間には韻律境界が３つ生じる。この差が High Deletion の適用の可否を決めていると説明することができる。この考えは、統語構造だけに基づいており、BinMin(φ, ω)のような韻律制約を必要としない、より簡潔なものである。

強勢については、Tokizaki (2020a) で、最初の併合で要素と空集合 ø が集合を作るとし、集合に強、その姉妹の端末に弱を付与する規則を示した。

(51) a. [R [W kitchen] [S [S **towel** ø] [W rack]]]
    b. [R [S [S **kitchen** ø] towel] rack]

---

[104] 多重書き出し (multiple Spell-Out) による音韻句形成を提案した Dobashi (2003, 2009)、左から右への累加的な構造構築による統語音韻写像を提案した Shiobara (2010)、空主語や移動などの統語現象を韻律で説明しようとした Richards (2016) も参照されたい。

[105] (49) は、語などの特定の統語範疇に言及せず、半拍という具体的な音声表示でないという点で、Selkirk (1984a) の無音半拍付加 (22) とは異なる。

最初の集合の要素が W に支配されず、強勢を受ける。11 節の終わりで見た Cinque (1993) の非枝分かれ範疇の問題も解決できる。

15. 今後の展望

　生成統語論で構成素統御や統率が中心的概念だった 1980 年代から、パラメータによって言語間変異をとらえようとした時期までは、音韻論は統語論と同じ仕組みで共通した方向を目指していた。しかし、1990 年代中頃から、統語論は普遍的な計算部門を最小化する方向に進み、音韻論では最適性理論が中心となった。統語音韻インターフェイスの研究も、種々の制約によって広範囲の事実を説明しようとする最適性理論による研究が主流であるように見えるが、少ない道具立てで理論的な簡潔さを求めるミニマリスト的な研究も必要だと考えられる。研究者それぞれが、研究の歴史と成果を踏まえながら、自由な発想で新しい研究を切り開いて行くことが大切である。

第 8 章　生成韻律論

岡崎正男

1. 序

　詩は人類のもっとも古い文学形式であり、文化の差を問わず、古代から多くの作品が残っていることは周知の事実である。詩については、その内容に注目が集まり多数の研究成果が出版されており、内容に関する研究に注目が集まりがちである。しかし同時に、詩には、散文作品とは違い、文化圏ごとに独特の詩の形式がある事実があるため、形式面についても多くの研究者の興味が向けられてきたことも忘れてはならない。詩形は詩が作られた文化圏を背景にしているため、詩形についての研究には、文化的背景まで視点に入れた研究も多いが、詩形について考える場合に忘れてはならないことは、詩形を背後から支えているのが、ヒトが生得的な能力として持っている言語能力であるという事実である。日常の言語活動の土台となっている言語能力が、詩作の際にも重要な土台の 1 つになっていると言い換えてよい。

　もし、詩形を決定する土台の 1 つとして言語能力があるならば、詩形の研究は生成文法的な考え方をもとにした言語研究の研究領域の一部になりえることになる。生成文法理論は、ヒトの生得的言語能力の解明をその最終目標としているが、詩形研究も人の生得的言語能力の解明の一翼を担うと考えることは不自然ではないからである。それゆえ、生成文法の枠組みにおける音韻論である生成音韻論の枠組みを土台として詩形の音韻論的側面を研究する**生成韻律論**(generative metrics)と呼ばれるようになる分野が 1960 年代半ばに誕生したことは決して偶然ではない。

　詩形の音韻的側面には、詩行の韻律に関する事実、押韻に関する事実、詩行構成に関する事実、などが含まれる。生成韻律論においては、それらの事実を、個々の詩形の音韻的側面の独自性は認めつつも、その独自性は表層的なものであり、詩形の背後に生成音韻論において発見された音韻構造が関与していると考えることが特徴的ある。

　この章では、上述のような生成韻律論のこれまでの研究成果を紹介し評価を加えることを目的とする。まず、2 節において全体の流れを概観する。そ

の後、3節では詩行の韻律について述べ、4節では押韻の問題に触れる。5節では詩行構造についての論点に言及する。なお、生成韻律論については、すでに Hayes (1988)という優れた概観があり、この章では Hayes (1988)とは重複しない形で論点を提示したい。

2. 生成韻律論の歴史概観

　生成韻律論の具体的研究成果は、1966年までさかのぼることができる。この年、Morris Halle と Samuel J. Keyser の Chaucer の詩形に関する共同研究(Halle and Keyser 1966)が発表され、その後の**弱強五歩格**(iambic pentameter) の理論的韻律研究の嚆矢となった。*SPE* の出版に2年先行している。その後、1969年に Samuel J. Keyserによる古英語頭韻詩の韻律についての研究(Keyser 1969)が発表され、古英詩研究に一石を投じると同時に頭韻詩の韻律構造研究の先駆けとなった。いずれの研究においても、目的は、実際の詩行の韻律を背後からささえている原理の追求である。

　その後、Halle and Keyser (1971)が出版され、古英詩から近代英詩までの韻律論の枠組みが提示された。同じ年に、*College English* 誌上で韻律論の特集が組まれ、詩の韻律についてのさまざまな論が提示されるに至った。この時期の韻律論研究で、Halle and Keyser (1971)とは違う視点からの分析を提示して重要だと判断されるものに、Kiparsky (1975)がある。この研究は、初期近代英語期の韻律について、詩行の韻律の鋳型、詩行の実際の韻律、それに統語構造という3つの表示の関係にみられる対応関係を明らかにした先見性のある研究であった。

　この時期、詩行の韻律の研究だけではなく、押韻と音韻表示の関係の研究もすでに始まっている。論点は、押韻は表層の音声形をあわせるのか、それとも抽象的な音韻表示をあわせるのか、というものであった。この点について、Kiparsky (1970)がフィンランド語のカレワラ(Kalewala)の押韻について、表層表示ではなく中間の音韻表示の同一性にもとづくという提案をしている。同様に、Kiparsky (1972)では、サンスクリット語のリグヴェーダ(Rigveda)の押韻について、やはり派生の途中の音韻表示の同一性により押韻の可否が決定される旨の提案がされている。加えて、古英詩における違う子音同士の頭韻について、Lass and Anderson (1975)などが、限定的な例についてであるが、基底表示の関与の可能性を提示している。押韻については、

その他、英語のロックの歌詞における違う母音同士の脚韻の事実を扱った Zwicky (1976)があげられる。

1975 年以降、**韻律理論**(metrical theory)と**自律分節理論**(autosegmental theory)の出現にともない、生成音韻論において大きな理論的進展が生じた（詳細は第 5 章を参照）。生成韻律論の枠組み自体も大きな転換点を迎える。2 つの理論のうち、とりわけ、韻律理論の音韻表示を採用することにより、詩行の韻律の鋳型、詩行の実際の韻律、統語構造の関連、および詩人ごとの韻律特性の違いについて、具体的研究が発表された。代表的なものが、Kiparsky (1977)と Hayes (1983)である。前者は Kiparsky (1975)の知見を韻律理論の枠組みで発展させたものといってよく、後者は Kiparsky (1977)の枠組みで説明できない事実を提示して代案を提案したものである。この時期の研究も、詩行の韻律の鋳型、実際の韻律、（統語構造から派生される）韻律構造、という 3 つの表示の間の対応関係にみられる規則性を明らかにすることを目的とする点は、1970 年代の研究と変わりはない。

この時期、個別の研究のほかに、韻律論研究の多様性を確かめられる論考が収められている書籍も出版されている。Kiparsky and Youmans (eds.) (1989)がそれにあたり、さまざまな立場からの論考が収められている。その中でも、英詩の韻律の鋳型と実施の韻律の不一致の生起する環境について、**韻律階層**(prosodic hierarchy)（詳細は第 7 章を参照）を用いた一般化を試み Kiparsky (1977)の分析を発展させた Hayes の論考(Hayes 1989)が注目される。他には、G.M. Hopkins の実験的な詩形である sprung rhythm の分析を提示した Kiparsky の論考(Kiparsky 1989)や音楽のリズムと言語のリズムについて論じた Jackendoff の論考(Jackendoff 1989)も注目に値する。

1970 年代後半以降の押韻の研究としては、トルコ語の脚韻は基底表示の一致により可否が決定されることを論じた Malone (1982, 1988)が注目される。

1990 年代以降になると、生成音韻論における大転換をもたらした**最適性理論**(Optimality Theory (OT))が登場する（詳細は第 10 章を参照）。この理論は音韻表示の適格な表層形は、優先順位がきめられた複数の制約の相互関連により決定されるというものだが、生成韻律論の研究も当然影響をうけ、最適性理論にもとづく詩の韻律分析が発表されるようになった。具体的研究例として、次のような研究成果がある。Golston (1998)（OT の複数の詩形

の韻律分析への適用)、Hayes and Moore-Cantwell (2011) (Hopkins の sprung rhythm)、Hayes, Wilson and Shisko (2012) (Shakespeare と Milton の韻律の Maxent Grammar を用いた分析)、Blumenfeld (2015) (近代英語期以降の弱強五歩格)、Golston and Riad (1997) (古典アラビア語)、Golston and Riad (2000, 2005) (古典ギリシア語)、Getty (2002) (古英語頭韻詩)。これらの研究では、詩行の抽象的鋳型と実際の韻律構造との対応を制約の優先順位を設定することにより説明することが目的となっている。ただ、この時代の韻律研究も、制約の優先順位を用いている点は以前の研究と違う点であるが、詩行の鋳型の韻律、詩行の実際の韻律、(統語構造から派生される) 韻律構造、という3つの表示の間の対応関係の規則性の探求という目的には変化がなく、ぶれはない。

　生成韻律論の1990年代以降の研究の流れの特徴の1つとして、狭い意味での詩形研究だけではなく、広い意味での詩形研究が加わったことがあげられる。例として、OT に依拠する英語の民謡の歌詞の韻律構造分析を挙げることができる。具体的研究成果には、Hayes and Kaun (1996)、Hayes and McEachern (1998)、Kiparsky (2006)、Hayes (2009a, 2009b)、などがある。歌詞の韻律構造の研究は、詩の鋳型の韻律、実際の詩行の韻律、統語構造 (もしくは統語構造から派生される韻律構造) の対応の解明に加え、音楽のリズム構造との対応の解明も必要である点、興味深い研究課題である。

　OT の直接の影響は、詩行の韻律分析だけでなく、押韻分析においても大きい。1990年代以降の押韻の体系的な研究成果の代表例として Minkova (2003)がある。この研究は、古英語と中英語の頭韻詩における音価の違う子音同士の頭韻、音値の違う母音同士の頭韻、子音連結同士の頭韻などについて、独自の膨大な一時資料の記述をもとにして、音声的類似を基礎として、制約とその優先順位を基盤にして頭韻の可否を説明しようとする試みである。

　このように、1990年代以降の生成韻律論研究は、OTの枠組みを採用し、制約とその優先順位を設定して詩行の韻律の可否や押韻の可否を説明する論考が多いが、具体的な**有標性制約** (markedness constraint)と**忠実性制約** (faithfulness constraint)、およびそれらの優先順位を設定して詩形に関する事実を説明する方法は、詩の韻律や押韻以外の音韻現象の説明方法と全く同じである。詩の韻律と押韻に関連してさまざまな制約が提案されているが、提案された制約が普遍的な制約なのか、詩形に特有な制約なのか、一見詩形

に特有な制約にみえるが普遍的で一般的な制約から導かれる制約なのか、などの点については明示的な議論がほとんどないように思われる。今までにOTの枠組みを採用した生成韻律論研究で提案されている制約には、当然、詩の韻律や押韻以外の音韻現象にも当てはまる普遍的な制約が含まれているが、同時に詩形特有の制約や個別の詩形に特有の制約も含まれていると考えられる。たとえば、Hayes (2009a, b)で提案されている*LAPSE（強音節間の距離が長すぎることの禁止）は韻律以外の音韻現象の背後にもある制約だと考えられるが、MATCH STRESS（詩行の鋳型の強音部と実際の強勢音節の一致）、*RUN-ON（行末と統語境界の不一致の禁止）、*STRESSED IN W（詩行鋳型の弱位置への強勢音節の配置の禁止）などの制約は、詩行の韻律に特有の制約であると考えられる。また、Hayes (2009a: 123–124) が、Kiparsky (1977)の提案に従い仮定している詩形生成部門(pattern generator)において作用すると提案している詩形の骨格に課される制約(HEMISTITCH, DIPOD, FOOT) も詩行に特有の制約であると考えられる。今後は、今までに詩形の説明のために提案された制約の整理とともに、普遍的制約と詩形に特有の制約の相互作用の解明も必要になってくると考えられる。

1990年代以降の研究には、最適性理論に依拠しない研究もあることを記しておく必要がある。Fabb (2002)やFabb and Halle (2008)がそれにあたる。これらの研究の最大の特徴は、詩形ごとに詩行の韻律の抽象的鋳型を設定して実際の韻律を分析することは同じだが、制約とその優先順位を設定せず、Halle and Keyser (1971)で提案された「**最大強勢点**(stress maximum)」という概念を維持し改良することにより、詩行における2音節以上の内容語の分布特性を説明する試みである。加えて、枠組みは違うが、Deo (2007)が、サンスクリット語の詩における詩の鋳型と実際の韻律の具現との対応規則を提案している。

加えて、1990年代以降も生成韻律論の論考を集めた書籍が出版され、個別のさまざまなテーマを扱った論考が収められている。主なものに、Dresher and Friedberg (eds.) (2006)、Arleo and Aroui (eds.) (2009)などがある。

生成韻律論の初期から現在まで研究が不活発な領域に、詩行（もしくは行以外の詩の基本単位）と音韻単位の対応関係の研究がある。詩行の長さが固定されている詩形の場合には、行末が統語境界に対応する場合が多く、行末

が統語境界に対応しない**句またがり**(enjambment)の場合以外、詩行と音韻単位の対応関係はあまり問題にならない。詩行と音韻単位の対応について注目されてきた典型例は、古英語や古ゲルマン諸語の頭韻詩の**半行**(half-line)の構造で、個々の半行の長さが不定で一貫性がないようにみえることが注目を集めている原因である。

3. 詩行の韻律研究：近代英詩の場合

　詩行の韻律研究においては、言語ごと詩の形式ごとに具体的な論点が扱われてきたが、ここでは、生成韻律論の初期の段階から注目を集めてきた近代英詩の韻律を取り上げる。近代英詩の韻律が注目されてきたのは次の4つの理由による。(i) 実際の詩行の韻律が、詩の韻律形式を規定していると考えられる韻律の鋳型とずれている場合が多い。(ii) 実際の詩行の韻律の鋳型からのずれ方には規則性があり、実際の強音節が鋳型の弱位置に配置される場合に一般性を抽出することが可能である。(iii) 詩行の強音節が鋳型の弱位置に配置される場合、詩のテクストの統語構造（もしくは統語構造から派生される韻律構造）をもとに規則性を抽出できる。(iv) 実際の詩行の韻律の鋳型からのずれ方は、詩人ごとに違っており、その違いが詩人の韻律文体になる。

　近代英語期以降の英詩の代表的な詩形とされる弱強五歩格の場合、詩行のリズムの抽象的な鋳型として(1)が設定される。

　　(1) (WS) (WS) (WS) (WS) (WS)

この鋳型は、弱音節(W)と強音節(S)から構成される(WS)という詩脚(foot)が5回繰り返され、10音節の詩行を構成することを表している。詩脚はあくまで弱と強の連続で、文の統語構造や韻律構造との対応は考慮されていない。

　上述のとおり、実際の詩行の韻律は、(1)の鋳型通りにはなっていない場合が多い。今までの研究において、次の(2)にまとめられる鋳型と実際の韻律のずれが許容されることが明らかになっている。いずれの場合も、韻律のずれに加えて、詩脚境界と統語構造境界のずれの有無も重要な点である。

第8章　生成韻律論

(2) a.　　　…　(W　S)　　　　　詩の鋳型
　　　　[xp … [x σs]] σ　　　　実際の韻律　　（σ＝音節）
　　b.　　　　(W　S)　　　　　　詩の鋳型
　　　　[xp [x σs] σw …]　　　　実際の韻律
　　c.　　　　(W　S)　　　　　　詩の鋳型
　　　　[word σs σw]　　　　　　実際の韻律
　　d.　　　…S)(W…　　　　　　詩の鋳型
　　　　[word σw σs]　　　　　　実際の韻律

(2a)は、句内部で主強勢を担う右端の主要部が鋳型の弱位置に配置される場合で、強勢の不一致だけでなく、詩脚の境界と統語構造の境界のずれもある。具体例は(3)で、名詞の sun で当該のずれが生じている。

(3) (W　S)　　(W　S)　　(W　S)(WS) (W　S)
　　And as [NP the bright sún] glorifies the sky

　　　　　　　　　　　　　　　(Shakespeare, *Venus and Adonis* 485)

(2b)は、句の主強勢を担う左端の主要部と後続する弱音節が鋳型の(WS)に対応している場合である。動詞とその代名詞目的語の連鎖が具体例であり、(4)の love her の連鎖が鋳型と実際のリズムがずれている箇所である。

(4)　(W　S)　　　(W　S)　　(W S)　　(W　S)　　(W S)　　φ
　　Thou dost [VP [V lóve] her], because thou knowst I love her

　　　　　　　　　　　　　　　(Shakespeare, *Sonnet* 42.6)

(2c)は、2 音節で強弱の強勢型をもつ内容語が鋳型の(WS)に配置されている場合である。具体例は(5)の image である。

(5) (WS)(W　S)(W　　S)　　(WS)　　(W　S)
　　Created thee in [NP the [N ímage]] of God

　　　　　　　　　　　　　　　(Milton, *Paradise Lost* VII, 527)

(2d)は、2 音節で弱強の強勢型の内容語が、鋳型の…S)(W…に配置されている場合である。具体例は(6)であるが、このずれ方は使用している詩人が限定されることもあり、例外的であるとみなされてきた。

(6)　(W　S)(W　　S) (WS)(W　　S)　　(W S)
　　Weake [A enough], now into our world to come

　　　　　　　　　　　　　　　(Donne, *La Corona* III, 4)

近代英詩の詩行の韻律特性についての生成韻律論の研究は、Halle and

Keyser (1971)から現行の OT まで、(2)にまとめられた韻律特性をどう説明するか、ということに集中してきたと言える。(2)にまとめられた事実の説明の方法は、大きく 3 つある。(i) Fabb (2002)や Fabb and Halle (2008)が改良版を提示している「最大強勢点」を利用する方法、(ii) Kiparsky (1975, 1977)や Hayes (1989)のように、鋳型と実際の韻律のずれ生じる位置を、統語構造もしくは韻律構造を利用して一般化する方法、それに(iii) Hayes, Wilson and Shisko (2012)や Blumenfeld (2015)のように、鋳型と実際の韻律のずれを、統語構造も考慮に入れつつ、OT の制約の違反可能性を査定して説明する方法、である。(2)の事実については、現状では、(ii)もしくは(iii)の立場のほうが事実を過不足なくとらえられると思われる。詳述の余裕はないが、最大強勢点を利用した説明では、とくに(2a)の事実を捉えることがむずかしいと考えらえるからである(Okazaki 2005)。

このように、近代英詩の韻律特性については、生成韻律論の複数の立場から理論的な分析が提示されており、結果的に生成音韻論の応用の臨床例となっている。しかし、近代英詩の韻律については、未開拓の領域もある。その未開拓の領域のうち、ここでは、岡崎 (2017, 2022)が取り上げたが、今まで詳しく取り上げられることがなかった弱強の強勢型の 2 音節形容詞([_A σwσs])の詩行中での分布と詩行の韻律研究への意味合いについて触れることにする。

岡崎 (2022: 26-29)によれば、[_A σwσs]は近代英詩の詩行中で次のような分布特性を示す。

(7) a. NP 内の[_N σs ...]の前位置で詩行中の SW に配置。
   b. NP 内の[_N σs ...]の前位置以外では、詩行中の WS に配置。

たとえば、Shakespeare の作品における complete は、次の分布を示す。

(8) a. W S W   S W S   W S   W S
      In complete glory, she revealed herself;
                    (*The First Part of King Henry the Sixth* 1.3.62)
   b. W S W   S W   S W S   W S
      Is the young dolphin every way complete;
                                        (*King John* 2.3.433)
   c.   W S W S W   S   W S   W S
      The one is filling still, never complete

(*Timon of Athens* 4.3.244)

(8a)は、completeが名詞句内で語頭に主強勢がある名詞gloryの前位置にあり、鋳型の SW の位置に対応するように配置されている。(8b)と(8c)は、completeが名詞の前位置以外の位置にある場合で、語強勢型のとおりWSの位置に配置されている。

(8)でcompleteにより例示した[A σwσs]の分布特性は偶然とは考えられない。理由は 2 つある。1 つは、岡崎(2017, 2022)が指摘するように、Shakespeareの作品においてはcompleteだけではなく、次の(9)に示す形容詞が同じ分布特性を示すからである。広範囲の[A σwσs]が同じ分布を示すことがわかる。

(9)

absurd	antique	assur'd	conceal'd	condemn'd
confin'd	distined	divine	entire	exact
exhal'd	expired	extreme	forlorn	impure
mature	minute	misplac'd	obscure	oppos'd
profane	profound	resolv'd	secure	severe
subdu'd	unback'd	unbid	unborn	undream'd
unpath'd	unfelt	unfirm	unhack'd	unhop'd
unkind	unkown	unsoil'd	unstain'd	unstayed
unstuff'd	untun'd	unus'd	unvalued	unwash'd
unweigh'd	wellborn	well-breath'd	well-fam'd	well-found
well-known	well-lost	well-paid	well-skill'd	well-steel'd
well-tun'd	well-wish'd	well-won		

(その他、[X][Y+suffix]の構造の多数の複合語が同じ分布を示す。)

(7)で提示した一般化が偶然でないと考えられるもう 1 つの理由は、[A σwσs]の分布は、Shakespeare以外の多くの詩人の詩において観察されるという事実である(岡崎 2017, 2022)。岡崎(2017, 2022)によれば、Shakespeareと同時代の初期近代英語期の Milton, Spenser, Sidney, Donneなどの詩だけではなく、後期近代英語期の Wordsworth, Coleridge, Keats, Shelly, Yeats などの詩人の詩やアメリカの 19 世紀以降の Emerson, Longfellow, Dickinson、Frostなどの詩においても同様の分布が観察される。

具体例として、初期近代英語期の Spenser、後期近代英語期の Keats、そ

れと 19 世紀アメリカ英語の Dickison の詩における例を挙げる。例はいずれも、岡崎(2022: 28–29)が例示しているもので、a は当該形容詞が語頭に主強勢がある名詞の前位置に配置されている例で、b と c は当該形容詞が名詞の前位置以外の位置の例である。

(10) Spenser

 a. W S W S W S W S W S
   The forlorne mayd did with loves longing burn
              (*Faery Queen* I.vi.22.1)

 b. W S W S W S W S W S
   Doo seeke to make us of the world forlorne
              (*Tears of Muses* 66)

 c. W S W S W S W S W S
   Great pity sure that ye be so forlorne
              (*Faery Queen* III.iv.21.3)

(11) Keats

 a. W S W S W S W S W S
   Before the serene father of them all
              (*Endymion* IV.929)

 b. W S W S W S W S W S
   Scorches and burns our once serene domain
              (*Hyperion* I.63)

 c. W S W S W S W S W S
   Warm and serene, but yet with moistened eyes
              (*Endymion* I.922)

(12) Dickinson

 a. W S W S W   S W S
   Stars, amid profound Galaxies   (F179.19)

 b. W S W S W S W S
   And most profound experiment   (F817.7)

 c. W S W S W W W S
   To be a flower, is profound   (F1038.15)

以上が(7)で提示された分布特性の例示だが、知る限り、岡崎(2017, 2022)が指摘するまで、[_A σwσs]の詩行中での分布について、断片的な言及はあっても、体系的な記述はなく、かつ、生成韻律論の研究への意味合いがあると考えられる。まず、当該の語の分布特性は、近代英詩の詩行において、現代英語の thirteen mén (cf. thírtéen)のような例の強勢型の背後にある**リズム規則**(Rhythm Rule)の存在を示唆する。詩行におけるリズム規則の存在は、詩行の適格性を査定する韻律制約のなかに、強勢衝突を禁止する*C_LASH のごとき制約が（優先順位の上位に）あることを示す。(8)や(10)-(12)のような詩行では、*C_LASH の違反回避により鋳型通りの韻律が具現されると解釈される。

　(7)に示されている[_A σwσs]の詩行中での分布は、生成韻律論における結論の導き方にも意味合いがある。近代英語期の英詩におけるリズム規則については、その存在に肯定的な立場(Kiparsky 1977; Hayes 1989 など)とその存在に否定的もしくは慎重な立場(Youmans 1983; Hanson2006)がある。いずれの立場も、実際のテクストの徹底した事実観察が欠けているか、事実観察の視点が明確でない。そのため、リズム規則存在についての議論と結論が説得力に欠けていたことは否定できない。(7)の一般化が正しいなら、リズム規則肯定派に軍配が上がることになるが、(7)の結論は、詩行の韻律特性を理論化する場合の言語事実の重要性と記述する際の明確な視点の重要性を示唆している。今後の生成韻律論における詩行の韻律研究においては、今まで以上に理論と事実観察のバランスに注意を払う必要があると思われる。理論の目的を意識した個別の詩の記述研究を今まで以上に綿密に進めながら理論化をする必要がある。

4．押韻の問題：近代英詩の脚韻の場合
　詩の押韻に関する問題については、2節で述べたとおり、生成韻律論初期の段階から Kiparsky (1970, 1972)などの研究があり、押韻と音韻表示のレベルの対応が論点となってきた。議論の出発点は、押韻の際に分節音の一致（頭韻の場合は語頭の子音の一致、脚韻の場合は強勢母音（と後続する子音）の一致）が予想されそのとおりの事実が多いのは事実だが、違う音価の分節音同士が押韻すると解釈される場合も多数見つかるという事実である。それゆえ、違う音価の分節音同士の押韻の事実が研究対象となってきた。具体的

な論点は、押韻は基底表示の一致により決定されるのか、表層の音声表示の一致により決定されるのか、それとも基底でも表層でもない中間の表示の一致により決定されるのか、ということである。

　これまでの研究成果を俯瞰すると、押韻と音韻表示のレベルの関係は、言語ごと、詩の形式ごとに違っている可能性が高い。すでに1節で述べたとおり、Kiparsky が分析対象としたカレワラやリグヴェーダの押韻については、基底でも表層でもない中間の音韻表示の一致という結論が提示された (Kiparsky 1970, 1972)。それに対して、トルコ語の脚韻の場合、Malone(1982, 1988)などにより、表層の音価が違う母音同士が脚韻のペアになるのは基底表示が一致する場合である、という興味深い結論が導き出されている。

　生成韻律論においてもっとも多くの論考が発表されていると考えられる英語の詩については、詩行の韻律に議論が集中してきた感があり、押韻の理論的研究が活発に行われているとはかならずしも言えない。そのなかで例外は、古英語と中英語の頭韻詩の頭韻についての Minkova の研究(Minkova 2003) である。Minkova (2003)の論点は多岐にわたるが、もっとも大きな貢献は、19世紀から事実が指摘されているにもかかわらず体系的な説明がなかった古英詩における違う音価の子音同士の頭韻は、音声的な類似性を基盤にした素性の一致による頭韻で、OT の枠組みで分析するのがよい、という結論を提示している点である(Okazaki 2006, 2007)。その他にも、古英語と中英語の頭韻詩の違う母音同士の頭韻についての事実は、語頭に音声的に存在する声門閉鎖音の頭韻とみなすべきであるという主張や、古英語期の特定の子音連結(/sp-/, /st-/, /sk-/)同士の頭韻とその頭韻型の中英語期における衰退は、当該子音連結の結束度(cohesiveness) 強さとその変化の結果であるという主張が展開されている。残念ながら、Minkova (2003)以降、古英語や中英語の頭韻についての体系的な論考が発表されておらず、研究が停滞気味であることは否めない。

　中英語以降の脚韻詩に目を向けると、詩人によっては、違う母音同士が脚韻のペアと解釈される事実があることは知られており、記述研究が多数ある。しかし、音価の違う母音同士の脚韻についての生成音韻論的視点からの分析は Hanson(2002, 2003)などを除きほとんどない。その他の体系的分析は、英語のヒップホップ(hip-hop)の脚韻を扱った Katz (2015)や日本語のラップ

の脚韻を扱った Kawahara (2007)があるが多くはない。それゆえ、英詩の脚韻について何人かの詩人を取り上げ、分析の可能性について吟味する。

　最初に取り上げるのは、19 世紀のアメリカ合衆国の詩人である Emily Dickinson である。Dickinson は、賛美歌の詩形(hymn meter)をアレンジした脚韻詩を作詩し、その脚韻型も特異である、という見解が共有されてきた。Dickinson の詩の脚韻の特異性は、違う音価の母音同士が脚韻のペアになるという事実にある。Dickinson の脚韻の記述研究は多数あるが、岡崎 (2012, 2014, 2015)によれば、それらの研究は Dickinson の詩の脚韻の本質にせまっているとは言い難い。生成音韻論的視点から再記述と再分析が必要である。

　岡崎 (2012, 2014, 2015)によれば、Dickinson の詩にみられる音価の違う母音同士の脚韻の型は、(i)接辞付加により生じる母音交替に対応する脚韻型、(ii) ablaut による交替母音に対応する脚韻型、(iii) 形態音素論的母音交替と対応しない脚韻型、の 3 種類に分類することができる。(13)-(15)に、岡崎 (2014: 114–115)が提示している具体例を以下に示す。

(13) 接辞付加により生じる交替母音に対応する脚韻型
　a. [iː]~[e] (serene~serenity): tell [tel]~steel [stiːl] (F238.1)
　b. [ei]~[æ] (nation~national): date [deit]~that [ðæt] (F354.3)
　c. [ei]~[e] (retain~retention): paid [peid]~said [sed] (F396.1)
　d. [ai]~[i] (divine~divinity): Kidd [kid]~testified [...faid] (F561.1)
　e. [au]~[ʌ] (pronounce~pronunciation): one [wʌn]~town[taun]
　　　　　　　　　　　　　　　　　　　　　　　　　　　　(F166.1)
　f. [uː]~[ʌ] (assume~assumption): done [dʌn]~Noon [nuːn] (F302.3)
　g. [ou]~[ɑ] (tone~tonic): odd [ɑd]~road [roud] (F439.3)
　h. [iə]/[ɛə]~[æ] (clear~clarity; compare~comparison):
　　　hear~back(753.2)のみ。

(14) アプラウトによる交替母音に対応する脚韻型（出現頻度高の型）
　a. [i]~[ei] (give~gave) (60 例): Him [him]~name [neim] (F280.1)
　b. [iː]~[ei] (eat~ate) (25 例): weed [wiːd]~laid [leid] (F146.1)
　c. [ei]~[ou] (break~broke) (20 例):again[...gein]~home [houm]
　　　　　　　　　　　　　　　　　　　　　　　　　　　　(F511.2)
　d. [ai]~[ei] (lie~lay) (33 例): Time [taim]~Fame [feim] (F536.1)
　　　[ai]~[ou]~[i] (drive~drove~driven) (15 例): home [houm]~time

[taim] (F585.2)

e. [ai]~[au] (find~found) (19 例): skies [skaiz]~Town [taun] (F358.1)

f. [u:]~[ou] (choose~chose) (41 例): sown [soun]~June [dʒu:n] (F596.4)

(15) 近代英語の形態音素論的交替形と対応しない脚韻型
（出現頻度が高い 6 パターン）

a. [i]~[e] (31 例) : tell [tel]~still [stil] (F728.1)

b. [i:]~[ai] (32 例) : These [ði:z]~eyes [aiz] (F253.1)

c. [e]~[æ] (20 例) : Hat [hæt]~forget [...get] (F315.2)

d. [ɔ]~[ʌ] (17 例) : Love [lʌv]~of [ɔv] (F713.1)

e. [ou]~[ʌ] (20 例) : Sun [sʌn]~alone [...loun] (F619.1)

f. [iə]~[ɛə] (23 例) : near [niə]~Hair [hɛə] (F679.1)

(13)-(15)の事実は、生成韻律論における脚韻の分析に対して重要な意味合いがある。まず、違う音価の母音の同士が脚韻のペアになるという事実は、Dickinson の詩における脚韻が表層の音声形の一致によっては決定されないことを意味する。もっと重要な点は、(13)、(14)に加えて(15)の事実が存在することである。(13)と(14)の事実は、形態音素論的な交替形に対応する脚韻型であるため、交替形のもととなる基底表示に対応する抽象的音韻表示の一致による脚韻という分析が可能である。しかし(15)のような形態音素論的交替形に対応しない脚韻型の場合には、脚韻する 2 つの母音に共通する基底表示が存在しない。抽象的音韻表示の一致による脚韻という解釈が成立しない。(15)のような脚韻の事実を説明する場合、2 つの母音に共通する音韻表示（基底、中間、表層）の一致という視点以外の視点を導入する必要がある。

ここで注目すべきは、Dickinson の詩における 3 種類の脚韻の型は、Dickinson に特有の特殊なものではないという事実である。岡崎(2014, 2015)は、Dickinson と同じ脚韻の型が、William Butler Yeats、Wilfred Owen、Dylan Thomas などの詩人の作品や rock lyrics においても観察されることを指摘している。ここでは、追加例として Yeats と Owen の詩の事実を例示する。(16)-(18)が Yeats の関連する脚韻型だが、これは岡崎 (2014: 125–127)が Perloff (1970)の記述をもとに分類し直し再記述したものである。

(16) 接辞付加により生じる交替母音に対応する脚韻型

a. [i:]~[e]: wet~eat (*Responsibilities* 128, 1/3)

b. [ei]~[æ]: face~grass (*Wild Swans at Coole*, 169, 1/3)

c. [ei]~[e]: made~said (*Responsibilities* 119, 29/31)
　　d. [ai]~[i] : night~spit (*Words for Music Perhaps* 276, 26/27)
　　e. [au]~[ʌ]: cloud~blood (*A Full Moon in March* 312, 3/5)
　　f. [uː]~[ʌ]: come~resume (*A Full Moon in March* 320, 7/8)
　　g. [ou]~[ɔ]: road~God (*Words for Music Perhaps* 280, 20/24)
(17) アプラウトにより生じる交替母音に対応する型（出現頻度高の型）
　　a. [i]~[ei] (11 例): faith~teeth (*The Tower* 212, 145/147)
　　b. [æ]~[ʌ] (20 例): man~undone (*Michael Robartes and the Dancer* 208, 29/32)
　　c. [uː]~[ɔ] (12 例): top~troop (*The Winding Stair* 308, 11/13)
　　d. [ou]~[uː] (27 例): stone~moon (*Severn Woods* 79, 175/176)
(18) 交替母音に対応しない脚韻型（出現頻度が高いもの）
　　a. [i]~[e] (15 例): friend~wind (*Responsibilities* 131, 25/26)
　　b. [iə]~[ɛə] (14 例): despair~ear (*Wind Swans at Coole* 161, 5/6)
　　c. [æ]~[e] (16 例): thrash~flesh (*Wind Swans at Coole* 192, 9/10)
　　d. [ou]~[æ] (16 例): alone~man (*Words for Music Perhaps* 283, 1/3)
　　e. [ɔ]~[æ] (25 例): man~gone (*Last Poems* 380, 4/8)
　　f. [ɔ]~[ʌ] (56 例): young~song (*The Tower* 211, 1/3)
　　g. [ɔː]~[au] (15 例): out~thought (*A Full Moon in March* 325, 5/6)
　　h. [ɔː]~[ɔ] (11 例): dawn~gone (*Responsibilities* 132, 55/57)

次に、(19)-(21)に Owen の詩における違う母音同士の脚韻型を挙げる。岡崎 (2015) の Owen のテクスト（Stallworthy 1983）の調査結果である。

(19) 接辞付加により生じる交替母音に対応する脚韻型
　　a. [iː]~[e] (2 例): wheel~well (148, 34–35)
　　b. [ei]~[e] (6 例): Men~again (25, 27–28)
　　c. [ei]~[æ] (3 例): pack~ache (147, 21–22)
　　d. [ai]~[i] (2 例): eyes-his (147, 43–49)
　　e. [uː]~[ʌ] (1 例): mood~mud (65, 10–12)
(20) アプラウトにより生じる交替母音に対応する脚韻型
　　a. [i]~[æ] (2 例): crisp~rasp (144, 40–41)
　　b. [i]~[ʌ] (3 例): brother~withers (147, 5–6)
　　c. [i]~[ɔ] (1 例): will~on (146, 5–8) 6

d. [iː]~[ei] (1 例): streak~again (40, 6–7)
e. [iː]~[ou] (1 例): opening~deepening (52, 14–15)
f. [e]~[ou] (3 例): ever~over (147, 25–26)
g. [ei]~[ai] (3 例): shade~wild (32, 2–5)
h. [ei]~[ou] (2 例): grow~grey (174, 11–14)
i. [æ]~[ʌ] (6 例): apple~supple (151, 9–10)
j. [uː]~[ou] (1 例): snow~newer (174, 17–18)
k. [ai]~[ou] (1 例): why~woe (152, 2–4)

(21) 交替母音に対応しない脚韻型
a. [i]~[ou] (4 例): killed~cold (147, 1–2)
b. [æ]~[e] (2 例): amber~ember (139, 26–28)
c. [ɔ]~[ʌ] (3 例): gone~fun (146, 9–12)
d. [ɔː]~[əː] (4 例): drawn~unconcerned (147, 27–29)
e. [iə]~[ɛə] (4 例): chaired~cheered (139, 25–27)

以上の脚韻の事実から、近代英語期以降の英詩における音価の違う母音同士の脚韻の型に交替形と対応しない母音の脚韻が存在することは、それほど特殊なことではないことが明らかになった。繰り返しになるが、交替形と対応しない脚韻のペアは、基底表示の一致もなく、表層型の一致もなく、中間の表示の一致もない。新たな仕組みが必要である。

交替形に対応しない母音同士の脚韻と解釈される(15), (18), (21)のような事実を説明するために、岡崎(2012, 2014, 2015)は、「**介在母音**」という概念を提案している。「介在母音」とは、脚韻に関与する 2 つの母音のそれぞれと交替する共通する母音で、直接の関係のない 2 つの母音を仲介する役割を果たしている母音と解釈できるものである。たとえば、[i]と[e]の場合、2 つの母音は近代英語期以降の交替母音ではないため、共通の基底形がない。しかし、興味深いことに、[i]も[e]も[ei]と交替するという共通点がある。[i]~[ei]という交替は give~gave で観察され、[e]~[ei]という交替は retain~retention で観察される。それゆえ、[ei]という二重母音が「介在母音」となり、[i]と[e]を間接的に関係づける仲介者としての役割を持つと考える。形態音素論的交替形に対応しない他の脚韻のペアも、(22)に代表例により示されているように、同様の説明が可能である。

(22) a. [iː]~[ai] ：介在母音は[ei]（sp*ea*k~sp*a*ke(=spoke), l*ie*~l*ay*）。

b. [e]~[æ]　：介在母音は[ei]（ret*ai*n~ret*e*ntion, n*a*tion~n*a*tional）
　　　c. [ɔ]~[ʌ]　：介在母音は[uː]（l*o*se~l*o*st, ass*u*me~ass*u*mption）
　　　d. [ou]~[ʌ]　：介在母音は[uː]（ch*oo*se~ch*o*se, ass*u*me~ass*u*mption）
　　　e. [iə]~[ɛə]　：介在母音は[æ]（cl*ea*r~cl*a*rity, r*a*re~r*a*rity）

　以上、交替形と対応しない母音同士の脚韻の場合には、共通の基底形は存在しないが、無原則に脚韻のペアとして選ばれているわけではなく、岡崎(2012, 2014, 2015)が「介在母音」と呼ぶそれぞれの母音に共通する交替形が存在していることが明らかとなった。この「介在母音」という概念が問題となっている脚韻型を説明するために妥当なものなら、交替形と対応しない母音同士の脚韻は、音声形の一致や類似を基礎とする脚韻ではなく、「『介在母音』を共通項とする脚韻」、と解釈されることになる。

　以上、この節では、今まで理論的研究が進展しているとは言い難い英詩における違う音価の母音同士の脚韻について、岡崎 (2012, 2014, 2015)が提案する「介在母音」という概念により、音韻表示（基底、表層、中間）の一致や素性の一致などとは違った視点から規則性を捉えることができる可能性が高いことを示した。「介在母音」の導入により一見不規則にみえる脚韻の型が説明可能になったとすると、現時点で 3 つの課題が残っている。

　1 つは、「介在母音」という概念を、現行の音韻理論を基盤にした押韻の分析にどのように組み込めばよいのか、ということである。「介在母音」という概念は、いわば理論に中立的なもので、かつ、未だ記述的なレベルにある概念だからである。

　2 つ目の課題は、違う母音同士の脚韻の場合、接辞付加により生じる交替形に対応する母音同士の脚韻型が多く安定しているのに対して、アプラウト(ablaut)に対応する脚韻型や交替形に対応しない脚韻型は、母音ごとの出現頻度の差が大きいことである。この違いは、詩人ごとの差がなく、英語の音韻体系の何らかの要素が関係していることが予想される。しかし、脚韻型ごとの分布の差の原因についてはいまだ不明のままである。

　最後の課題は、交替形に対応しない 2 つの母音同士の脚韻の性質に関するものである。交替形に対応しない脚韻型は特異なものではないとしても、岡崎(2012, 2014, 2015)によれば、同種の脚韻の型は多数あり、型ごとに出現頻度に差がある。交替形に対応しない母音同士の脚韻の型にみられる出現頻度の差をどのように理論に組み込むべきか、全く検討されていない状況であ

る。

4. 詩行構成の問題：古英語頭韻詩の場合

　生成韻律論に関する最後の論点として、詩行構造の問題に触れる。詩行構造については、弱強五歩格のように1行の長さの基本が決まっている詩形の場合には、それほど問題にならない。詩行構造が論点になるとすれば、1行もしくは詩の基本単位に複数の変異形が存在すると考えられている詩形の場合である。論点は、詩行（もしく詩行以外の詩の基本単位）の変異形がいくつあるのか、適格な詩行構造（もしくは詩行以外の詩の基本単位の構造）はどのような原理により決定されるのか、ということに煎じ詰められる。生成韻律論の初期の段階から、詩の基本単位の変異形との関連で研究者の興味を喚起してきたのが、古英語の頭韻詩（と同時代の古ゲルマン詩）である。

　古英語の頭韻詩は、(23)に示すように、行(long-line)が 2 つの半行(half-line)から構成されているという点で、独特な構造をしている。

(23)　　　　　　　　　　S　　(S)　　　　　S
　　　　[LONG-LINE [HALF-LINE …σ… (σ) …][HALF-LINE …σ…]]

この半行が古英詩の基本単位である。半行には頭韻する子音を含む語が含まれており、頭韻する子音は第一半行に最大2つ、第二半行に1つ、である。

　加えて、古英詩の半行にはその長さが一定していないという一見奇妙な特徴がある。半行には 4 音節のものが多いが、長さは一定しておらず、3 音節半行も 5 音節の半行も存在する。半行の具体例の一部を(24)に示す。

(24)　a. drihten hǽlend 'Christ the Savior' (*Christ* A 218a)
　　　b. fram blindnesse 'from the blindness' (*Elene* 299a)
　　　c. ælces twa 'two of each' (*Genesis A* 1338b)
　　　d. on flet tēon 'lead into the floor' (*Beowulf* 1036b)
　　　e. fæder ælmihtig 'the father almighty(=God)' (*Juliana* 658a)
　　　f. hrincg þæs hean landes 'the boarder of that high land'

　　　　　　　　　　　　　　　　　　　　　　　　(*Genesis A* 2855a)

(24)においては、それぞれの半行の長さもリズムも一貫性がなくバラバラに見える。(24a,b)は 4 音節半行で、リズムは前者が SWSW で後者が WSSW である。(24c,d)は 3 音節半行で、リズムはそれぞれ SWS と WSS とみなされる。そして(24e,f)は 5 音節半行でリズムは SWSWW と SWSSW である。

このような特異性をもつ古英詩の半行型については、19 世紀から研究があり、生成韻律論の初期からも研究対象となってきた。Halle and Keyser (1971)では、半行の適格性は強勢型により決まるとされ、9 種類の半行型が提案された。1980 年代以降、Russom (1987, 1998)が新しい古英詩の韻律論を提案し、半行のリズムにもとづき、25 種類の半行型を提案している。OT が提案されてからは、Getty (2002)が半行の音韻構造について、制約の相互関連による説明を提案している。Getty によれば、古英詩の半行の種類は、強勢/リズムに関連する 4 種類の制約の相互作用により具現するとされる。また、Fabb and Halle (2008)は、弱強五歩格をもとにして構築した韻律論を古英詩の半行型設定に応用し、古英詩の半行が成立には語強勢を担う音節だけが関与するという前提のもと、*Beowulf* の場合に 22 種類の半行の具現形を認めている。

　このように、古英詩の半行の型だけを考えても、さまざまな理論的な前提のもとにさまざまな提案がなされているが、これまでの古英詩生成韻律論には、共通の難点がある。その難点とは、古英詩生成韻律論は、Sievers (1885, 1893)をはじめとする伝統的韻律論の提案を批判してその欠点を克服することを目的としているにもかかわらず、(きわめて影響力が強い) Sievers の枠組みを完全に脱却するには至っていないことである。21 世紀の今日に至るまで、19 世紀に提案された理論の本質的な問題が克服されずに理論化されている場合が多い、と言うこともできる。

　Sievers (1885, 1893)をはじめとする古英詩の伝統的韻律論は、半行のリズムを基礎として半行型を設定していることが最大の特徴である。Sievers(1885, 1893)について言えば、古英詩の半行は 4 音節が基本であり、(25)にある 5 つの型がある、というのがその提案の骨子である。

(25) a. A 型 (SW|SW): drihten hǣlend 'Christ the Savior'

(*Christ A* 218a)

b. B 型 (WS|WS): on Hālga til 'in the saint's goodness'

(*Beowulf* 61b)

c. C 型 (WS|SW): fram blinenesse 'from the blindness'

(*Elene* 299a)

d. D 型 (S|SWW): mǣw singende 'a seagull singing'

(*Seafarer* 22a)

e. E 型 (SWW|S): entiscne helm 'the giant's lord'

(*Beowulf* 2979b)

ただ、(25)の基本形だけでは、(24)に提示した 3 音節半行や 5 音節半行の存在を説明できない。Sievers(1885, 1893)は各型にさまざまな変異形を設定して、実際に存在する半行を詳細に分類している。実際に存在する半行を分類して、その理論は網羅的になり精密になるが、そこに問題の根源がある。

まず、実際に使用されている半行型の適格性を背後から支えている原理が何なのかには言及されていない。加えて、次のような、実際の詩のテクストにおける半行型の分布に関する単純だが本質的であると考えられる疑問に対する答えを見つけられない。(i)なぜ半行のリズムを基本として半行型を設定すべきなのか。(ii)なぜ半行型は 4 音節が基本と考えられるのか。(iii)4 音節が基本とされているのに、3 音節半行や 5 音節の半行が存在するのはなぜのか。(iv)なぜ 2 音節半行は存在しないのか。

また、リズムを基礎にして半行型を設定すると、基本形の 4 音節半行のなかに、存在する半行と存在しない半行があることを予測することができない。たとえば、次の 2 種類の半行はいずれも 4 音節でリズムは SWSW だが、分布に差がある。(H=重音節、L=軽音節、X＝重音節もしくは軽音節)

(26) a.　　　　　SW　　　SW　　　　　　SW　　　SW
　　　[HALF-LINE [WORD HX][WORD HX]]/ [HALF-LINE [WORD HX][WORD LX]]
　　b.　　　　　SW　　　SW　　　　　　SW　　　SW
　　　[HALF-LINE [WORD LX][WORD HX]]/ [HALF-LINE [WORD LX][WORD LX]]

(25a)は頻繁に観察される型であるのに対して、(25b)はほとんど観察されない(Okazaki 1998)。この出現率の差は、半行のリズムでは説明できない。

同じことは、3 音節半行についても当てはまる。3 音節半行の場合、下記の(27a)と(27b)の型は存在するが、(27c)の型は存在しない。

(27) a. [HALF-LINE [WORD HX][WORD X]]/ [HALF-LINE [WORD X][WORD HX]]
　　b. [HALF-LINE [WORD X][WORD X][WORD X]]
　　c.*[HALF-LINE [WORD LX][WORD X]]/*[HALF-LINE [WORD X][WORD LX]]

半行のリズムに一貫性はなく、問題となる差はリズムでは説明できない。

古英詩生成韻律研究は、未だに 19 世紀に起源がある伝統的韻律論と同じ問題を引き継いでいる。上述の、(i) なぜ半行のリズムを基本として半行型を設定すべきなのか、(ii) なぜ半行型は 4 音節が基本と考えられるのか、

第 8 章　生成韻律論　　　　　　　　　　　　　　　　199

(iii) 4 音節が基本とされているのに 3 音節半行や 5 音節の半行が存在するのはなぜのか、(iv) なぜ 2 音節半行は存在しないのか、などの疑問に明確な答えを出すことができない。

　生成韻律論における伝統的韻律論から継承されている根本的問題を克服するためには、発想を根本的に変える必要がある。たとえば、Okazaki (1998)は強勢にもとづくリズムに依拠せずに、古英詩の韻律論に「**最小半行**」(minimal half-line)という概念を導入することにより、半行の適格性を決めることができると主張している。古英詩では、最小サイズの半行のみが決まっており、最小サイズを満たしていれば半行として適格で、長さは問わない。半行は、理論上いくら長くてもかまわない、という発想である。「最小半行」は音節の配列にもとづくフットにより、「フットを 3 つ含む半行」と定義される。関係するフットの目録は、(LL)、(LH)、(H)、(L)（*(HH)、*(HL)）であり、フットは語の右から左へ構築され、語境界を越えてはフットが構築されない。また、関係するフット構造では、(Fσσ)(Fσ)(Fσ)→(Fσσ)σ(Fσ)という中間のフットを削除する規則が存在すると仮定される。

　Okazaki(1998)によれば、古英詩韻律論に「最小半行」という概念を導入すると、上述の伝統的韻律論から生成韻律論に継承されてしまっている疑問に回答を出すことが可能となる。まず、「最小半行」という概念により、(25a)と(25b)の出現頻度の差を説明できる。(28)に示すように、(26a)は 3 つ以上のフットを含むのに対し、(26b)は 2 つのフットしか含まない。

(28) a.　　　　　　　(σ)(σ)　(σ)(σ)　　　　　(σ)(σ)　(σσ)
　　　　[HALF-LINE [WORD HX][WORD HX]]/ [HALF-LINE [WORD HX][WORD LX]]
　　　b.　　　　　　　(σσ)　　σ(σ)　　　　　　(σσ)　　(σσ)
　　　　[HALF-LINE [WORD LX][WORD HX]]/ [HALF-LINE [WORD LX][WORD LX]]

　次に 3 音節半行のうち、実際に存在する型と存在しない型があることも「最小半行」で説明できる。(29)に示すように、存在する 3 音節半行は 3 つのフットを含んでいる。存在しない半行は、2 つのフットしか含まない。

(29) a.　　　　　　　(σ)(σ)　　(σ)　　　　　　　(σ)　　(σ)(σ)
　　　　[HALF-LINE [WORD H X][WORD X]]/ [HALF-LINE [WORD X][WORD H X]]
　　　b.　　　　　　　(σ)　　　(σ)　　　(σ)
　　　　[HALF-LINE [WORD X][WORD X][WORD X]]

c.　　　　　　　　(σσ)　　　(σ)　　　　　　　(σ)　　　(σσ)
　　　　[HALF-LINE [WORD LX][WORD X]]/[HALF-LINE [WORD X][WORD LX]]

　最後に、「最小半行」の視点からは、2音節半行が存在しないことも説明できる。2音節半行がないのは、(30)に示すように、3つのフットを含まず半行の最小サイズを満たさないからである。

(30) a.　　　　　　　　　　(σ)　　(σ)
　　　　*[HALF-LINE [WORD X][WORD X]]
　　　b.　　　　　　　　　(σσ)　　　　　　(σ)(σ)
　　　　[HALF-LINE [WORD LX]]/[HALF-LINE [WORD H X]]

　このように、Okazaki (1998)が提案する「最小半行」という概念を用いると、生成韻律論が古典的韻律論から引き継いでしまっている未解決問題を無理なく解決できる。さらに、もし「最小半行」という概念が古英詩韻律論において妥当であるならば、生成韻律論において半行のリズムを基礎に設定されてきた古英詩の半行の型は、3つ以上のフットを含む半行の具現形に過ぎず、理論的な重要性は全くないことになる。古英詩に必要なことは、「最小半行＝3 feet」という規定だけある。

　今後は、古英詩の半行の適格性が、強勢にもとづくリズム構造により規定されるのか、音節の配列にもとづいて決定されるのか、事実にもとづく入念な議論が必要である。さらに、古英詩の半行構造の適格性を規定している要因を明らかにして、その要因をもとに制約を設定して、制約間の優先順位を設定し直す作業をする時期に来ている。

6. まとめ

　本章では、生成韻律論の今までの歴史を概観した後、詩行の韻律、押韻、それに詩行構造について、近代英詩の詩行の韻律、近代英語の脚韻詩の押韻、古英語頭韻詩の半行構造を取り上げ、筆者の研究成果を基礎として、先行研究の問題点を指摘し、今後の課題と展望を示した。

　なお、興味深いが扱えなかった論点もある。たとえば、中英語頭韻詩の詩行型の問題がある。中英語頭韻詩に半行構造を認めて理論化する論考が多いが（Cable 1991など）、半行構造に疑問を呈する論考もあり（藤原1990）、古英語の場合とは違い、半行構造の妥当性を検討してから理論化する必要がある。また、現代英語のヒップ・ホップにおける脚韻の問題がある。ヒッ

プ・ホップでは違う音価の母音同士の脚韻が許容される（Katz 2015 など）が、その記述の再検討も含め、どのような理論化が最適なのか検討が必要である。これらの論点は、稿をあらためて論じなければならない。

第9章 統率音韻論とエレメント理論

那須川訓也

1. 生成音韻論における統率理論とエレメント理論の位置づけ

　生成文法の枠組みでは、音韻現象を分析するために、「表示／記号列」(representation／symbol strings)と「規則／操作」(rules／operations)の相互作用が用いられる。典型的な相互作用は、脳内に記憶されている「語彙表示」にたいし複数の「規則」が適用され、その結果「派生表示」を産出する一連の派生過程で示される。

　生成音韻研究の黎明期には、SPE (*The Sound Pattern of English*: Chomsky and Halle 1968)、およびその分派理論に見られるように、**語彙表示**（基底表示）に複数の規則が「順番に」適用されることで派生表示が生成される**複層派生**(multi-stratal derivation)が用いられ、現象の分析が行われた。このモデルで用いられた表示は、一般的に**線形表示**(linear representation)と呼ばれるもので、素性の束からなる分節音、および語・形態素境界などを記す記号が線形的に並べられたものである。これは、のちに台頭する**非線形表示**(non-linear representation)と比べると、構造上単純なものであった。そして、このモデルで用いられた規則は、一般的に**書き換え規則**(rewrite rules)と称されるもので、それが複数、線形表示に対して特定の順番で適用されることで派生表示が得られる。この、単純な表示に対して複雑な派生過程を適用するモデルは、**派生志向のモデル**(derivation-oriented model)と呼ばれる。

　1970年代になると、規則が典型的に適用される環境と、典型的に適用されない環境が存在することが明らかとなり、その相違を生む要素を、線形表示で的確に捉えるのは難しいと指摘されるようになる。これを受け、Liberman and Prince (1977) に見られる、分節間の線的特性、および単位間の**超分節的関係性**(suprasegmental relational properties)で構造を記す**非線形表示**が用いられるようになる。また、Goldsmith (1976, 1990)などに見られるように、従来分節を構成しているものとされていた単位（素性など）を分節から独立させた表示を用いて、音韻現象を説明する研究も現れた。これ

らは、**自律分節音韻論**(autosegmental phonology)とも呼ばれ、表示を構成する特性、およびそれらの関係性からなる非線形的表示で構造記述を行った（より詳細な議論については、第 4 章を参照のこと）。そして、その構造上の位置を言及することで、規則が適用され易い環境と適用され難い環境の違いを捉えた。このモデルの表示は、線形表示に比べ記述的に富んでおり、使用される規則の種類と数が、派生志向モデルに比べ大幅に削減された。それに伴い、規則の適用順序を仮定せず、一度に複数の規則が働き派生表示を産出する**単層派生**(mono-stratal derivation)のもと、現象の分析を行う理論も現れるようになった(Harris 1994, 2004)。このことから、非線形表示を用いる理論は、一般的に**表示志向のモデル**(representation-oriented model)と呼ばれる。

　1990 年代に入ると、表示志向モデルの中には、線形表示のみを用いて単層派生的音韻分析を可能とする**最適性理論**(OT: Optimality Theory, Prince and Smolensky 1993, 2004)が台頭する[106]。この理論では、制約(constraints)と呼ばれる違反可能な規則が用いられ、それらの間に設けられた上下関係(ranking)をもとに、(GEM によって入力形（語彙表示）から生成された無数の候補形の中で) もっとも制約違反が軽い出力形(output)が派生形として選ばれる。制約間の上下関係をもとに出力形を決定する操作は一度に行われるため、ここでは単層派生が採用されていると言える（より詳細な議論については、第 10 章を参照のこと）。

　では、この章で論じる理論のひとつである**統率音韻論**(GP: Government Phonology)は、どうであろうか。上記の区分で言うと、GP は非線形表示を用いる表示志向モデルのひとつと考えられる。音韻研究全体では様々な種類の表示が考案されてきたが、GP が主に焦点を当て論じ展開してきたものは、（統語・形態部門による直接的制御が及ばない）**形態素内音韻構造**(morpheme-internal phonological structure)である。その形態素内音韻構造を、GP は(i)**プロソディ**(prosody)と (ii)**メロディ**(melody)に分類し、それぞれの相互関係で音韻現象の説明を試みてきた。(i)のプロソディは、分節音間の依存関係により構成される、いわゆる、超分節領域(suprasegmental domains)（広義の「音節」）のことで、他方、後者 (ii)のメロディは、分節

---

[106] 実際には、非線形表示を用いるものもある。

の下位領域を指している。これらの領域のうち、主に(i)の表示を制御し、かつ(i)と(ii)の相互作用を説明する理論が GP である。他方、(ii)の表示は、**エレメント理論**(ET: Element Theory)と呼ばれる素性理論を用いて記述され、その表示をもとに諸分節に関わる現象が説明される。

　GP と ET は、下記の指針のもと、1980 年代までに考案された音韻範疇（単位など）や範疇間の関係特性、およびそれらに関わる規則の余剰性を表示から排し、観察されない現象を生みださない仕組みを探求してきた。

　　(1) 作業指針
　　　　a. 分析する際に用いる範疇（単位）や規則（原理、制約）の数、および種類を容易く増やさない。
　　　　b. より基本的な単位・規則で説明可能なのであれば、すでに認められ用いられてきた単位・規則であっても、形式的単位としては認めない。

その結果、伝統的に用いられてきた様々な音韻特性の中で、その存在を仮定する根拠が弱く、他の基本的特性を用いて現象の説明が可能であると思われるものが表示から排除された。例えば、超分節構造上では、オンセットと核を支配すると仮定されてきた**音節接点**(syllable node)、および核に後続するものと考えられてきた**コーダ接点**(coda node)が排除された。また、分節内表示については、音韻表現(phonological expression)の過剰生成を抑制するために、もともと 9 つ仮定されていたエレメントと称する一値素性(Harris 1994)の数が削減され、様々なバージョンが生まれた中、現在もっとも広く用いられているものは、|A I U L H ʔ| の 6 つを用いた体系である。

　以下では、GP と ET の諸特徴の中で他の理論と大きく異なる部分に焦点を当て、それらの理論的展開について、次の順番で論じる。まず 2 節では、初期 GP が他の音節理論とどのような点で異なるかについて論じる。そして 3 節では、GP の下位理論として表示に組み込まれた初期 ET と、その派生形について説明する。そして 2 節と 3 節での議論を受け、4 節では、初期 GP から派生した諸理論の中で、**厳密 CV 理論**(Strict CV: Scheer 2004, 2012)、**GP2.0**(Pöchtrager 2006, 2021, 2022)、**非時系列音韻論**(Precedence-free Phonology: Nasukawa 2014, 2017abc, 2020)の特徴を論じる。そして、以上

の議論を受け、5節では、まとめを記したのちに、GPの予想される今後の理論的展開について概括する。

2. 初期GPの特徴
2.1 初期GP

初期GPの諸相を語る上でもっとも重要な文献は、GPの特集号としてJonathan Kayeが編集した研究機関誌 *Phonology* 7.2 (1990, CUP)である。この号には、(i) GPの基本的様相を論じ、その全体像を明らかにしたKaye, Lowenstamm and Vergnaud (1990)、(ii)**統率**と呼ばれる非対称性を認可する仕組みを論じたCharette (1990)、(iii)統率と分節内構造の複雑性の相互関係から子音弱化の仕組みを論じたHarris (1990)、(iv)語末にライム補部(従来のコーダに相当する範疇)が生じない理由を論じたKaye (1990)、(v)GPにおいて日本語のモーラ性をどのようにとらえるかを論じたYoshida (1990)[107]の計5本の研究論文が収められている。加えて、GPの全貌を捉えるのに重要な文献のひとつに、Harris (1994)がある。この研究書では、*Phonology* 7.2 では触れられていない様相や、GPで用いられる音韻範疇の理論的根拠、さらに、GPで用いられる用語の再定義が行われている。以上の文献に記されているGPの特徴を整理すると、その特徴は次の3項目に分類することができる。

(2) GPを論じる3項目
    a. 表示(音節構造)で使用される範疇、および範疇間の可能な組み合わせ
    b. 表示の適格性(構造構築)に関わる特性
    c. 表示の音声的具現化と音声解釈に関わる特性

以下2.2節、2.3節で(2a)を、そして2.4節で(2b)を、さらに2.5節で(2c)を取り上げ、GPと他の表示理論の相違点を概括する。

---

[107] 日本語のピッチ・アクセントに関わる現象の分析を通してGPの発展に寄与したものに、Yoshida (1995, 2009)などがある。

2.2 音節構造

伝統的な**音節構造**(Carr 1993 など)では、(3a)にあるように、「音節」(σ: syllable)、「オンセット」(O: onset)、「ライム」(R: rhyme)、「核」(nucleus)、「コーダ」(Co: coda)の5つを、**形式的音節構成素**として認めている。

(3) 音節構造
  a. OR表示   b. モーラ表示

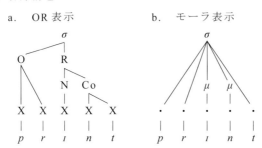

(3a)同様、(3b)も、音韻研究の多くで採用されている音節表示である。特にOTを用いている研究で採用されることが多い。この(3b)の表示が(3a)と異なる点は、(3a)で用いられている構成素のうち**音節**以外のものは用いられていないという点である。代わりに**モーラ**(μ: mora)と呼ばれる単位を用いて、(従来、**核**と**ライム**を使って説明してきた)韻律現象を捉える(Hyman 1985; McCarthy and Prince 1986)。また、この表示理論では、**オンセット**と**コーダ**は韻律現象に貢献しないと考えられ、表示上、構成素として記されていない。しかし、非形式的に、音節のはじめを占める子音（もしくは子音群）、および音節末を占める子音（もしくは子音群）を、それぞれオンセット、およびコーダと呼ぶ。

これに対し初期GPは、(4)に示すように、「核」、「ライム」、「オンセット」の3種類のみを、正式な音節構成素として認めている。これらの構成素は、他の表示理論と異なり、最大2項まで枝分かれをすることができる。どの構成素が枝分かれできるのかは、言語ごとに異なる。例えば、英語は、すべての構成素に枝分かれ構造を許している言語のひとつである。以下の例は、英語の3つの音節構成素は、いずれも最大2項まで枝分かれできることを示している。

(4) 初期 GP の音節構造

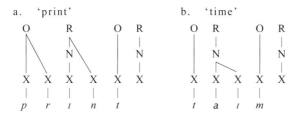

　ではここで、この(4)の音節構造と(3)の伝統的音節構造の異なる点について見てみる。まず、初期 GP では、音韻現象が観察される領域のみが正式な構成素であるとし、これに合致するものは「オンセット」、「ライム」、「核」の3種類のみであるとする (Harris 1994: Ch2)。そして、(3a)で示されている伝統的に用いられてきた音節とコーダは、音配列上の規則の対象とならないという理由から、正式な構成素（ノード）ではないとしている。伝統的に、子音とそれに後続する母音で音節が構成されるとされてきたが、枝分かれオンセット（例 *tr*）や枝分かれ核（例 *eɪ*）と異なり、音節内の母音の種類が、先行する子音の種類を決定する**構成素間の配列上の規則**が観察されるのは通言語的に稀である。単音節内の子音の種類を決定する要因は、後続する母音ではなく、与えられた単語の位置であることが多い。よって、GP は、音配列上の領域として音節を仮定する必要はないという立場を取る (Kaye, Lowenstamm and Vergnaud 1990; Harris 1994 など)[108]。

　音節のみならずコーダにおいても、従来それを構成していると考えられてきた複数の子音間で、音配列上の音韻規則が観察されるのは稀である。つまり、従来のコーダは、音配列規則の適用領域としての振る舞いを見せない。配列に関する規則のように見られるものは、枝分かれオンセットを構成して

---

[108] 初期 GP で音節ノードを仮定しない他の理由として、強勢やピッチに関わる超分節現象と音節ノードとのかかわりがある。伝統的に、超分節現象を説明するのに音節ノードがよく言及されてきたが、音節内のオンセットの有無が超分節現象に影響を与えるのは非常に稀である (Davis 1988)。オンセットは超分節現象に関与せず、関与する構成素は常にライムと核である。このことから、初期 GP では、超分節現象を分析するのに核、ライム（そしてフット）を言及し、オンセットと核を支配する音節の存在を認めない。

いる子音間で見られる配列規則とは明らかに異なり、純粋な音配列規則ではなく、形態的規則によるものが多い。このことから、初期 GP では、コーダというノードを構造内に仮定しない。そして、音配列の観察から、ライム内の核に後続する位置に子音はひとつしか生じないことを明らかにし、その子音を（コーダ接点に支配されるものではなく）**ライム補部**(rhymal complement)と呼ぶ。

2.3 枝分かれ構成素と語末子音

(4)で示したように、初期 GP は、音韻現象の分析を根拠に、上述の 3 つの構成素はすべて最大で二項枝分かれしか許さないとしている。これを受け、例えば、英語において語頭オンセットの三項枝分かれとされてきたもの（例 /stri:m/ 'stream'）や、語末コーダの四項枝分かれと考えられてきたもの（例 /sɪksθs/ 'sixths'）は、初期 GP では異なる形をしているとされる。初期 GP において/stri:m/の語頭にある/s/は、（母音が発音されていない核に後続する）ライム補部であり、オンセットの一部を構成していない(/[Øs]_Rhyme [tr]_Onset.../)とする(Kaye 1992, 1995: Harris 1994: 62–63)。

(5) 初期 GP における子音連続の構造

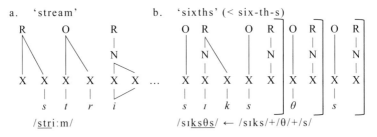

よって、(5a)に記されているように、/stri:m/の語頭子音連続の中の/tr/のみがオンセット位置（二項枝分かれ構造）にある。

他方、/sɪksθs/ の語末に連続して生じる子音 4 つのうちの最後の 3 つの子音間には、体系的配列上の制約はなく、通常それらの子音間に形態素境界が存在する。このことから、これら 3 つが同時にコーダのような構成素に支配されてはいないと考えられる。すなわち、枝分かれコーダは存在しないこ

とになる。

　では、語末子音や語末子音群はどのような構成素に属しているのであろうか。初期 GP は様々な音韻現象（音節の類型論、語強勢、母音の長さ、など）を整理し再分析することで、伝統的にコーダと見なされてきた語末子音は、コーダではなく、その音韻的振舞いから、(4)や(5b)に示されているように、オンセットであるとする(Harris 1994: 66–82)。そして、語末子音の後ろには素性が指定されていない**空核**(empty nucleus)があり、それは音声的に具現化せずとも、超分節現象や伝統的韻文化において形式的役割を担っていると考えられている(Harris and Gussmann 1998: 156–158)。

　このように、初期 GP は、素性をもたない範疇、すなわち**空範疇**(empty category)を表示上許すことから、分節ではなく、超分節構造（広い意味での音節）を構造構築上の基盤としている(syllable-centered view)と言える。これに対し、(3)で見た伝統的音節表示では、分節要素をもたない韻律点（「X」や「・」）は認められない。このことから、(3)の伝統的音節構造は、分節音を基盤として(segment-centered view)構造構築がなされていると言える。

2.4 表示の適格性：認可と統率

　初期 GP において表示が適格であるためには、そこで用いられている範疇間で**認可**(licensing)と呼ばれる**非対称関係**(asymmetry)が形成されていなければならない[109]。これは、以下のように定義されている。

(6) 音韻認可原理(Phonological Licensing Principle: Kaye 1990: 306)
音韻単位（範疇）はいかなる領域においても、その領域の主要部である単位を除いて、すべて認可されなければならない。

この原理のもと音韻範疇は認可網を形成する。そして、そこには下記のような階層的構造が見られる。

---

[109] この関係は**依存関係**(dependency relation)とも称され、認可する側は**認可子**(licensor)、そして認可される側は**被認可子**(licensee)と呼ばれる。

(7) 認可により構築された *truncate* (RP)の音韻構造（那須川 2005b）

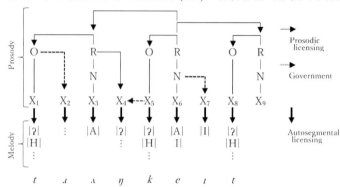

(7)の認可網では、第 1 強勢をもつ X_6 を認可構造構築の原動力とし[110]、(7)にあるそれ以外の範疇はすべて、直接的、もしくは間接的に、この X_6 に認可されている。この認可網は、先に述べたように、プロソディとメロディという 2 領域から構成されており、前者のプロソディでは **p 認可**（韻律認可 prosodic licensing）と呼ばれる韻律点間の認可関係が形成され、後者のメロディでは **a 認可**（自律分節認可 autosegmental licensing）と呼ばれる韻律点と分節内容との認可関係が形成される。

　さらに、p 認可の中には、a 認可されているエレメントの種類や数に影響を与えるものがある。p 認可の関係にある韻律点それぞれが a 認可するエレメントの分布を比較すると、非対称的なエレメント配列が「枝分かれオンセット」、「枝分かれ核」、「ライム補部と後続するオンセット」の 3 領域で観察される。初期 GP では、これらの領域を**統率領域**(governing domain)と呼ぶ。

　(7)の語頭部は「枝分かれオンセット」の表示であり、オンセット認可子 X_1（主要部）が X_2 を補部として p 認可する領域である。この場合、普

---

[110] 強勢アクセント言語において、第一強勢を呈する分節が主要部であるという見方は、広く受け入れられていると言えるが、この点を正式に議論しているものは少ない(Anderson and Ewen 1987)。これとは反対に、4.3 節で論じる PfP では、強勢をもたない分節を主要部と見なす(Nasukawa 2017abc, 2020 など)。

遍的に、被認可子 X_2 に現れるエレメントの数は、認可子 X_1 に生じるエレメントの数よりも多くなることはない(Harris 1990: 274)。これと同様の非対称性が、二重母音 /eɪ/ の枝分かれ核においても、そして語中ライム補部 X_4 の /ŋ/ と後続するオンセット X_5 の /k/ との間でも見られる。初期 GP では、エレメントの分布について非対称的な制約をもたらすこのような p 認可を **統率**（government）と呼ぶ。この用語が GP の名称となったのは言うまでもない。

2.5 表示の音声的具現化・解釈：適正統率と領域末パラメータ

初期 GP は、適格な表示、すなわち音韻構造構築に関わる原理を明確にするだけでなく、その構造を音声的に具現化、もしくは解釈する際の仕組みも明示している。基本的に、表示上 **認可**（p 認可、統率、a 認可）されている範疇はすべて音声解釈を受ける。よって、構成素が素性をまったくもっていなくても、p 認可されていれば、音声的に具現化されなければならない (Kaye, Lowenstamm and Vergnaud 1990, Charette 1991, Harris 1994)。その場合、それぞれの言語の母音体系の中でもっとも中寄りの母音が、空核の音声的具現形として選ばれる。例えば、英語では ə、日本語では ɯ、そしてフィジー語では i が、空核の音声的具現形として表出する(Nasukawa 2014)。

しかし、素性をもたない核、すなわち空核は、いくつかの条件のもとで音声的に解釈を受けない場合がある。初期 GP では、この空核の音声解釈にかかわるパラメータが 2 つ仮定されており、ひとつは **適正統率**(proper government)、もうひとつは **領域末パラメータ**(domain final parameter)と呼ばれるものである。

前者の適正統率は核間で働くもので、投射レベルにおいて空核 α の直後に非空核 β がある場合、空核 α は非空核 β に適正統率されているとされ、その際、空核 α は音声的に具現化されない。例えば、英単語の /ˈfæməli/ 'family' を、[ˈfæmli] と発音するアクセントがある。これは、適正統率による空範疇の音声的解釈の抑制によるものであると考えられる（適正統率が形成されるのに必要な諸条件の詳細については、Harris (1994: 191)を参照）。

空核の音声解釈に関わるもうひとつのパラメータである領域末パラメータは、形態素末、語末などの領域末で働くものである。GP では、如何なる言

語でも領域末は核で終わるとされ(Kaye, Lowenstamm and Vergnaud 1990, Harris 1994)、このパラメータが「オン」に設定されている言語では、領域末に現れる空核は音声解釈を受けない。すなわち、表面的には子音で終わる単語が許されることになる。英語、フランス語、ルオ語などがこのタイプの言語である。他方、このパラメータが（デフォルト値である）「オフ」に設定されている言語では、領域末の空核は音声的具現化させなければならない。その結果、「オフ」値をもつ言語で用いられる単語はすべて母音で終わることになる。このような言語には、デザノ語、イタリア語、日本語、テルグ語などがある。

　以上、2節では、初期 GP で用いられる範疇、表示の適格性に関する特性、表示の音声解釈に関わる特性を、順に見てきた。初期 GP では、これらを遵守する形で、様々な規則・制約が働き、音韻現象が引き起こされると考えられた。本節で論じた初期GPは、2000年以降、様々な点で理論的変更が加えられることになる。特に、プロソディ構造とメロディ構造のどちらに重きを置き音韻表示を再考するかにより、異なるバージョンへと展開して行く。それらの中で、**厳密 CV 理論**、**GP2.0**、**非時系列理論**の 3 理論について、4節で説明する。厳密 CV 理論は、プロソディから階層性を排した表示を用いる。これに対し、GP2.0はメロディで使用される範疇を最小にし、構成素範疇により構築される階層構造に重きを置いた表示を用いる。そして、非時系列理論は、構成素範疇、および範疇間の前後関係をすべて排し、メロディ要素（素性）の組み合わせだけで構築される階層構造を用いる。

3. エレメント理論
3.1 ET の諸特徴

　初期 GP から派生した理論を論じる前に、それらの理論で用いられているメロディ表示について論じる。GP のメロディ表示で用いられる素性はエレメントと呼ばれ、その特性は、多くの点で弁別素性とは異なる。そのエレメントを規定する理論を**エレメント理論**(ET: Element Theory)と呼ぶ。この理論は、その起源を Anderson and Jones (1974)にもち、Schane (1984, 1995, 2005)の素粒子音韻論(Particle Phonology)とともに、母音表示を中心に発展した。そして、ET の基盤は Kaye, Lowenstamm and Vergnaud (1985)で提案された。その後、同理論における子音表示の初期体系は、Harris (1990)

やHarris and Kaye (1990)で論じられ、Harris (1994)で確立された。その結果、初期ETでは、|A I U R N L h H ʔ|という9種類のエレメントで音対立を捉えた。その後、理論の発展に伴い、使用されるエレメントの数や種類は多様化し、現在もっとも広く用いられているのは|A I U L H ʔ|という6つのエレメントである (Nasukawa and Backley 2008; Backley and Nasukawa 2009a; Backley 2011)。いずれの分派した理論においても、エレメントは、(形態素を識別する) 言語学的特性を呈する心的、内在的要素、すなわちヒトに生まれつき備わっている (普遍的な) ものであると考えられている。このエレメントは、他の素性理論 (弁別素性理論など) と理論的に異なる点が多数あるが、その中で顕著に異なる「音対立」(3.2節)、「音声的具現形」(3.3節)、「縮小主義」(3.4節)、「複合構造」(3.5節) について以下で論じる[111]。

3.2 音対立

エレメントは、音韻対立を**一値的対立**(monovalency)、すなわちエレメントのある/なしによって対立を表す。この場合、音韻過程に関わることができるエレメントは、存在するもの (指定されているもの) のみであるため、音韻範疇の振舞いに関する非対称性を的確に、かつ直接捉えることができる (Harris 1994; Nasukawa 2005a)。

また、一値的対立を用いるこの理論では、原則、様々なエレメントの組み合わせが可能であるため、分節音を構成するエレメントの組み合わせの種類は様々である。また、エレメントは、弁別素性理論と異なり、他のエレメントの存在/不在にかかわらず単独で解釈され得るといった**完全解釈性**(full interpretability)を呈する。

3.3 音声的具現形

エレメントは音声学的に定義付けられるものではなく、音韻現象の観察・分析を通じて定義される**内的範疇**である(Nasukawa and Backley 2008; Botma, Kula and Nasukawa 2013)。そうであるものの、この内的範疇は外

---

[111] 弁別素性理論に対するエレメント理論の経験的・理論的優位性を論じたものとして、Tanaka(2022)、田中(2023)がある。

的事象と一定の対応関係があり、その関係に基づき、**感覚・運動系(SM)インターフェイス**において音声的に具現化される。エレメントそれぞれの音声的具現形を構音的観点から記すと、次のようになる。

(8) エレメント（Backley 2011; Nasukawa 2017ab）

a.
共鳴エレメント	省略記号	子音(C)上での具現形	母音上(V)での具現形
|mass|	|A|	舌頂性、咽頭性	非高位性
|dip|	|I|	歯性、硬口蓋性	前舌性
|rump|	|U|	唇性、軟口蓋性	円唇性、後舌性

b.
非共鳴エレメント	省略記号	子音上(C)での具現形	母音上(V)での具現形
|edge|	|?|	口腔内あるいは声門の閉鎖	きしみ声
|noise|	|H|	気息性、無声性、阻害性	高音調
|murmur|	|L|	鼻音性、阻害音上の有声性	鼻音性、低音調

(8)が示すように、エレメントは、（弁別素性と異なり）母音として具現化される場合もあれば、子音として具現化される場合もある[112]。いずれの場合も、特定のエレメントが「単独で」母音（例 i = |I|）、もしくは子音の音韻表示（例 j = |I|）を構成する場合もあれば、「他のエレメントとともに」表示を作る場合もある（例 f = |I H|）。

ET における (8) のような構音的記述は説明を簡潔にするための非公式的なものであり、正式には、音響的特性によってエレメントの音声的具現形の記述はなされる。音響的特性で記述を行う主な理由は、「音声知覚は音声産出に大きく依存している」という事実による（詳細については、那須川 2016; Harris 2005: 126; Harris and Lindsey 2000; Backley 2011; Nasukawa 2014 を参照のこと）。

3.3 因果関係の直接的明示を目指す縮小主義

ET は、音韻的振舞いを見ると強い結び付きをもつが、構音的に共通の特徴を見出せない複数の素性を融合し、ひとつのエレメントで表示しようとする試みがなされてきた。これにより、弁別素性理論で長年扱うことができなかった現象を直接的に捉えることができるようになった。例えば、唇音

---

[112] 弁別素性理論の中には、Clements and Hume (1995) のように、同一素性を母音と子音の両領域で用いるものもある。

(labials)と軟口蓋音(velars)は、様々な言語で音韻的関係性を呈すると報告されている(Backley and Nasukawa 2009; Huber 2009)。これらは、構音的特徴を用いて定義する弁別素性理論では、異なる素性を用いて記述されるため、直接的に唇性と軟口蓋性の関係性を示すことができない。他方、ETでは、唇性と軟口蓋性は、両特性とも|U|が(与えられた分節における構造上の位置付けが異なるだけで)音声的に具現化されたものであるとするため、表示上、その強い関係を直接的に示すことができる[113]。例えば、Backley and Nasukawa (2009)、Huber (2009)、Backley (2011)によると、分節を構成している他のエレメントとの依存関係により、|U|は音響的に強い形で表出する場合と、弱い形で表出する場合がある。前者は唇性として、そして後者は軟口蓋性として現れる。

ETでは、唇性と軟口蓋性の関係性の他に構音的に共通性を見出すことが難しいと考えられてきた(i)無声性(voicelessness)と気息性(aspiration)、(ii)鼻音性(nasality)と阻害有声性(obstruent voicing)、(iii)閉鎖性(occlusion)と放出性(ejectiveness)、(iv)舌頂性(coronality)と咽頭性(pharyngeality)、それぞれで見られる音韻的関係性をひとつのエレメントで表示することがなされた。そして、これら(i)、(ii)、(iii)、(iv)は、それぞれ、|H| (Harris 1994; Backley 2011; Nasukawa and Backley 2018)、|L| (Nasukawa 1995, 2005; Kula 2002; Botma 2004; Breit 2017; Nasukawa and Backley 2018)、|ʔ| (Backley and Nasukawa 2009; Backley 2011)、|A| (Harris 1994, Backley 2011)といったエレメントひとつで表示されるようになった。その結果、初期ETで用いられていたエレメントの数(9つ)は大きく削減された。現在様々なETのバージョンがあるが、それらの中で現在もっとも広く使用されているものは、3.1節で述べたように、|A I U ʔ H L|の6つである(Nasukawa and Backley 2008, Backley 2011)[114]。

---

[113] 同様の議論は、構造主義の時代に考案されたJakobson, Fant and Halle (1952)の素性理論にも見られる。そこでは、例えば、音響的特徴のひとつである低音調性(grave)という素性を用いて、唇音と軟口蓋音の関係性を捉えている。

[114] 完全CV音韻論 (Radical CV Phonology: van der Hulst 2020)では、CとVという2つの範疇のみを使用して音韻構造を記述する。

3.4 複合構造

前節で論じたように、エレメントは、いずれも単独で音声的に具現化できる。(8)のように、エレメント|A I U|は、単独で母音として音声的に具現化されると、それぞれ[a i u]となり、単独で子音として具現化されるとそれぞれ[ɾ j w]となる。そして非共鳴エレメント|ʔ H L|については、単独で子音として具現化されるとそれぞれ[ʔ h n]となり、単独で母音として表出するとそれぞれ「きしみ声性」「高音調」「鼻音性/低音調」となる。

ETでは、上述の音以外は、エレメントが複数組み合わされることで形成される複合体からなると考えられている。例えば、母音/e/は、(音声的に[a]として具現化される)|A|(|mass|)と(音声的に[i]として具現化される)|I|(|dip|)が組み合わされた複合体が音声的に具現化されたものである。また、母音/o/は、|A|(|mass|)と(音声的に[u]として具現化される)|U|(|rump|)が組み合わされた複合体の具現形であるとされている。

共鳴エレメント|A||I||U|の組み合わせにより形成される表現は、|AI|と|AU|に加え、|IU|と|IUA|も存在する。前者の|IU|は|I|の音響特性(dip)と|U|の音響特性(rump)が組み合わされることで、音声的に[y](高位前舌非円唇母音)として具現化される。他方、後者の|IUA|は、|AI|の音響特性([e])に|U|の音響特性が加わることにより、中位前舌円唇母音の[ø]として具現化される。ここまで取り上げたエレメント表現をまとめると、|A||I||U|の単純な組み合わせから作り出される表現は、|A|=[a]、|I|=[i]、|U|=[u]、|AI|=[e]、|AU|=[o]、|IU|=[y]、|AIU| = [ø] の7種類となる。

世界中の言語には、これら以外の母音対立を有する言語体系がいくつも存在する。ETでは、それらを、エレメント間の非対象関係の違いで捉える。例えば、イタリア語における e と ɛ のように中位母音を2つもつ母音体系は、どちらも|AI|からなる。これらの音声的具現形の相違は、|A|と|I|の音韻的非対称関係が音響パターンに写像された結果であると考えられている(Harris 1994, 2005; Harris and Lindsey 2000, Backley 2011)。この非対称関係の定式化は理論によって異なるが、理論の枠を超えて共通しているのは、エレメント間の非対称関係が**音声的卓立関係**(salience relations)に写像される点である。2つのエレメントが一分節表現をなしている際、片方の音声的表出が、もう片方のそれに比べ音声的に際立ちを示す場合がある。|AI|の例を用いて説明すると、|I|の方が|A|よりも音声的に際立つと、[e]として具現化される。

他方、|A|の方が|I|よりも音声的に際立つと、[ɛ]（もしくは、言語によって[æ]）として表出する。他の母音の複合表現も、構成エレメント間の際立ちの相違によって、音声的表出形が異なる（この点の詳細な議論は、Nasukawa and Backley (2008)、Backley (2011)、Nasukawa (2020) などを参照）。

4. 初期 GP から派生した理論
4.1 厳密 CV 理論

2節で見たように、初期 GP では、認可と呼ばれる非対象関係により音韻表示が規定されている。この認可関係は、(7)に記されているように、プロソディにおいて統語構造のような階層構造を形成する。他方、統語構造とは異なり、韻律点間に**前後関係**(precedence)が記されている。これは、音声解釈に関わる適正統率が働くのに必要不可欠な特性である。このことから、初期 GP の音韻表示には、統語構造と共有する特性と、音韻構造独自の特性の両方が記されていると言える。

これに対し、Scheer (2004, 2012)は、音韻表示において統語構造のような階層構造が観察される領域は、すべて形態・統語構造が関与している領域だけであるとし、形態・統語構造の影響を受けない「形態素内音韻構造には階層構造は存在しない」と主張する。すなわち、Scheer は、純粋な音韻構造は、形態・統語構造とは異なり、範疇の前後関係のみから構成されているとする[115]。

階層構造をもたない Scheer (2004)の考案した理論は、Lowenstamm (1996)の音韻表示理論を発展させたもので、**厳密 CV 理論**(SCV: Strict CV theory、もしくは Lateral theory)と呼ばれる。

SCV において、音韻表示は、C と V という韻律範疇が線的に交互に並んだ連続体から構成されており、そこには階層構造は存在しない。この理論では、子音群(C cluster)、長子音(geminate)、二重母音(diphthong)、長母音(long vowel)のような**枝分かれ**、もしくは**多重連結**のような構造で表示されてきたものを、以下のように、CV 連続が線状に並んでいる構造を用いて表

---

[115] 音韻部門と統語部門は本質的に異なるという主張は、Bromberger and Halle (1989)でも論じられている。

示する。

(9) SCVにおける音韻構造 (Scheer and Cyran 2018: 272)

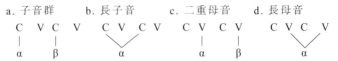

初期 GP で枝分かれオンセット $C_αC_β$ と考えられてきた構造は、(9a)に記されているように、$C_α$ と $C_β$ が空核 V を挟んでいる構造で、その V が音声的に具現化されないとされている。(9b)の長子音の構造も、(9a)と同じように $C_αC_α$ 間に具現化されない空核 V があるものとされている。そして、二重母音 $V_αV_β$ と長母音 $V_αV_α$ は、どちらも V と V の間に音声的に具現化されない空の C が存在すると仮定されている。

2.4 節と 2.5 節で論じたように、初期 GP では、空範疇の音声的表出を抑制する仕組みのひとつが**適正統率**であり、他方、範疇の存在を認め、その音声的表出を許すものが**認可**であり、その一タイプが**統率**であった。

これに対し、SCV における統率は、空範疇の音声的表出を抑制するもので、V だけでなく、C もその対象とする[116]。SCV では、この**統率**(10a)と**認可**(10b)の相互作用によって、与えられた音韻構造の音声解釈が行われる。

(10) 統率と認可
 a. 統率：対象の分節表現を抑制する。
 b. 認可：対象の分節表現を強化する。

これら統率と認可が働くことで、(11) に記されている構造がどのように音声的に表出されるかについて、以下で説明する。

---

[116] 空範疇の音声的表出を抑制するものには、**基分節統率**（Infra-segmental government）と呼ばれるものもある。これは、C と C に挟まれた空の V の音声的表出を抑制する（Scheer 2004: 36–42）。

第 9 章　統率音韻論とエレメント理論　219

(11) SCV における統率と認可(Scheer and Cyran 2018: 273–274)

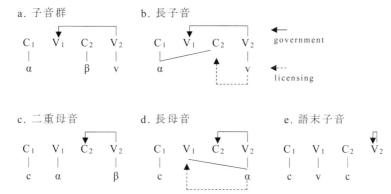

はじめに、(11a)の子音群と(11b)の長子音（促音）であるが、どちらにおいても分節内要素をもつ V_2 が先行する空核 V_1 を統率している。これにより、V_1 の音声的表出が抑えられ、その結果、(11a)と(11b)はそれぞれ、子音連続 $C_\alpha C_\beta$ と $C_\alpha C_\alpha$ として音声的に具現化される。(11b)において C_1 の α が C_2 と共有されるのは、V_2 に認可された C_2 が、近くで利用できる要素(α)をその位置で共有しているからである。

(12c)の二重母音と(12d)の長母音の構造でも、似た音声解釈に関わる仕組みが働いている。どちらにおいても分節内要素をもつ V_2 が直前の空の C_2 を統率しているため、その C_2 は音声的に表出しない。その結果、(12c)と(12d)はそれぞれ、母音連続 $V_\alpha V_\beta$ と $V_\alpha V_\alpha$ として具現化される。(12d)の V_2 の α が V_1 と共有されるのは、V_1 が V_2 に認可されているためである。

最後に残った(11e)は、語末に現れる子音の構造を記している。語末子音は、初期 GP 同様、語末にある子音 C と後続する空核 V の連続が音声的に表出したものである。(2.5 節で説明した)領域末空核パラメータの値が「オン」である言語において、この構造における語末空核 V は統率され、その結果、音声的に具現されないと考えられる。

これら音声解釈に関わる仕組みに加え、表示の適格性を規定する他の諸規則が相互に作用することで、SCV は（形態規則などの要請で引き起こされる）音韻現象を説明する。

4.2 GP2.0

　上記で見たように、「本質的に音韻部門は統語・形態部門とは異なる」という立場を取るSCVでは、階層構造を完全に排除し、CVの連続体が線的に交互に並んだ構造(CVCV...)を音韻表示とする。

　統語構造では、この SCV の表示と正反対の表示を用いている。統語構造は、**回帰的階層構造**からなり、そこには**前後関係**に関わる特性はない(Chomsky 1981, 1995, 2001; Kayne 1994; Kural 2005)。統語系で階層構造を用いる主な理由は、平坦な構造(flat structure)では扱えない非対称的表現(asymmetric expression)を階層構造で捉えることができるためである。この非対称性とは、束縛現象(binding phenomenon)や構造的曖昧性(structural ambiguity)などに見られるもので、統語現象全般で観察されるものである。

　Pöchtrager (2020)は、本質的に音韻部門も統語構造と似た階層構造を有すると主張し、Kaye (1989)と Kaye and Lowenstamm (1981)の議論に基づき、**非対称性**は音韻現象でも観察されると論じている。例えば、フランス語、スペイン語、日本語など、多くの言語では、異なる単語で用いられる接近音([w]や[j])が物理的に同じであっても、音韻的に子音として捉えられる場合と、後続する母音とともに軽母音(light diphthong)を形作るものがある。その違いは、接近音と後続する母音との音節上の非対象関係によると考えられる。また、階層構造は、統語構造のみならず、ヒトの有する様々な能力や諸現象においても観察されることから、音韻構造には階層構造が存在しないと考えるのは不自然である。

　以上のことから、Pöchtrager (2020)は、SCV とは異なり、音韻構造も階層構造をもつと見なすのが自然であるとし、その構造は、統語構造同様、Xバー理論(x-bar theory)に従い形成されると考える。その階層構造構築の中核的役割をしているものは「母音」であり、その音韻構造は、以下のような構造であると仮定されている。

(12) GP2.0 の母音構造 (Pöchtrager 2015)

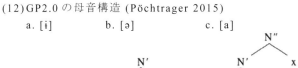

　初期 GP と上記の表示で異なる部分は、構成素範疇における階層構造の有無である。**GP2.0** では、初期 GP の核(N: nucleus)に相当する部分は xN であり、それが主要部となり階層構造を構築する。(12)に示されているように、この xN は、最大 2 回**投射**される。その結果、(12a)、(12b)、(12c)の 3 種類の構造が形成され得る。いずれも（エレメントを持たない）空核であるが、構造の違いにより、音声的に異なる解釈を受ける。xN が投射されない(12a)は[i]として表出するが、xN が補部 x をもち、一度投射されている(12b)の構造は[ə]として具現化される。そして、xN が最大投射（二回投射）されている(12c)は[a]として音声的に表出する。これら 3 つの音声的具現形が示すものは、母音空間における**開口性**(aperture)である。構音的に[i]>[ə]>[a]の順で開口性が上がると言える。（そして、音響的には[i]>[ə]>[a]の順で共鳴性が上がる。）このことから、(12a)>(12b)>(12c)のように、構造的に複雑になればなる程、母音空間的に広さを増す(more spacious)と、Pöchtrager (2020)は考える[117]。この表示を用いる理論は GP2.0 と呼ばれ、Pöchtrager (2006, 2009, 2021)、Pöchtrager and Kaye (2013)、Živanović and Pöchtrager (2010)、Tifrit (2020)などで音韻分析のために用いられている。

　GP2.0 では、初期 GP にはなかった上記の階層構造を用いる代わりに、エレメント|A|を表示から削除している。なぜなら、どちらも母音の開口性に関わるものであるため、両特性を同時に用いると、表示に余剰性をもたらすからである。|A|を排した結果、GP2.0 では、母音に関わるエレメントは|I|と|U|の 2 つのみとなり、それらが xN の位置に現れ、開口性以外の母音の音

---

[117] 粒子音韻論(Particle Phonology: Schane 1984, 1995, 2005)でも、同一要素を複数用いて開口性を表示する。Schane (2005)では、粒子|a|（エレメント理論における|A|に相当）を複数用いて、母音空間における開口性を表示する（例、|ia|=[ɪ]、|iaa|=[ɛ]、|iaaa|=[æ]）。

色が決まる。例として、|I|が xN の位置を占めている構造を用いてポルトガル語ブラジル方言で対立する母音を表すと、次のようになる(Pöchtrager 2020: 247–248)。

(12) ポルトガル語ブラジル方言の母音構造
　　　a. [i]　　　　b. [e]　　　　　c. [ɛ]

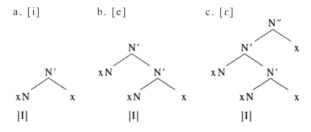

(12)では、[i]、[e]、[ɛ]いずれの構造にも|I|がひとつ指定されている。これらの音声的相違を生むものは、xN が投射され構築される階層構造の複雑性の違いによる。これらの構造を用いると、ポルトガル語ブラジル方言で観察される[ɛ]→[e]、および [e]→[i]といった母音弱化現象(vowel reduction)を簡潔に分析することが可能となる。例えば、[ɛ]が強勢を失うと、その母音の語彙的階層構造上の最上レベルが抑制され、その結果開口性が一段階失われ、[ɛ]よりも構音上狭い母音[e]として音声的に具現化される。GP2.0 では、階層構造を用いた同様の構造が、子音として表出される xO（オンセット）を主要部とする領域においても用いられている（詳細は、Pöchtrager 2020、および Tifrit 2020 を参照）。

4.3 非時系列音韻論
4.3.1 非時系列音韻論の特徴

　前節で論じたように、階層構造を認めない SCV と異なり、GP2.0 は、初期 GP で扱われたプロソディ部に、統語構造と同様の階層構造を認めている。階層構造の有無に関して SCV と GP2.0 は異なる立場を取るが、韻律点間（CVやON）の前後関係は、両理論において用いられている。
　これに対し、**非時系列音韻論** (PfP: Precedence-free Phonology)は、音韻表示に階層構造のみを認め、範疇間の前後関係特性を完全に排するという立場を取る。これは、言語進化の文脈で統語部門との整合性を探求すると同時

に、音韻表示上の余剰性を最小限にし、生成能力の制限を高めることを目指した結果、導かれた構造である (Nasukawa 2015, 2020)。

PfP では、形式的範疇としてエレメントのみが認められており、それは、(i)メロディを表示するだけでなく、(ii)プロソディにもその特性が投射される、といった二重の機能を呈する。この韻律構成体は、**裸句構造**（Chomsky 1995）であるため[118]、表示に、伝統的に韻律構成素とされてきた音節核、音節、韻脚などは用いられていない。

裸句構造表示では、エレメントそのものがプロディを構成しているため、従来必要とされたメロディとプロソディの相互関係の説明を、外的規則などを用いることなく、直接的、かつ形式的に捉えることができる(Nasukawa and Backley 2015, 2017)。加えて、この理論では、このあと(16)で見る音節サイズに相当する領域において最も深い位置にある喉頭音源対立に関わるエレメント（|H|、|L|）が**境界標識**(boundary markers)の役割を果たすため (Nasukawa and Backley 2015, 2017; Backley 2002)、独立した単位（#、+ など）を仮定して(Chomsky and Halle 1968, 他多数)境界標識を表示する必要がない。

以下では、エレメントのみから構築される（メロディとプロソディが融合した）階層構造について論じる。

4.3.2 PfP における音韻構造

伝統的音節構成素を用いない PfP では、伝統的音韻表示で用いられる「核」に相当する役割、すなわち、音韻構造構築上の基盤となる役割を、共鳴エレメントである|A|、|I|、|U|のいずれかが担う。どの共鳴エレメントを基盤とするかは言語によって異なる。例えば、英語やドイツ語は、([ə]として音声的に具現化する)|A|を、フィジー語やヨルバ語は、([i]として具現化する)|I|を、そして、日本語やサライキ語(Saraiki)は、([ɯ]として具現化する)|U|を選択している。いずれの音声的具現形も、当該言語の母音空間でもっとも中央に位置するものである（詳細については Nasukawa (2014)を参照）。

---

[118] この裸句構造は、語彙化の段階で、エレメントの併合により構築される (Nasukawa 2020)。

他方、**完全母音**(full vowel)は、**基盤共鳴エレメント**とそれによって支配される他の共鳴エレメントからなる**複合構造**をもつ。例えば、|A|を基盤共鳴エレメントとする英語やドイツ語では、[i]、[u]、[a]として音声的に具現化される構造は、それぞれ(13b)、(13c)、(13d)のように表示される。

(13)英語とドイツ語の母音表示

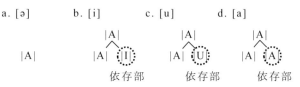

上記のように、基盤共鳴エレメント|A| (13a)が、もうひとつ共鳴エレメントを依存部として取ると、依存エレメントの呈する音響的特徴が、基盤エレメント|A|の音響パターンの多くの部分を覆い隠す。その結果、その基盤共鳴の多くの部分は不可聴となり、(13a)、(13b)、(13c)は、それぞれ[i]、[u]、[a]として音声的に具現化される。以上が示すものは、**主要部・依存部**（補部）からなる構造が音声的に解釈される際、依存部の**相対的卓立**(relative salience)が、音声的出力全体に大きく影響を与える。これは、**音声的具現化**にかかわる次の原理による。

(14)主要部・非主要部構造の音声的具現化原理 (Nasukawa 2014, 2015, 2016, 2017abc, 2020; Nasukawa and Backley 2015, 2017; Backley and Nasukawa 2020)
構造構築の際に選択的である依存部は、構造構築の際に不可欠である主要部に比べ、搬送信号の変調度の音声的卓立を示す。

上記のエレメントの相対的卓立とは、エレメントの音声的具現形で見られる**搬送信号の変調の相対的大きさ**を指している。

Ohala (1992)、Ohala and Kawasaki-Fukumori (1997)、Traunmüller (1994, 2005)、Harris (2006, 2009)によると、搬送信号は言語学的伝達情報を可聴にし、搬送信号の変調部は、聴き手、および話し手が形態素・語を識別するために用いる**言語学的情報**を含んでいる。ここで言う搬送信号は、

第9章　統率音韻論とエレメント理論　　　　　　　　　　　225

周期的で、フォルマント間の収束がない音響上の基盤部を指し、それは母音空間の中央部を占める[ə]のような音質に相当する。

このモデルでは、搬送信号の変調度は、基盤部からの逸脱の度合によって音響的に定義される。逸脱の度合は、(i)非周期性の存在、(ii)振幅度の増強、(iii)スペクトル形状(spectral shape)の際立った変形、(iv)基本周波数(fundamental frequency)の欠如、(v)信号持続時間(duration/timing)の拡張、といった音響属性を基準とし決定される(Harris 2009, 2012)。(13)で示した母音構造の具現形の音響的特徴には、上記の(ii)、(iii)、(v)の属性の点で、依存エレメントの相対的卓立が見られる。

同様のことは、以下のように、埋め込み構造をさらに有するものにも見られる。

(15)搬送信号の変調サイズの相違
　　a. [i]　　　b. [ɛ/e]　　c. [e]　　　d. [ɛ]

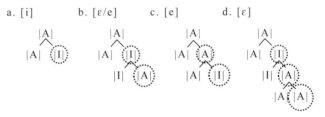

(15a)では、先に論じたように、基盤共鳴エレメント|A|が、もうひとつ|I|エレメントを依存部として取っているため、その依存部の呈する音響的特徴が、基盤エレメント|A|の音響パターンの多くを覆い隠す。その結果、(15a)は高位母音[i]として音声的に具現化される。次に、(15b)と(15c)は、(15a)の構造の最下部にさらにもうひとつ共鳴エレメントを依存子としてもつ構造である。これらは、典型的に中位母音として音声的に具現化される。中位母音の対立に(15b)と(15c)の構造を用いる言語では、|A|が依存部である場合、|IA|は低位前舌母音[ɛ]して音声的に具現化される。他方、|I|が依存部の場合は、[ɛ]よりも狭い[e]（中位前舌母音）として具現化される（(15)では、円の大きさで、音響信号全体における音響特性の貢献度を示している）。言語によっては、(15b)と(15d)の構造を用いて[ɛ]と[e]の対立を示すものもある(Nasukawa and Backley 2019)。この場合、|I|の構造上の位置は同じでも、その依存子である|A|がひとつあるか、複数存在するかにより、構造全体の

音声的具現形が異なる。埋め込まれた部分に|A|がひとつだけある(15b)の構造に比べ、|A|が複数埋め込まれている(15d)の構造は、具現形全体に与える|A|の音響的特徴の影響が大きい。そのため、(15d)の具現形は[ε]となり、他方、(15b)の具現形は[e]となる。同様の表示は粒子音韻論(Schane 1995: 596)でも用いられている。

　子音として分類される音の表示も、上述の母音表示で用いられたものと似た構造をもつ。子音の構造では、|ʔ|が基盤エレメント（主要部＝非核に相当するもの）として用いられる(Backley and Nasukawa 2009ab, Backley 2011, Nasukawa and Backley 2018)。

　PfPでは音節を形式的な構成素としていないが、伝統的に仮定されてきた音節に相当する構造を示すとすれば、(16)に記されているように、|ʔ|を基盤とする領域（非公式的に'C領域'）が|A|を基盤とする領域（非公式的に'V領域'）に支配されている構造が、それに当たる。

(16) 音節サイズに相当する構造
　　　　　　　　　　　　（Nasukawa, Backley, Yasugi and Koizumi 2019）
　　[hi]として具現化される構造

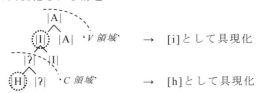

この非対称関係は、搬送信号変調度の観点から「依存部の方が主要部よりも音声的に際立つ」という(14)の主要部・非主要部構造の音声的具現化原理に従っている。また、この音節サイズの構造における主要部・依存部間の音声的具現形の卓立の相違（搬送信号変調度の差）は、階層構造の線型化にも関与する。音声的際立ちを呈する依存部が先に具現化され、主要部はそれに続いて具現化される(Nasukawa, Backley, Yasugi and Koizumi 2019)。音節よりも上位の構造（フットなどに相当する構造）も、基本的に同様の構造をもち、同様の原理で音声的に具現化される(Nasukawa 2020)。

5. まとめ、および GP と ET の今後の展望

　以上、本章では、語内プロソディを記述・分析の対象とする GP と、メロディを記述・分析する対象とする ET、それぞれの特徴について論じた。

　前者の GP については、初期 GP、SCV、GP2.0、PfP、それぞれの理論で用いられている「範疇の種類」、「範疇間の関係特性」、「音声的具現化に関する仕組み」を比べることで、GP の枠組みにおいて展開されてきた理論上の変遷を見た。これらの理論は様々な点で異なるが、特に注目すべき相違点は、(i)階層構造、および (ii)範疇の前後関係の有無である。GP2.0 は(i)と(ii)の両方を用いているが、初期 GP の(ii)を大きく発展させ、統語構造と同じ階層構造を用いる。これに対し、SCV と PfP は、(i)と(ii)のどちらか片方のみを表示で用いている。SCV は、(i)を排し、(ii)のみを、他方 PfP は、(ii)を排し、(i)のみを表示で使用している。

　ET に関しては、他の素性理論と顕著に異なる ET の特徴を「音対立」、「音声的具現形」、「縮小主義」、「複合構造」という観点から論じた。

　本章で扱った SCV、GP2.0、PfP との関係から見ると、ET は PfP とは切り離せない関係にある。なぜなら、(表示から前後関係、および音節構成素を完全に排し、範疇の併合により階層構造を構築する) PfP が用いる「併合の対象」となる範疇は、(i)一値的対立により定義され、かつ(ii)(回帰的階層構造構築のために) 厳密依存関係を示す属性が符号化されるものでなければならないからである。これらの特徴を有している範疇が、正しくエレメントである。

　本章で説明された ET の諸特徴は、GP とは独立して考案、および発展してきた。よって、GP 以外のプロソディ表示理論においても利用可能であることは自明である。同様のことは GP についても言える。他の素性理論と GP の表示を組み合わせることで音韻現象を分析することが可能である。

　また、GP、および ET は、単層派生過程を用いる理論で通常用いられるが、複層派生過程を用いる理論的枠組みでも使用可能である。さらに、GP と ET で用いられている原理や規則は不可侵なものであるが、GP と ET の表示を、OT などで使用される違反可能な制約が働く対象とすることもできる (Polgárdi 1998)。以上のことから、GP、および ET は、他の様々な理論に組み込まれることで、今後さらなる発展を見せる可能性がある。

　最後に、初期 GP から派生した 3 つの表示理論の中で、GP2.0 と PfP は、

今後、**言語進化**研究への大きな貢献が期待される。なぜなら、この両理論は統語系と同じ回帰的階層構造を用いることから、統語現象を参照し行われる言語進化の説明(Chomsky 2010, Hauser, Chomsky and Fitch 2002)と同様の方法で、音韻体系の出現とその展開を論じることが可能であると考えられるからである（より詳細な議論は、第 14 章を参照のこと）。

Part IV

転換期
(90年代〜)

新たな統合理論への収束

第 10 章　最適性理論：古典的標準モデル

渡部直也

1. はじめに

　これまでの章で見てきた通り、生成音韻論は SPE（2 章）に代表される形式主義的アプローチ、自然音韻論（3 章）に代表される機能主義的アプローチ、そしてその後の生成文法の発展全般で見られた「原理とパラメータ」(Principle and Parameter)の枠組みという流れを辿っていった。1990 年代に入り、言わばそれまでの様々な理論を統合しつつ諸問題を解決する枠組みとして、Prince and Smolensky (1993/2004)および McCarthy and Prince (1993, 1995)を中心に提唱されたのが、本章で扱う**最適性理論**(Optimality Theory/OT)である。

　McCarthy (2002: 48–52)が述べるように、本理論は SPE のように音韻パターンを素性や規則によって形式化することよりも、自然音韻論のように人間言語における音韻的メカニズム、特に普遍的な性質を解明することに焦点を当てている。一方で、言語の普遍性を捉えるにあたって生じてきた問題点を解決し、かつ観察される言語の多様性を同時に捉えるために、原理とパラメータの枠組みも組み込まれていると言える。また、音韻文法を何らかの枠組みで一般化しようとする試みそのものは、生成文法的な形式主義を引き継いでいる。しかし最適性理論における議論の成果は、音声の認識・産出や、音韻体系の獲得・習得といった機能主義的アプローチに対しても知見を提供するものである。

　本章では最適性理論を概説するにあたり、先行する理論的枠組みの問題点をどのように解決し、その後どのような成果を挙げていったのかを中心に見てゆく。構成は以下の通りである。まず 2 節で理論の概略を述べたのち、3 節で音韻論における代表的な課題（韻律構造・音素体系・音韻変化）に対する、具体的な定式化について紹介する。その後 4 節では、特に規則に基づいたモデルで問題となっていた、音韻パターンの例外性やゆれ・変化について論じる。5 節で残された課題を提示し、6 節で議論をまとめる。

2. 理論の概略

本節ではまず、最適性理論の核を成す概念である、**普遍的制約**(universal constraints)、その**階層**ないし**序列**(hierarchy/ranking)、**出力候補**(output candidates) の生成とそれらの評価について述べる。

2.1 普遍的制約と有標性・忠実性

それまでの研究で見出されてきた普遍的な音韻特性（すなわち「原理」にあたる部分）について、最適性理論の枠組みでは人間言語に普遍的な制約を仮定する[119]。1970年代以降提唱されてきた制約による諸現象の一般化を受け継ぐものであるとともに、性質上言語ごとに仮定される音韻規則を排除し、あくまでも全ての言語に共通する性質を定式化している。言い方を変えれば、あらゆる言語において存在する制約群は同一ということである。

最適性理論の枠組みで仮定される普遍的制約は、大きく2種類に分けられる。1つは一定の音韻パターン、すなわち子音・母音やその連続などの出現を禁止する**有標性制約**(markedness constraints)と呼ばれるものである。簡単な例を挙げれば、母音[œ]や子音[ɫ]を禁じる制約を、*œ, *ɫ のように仮定する。また、単独の分節音だけでなく、[wu]や[ji]といった音連続に対する制限や、制限される音韻パターンを素性でまとめ、*[−back, +round]（すなわち、円唇前舌母音の禁止）のような制約も考えられる。ここで着目すべきことが2点ある。まず、最適性理論で言われている「有標性」は、先行研究で論じられてきたものとは少し異なる。すなわち、調音や知覚の困難さなどから、ある音が他の音よりも獲得や習得がしづらく、通言語的にも観察されるケースが少ないといった状況が背景にあるものの、そうした特定の音韻パターンを「無標な」ものと対立させるわけではなく、あくまでも普遍的な性質としてそれらに制限を課すものである。もう1点として、従来の規則とは異なり、音韻変化などの「結果」は規定されていないことが重要である。これについては次節以降の議論でより詳しく見ることとする。

---

[119] 正確に言えば、生成文法の枠組みで提唱されてきた人間が普遍的に共有する言語機構の1つとして、制約（CONと呼ばれる）が仮定されている。なおこうした機構としては他に、出力候補を生成するGEN、およびそれらを制約に応じて評価するEVALがある（2.3節を参照）。

有標性制約によって音韻的法則性そのものを定式化することは、理論上充分可能であるものの、実際の言語においては知識として語彙ごとに一定の音（基底形）が記憶されており、それと発出される音との関係についても考慮する必要がある。極端な例を挙げれば、仮に[a]以外の母音を排除する制約が作用している場合、「坂」・「鹿」・「先」のいずれも「さか」という発音になってしまう。そこで、このように語彙の対立を喪失させてしまうような音の変化を禁じる制約として、**忠実性制約**(faithfulness constraints)と呼ばれるもう1種の制約が仮定された。すなわち音韻変化とは、関連する有標性制約が忠実性制約よりも優先される場合に生じるものだと定式化される。こうした優先度の差も重要な概念であり、次節で見てゆく。

2.2 普遍的制約の序列階層

前節で述べた制約があらゆる言語に共通であることにより、言語の普遍性が担保される一方で、当然ながら言語・方言間で観察される様々な差異についても考慮しなければならない。これは「原理とパラメータ」における後者の部分にあたるが、最適性理論の枠組みでは、普遍的な制約の優先度が言語・方言ごとに異なりうるとし、各変種に特有の**序列階層**ないし**ランキング**(constraint ranking)を仮定する。優先度の差は「»」によって表され、左側の制約が右側のそれよりも優先度が高い。簡単な例として、無声歯摩擦音[θ]を禁じる制約*θを考えてみると、(1a)のようにこれが忠実性制約よりも優先度が高い場合は、日本語などのように同子音が排除され、逆に(1b)のように優先度が低い場合は英語のように同子音が出現する（ここでは忠実性制約を仮に FAITH としている）。

(1)　a. *θ » FAITH
　　 b. FAITH » *θ

ここで重要なのは、優先度の低い制約は結果として違反が許容されているという点であり、従来の理論で仮定されてきた音韻規則と大きく異なると言える。規則は条件を満たせば「必ず」適用され、それに当てはまらないものは「例外」として処理される。したがって言語や方言ごとに特有の規則を詳細に仮定してきたわけであるが、最適性理論の制約は普遍的である一方で本来

的に違反可能であり、より柔軟に音韻パターンを捉えることができる。制約の優先度そのものは個別言語に特有のものであるが、優先度の階層という枠組みそのものは普遍的なものとされている。このように最適性理論は、言語の普遍性と多様性を単一の枠組みで捉えようとするものである。

2.3 無限の候補と最適性の評価

以上のように一定の優先度が課された制約によって言語の音韻体系が捉えられるが、実際にどのような音が表出するかを定めるにはもう1段階必要である。2.1節でも触れたが、制約は従来の規則と異なり特定の音韻パターンを禁じるだけで、結果としてどのような音に変化するかを規定するものではない。このため、まず出現する音（出力）の**候補**(candidates)が理論上は無限に生成されると仮定される。その上で各候補が、優先度によって階層づけられた制約に基づいて**評価**(evaluation)され、制約への違反がもっとも「軽度な」ものが表層形として「最適である」とされ、実際の出力として選択されるのである。より具体的に言えば、優先度の高い制約に違反される候補から除外されてゆき、消去法で最終的に残された候補が最適ということになる。結果的にその候補は、優先度の低い制約には違反することが許容されている。

一例として前節で述べた無声歯摩擦音の変化を挙げる。同子音を禁じる有標性制約*θ が優先されると考えられるが、忠実性制約についてはもう少し詳しく考える必要がある。他の子音に変化するにあたって、調音位置や調音様式などの様々な要素が変化しうるが、変化の種類によって忠実性制約の優先度は一様ではないと考えられる。例えば日本語では、英語の/θ/は[s]として発音されるが、ここでは調音位置が変化する一方で調音様式は変化していない。すなわち、調音様式に対する忠実性制約（仮に FAITH (manner)とする）は調音位置に対するそれ（FAITH (place)とする）よりも優先されていると言える。忠実性制約の仮定については3節で詳しく述べることとする。そのように定められた制約の序列に従い、理論上無限の候補から最適なものが選択される。(2)に**評価表**(tableau)（cf. McCarthy 2008b）を示すが、便宜的に比較的類似した音のみを挙げている。他の候補はこれら全ての忠実性制約に違反すると考えられ、除外されることが自明であろう。

第 10 章 最適性理論：古典的標準モデル

(2) /θ/ → [s]　　（e.g. *third* → サード）

a. violation tableau

/θ/	*θ	FAITH (manner)	FAITH (place)	FAITH (strident)
θ	*!			
☞ s				*
t		*!		
ɸ			*!	

b. combination tableau

/θ/	*θ	FAITH (manner)	FAITH (place)	FAITH (strident)
θ ~ s	W			L
t ~ s		W		L
ɸ ~ s			W	L

　(2a)は violation tableau と呼ばれる一般的な評価表であるが、一番左の列に1行目に入力となる基底形を示し、2行目以降に出力となる表層形の候補を列挙する。それ以外の列では、1行目に制約を優先度順に左から列挙し、2行目以降では左の候補が上の制約に違反する場合アスタリスク（*）によって示す。なお、左右の列の間で制約の優先度が異なる場合は実線を引き、同等である場合は破線を引いている。まず[θ]は*θに違反するため除外される。このように当該の候補を除外するような違反については、*に!を添えて明示する。[s]は FAITH (strident)に違反するものの、より優先度の高い FAITH (manner)や FAITH (place)には違反していない。逆に、[t]および[ɸ]は FAITH (strident)には違反しないが、それぞれ FAITH (manner)と FAITH (place)に違反しており、排除される。除外された候補については、より優先度の低い制約への違反は議論の対象とならないため、そうした違反が示される部分は灰色で塗りつぶす。結果的に[s]のみが候補として残っており、優先度の低い FAITH (strident)への違反は許容され、最適な出力として評価されるのである。

　以上が、ある制約ランキング下における最適な候補の選定であるが、音韻論研究において重要なのは、当該言語における文法の解明である。最適性理論の枠組みでは、観察される音韻パターンから制約のランキングを明らかにすることになる。こうした作業を視覚的に表す評価表は comparative tableau と呼ばれ、(2b)に例示している。ここでは「勝者」（すなわち最適候補）とそれ以外の「敗者」とを比較し、勝者に有利な制約違反には"W"、

敗者に有利な制約違反には"L"を付す。全ての比較において、Wのつく制約がLのつく制約よりも優先されていなければならず、前者を左、後者を右にして両者間に実線が引かれる状況が完成形となる。逆に言えば、これらの候補間比較は制約間の優先度の差を決定づける証拠（ranking argumentと呼ばれる）なのである。こうした考え方は、制約の序列という音韻文法をどう獲得するのかという問題に対しても重要な示唆を与える（3.2節で詳述する）。以上のようにcomparative tableauはたいへん重要なものであるが、紙幅の制約から以降では基本的に割愛することとする。

　なおこうした評価は、制約が出現する音に対して作用するものである以上、表面上観察される音に対して行われるものである。この点も規則に基づいたモデルとの大きな違いであり、**出力に基づいたモデル**(output-based model)と呼ばれる。特に規則を様々なレベルで一定の順序に従って適用させる語彙音韻論では、派生の中間段階の恣意性が問題になるが、最適性理論ではそれが一切排除されている。

3. 理論の発展
　本節では音韻論における様々なトピックについて具体的な分析例を紹介しながら、最適性理論の発展についてより詳しく述べる。

3.1 音節構造およびアクセント
　初期の最適性理論でまず議論されたのは、音節構造やアクセントといった韻律（プロソディ）についてである。こうした音韻的パターンは、語形成における派生過程にかかわらず、結果的に出現する音形が重要であることが多く、制約による一般化が本領を発揮する典型例である。また、通言語的に様々なパターンが観察され、先行研究において類型論的な分類が確立されており、制約のランキングによって包括的に定式化することにおいても利点が見られる。

3.1.1 音節構造の定式化
　音節構造に対する普遍的制約としては主に、(3)に挙げるようなものが提案されている。

(3) a. ONSET: 頭子音のない音節の禁止
　　b. NOCODA: 尾子音のある音節の禁止
　　c. HNUC: 聞こえ度の低い音節核の禁止
　　d. *COMPLEX[120]: 音節内における複雑な子音連続の禁止

こうした有標性制約によって音節構造の類型が定式化される一方で、個別言語においては語彙的に定められた分節音の配列を音節に組み入れることになる。これについては 2.1 節で見た通り、有標性制約と忠実性制約との兼ね合いによってパターンを捉えることとなる。Prince and Smolensky (1993/2004)では忠実性制約として明確に定義されているわけではないが、分節音の変化について(4)のような制約を仮定している。

(4) a. PARSE: 分節音は音節に組み込まれなければならない。
　　b. FILL: 音節は分節音によって満たされなければならない。

こうした最初期の枠組みにおいては、「削除」や「挿入」といったプロセスに対する制限を仮定するのではなく、入力された音韻的情報が出力の音節においてどのように表示されるのかについて評価を行っている。具体的に言えば、(4a)は入力された分節音の配列のうち、出力の音節に組み込まれない音（＜　＞で示す）を禁じるもので、(4b)は分節音ではない「空の」要素（□で示す）が音節に入ることを禁じている。入力の分節音は出力にそのまま含まれており、こうしたアプローチは**含有理論**(Containment Theory)と呼ばれることになるが、その後の理論的発展については 3.3 節で述べる。

　ここでは/ptih/という分節音の連続が入力された場合を仮定し、(5)では単独子音と母音とによってのみ音節が構成され、かつ分節音のいわゆる削除が許容されない言語の分析例を示す。(5a)は 1 音節を成す場合で、NOCODA および*COMPLEX に違反する。子音連続と尾子音を避けるためには、(5b)のよ

---

[120] 詳細な議論では、頭子音・尾子音それぞれについて仮定されるが、ここでは簡略化した。また当然ながら、言語によって禁止される連続の種類は異なる。

うに阻害音を音節核とすることになるが[121]、これは ONSET および HNUC に違反する。これらの制約は優先度が高いため、両候補は排除される。結果として、(5c)のように空の要素で音節核を成すか、(5d)のように一部の分節音を音節に組み込まない選択肢が生じるが、両者はそれぞれ、PARSE と FILL に違反する。PARSE の優先度がより高い場合、(5d)が除外され(5c)が最適候補となる。

(5) /ptih/ → [p□.ti.h□]

/ptih/		ONSET	NOCODA	HNUC	*COMPLEX	PARSE	FILL
a.	ptih		*!		*!		
b.	p.ti.h	*!*		*!*			
c.	☞ p□.ti.h□						**
d.	\<p>ti\<h>					*!*	

上述のように、言語によるパターンの差異は制約の優先度ランキングが異なることによって定式化される。一例として *COMPLEX の優先度が低い場合を(6)に示す。(6a, b, d)は(5a, b, d)と同様に除外される。(6c)は(5c)と同じ候補であるが、空の要素が 1 つのみの(6e)よりも FILL の違反数が多いため除外され、(6e)が最適となる。

(6) /ptih/ → [pti.h□]

/ptih/		ONSET	NOCODA	HNUC	PARSE	FILL	*COMPLEX
a.	ptih		*!				*
b.	p.ti.h	*!*		*!*			
c.	p□.ti.h□					**!	
d.	\<p>ti\<h>				*!*		
e.	☞ pti.h□					*	*

このように、普遍的制約が作用する中で、それらの優先度が異なることによ

---

[121] (5b)において[p], [h]は音節核となっている。(6b)も同様である。

り音韻パターンの類型が捉えられるのである。

3.1.2 アクセントとその類型

　言語によっては常に一定の位置にアクセントが現れる言語があるが、こうした固定アクセントについてはレキシコンの情報によらず表層形に対する音韻的制約のみによって位置が定まると言える。また、日本語のように語彙的に指定されたアクセントのある言語においても、場合によってはいわゆるデフォルトのアクセントが出現する場合も多い。アクセントの表示については4章や7章、8章などを参照されたいが、多くの研究で仮定されてきたフットに基づいた分析を仮定する場合、普遍的制約としては主に(7)のようなものが提案されている（Prince and Smolensky 1993/2004; McCarthy and Prince 1993; Kager 2004 など）。

(7) a. FTBIN: 2要素から構成されていないフットの禁止
　　 b. NONFINALITY: 末尾[122]におけるフットの禁止
　　 c. ALIGN-L/R: 先頭/末尾から離れたフットの禁止
　　 d. TROCHEE/IAMB[123]: フット内部における卓立位置の指定

これらの制約の優先度により、言語によって異なるアクセントパターンが生じると定式化される。本節では/tatatata/という分節音の羅列を仮定し、強弱フットによるアクセントの類型を(8)に例示するが、(7d)の制約については割愛する。

　まず(8i)ではALIGN-Lの優先度が高く、(8ia)の語頭アクセント以外のものは全て同制約に違反するため排除される。(8ii)では逆にALIGN-Rの優先度が高く、(8iic)の次末アクセントおよび(8iid)の語末アクセント以外は排除される。(8iid)は(8iic)に比べて、ALIGN-LおよびFTBINの違反において適性が低く除外され、(8iic)が最適となる。

---

[122] アクセントの付与される領域は語や句、文など様々であるが、本節では語の領域について考える。(7c)についても同様である。
[123] 強弱フット（trochee）か弱強フット（iamb）であるかを定める。

(8) アクセントの類型
i. 語頭アクセント

/tatatata/		ALIGN-L	ALIGN-R	FTBIN	NONFINALITY
a.	☞ (tá.ta).ta.ta		**		
b.	ta.(tá.ta).ta	*!	*		
c.	ta.ta.(tá.ta)	*!*			*

ii. 次末アクセント(penult)

/tatatata/		ALIGN-R	FTBIN	NONFINALITY	ALIGN-L
a.	(tá.ta).ta.ta	*!*			
b.	ta.(tá.ta).ta	*!			*
c.	☞ ta.ta.(tá.ta)			*	**
d.	ta.ta.ta.(tá)		*!	*	***

iii. 次々末アクセント(antepenult)

/tatatata/		FTBIN	NONFINALITY	ALIGN-R	ALIGN-L
a.	(tá.ta).ta.ta			**!	
b.	☞ ta.(tá.ta).ta			*	*
c.	ta.ta.(tá.ta)		*!		**
d.	ta.ta.(tá).ta	*!		*	**

最後に(8iii)では、FTBINおよびNONFINALITYの優先度が高く、それらに違反する(8iiic)および(8iiid)の次末アクセントが排除される。ALIGN-LよりもALIGN-Rの優先度が高いため、前者に違反する(8iiia)の語頭アクセントが除外され、後者に違反する(8iiib)の次々末アクセントが最適となる。

以上では軽音節の連続について見てきたが、重音節を含む場合はさらなる仮定が必要である。通言語的に観察される二項フットであるが、強弱フットの場合はそれが2音節から作られるのか、あるいは2モーラから作られるのかという違いがある。この違いはFTBINの基準が言語によって異なると定式化できる。(8iii)の制約階層を例に考えると、前者の場合は(9i)に示すように、音節の重さによらず同様に次々末アクセントが生じる一方で、後者の

場合は単独の重音節でフットを成せるため、(9ii)に示すように次末音節が 2 モーラの場合そこにアクセントが生じることになる。なお、(9iib)では 3 モーラのフットが仮定されており、FTBINに違反している。

(9) 重音節を含む場合
i. 音節に基づくフット(weight-non-sensitive non-final)

/tatata:ta/	FTBIN (σ)	NON FINALITY	ALIGN-R	ALIGN-L
a. (tá.ta).ta:.ta			**!	
b. ☞ ta.(tá.ta:).ta			*	*
c. ta.ta.(tá:.ta)		*!		**
d. ta.ta.(tá:).ta	*!		*	**

ii. モーラに基づくフット(weight-sensitive non-final)

/tatata:ta/	FTBIN (μ)	NON FINALITY	ALIGN-R	ALIGN-L
a. (tá.ta).ta:.ta			**!	
b. ta.(tá.ta:).ta	*!		*	*
c. ta.ta.ta:.(ta)	*!	*!		***
d. ☞ ta.ta.(tá:).ta			*	**

以上見てきたように、アクセントの類型についても普遍的な有標性制約の優先度ランキングによって捉えることができる。

3.1.3 「包括的な」音韻文法

本節で述べてきた音節やアクセントの定式化において重要なのは、出力の語形全体において評価が行われている点で、従来の規則文法のように基底の音からどのように表層の音が生成されるかを論じる場合は、このような一般化は難しい。さらに語形成においていくつかの形態素や語が接続ないし複合する場合、規則は各派生過程における**局所的な(local)**変化を指定するが、最適性理論の場合はあくまでも最終的な語形を基に考える。こうした**包括的な(global)**アプローチの有用性は多くの研究で議論されており（McCarthy 2002; Bonet and Lloret 2005; Kimper 2011; Yu 2017など）、

最適性理論の重要な長所の1つである。

3.2 音素体系の定式化

　前節では韻律構造について見たが、分節音の体系についてはどうであろうか。SPE（2節）をはじめとして、生成音韻論の枠組みでは、話者が記憶している抽象的な「音素」と実際に観察される「異音」とを結び付ける法則性が盛んに議論されてきた。一方で最適性理論の枠組みでは、基本的に表層の音のみが評価の対象であるため、「音素」という概念は存在しないのである。では、個別言語で観察される音の種類はどのように定まるのか。ここで重要な役割を果たすのが忠実性制約である。ある音に対する有標性制約が忠実性制約よりも優先される場合、その音は結果的に観察されず、逆に忠実性制約よりも優先度が低い場合は観察されることになる。すなわち、忠実性制約の優先度というパラメータが、従来仮定されてきた「音素目録」の境界を規定するのである。(10)に流音の類型について簡単に例を示す。

(10) 流音の類型
　　a. [l, r]いずれも現れない: *l, *r » FAITH:
　　b. [r]のみが現れる: *l » FAITH » *r:
　　c. [l, r]いずれも現れる: FAITH » *l, *r:

　こうした枠組みは、幼児による言語獲得の分析においても利点が見られる。獲得の最初期においては音の弁別が全くなされていないと言える。その状態から段階的に、当該言語に固有の音韻的対立に向けて音のカテゴリ化がなされることとなる。そこで重要なのは、言語の子音や母音の一覧表（あるいは五十音図のようなもの）を見て明示的に覚えるのではなく、親をはじめとする成人の会話から聞き取っていわば無意識のうちに獲得が進むという点である。そのため、何らかの音素目録を予め仮定することは適切でなく、むしろ「白紙」の状態に普遍的な制約が課せられていると考えるのが妥当である。それを示す一例として、成人の文法が確立する以前の段階においては、日本語における/r/と/l/のように、当該言語の成人話者にとって困難な音の差異が知覚できる事例が指摘されている。すなわち、何らかの所与の音素目録が存在するのではなく、普遍的な有標性制約の中で、話者がそれらと忠実

性制約との優先度の序列が確立させてゆくことで、いわゆる音素体系が獲得されると考えられるのである。

音韻体系獲得の理論的定式化について Tesar and Smolensky (1998)は、制約の「降格」(constraint demotion) を提唱している。上述のような「白紙」をはじめ、制約の優先度が確定されていない状態から、観察される音韻パターンに応じて関連する制約の優先度を下げるものである。(11)では一例として、3.1.2節で取り上げたアクセントについて考える。

(11) 次末アクセントの獲得
i. データ（cf. 8ii）

	ALIGN-L	ALIGN-R	FTBIN	NONFINALITY
a. (tá.ta).ta.ta		**		
b. ta.(tá.ta).ta	*	*		
c. ☞ ta.ta.(tá.ta)	**			*
d. ta.ta.ta.(tá)	***		*	*

ii. 語頭アクセントとの比較

	ALIGN-L	ALIGN-R	FTBIN	NONFINALITY	→ → →	ALIGN-R	ALIGN-L	FTBIN	NONFINALITY
(tá.ta).ta.ta ~ ta.ta.(tá.ta)	L	W		L		W	L		L

iii. 次々末アクセントとの比較

	ALIGN-R	FTBIN	ALIGN-L	NONFINALITY
ta.(tá.ta).ta ~ ta.ta.(tá.ta)	W		L	L

iv. 語末アクセントとの比較

	ALIGN-R	FTBIN	ALIGN-L	NONFINALITY
ta.ta.ta.(tá) ~ ta.ta.(tá.ta)		W	W	

(11i)では次末アクセント(11ic)が観察される状況を仮定し、他の候補とともに制約の違反を挙げている。この段階では制約のランキングは定められていない。(11ii-iv)では、観察される最適候補と他の候補とを比較し、後者に有利な制約を「降格」させている。なおここでは制約違反がどちらに有利かを明確にするため、comparative tableau を採用している。

　なお、言語獲得の過程では当然ながら語彙知識も蓄積され、多くの語彙についてはそもそも一定の音形を記憶していると言える。一方で外来語を借用する際には、理論上無限の「聞いたことのない」音が入力されることになるが、それらをどのように変換するかについては一定の法則性が見られる。すなわち、予め定められた音素の目録ではなく、多様な入力音に対して一定の音形を表出させる音韻文法が存在していることが窺えるのだ。ただし外来語彙については本来の音韻体系と異なるパターンが生じることもあり、それについては 4.1 節で扱う。

3.3 音韻変化の定式化

　ここまでは表層の音韻的パターンを主に取り上げてきたが、生成音韻論で盛んに議論されてきた「音韻変化」の法則性についてはどうであろうか。従来の枠組みでは、話者のレキシコンに蓄積されている基底形から実際に観察される表層形への変化が、一定の音韻規則によって生じると論じられてきた。一方最適性理論においては、理論上無限の変化パターンの候補の中で、実際に観察される変化が最適となるような制約の序列を見出すこととなる。音韻変化の動機は、変化しなかった場合の音形に対する有標性制約であるが、忠実性制約がより優先される場合は変化が生じない。(12)に、音韻パターン X が変化するかどうかに関する簡略化したモデルを示す。

(12) a. *X » FAITH → 変化あり
　　　b. FAITH » *X → 変化なし

3.3.1 含有理論から対応理論へ

　忠実性制約については、3.1.1 節で述べた PARSE や FILL が当初仮定されていたが、音韻変化を議論するためにはいくつか問題点があった。1 つは音節構造の定式化では関与しない、分節音などの特性（素性）の変化をどのよう

に捉えるかである。例えば有声子音が無声子音に変化する場合、[voice]という素性そのものは保持されており、その値がプラスからマイナスに「変化」している。すなわちいかなる「削除」や「挿入」は生じておらず、Parse や Fill の違反対象ではない。もう 1 つの問題は、表層に現れる語形間での関係性を考慮する必要性である。例えば語の**反復**(Reduplication)（日本語の例：時々）や**短縮**(Truncation)（日本語の例：サイゼ）などでは、基底形からの派生に加えて、基本となっている語の表層形との関係性を考えなければならない。こうした背景から McCarthy and Prince (1995)は、入力情報を保持した含有理論ではなく、各音形間の対応における変化の様相を参照する**対応理論**(Correspondence Theory)を提唱した。同著ではまず、基本語(base)と反復形(reduplicant)との「BR 対応」が論じられている。これは反復形に限らず、様々な語の派生に応用されるものであり、(13a)には日本語の短縮における対応を例示する。そしてこれを応用する形で、(13b)のような基底形からの生成にあたる入力(input)と出力(output)との「IO 対応」が提案された。

 (13) a. BR: [s$_1$a$_2$i$_3$ʥ$_4$e$_5$r$_6$i$_7$j$_8$a$_9$] ↔ [s$_1$a$_2$i$_3$ʥ$_4$e$_5$]
   b. IO: /m$_1$æ$_2$p$_3$/ ↔ [m$_1$a$_2$p$_3$p$_4$u$_5$]

こうした対応の中で、忠実性制約は(14)のように仮定される。まず、(13a)の Base の 6–9 のように「削除」され派生形に対応する音がない場合は、(14a)に違反する。次に、(13b)の出力の 4, 5 のように「挿入」され入力に対応する音がない場合は、(14b)に違反する。最後に、(13b)の 2 のように音の特性が変化している場合は、(14c)に違反する。

 (14) 対応理論における忠実性制約
   a. Max: 入力の音に対応する音が出力になければならない。
   b. Dep: 出力の音に対応する音が入力になければならない。
   c. Ident: 入力と出力で対応する音は同一でなければならない。

こうした忠実性制約の優先度によって、ある有標性制約によって排除されるパターンがどのように変化するのかが定まるのである。

3.3.2 音韻変化とその類型

ここでは一例として、音節構造における尾子音に対する制限について考える。3.1.1 節で述べたように、尾子音を制限する通言語的傾向は NOCODA という制約によって定式化されるが、もう少し細かく見る必要がある。例えば日本語では、尾子音は全く許容されないわけではなく、いわゆる「撥音」と「促音」が観察される。Ito (1986)はこうした限定的な尾子音について、(15)のような制約を仮定している。

(15) CODACOND(ITION): 自立した素性を有する尾子音の禁止

同制約の違反を回避するためには、母音の挿入、子音の削除、子音の同化などが考えられるが、どの変化が具体的に生じるかは(14)のような忠実性制約の優先度によって決まる。それぞれの可能性について(16)に分析例を示す。

(16) 制限される尾子音の回避に関する類型
a. 母音挿入

/arta/	CODACOND	MAX	IDENT	DEP
ar.ta	*!			
☞ a.ru.ta				*
a.ta		*!		
at.ta			*!	

b. 子音削除

/arta/	CODACOND	DEP	IDENT	MAX
ar.ta	*!			
a.ru.ta		*!		
☞ a.ta				*
at.ta			*!	

c. 子音の同化

/arta/	CODACOND	MAX	DEP	IDENT
ar.ta	*!			
a.ru.ta			*!	
a.ta		*!		
☞ at.ta				*

このように、他よりも優先度の低い忠実性制約に違反する候補が最適な出力として選ばれるのである。

制約の優先度が異なることによって言語・方言間の音韻的差異が定式化さ

れるということは、逆に言えば、それぞれの制約のランキングによって予測される音韻的パターン全てが、人間の言語において理論的に可能であることを意味する。そのため、何らかの音韻現象について分析する際には、あらゆる制約ランキングを仮定してそれらに応じた実在のパターンが観察されることが重要な証拠となり、これまでの多くの研究で論じられている。

4. 例外性、ゆれと変化

生成音韻論の枠組みにおいて一般化されてきた音韻的法則性の中には、その例外と言うべき現象が観察されることがある。また場合によっては、複数の発音が許容されるもの、そのうちかつて支配的だった発音が廃れ変化してしまうものもある。本節ではそういった現象について最適性理論がどのように論じてきたかを概観する。

4.1 例外性と非音韻的要因

例えば日本語において/tu/→[tsu]という規則が仮定されるが、「トゥモロー」といった一部の外来語彙では変化していない。ここで考えられるのは、(当該の音韻法則が妥当であるとすれば)語彙的な特性などの非音韻的要因が関係している可能性である。

Ito and Mester (1995)は日本語の語彙について、「和語」・「漢語」・「外来語」の3種に大別され、それぞれにおける音韻的法則性が異なると論じた。特に「外来語」は近代以降主に西洋諸国から借用されたものであるが、日本語固有の「和語」や古来中国から取り入れられてきた「漢語」と大きな違いがあるとされる。上述の[tu]のほか、[ti, di, du]といった音連続、有声の重子音、および語頭の[p]が観察されるのは、専ら外来語に限られるとされる。

それでは、語種による音韻体系の違いはどのように定式化されるだろうか。上述の通り、普遍的制約の優先度によって各言語の音韻文法が定義されることから、最も単純な仮定は語種によって優先度の序列が変化するというものであろう。ただしこれは、各言語においてはあくまでも制約の序列は一定であるという仮定に反するとも言える。Ito and Mester (1999, 2001 など)たちはそこで、関連する忠実性制約を語種ごとに定義し、それらの優先度の違いによって異なる音韻パターンが出現すると論じた。全体として、特に近

年取り入れられた外来語は忠実性制約の優先度が高く、一方で和語はその優先度が低い。(17)では[ti]という音連続に関して、和語の「勝ち」と外来語の「パーティー」の分析例を挙げる[124]。

(17)「勝ち」と「パーティー」の比較

		IDENT/FOREIGN	*ti	IDENT/NATIVE
/kati/ native	kati		*!	
	☞ katɕi			*
/pa:ti:/ foreign	☞ pa:ti:		*	
	pa:tɕi:	*!		

ここで重要なのは、必ずしも「外来語」といった語源によってパターンが定まるわけではない点である。「チーム」などのように、和語と同様の変化が生じている例もあるからだ。Ito and Mester はこうした現象を「本来語化」(nativization)と呼び、借用当初レキシコンの「外側」に入った語彙が徐々に「中心」へ移動する可能性を指摘している。つまり「チーム」のような語は IDENT/FOREIGN の対象とはならず、有標性制約の違反によって音の変化が生じるのである。要約すると、忠実性制約の優先度を決めるのは語源ではなく、「外来語のようだ」といった話者の意識なのである。

　もう1つ注意すべき点として、語彙特性による音韻パターンの違いを、異なる文法（すなわち制約ランキング）によって捉えているわけではない。Ito and Mester (1999)は、歴史的変化が生じる場合は制約のランキングが変わりうるが（詳細は次節を参照）、共時的な文法においてはあくまでも制約のランキングは一定であるとしている。これに対して、語彙特性による音韻パターンの差異や一部の語で見られる例外的パターンについて、複数の副次的文法（co-phonology）を仮定し、異なる制約ランキングによって定式化する提案もなされている（Anttila 2002 など）。議論の詳細は紙幅の制約から割愛するが、語彙特性による違いは制約へのラベル付けによって定式化するのと実質的には同等だと言える。例えば本来語と外来語、あるいは名詞と動詞などについて、それぞれ片方ずつ分析した場合は、制約のランキングが異なっていることになる。しかし言語全体を見た場合には、各語彙特性によ

---

[124] ここでは複数の入力を比較するため、入力を最も左の列に書き、その右の列に出力候補を並べている。

る差異を含んだ上での単一の文法が確立されていると考えるべきであろう。一方で限られた語に見られる「例外的」パターンについては、異なる文法が反映されている可能性もある。具体的には、古代語の特徴が残された「化石」や、逆に将来生じる変化が先駆的に適用されている状況が考えられる。

　また、制約に対する語種などによるラベル付け(constraint indexation)について、研究者によっては有標性制約にも語彙特性などに応じた優先度の差異を認める主張もある（Pater 2007, 2010; Gouskova 2012 など）。しかしながら有標性制約が人間言語に普遍的な音韻的性質を示すことを踏まえると、一部の語種などに有効なものを仮定するのは定義上矛盾があると言える。一方で、忠実性制約は入力と出力との対応を考慮するものである。入力には音韻的情報以外にも語彙的特性などが含まれると考えられ、上で述べたような分析が可能であると考えられる。加えて、有標性制約の優先度が変化することにより、言語全体における有標性の差異が捉えられなくなるという問題もある。Ito and Mester (1999)は、和語・漢語・外来語の順に、許容される（制約に違反する）パターンが徐々に増加している様相を提示している。例えば有声重子音は上述の3種類の中で外来語のみに見られるが、逆に、外来語では許容されず和語や漢語では観察されるパターンはないとされ、有標性制約のランキングが一定である根拠となっている。

　「外来語」といった語彙的特性に加えて、「語根」と「接辞」、より一般化すれば「内容語」と「機能語」といった形態論や統語論で扱われる特性も関わる場合がある。一般に「語根」や「内容語」は音韻的情報が保持され、「接辞」や「機能語」は変化を受けやすい。こうした傾向を Beckman (1998)は、**局所的忠実性**(positional faithfulness)として一般化している。すなわち、「語根」や「内容語」に対する忠実性制約は優先度が一般に高く、有標性制約の作用が妨げられるのである。

　このような非音韻的要因による音韻パターンの差異を捉える枠組みは、3.1.2 節で述べたアクセントの分析における「整列」制約とともに、先行する理論、特に韻律音韻論を中心に展開されてきた、音韻論と他の分野とのインターフェイスを捉えるものである。最適性理論は原則として表層のパターンを参照し、その妥当性を制約に基づいて評価する枠組みであるが、入力との対応を取り入れることで、非音韻的要因との関連性を定式化してきたのである。

4.2 ゆれと変化

　語彙的特性や形態論・統語論的特性などによる音韻パターンの変化とは異なり、場合によっては全く同じ語の発音が変化することもある。例えば日本語の「ガ行」は、公共放送や自動音声アナウンスなどで聞かれる規範的発音としては鼻子音の[ŋ]（いわゆる鼻濁音）であるが、実態としては多くの話者が有声閉鎖音[g]を用いている。これは発音の歴史的な変化だと言えるが、理論的には2つの可能性が考えられる。1つは音韻文法の変化で、前節で述べたように、最適性理論の枠組みでは制約の優先度ランキングの変化として捉えられる。(18)に簡略化した分析例を示すが、歴史的な経緯を踏まえ、入力を前鼻音化した閉鎖音だと仮定する（高山 2016）。

(18)　　「ガ行」子音の変化

/ⁿg/	IDENT	*ŋ
g	*!	
☞ ŋ		*

➔

/ⁿg/	*ŋ	IDENT
☞ g		*
ŋ	*!	

　ここで、鼻音性が失われ[g]となる場合は忠実性制約 IDENT に違反する。左側に示す変化前では同制約が、通言語的に例が限られる[ŋ]に対する有標性制約よりも優先されるため、[ŋ]が最適な候補となる。一方で右側に示す変化後においては、両制約のランキングが逆転したため鼻子音が排除され、[g]が最適となるのだ。

　ここで疑問となるのは、現代語において前鼻音化が基底形として保持されているのかどうかである。歴史的に有声阻害音が前鼻音化から発展したことは、これまでの研究で明らかにされてきた事実であるものの、現代語の多くの方言では鼻音性が軟口蓋音（すなわち鼻濁音）以外では失われており、鼻濁音も観察されなくなっている。このことから、歴史的変化におけるもう1つの可能性として、基底形が/ⁿg/から/g/に変化していることが考えられるだろう。最適性理論の枠組みでは、2節で概観したように、原則的には出力候補を評価する中で表出する音形が定まるとされており、入力に対して何らかの制限は仮定しない。これは「**基底の豊穣**」（Richness of the base: Prince and Smolensky 1993/2004）と呼ばれる基本原理である。一方2.1節で述べたように、言語における語彙的対立を成り立たせるような音韻的対立の仮定は不可欠であり、話者がある程度の音形を記憶していると考えられ

る。これについて最適性理論の枠組みでは、制約の違反が少なくなるような基底形を獲得する、「**語彙の最適化**」（Lexicon optimization: Prince and Smolensky 1993/2004）が仮定されている。(18)の分析例においても、入力が/g/に変化していれば制約の違反は生じない。両者は矛盾しているようにも見えるが、音韻体系の異なる側面を定式化していると言うべきである。前者は所与の音素目録を仮定せず音韻体系を規定する文法に、後者は個別言語の運用に不可欠な語彙の獲得に、それぞれ関連している。想定される結果は、話者はある程度抽象的な基底形を記憶した上で、当該言語に確立された文法に従って音を発出させるというものである。仮に出力形と全く同一の入力のみに限定されていれば、上で述べてきたような様々な音韻現象も生じえない。

　ここまで歴史的変化の分析について述べてきたが、こうした変化が完了するには歳月がかかるのが常である。変化の途中段階では（話者によって特に新しい発音は受け入れがたいにせよ）2つのパターンが共存する「ゆれ」の状態となる。こうした状況について Hayes (2000)は、ランキングが定まっていない free ranking を提唱している。なおここでも最適性理論が規則に基づいたモデルよりも優れた側面を見せている。すなわち、何らかの規則が適用されるかどうかではなく、可能な候補を予め提示していることで、制約の優先度によってはゆれが生じる可能性が予測されているのである。さらにその後の理論的発展として、制約の優先度を絶対的な序列ではなく、重要度を表す数値によって定式化し、観察されるゆれを確率的に捉えるアプローチも提唱されてきた（11 章を参照）。また生成文法的な形式主義アプローチ以外では、観察されるゆれや変化を数量的に捉える使用基盤モデルも発展している（12 章を参照）。

5.「不透明性」の問題

　ここまでは最適性理論の発展を見ながらその利点に焦点を当ててきたが、最後に代表的な問題点である「**不透明性**」(Opacity)の定式化について述べておく。上述の通り、最適性理論は基底（入力）から生成された表層（出力）の音形を評価する並列モデルであり、従来の規則に基づいた直列モデルで問題となっていた、観察ができない中間段階の仮定や、語形全体を考慮した韻律構造やゆれや例外性などを捉えることの難しさなどを解決してきた。

その一方で、表層だけでは音韻的要因が見えない「不透明な」現象をどう捉えるのかという課題が残されている。

一例として(19)に、日本語の連濁における「ライマンの法則」違反を挙げる。連濁は複合語の後半部において先頭の無声阻害音が有声化するものであるが、(19a)のように後半部の他の位置に有声阻害音が含まれている場合は有声化が回避され、「ライマンの法則」として知られている。同法則は最適性理論の枠組みでは、表層に有声阻害音が複数存在することが一種の OCP に違反するとして定式化される。しかしながら(19b)に示すようないくつかの例外が観察される（cf. 田中 2015）。

(19) 日本語の連濁における「ライマンの法則」
 a. /naga/ + /sode/ → [nagasode]「長袖」
    cf. /naga/ + /kutsu/ → [nagagutsu]「長靴」
 b. /hum/ + /sibaru/ → [ɸundʑibaru]「ふん縛る」
    /nawa/ + /hasigo/ → [nawabaɕigo]「縄梯子」

なおこうした「不透明性」は、規則を段階的に適用するモデルにおいては問題にならない（6 章を参照）。(19b)については日本語の特性から次のように説明可能である。まず 1 つ目の例については、通言語的にも観察される鼻子音の直後における有声化[125]が、連濁が回避された後に生じたと分析される。2 つ目の例については、/g/は鼻子音の/ŋ/であったためにライマンの法則が適用されず、その後で ŋ→g の変化が起こったと言える。一方で最適性理論では、あくまでも表層にどのような音があるのかのみを参照するため、そのような経緯によらず関連する制約に違反が生じる。(20)に簡略化した分析例を示すが、OCP の制約が優先される場合、(19b)のようなパターンは予測されないのである（誤って排除される候補に⊗のマークを付す）。

---

[125] 他の例として、次のようないわゆる撥音便が挙げられる。
/jom/ + (/i/ +) /te/ → [jonde]「読んで」
ただしこれは和語の特徴だとされており（Ito and Mester 1995, 1999 など）、漢語や外来語では有声化しない事例（例：「身体」や「コンピュータ」など）が多く見られる。

(20) 不透明性の問題

/naga+sode/	☞ -sode		*
	-zode	*!	
/hum+sibaru/	☞ -ɕibaru		*
	☹-dʑibaru	*!	

表頭: OCP, RENDAKU

「不透明性」を最適性理論の枠組みでどのように説明するかについては、様々な解決策が試みられてきた。1つは規則に基づいたモデルのように、いくつかの派生段階を許容するものであるが (Rubach 2000, 2003 など)、これは最適性理論の根本的部分を否定するものだという理論的問題のほか、無数の派生段階を許容することによって存在しえないパターンを予測することなど、問題点が多い。他の可能性としては、表層のみを評価する考え方の見直しである。上述したように、初期の「含有理論」では音の削除や挿入についてそのプロセスの痕跡が出力に情報として含まれていると仮定されていた。「対応理論」に至る理論的発展を踏まえ、McCarthy (2002)は「含有理論」による不透明性の定式化には反論を唱えているが、Oostendorp (2008)、Tanaka (2014)、田中(2015)、Trommer (2022)などは「含有理論」の再評価を主張している。

6. おわりに

本章では、1990年代以降の音韻理論の発展において非常に重要な役割を果たした最適性理論について、その概略を見てきた。それまでの特に規則を中心とした段階的派生（直列）モデルで定式化が困難であった、通言語的普遍性、語全体を考慮した音韻パターン、音韻的例外性やゆれ・変化といった問題に対して、有効な解決策を提示し、強固な理論的基盤を築いたのである。全体として生成音韻論ひいては生成文法における形式主義を引き継ぐものである一方で、人間言語における音韻的メカニズムを解明しようとする機能主義的目標を掲げ、言語の知覚や産出、獲得や習得といった分野に対しても重要な示唆を与えている。

Part V

円熟期
(2000年代〜)

それぞれの専門分化と多極化

第 11 章　最適性理論：重みづけによる発展型

熊谷学而

1. 本章の目的

　生成文法理論における目標の 1 つは、各言語の母語話者が語や文に対する**文法性判断**(grammatical judgment)について正しく予測する理論を構築することにある(Chomsky 1957)。従来の生成音韻論では、ある**基底形**(underlying forms)から 1 つの**表層形**(surface forms)を生成する規則を記述することを目的としていた。これは、1990 年代以降に誕生した制約基盤理論である**最適性理論**(Optimality Theory: OT, Prince and Smolensky 1993/2004)や**調和文法**(Harmonic Grammar: HG, Legendre et al. 1990a, b)でも受け継がれており、ある**入力形**(input)から 1 つの**出力形**(output)を予測することを目的としている。このようなアプローチでは、**カテゴリカル**(categorical)（つまり文法的/非文法的、容認可能/不可能などの 2 択）なデータを扱うことが前提であった。

　しかし、言語データは必ずしもカテゴリカルではなく、むしろ**段階的**(gradient)であることがある。例えば、英語の**音素配列**(phonotactics)について、無意味語'blick'は英語母語話者にとって容認可能な語であるが、無意味語'bnick'は容認不可能な語としてそれぞれ判断される。これは、英語には/bl/で始まる単語は存在する（例：'blue'）が、/bn/で始まる単語は存在しないことから予測可能である。しかし、英語には/bw/で始まる単語はほぼ存在しないのにもかかわらず、無意味語'bwick'は容認可能な程度としてはその中間として判断される(Chomsky and Halle 1965; Hayes and White 2013 など)。これを、容認可能/不可能というカテゴリカルなデータとして位置付けることは難しい。

　また、日本語の外来語における有声重子音の無声化（第 3.2 項で紹介する）は、単語内にもう 1 つの有声阻害音があるときに随意的に起こるが、単語内に有声阻害音がないときは有声重子音の無声化が起こらない（例：「ドッグ(do**gg**u)」→「ドック(do**kk**u)」 vs.「ヘッド(he**dd**o)」→「?ヘット(he**tt**o)」」)(Nishimura 2006)。しかし、そのような条件の違いによって、有

声重子音の無声化が起こる/起こらない（あるいは、容認される/容認されない）ということが完全に区別されているわけではない。むしろ、無意味語を用いた実験によると、有声重子音の無声化が起こる/起こらないという容認判断は段階的である(Kawahara 2011)。「ドッグ(do**gg**u)」→「ドック(do**kk**u)」では、「ヘッド(he**dd**o)」→「?ヘット(he**tt**o)」よりも有声重子音の無声化が起こりやすいと言えるが、前者では有声重子音の無声化が必ず起こると言えるわけでもなく、また、後者では有声重子音の無声化がまったく起こらないと言えるわけでもない。

さらに、**社会言語学**(sociolinguistics)では**変異**(variation)も1つの研究対象であり(Labov 2004)、たった1つの表層形や出力形が正しいというわけではない。

このような段階的なデータや変異形を分析する場合、1つの表層形や出力形を予測する理論では不十分である。そのようなデータを予測するために、最適性理論の枠組みにおいていくつかの提案があった。1つは、制約ランキングの**序列替え**(reranking)である(Anttila 1997, 2002; Anttila and Cho 1998)。これは、制約の順序を入れ変えることによって、2つ以上の出力形を予測する。また、2000年代に入ると、統計的な手法を取り入れた**確率的最適性理論**(Stochastic Optimality Theory, Boersma 1998; Boersma and Hayes 2001)が誕生した。さらに、統計的なアプローチとして、調和文法の枠組みにおいて**最大エントロピー調和文法**(Maximum Entropy Harmonic Grammar, Goldwater and Johnson 2003; Hayes and Wilson 2008; Jäger and Rosenbach 2006; Wilson 2006)や**ノイズを入れた調和文法**(Noisy Harmonic Grammar, Boersma and Pater 2008/2016)も提案された。

本章では、最適性理論と調和文法を基盤とした、2つ以上の出力形を予測するモデルについて概観する[126]。本章のタイトルは「最適性理論」とある

---

[126] 調和文法の派生した理論として、'Gradient Symbolic Representations'（段階的な記号表示）を取り入れたモデルがある(Smolensky and Goldrick 2016)。または、'Gradient Harmonic Grammar: GHG'と呼ばれている(Hsu 2022)。これは、制約が重みを持つという調和文法の特徴を基本とした上で、並列分散処理モデル(parallel distributed processing: PDP, McClelland et al. 1986, 第13章)における特徴を有している。その特徴の1つとして、入力形

が、ここで用いられている「最適性理論」とは制約群である CON、候補を生み出す GEN、最適な候補を選択する EVAL の 3 つの機構を備えた制約基盤理論という意味である。その意味においては「調和文法」もここに含まれる。本章のサブタイトルである「重みづけによる発展型」はこの「調和文法」の特徴を指す。

以下、第 2 節では最適性理論によるアプローチについて概観する。第 3 節では最適性理論と調和文法の相違点について説明する。第 4 節では調和文法基盤とした統計的アプローチである最大エントロピー調和文法の解説、および、ノイズを入れた調和文法との比較を行う。第 5 節では本章をまとめる。

2. 最適性理論によるアプローチ
2.1 制約ランキングの序列替え

最適性理論における 2 つ以上の出力形を予測するアプローチとして、制約ランキングの序列替えがある(Anttila 1997, 2002; Anttila and Cho 1998)。これは制約ランキングの順位を入れ替えることによって、別の出力形を予測する。たとえば、(1)のように、候補aが制約Yと制約Zに1つずつ違反し、制約 b が制約 X に 1 つ違反するタブローを想定する。もし、制約 X は制約 Y よりも上位にあり、制約 Y は制約 Z よりも上位にある（制約 X » 制約 Y » 制約 Z）と仮定すると、(1a)の場合は候補 a が選択される。しかし、(1b)のように、制約 X と制約 Y の順位の入れ替え（制約 Y » 制約 X » 制約 Z）を行うと、候補 b が最終的に選択される。

(1) 制約ランキングの序列替え
　　a. OT のタブロー例 1（制約 X » 制約 Y » 制約 Z）

	制約 X	制約 Y	制約 Z
☞ 候補 a		*	*
候補 b	*		

における構造（分節素など）が、その存在の程度を表す連続的な値（'activity'と呼ばれる）を有すると想定されている。本章では紙面の都合上、GHG についての解説は割愛する（詳しくは Hsu 2022 を参照）。

b. OTのタブロー例2（制約Y » 制約X » 制約Z）

	制約Y	制約X	制約Z
候補a	*		*
☞ 候補b		*	

　また、ランキングの序列替えと似たアプローチとして、「自由にランクされる制約(freely-ranked constraints)」を決めるという提案もあった(Reynolds 1994; Nagy and Reynolds 1997)。これは、ある範囲において特定の制約のランキングを固定しないアプローチであるが、複数の制約ランキングを許すので、制約の序列替えと同じことである。

2.2 確率的最適性理論

　確率的最適性理論(Stochastic Optimality Theory: StOT, Boersma 1998; Boersma and Hayes 2001)とは、最適性理論を基盤とした統計的アプローチの1つである。StOTでは、Gradual Learning Algorithm (GLA)により入力形と出力形のペアを学習することによって、各制約はランキング値(ranking value)という実数値が与えられる。そして、ノイズ(noise)という平均0で一様な標準偏差を持つ正規分布(normal distribution)/ガウス分布(Gaussian distribution)から算出された正負の値がランキング値に加えられる。この値を基に、制約ランキングが決まる。制約どうしの値が離れていれば、それらのランキングが入れ替わることは少なく、一方で、制約どうしの数値が近ければ、それらのランキングが入れ替わることがある。

　(2)は、文法Aと文法Bにおいて、制約X, Y, Zがそれぞれのランキング値を持っていることを示している。ランキング値が高いことはその制約が上位にあることを意味する。両方の文法において、制約Xはランキング値105~100の間にあるが、制約Y, Zの場合、文法Aではそのランキング値は100~97の間、文法Bでは97以下に位置している。制約のランキングだけを見ると、どちらの文法も制約X, Y, Zの順に上位から並んでいるが、StOTではこれらのランキング値の差異に意味がある。文法Bと比べて、文法Aは制約XとYの値が近いため、制約順序の入れ替わりは起こりやすい。しかし、文法Bは文法Aと比べるとそれらの入れ替わりは起こりにくい。このような制約の入れ替わりによって、1つ以上の出力形を予測する。

第11章 最適性理論：重みづけによる発展型

(2) 3つの制約のランキング値

文法 A	X●	Y● Z●	
文法 B	X●		Y● Z●
ランキング値	105	100	97

以上、最適性理論によるアプローチを2つ紹介したが、これらには共通した弱点がある。その1つは、**調和的拘束**(harmonic bounding)に関する点である(Keller and Asudeh 2002)。調和的拘束とは、GENから生成される候補のうち、どのように制約を並び変えても最終的な候補として選ばれない候補のことである(Prince and Smolensky 1993/2004: 168)。例えば、(3a)や(3b)の場合、制約 X, Y を並び替えても、候補 b が最終候補（勝者）として選ばれることはない。従って、上記で見た2つのアプローチは、調和的に拘束された候補を出力形として扱うことはできない。

(3) 調和的拘束された候補 b

a. 例1

	制約 X	制約 Y
候補 a		*
候補 b	*	*
候補 c	*	

b. 例2

	制約 X	制約 Y
候補 a	*	***
候補 b	**	**
候補 c	***	*

調和的に拘束された候補は、そもそも出力形として選択されない候補であると想定されている。しかし、変異や言い間違い(speech error)では調和的に拘束された候補が観察される場合がある(Goldrick and Daland 2009)。例えば、英語において、'cat' という単語が正しく発音されるとき、入力形である/kæt/が/kæ[t]/として出力されると想定する。しかし、'cat' という単語が誤って/kæ[d]/と発音されるとき、候補[kæd]は候補[kæt]に調和的に拘束される。言い間違いは「間違い」であり、元の音形から逸脱しているので、元の音形が違反しない制約（忠実性制約）に少なくとも違反する（タブローを用いた詳しい分析は Goldrick and Daland 2009 を参照）。

また、実験で使用した無意味語などの刺激どうしが調和的拘束に関わる場合もある。例えば、2 つの無意味語などの刺激を提示して実験参加者にどちらか一方を必ず選択させる 2 択強制選択課題(two alternative forced choice task)を想定する。第 4.2 項で紹介する実験（熊谷・川原 2019）では、ポケモンの進化後の名前として、2 つの無意味語「パーパン/pa:pan/」と「ピーピン/pi:pin/」（母音/a/ vs. /i/のミニマル・ペア）を提示する。進化後のポケモンは体長が大きいので、音象徴の観点から考えると、母音/a/が母音/i/よりも好まれると予測される。もしポケモンの進化後の名前として母音[a]を好む制約を仮定すると、「ピーピン/pi:pin/」は「パーパン/pa:pan/」によって調和的に拘束されていると言える（つまり、理論上、「ピーピン/pi:pin/」が最適な候補として選択されない）。しかし、実際の実験では、どちらか一方が 100%の割合で選ばれることは滅多になく、75% vs. 25%のように、どちらの無意味語もある程度の割合で選択されることになる。

　上記のような事例をモデリングする場合、調和的に拘束された候補がある程度選択されることを予測しなければならないので、そのような候補が理論上選択されないようなモデルは適していない。一方、第 4 節で紹介する最大エントロピー調和文法は、調和的に拘束された候補も出力形として選択されることを予測するモデルである。

2.3 ランキング候補

　前項まで見た最適性理論によるアプローチはいずれも制約ランキングの順位の入れ替えによって、2 つ以上の出力を予測するモデルであった。一方で、制約ランキングの序列替えをせずに、候補のランキングによって 2 つ以上の出力を予測するモデルがある。このモデルでは、最終的な候補を決定するEVAL によって、適格性(well-formedness)に基づいた候補のランク付けがされる(ranking candidates, Coetzee 2006)。例えば、(4)のような、各候補 a, b, c, d が、それぞれ制約 Z, Y, X, W に違反する（制約ランキングは、制約 W ≫ 制約 X ≫ 制約 Y ≫ 制約 Z）と想定する。そして、制約は「境界線(cut-off)」によって、2 つの層に分けられる。この場合、制約 X と制約 Y の間に「境界線」がある。この「境界線」より上位にある制約は、通常の OT と同様の扱いを受ける。そのため、候補 c, d は、上位の制約 W, X に違反するので、出力形として選択されない。一方で、その「境界線」より下位にあ

る制約はそれに違反した候補を非文法的な候補として扱わない。これらの制約に対する違反の状況を見ると、制約 Z より上位にある制約 Y に候補 b が違反しているので、出力形の第 1 候補（☞1）は候補 a であり、第 2 候補（☞2）は候補 b とする。

(4) ランキング候補による予測（境界線は制約 X と Y の間）

	制約 W	制約 X	制約 Y	制約 Z
☞1 候補 a				*
☞2 候補 b			*	
候補 c		*		
候補 d	*			

このアプローチでは、1 つの制約ランキングから 2 つ以上の候補を出力形として認めるという点において、最適性理論の特徴である制約順序に関する**完全な支配性**(strict dominance)は失われている（むしろ、下位に位置する制約に対する違反も出力形の候補に影響を与えるという点では、次節で紹介するすべての制約の重みを評価に加味する調和文法と似ている）。このアプローチでは「境界線(cut-off)」がどこに位置するのかによって許される出力形が異なるという点が重要である。しかし、提案者自身はそれに関する原則はないと述べている(Coetzee 2006: 344)。

以上、本節では、2 つ以上の出力形を予測する最適性理論によるアプローチについて概観した（詳しいまとめについては、Anttila 2007 などを参照）。次節以降では、調和文法によるアプローチについて解説する。本書では調和文法を扱う章はないので、第 3 節では調和文法と最適性理論の違いや調和文法の基本的な解説を行う。そして、第 4 節では 2 つ以上の出力形を予測する統計的アプローチである最大エントロピー調和文法やノイズを入れた調和文法について解説する。

3. 調和文法
3.1 最適性理論と調和文法の相違点

制約理論である最適性理論（OT）と調和文法（HG）は、基本的な機構（CON、GEN、EVAL）を備えているという点は共通する。しかし、HG と OT の違いの 1 つは、OT では制約が**序列化**(ranked)されているのに対して、

HG は各制約が具体的な値である**重み**(weight)を持つという点である。この違いにより、最終的に選ばれる候補が異なることがある。本稿では、断りのない限り、制約の重みは正の値と仮定し、負の値は許さないと仮定する。以下、(5)と(6)において、OT と HG を比較する。

まず、(5a)の OT 分析と(5b)の HG 分析ではどのように各候補が評価されるか比較する[127]。ここでは、ある入力形に対して 2 つの候補 a, b が生成されると仮定する。候補 a は制約 Y に 2 つ違反するが、制約 X には違反しない。一方、候補 b は制約 X に 1 つ違反するが、制約 Y には違反しない。(5a)では制約 X が制約 Y よりも上位にあるので（制約 X ≫ 制約 Y）、最終的に候補 a が選択される。一方、(5b)では、制約 X が制約 Y よりも重みが大きいが、すべての候補の H スコアのうち、最も 0 に近いスコアを持つ候補が最終的に選択されるので、候補 b が選択される（HG の分析では、H スコアを負の値で表すこともあるが、本稿では、H スコアは正の値で表す）。(5b)のように、1 つの制約の累積的な違反によって、別の制約の重みよりも上回ることを「**数え上げ累積性**(counting cumulativity)」という(Jäger and Rosenbach 2006)。

(5) OT と HG の比較 1
 a. OT のタブロー例 1

	制約 X	制約 Y
☞ 候補 a		**
候補 b	*	

---

[127] HG タブローの読み方について、ここで解説する。本分析における HG では、セル内の数値は、該当の制約に違反した<u>数</u>を表す。それぞれの候補がそれぞれの制約に違反する点は(5a)の OT と同じである。HG では、各候補に対して、H スコア(H-score)/ハーモニー(Harmony)という違反の合計を表すスコアが算出される。H スコアは、それぞれの制約の重みとその違反した数を掛け算して算出される。例えば、候補 a の場合、重みが 2 である制約 Y に 2 つ違反しているので、2*2=4 が H スコアである。候補 b の場合、重みが 3 である制約 X に 1 つ違反しているので、3*1=3 が H スコアである。

b. HG のタブロー例 1

	制約 X	制約 Y	H スコア
重み	3	2	
候補 a		2	2*2=4
☞ 候補 b	1		3*1=3

　次に、(6a)の OT 分析と(6b)の HG 分析を比較する。(5)と同様に、ある入力形に対して 2 つの候補 a, b が生成される。候補 b は制約 X に 1 つ違反するが、制約 Y, Z には違反しない。一方、候補 a は制約 Y, Z にそれぞれ 1 つ違反するが、制約 X には違反しない。(6a)では、制約 X が制約 Y より、制約 Y が制約 Z よりもそれぞれ上位にあるので（制約 X » 制約 Y » 制約 Z）、最終的に候補 a が選択される。一方、(6b)では、候補 b が候補 a よりも H スコアが 0 に近いので、最終的な候補として選択される。(6b)のように、2 つ以上の制約の違反が合わさり、別の制約の重みよりも上回ることを「**集団的累積性**(ganging-up cumulativity)」という(Jäger and Rosenbach 2006)。なお、制約に対する違反の累積性については、その程度によっていくつかのタイプに分けることができる（詳しくは、Breiss and Albright 2022; Kawahara and Breiss 2021; Smith and Pater 2020 を参照）。

(6) OT と HG の比較 2
　　a. OT のタブロー例 2

	制約 X	制約 Y	制約 Z
☞ 候補 a		*	*
候補 b	*		

　　b. HG のタブロー例 2

	制約 X	制約 Y	制約 Z	H スコア
重み	4	3	2	
候補 a		1	1	3*1+2*1=5
☞ 候補 b	1			4*1=4

　上記の OT と HG の分析を比べると、どちらにおいても制約 X は制約 Y よりも、制約 Y は制約 Z よりもそれぞれ重要視されている（上位である、または重みが大きい）。しかし、2 つの理論が予測する最終候補は異なる。OT の場合、上位の制約に大きな決定権が委ねられていると言えるので、制約 Y のような下位の制約に違反しても、それが最終的な候補の選択に影響するこ

とが少ない。一方、HG の場合、制約から受けた重みの合計が H スコアとして算出されるので、制約の重みが小さくても、それが累積すると、候補の H スコアの値が大きくなり、最終的な候補の選択に影響を与えることがある。すなわち、HG では、<u>得られる情報のすべて</u>を勘定して、最終候補の決定がされる。

　HG の集団的累積性は、2 つ以上の制約が上位にある制約の力を上回るという意味においては、制約どうしの組み合わせによる**局所結合**(local conjunction)と似ている。局所結合は OT においてよく用いられているが、HG では基本的に認められていない（HG における局所結合を用いた分析として、Shih 2017 などがある）。もし、(6a)の OT 分析において、[制約 Y&Z]という局所結合制約が制約 X よりも上位にあると仮定すると、(6b)の HG 分析と同様に、(7)のように候補 b が最終的に選択される。

(7) OT の局所結合

	[制約 Y&Z]	制約 X	制約 Y	制約 Z
候補 a	*		*	*
☞ 候補 b		*		

　(6b)の HG 分析と(7)の OT 分析を比較すると、どちらにおいても最終候補の選択は同じである。しかし、理論的な観点から、局所結合にはいくつかの弱点がある。1 つは、局所結合によって新しい制約が生まれるので、分析における制約の数が 1 つ増えてしまい、理論の経済性の観点からは望ましくない。他には、局所結合を理論内部で認めることによって、実際には起こり得ない制約の組み合わせが存在することを予測してしまう（例えば、入力形における分節素の削除を禁止する忠実性制約(M^AX)と有標性制約の局所結合への違反は起こり得ない。すでに削除されてしまった分節素が、その分節素の存在を禁止する有標性制約に違反することが事実上不可能だからである、Moreton and Smolensky 2002）。従って、局所結合を用いた理論が望ましいかどうかは検討されるべき課題である。

3.2 調和文法を用いた分析例

　調和文法(HG)を用いた分析例（特に集団的累積性を示す例）として、日

本語における外来語の重子音無声化(geminate devoicing)を取り上げる。日本語では、和語において有声阻害音は 2 つ以上共起しないことが知られている。例えば「ふた」[ɸuta]、「ぶた」[buta]、「ふだ」[ɸuda]は存在するが、「*ぶだ」 *[buda]は存在しない(Itô and Mester 1995)。一方、外来語では、(8a)のように 2 つ以上の有声阻害音（/b, d, g/など）は共起可能である。また、日本語では、形容詞などの強調形（例：やばい → やっべー）を除き、有声阻害音の重子音は基本的に出現しないが、(8b)のように、外来語では有声阻害音の重子音（/bb, dd, gg/など）は出現可能である。しかし、(8c)のように、外来語において、有声阻害音の重子音が存在し、かつ、もう 1 つ別の有声阻害音が存在する場合、その重子音が随意的に無声化する(Nishimura 2006)。この結果、単語内に共起する有声阻害音の数が減ることになる。

(8) 外来語の重子音無声化に関わる例（'?'は、直観的に重子音無声化が認められないことを意味する）

a.	ギブ	/gibu/	[gibu]	→	?ギプ	[gipu]
	バグ	/bagu/	[bagu]	→	?バク	[baku]
b.	レッド	/redo/	[reddo]	→	?レット	[retto]
	ヘッド	/heddo/	[heddo]	→	?ヘット	[hetto]
c.	ドッグ	/doggu/	[doggu]	→	ドック	[dokku]
	ベッド	/beddo/	[beddo]	→	ベット	[betto]

Pater (2009)は、この現象について、HG を用いて分析している（詳しくは Kawahara 2015 を参照）。まず、制約として、有声性に関する忠実性制約(IDENT[VOICE])、有声阻害音の共起を禁止する有標性制約(OCP[VOICE])、有声阻害音の重子音を禁止する有標性制約(*GEMINATE[VOICE])を想定する。これら 2 つの有標性制約は、日本語の和語においてそのような音配列の出現を禁止しており、日本語の音韻文法では重きを置かれた制約である。

(9)は、(8)に例示したデータに関する HG 分析である（それぞれの制約の重みは、恣意的に決められていて、数値そのものに特に意味はない。次節で見る最大エントロピー調和文法では、頻度などの値を用いて、制約の重みを計算する)。

(9) 外来語の重子音無声化に関する調和文法の分析例 (Pater 2009 を一部改変)

a. (8a)の分析

/gibu/ 重み	IDENT[VOICE] 1.5	OCP[VOICE] 1	H スコア
☞ [gibu]		1	1*1=1
[gipu]	1		1.5*1=1.5

b. (8b)の分析

/reddo/ 重み	IDENT [VOICE] 1.5	*GEMINATE [VOICE] 1	H スコア
☞ [reddo]		1	1*1=1
[retto]	1		1.5*1=1.5

c. (8c)の分析

/doggu/ 重み	IDENT [VOICE] 1.5	*GEMINATE [VOICE] 1	OCP [VOICE] 1	H スコア
[doggu]		1	1	1*1+1*1=2
☞ [dokku]	1			1.5*1=1.5

　(9a)の[gibu]は 2 つの有声阻害音（[g，b]）を有しているので、OCP[VOICE]に違反する。一方、[gipu]は入力形にある/gibu/の/b/が[p]に交替しているので、IDENT[VOICE]に違反する。(9b)の[reddo]は有声阻害音の重子音[dd]を有しているので、*GEMINATE[VOICE]に違反する。一方、[retto]は入力形にある/reddo/の/dd/が[tt]に交替しているので、IDENT[VOICE]に違反する（重子音の場合、慣例的に同じ子音を 2 つ重ねて記すが、1 つ目の音は 2 つ目の音によって決まるので、重子音全体で 1 つの違反と見なす）。(9c)の[doggu]は有声阻害音の重子音[gg]を有しているので、*GEMINATE[VOICE]に違反する。また、[doggu]は 2 つの有声阻害音（重子音の[g]と[d]）を有しているので、OCP[VOICE]に違反する。一方、[dokku]は入力形にある/doggu/の/gg/が[kk]に交替しているので、IDENT[VOICE]に違反する。

　(9a)や(9b)の「ギブ」/gibu/や「レッド」/reddo/の場合、重子音無声化は起こらない。これは、IDENT[VOICE]（重み=1.5）が OCP[VOICE]や*GEMINATE[VOICE]（重み=1）よりも重みが大きいと仮定すれば予測可能である。しかし、(9c)の「ドッグ」/doggu/のような有声阻害音の重子音/gg/

ともう1つ有声阻害音/d/がある場合、OCP[VOICE]や*GEMINATE[VOICE]の重みが足し算され(1*1+1*1=2)、IDENT[VOICE]しか違反していない[dokku]のHスコア(1.5)を超えてしまう。これが、(6b)のHG分析で示した集団的累積性の例である。このように分析すると、なぜ(9c)のときのみ、重子音無声化を起こした候補の出現が許容されるのか説明可能となる。

(9)ではHGを用いた分析(Pater 2009)を見たが、OTを用いた分析(Nishimura 2006)と比較する[128]。第3.1項で解説したように、OTでは制約が序列化されている。従って、上位にある制約が最終候補の決定権を有していると考えてよい。(9c)で用いた3つの制約の重みを見ると、IDENT[VOICE]の制約が他の制約よりも重要視されているが、OT分析ではこの制約が最上位にあると、その制約に違反する候補である[dokku]が選択されない。そこで、OT分析の場合、(10)のように、2つの有標性制約(OCP[VOICE]と*GEMINATE[VOICE])の局所結合制約がIDENT[VOICE]よりも上位にあると仮定する。しかし、(10)のOT分析では、(9)のHG分析と比べて、局所結合制約という制約を1つ増やさなければいけない。このような分析が理論の経済性という観点から妥当であるかどうかは考えるべき問題である。

(10) OTを用いた(8c)の分析

/doggu/	OCP[VOICE] & *GEMINATE[VOICE]	IDENT[VOICE]	*GEMINATE[VOICE]	OCP[VOICE]
[doggu]	*		*	*
☞ [dokku]		*		

以上、本節では、OTとHGの違いについて解説し、HGにおける集団的累積性の事例を取り上げた。尚、数え上げ累積性の事例については、次節で紹介する最大エントロピー調和文法を用いた分析例が参考になる(Jäger and Rosenbach 2006; Kawahara et al. 2019; Kawahara 2020)。

---

[128] ここでは、(9)のHG分析と比較するため、同じ制約を用いたOT分析である Nishimura (2006)を取り上げる。OTを用いた別の分析例として、知覚実験の結果に基づいたKawahara (2006)がある。

4. 調和文法を基盤とした統計的アプローチ
4.1 最大エントロピー調和文法

本節では、調和文法(HG)を基盤とした統計的アプローチについて解説する。第 4.1～4.4 項では、最大エントロピー調和文法 (Maximum Entropy Harmonic Grammar: Maxent)について、基本的な仕組みや分析例を紹介する。そして、第 4.5 項では、ノイズを入れた調和文法(Noisy Harmonic Grammar: NHG)を紹介し、Maxent との比較を行う。第1節で述べたように、言語学において、1 つの表層形や出力形が正しいという現象ばかりではない。これらの統計的アプローチがどのように段階的なデータや変異形を扱うかが本節の重要な点である。

「エントロピー」とは、**情報理論**(information theory)で用いられる用語であり、ある情報についてその価値が高いとき、「(情報)エントロピーが高い」と言える。Maxent は、データから得られるなるべく多くの情報を含めるよう設計されており、エントロピーを可能な限り高くしたモデルと言える。そして、このモデルでは、ある条件下において、ありえる結果を複数想定した場合、それぞれの結果が起こる確率を明確にする。

Maxent のモデル自体は計算言語学など多くの認知科学分野で広く利用されている（Goldwater and Johnson 2003; Hayes 2022; Jäger and Rosenbach 2006 において引用されている文献を参照）が、音韻論の分野において分析で利用されるようになったのは 21 世紀に入ってからである(Goldwater and Johnson 2003; Hayes and Wilson 2008; Jäger and Rosenbach 2006; Wilson 2006)。

Maxent では、(11)に示した計算式を用いる。(11a)は、H スコアの計算式である。それぞれの候補(x)について、各制約(i)の重み(w)とそれに違反する数(f)を掛け算し、その合計を算出する(= $w_1 * f_1 + ... + w_i * f_i$)。(11b)は、イー・ハーモニー(eHarmony)と呼ばれていて、それぞれの候補の H スコアを用いて、$e^{-(H\text{-}score)}$を算出する（e は自然対数の底のことで、およそ 2.72...である。H スコアを負の値で表す場合、この式は $e^{(H\text{-}score)}$ となる）。(11c)は、候補すべて(= $x_1 + ... + x_j$)の eHarmony を合計し、その値を Z とする。(11d)は、各候補の確率であり、それぞれの候補の eHarmony の値を Z で割る。各候補の確率は、その eHarmony の値を<u>候補すべての eHarmony の合計(Z)で割る</u>ことによって算出されるので、eHarmony の値が高いような強力な候補

第11章　最適性理論：重みづけによる発展型

がいれば、その他の候補が選ばれる可能性は相対的に低くなる。

(11) Maxent の分析に関する計算式（数式において、'i'や'j'はそれぞれ、本文中におけるサブスクリプト'$_i$'や'$_j$'と同じである）

a. $H(x) = \sum_i w_i f_i(x)$

b. $eHarmony(x) = \exp(-\sum_i w_i f_i(x)) = e^{-H(x)}$

c. $Z = \sum_j \exp(-\sum_i w_i f_i(x_j))$

d. $P(x) = \dfrac{\exp(-\sum_i w_i f_i(x))}{\sum_j \exp(-\sum_i w_i f_i(x_j))}$

(12)は Maxent の分析例である。候補 a は重みが 2 である制約 Y に 1 つ違反し、重みが 1 である制約 Z に 2 つ違反する。候補 b は重みが 3 である制約 X に 1 つ違反する。そして、候補 c はそれぞれの制約に 1 つずつ違反する。3 つの候補のスコアは、候補 a が 2*1+1*2=4、候補 b が 3*1=3、候補 c が 3*1+2*1+1*1=6 である。(12)の場合、Z の値は 3 つの候補の eHarmony の合計である（0.0183 + 0.0498 + 0.0025 = 0.0706）。そして、それぞれの候補の確率は、それぞれの eHarmony を Z の値で割る。例えば、候補 c の確率は、0.0025/0.0706 = 0.0351 となる。

(12) Maxent のタブロー例

重み	制約 X 3	制約 Y 2	制約 Z 1	H スコア	eHarmony	Z	確率
候補 a		1	2	2*1+1*2 =4	e^{-4} =0.0183	0.0706	0.2595
候補 b	1			3*1=3	e^{-3} =0.0498	0.0706	0.7054
候補 c	1	1	1	3*1+2*1 +1*1=6	e^{-6} =0.0025	0.0706	0.0351

Maxent の特徴の 1 つは、調和的に拘束される候補の確率を正の値として算出できる点である(Jäger and Rosenbach 2006)。(12)の場合、候補 c は候補 b に調和的拘束をされているが、候補 c の確率は 0.0351 と算出される。ただし、調和的に拘束される候補の確率は、それを調和的に拘束する候補の確率よりも高くなることはない（ここでは、候補 c の確率は候補 b の確率よ

り上回ることはない)。

　Maxent と異なり、確率的最適性理論（第 2.2 項）やノイズを入れた調和文法（第 4.5 項）では、調和的に拘束された候補の確率は 0 である（ただし、第 4.5 項で詳述するように、後者のモデルについては、これが成立するための条件がある）。従って、調和的に拘束をされる候補が無視できないような確率を有する場合、Maxent は有効な枠組みと言える (Hayes and Schuh 2019; Jesney 2007; Kumagai 2023)。このような調和的拘束が関わる例については、次項で見るポケモンの名付けに関する分析においても取り上げる。

　本項の締めくくりとして、Maxent における eHarmony の計算(11b)において、なぜ H スコアの指数を用いるのか解説する（詳しくは、Zuraw and Hayes 2017; Hayes 2022 を参照）。まず指数を用いることで負の値を算出しない。これにより、正の値を取る確率を算出するのに都合がいい。また、指数関数は我々が判断や選択をするときの直感を反映する。図 1 は、H スコアが 0 から 5 の値におけるそれぞれの eHarmony の値である。H スコアが大きい場合（図 1 で言うと、例えば H スコアが 4）、eHarmony の値は 0 に近づく。このとき、H スコアに新しい重みが加わったとしても、eHarmony の値は大きくは変動せず、その確率もほぼ変動しない。例えば、ある行動を選択することがほぼあり得ない状況（H スコアが大きい場合）では、新たな情報が追加されても、結果的にその行動を取る確率はほぼ変動しない。そして、その決定を変更するにはかなり重みのある情報が必要となる（これは、H スコアが小さい場合にも同時に当てはまる）。一方で、H スコアが大きくも小さくもない場合（図 1 で言うと、例えば H スコアが 1）、H スコアに新しい重みが加わると eHarmony の値は大きく変動し、その確率も変動しやすい。例えば、ある行動を選択するかどうか迷っている状況（H スコアが大きくも小さくもない場合）では、新たな情報が加わると、その行動を取る確率は大きく変動する。

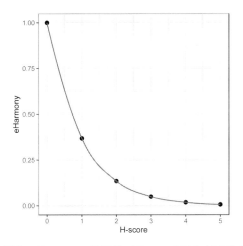

図 1 H スコアと eHarmony の関係（Hayes 2022:476 を基に作成）

このように、Maxent では指数を用いる理由として、我々が物事を判断する感覚に近いという点があり得るが、これは Maxent の仕組みが言語そのものに限った仕組みではなく、より広い一般認知能力の一部であるということを示唆している（第 4.4 項も参照）。

4.2 Maxent を用いた分析例

Maxent を用いた分析例として、「ポケット・モンスター（以下、ポケモン）」（1996 年に任天堂から発売されたゲームソフト）の名付けに関する研究を取り上げる。Kawahara et al. (2018)は、進化後のポケモン（通常、進化前のポケモンと比べて、「たかさ」「おもさ」などが増える）の名前には、進化前のポケモンのそれと比べて、有声阻害音の数やモーラ数が増えることを明らかにした。また、Kawahara and Kumagai (2019)は、これらの音象徴的効果は（ポケモンのデザイナーだけでなく）一般の日本語話者も有していることを、無意味語を用いた実験を通じて示した。

これらの研究に続き、熊谷・川原(2019)は、有声阻害音の音象徴的効果と低母音[a]の音象徴的効果（低母音[a]は高母音[i]に比べて「大きい」イメージと結びついていると言われている、Sapir 1929）に着目し、進化後のポケモンの名前として、有声阻害音や低母音[a]が含まれている名前がふさわしいことを、無意味語を用いた実験を通じて明らかにした。また、進化後のポ

ケモンの名付けにおいて、この有声阻害音の音象徴的効果と低母音[a]の音象徴的効果のどちらが重きを置かれるか（優先性）、またそれらを組み合わせた効果は見られるのか（相乗効果）を検証した。その結果、有声阻害音の効果は、低母音[a]の効果より重きを置かれることがわかった。また、有声阻害音と低母音[a]の両方を含む名前は、どちらか一方を含む名前よりも、進化後のポケモンの名前として選択されやすいことが明らかになった。

この結果（熊谷・川原(2019)における実験 2）について、Maxent を用いて分析をする。第 2.2 項でも触れたが、実験では無意味語のペアなどの 2 つの候補や選択肢を参加者に提示する場合、どちらか一方の候補のみが選択されるとは限らない。また、後述するように、実験の刺激（具体的には、条件 A における無意味語のペア）において、片方の選択肢がもう片方の選択肢によって調和的に拘束されているが、調和的に拘束された候補は無視できない確率を有する。従って、このような実験で得られたデータを分析する場合、Maxent は有用なモデルの 1 つとなる。

(13)は、熊谷・川原(2019)の実験において提示された、条件ごとの無意味語のペア例を示している。これら 2 つのうち、どちらが進化後のポケモンの名前としてふさわしいかそれぞれ選択してもらった。また、(13)では、それぞれの無意味語が低母音[a]や有声阻害音を含むかどうかについて示している（それらを含まない場合「なし」と記してある）。そして、(13)における一番右の列は、実験において進化後のポケモンの名前としてふさわしいと選択された無意味語のそれぞれの平均選択率である（2 択強制選択実験なので、各条件内の候補の選択率を合わせると 100%になる）。

(13) 実験で使用された無意味語とその平均選択率(%)（熊谷・川原 2019）

条件	無意味語		低母音[a]	有声阻害音	選択率
条件 A	ピーピン	/pi:pin/	なし	なし	37.5
	パーパン	/pa:pan/		なし	62.5
条件 B	ビービン	/bi:bin/	なし		41.88
	バーバン	/ba:ban/			58.12
条件 C	ビービン	/bi:bin/	なし		80.74
	パーパン	/pa:pan/		なし	19.26
条件 D	ピーピン	/pi:pin/	なし	なし	10.14
	バーバン	/ba:ban/			89.86

第11章　最適性理論：重みづけによる発展型　　　　　　　　　　275

　本実験結果の重要な点をまとめておく。条件 A にあるように、2 つの候補とも子音は同じであるが、母音が異なる場合（/pi:pin/ 37.5% vs. /pa:pan/ 62.5%）、低母音[a]を含む名前が進化後のポケモンの名前としてふさわしいと判断される。しかし、条件 B にあるように、2 つの候補とも有声阻害音を含むが、母音が異なる場合（/bi:bin/ 41.88% vs. /ba:ban/ 58.12%）、その候補の選択率に大きい差はない。つまり、低母音[a]の効果は現れているが、有声阻害音の効果の方が大きいことが推測される。また、条件 C の結果（/bi:bin/ 80.74% vs. /pa:pan/ 19.26%）から、進化後のポケモンの名前に対する判断において、低母音[a]を含む名前より、有声阻害音を含む名前の方が重きを置かれることがわかる。そして、条件 D の結果（/pi:pin/ 10.14% vs. /ba:ban/ 89.86%）から、有声阻害音と低母音[a]の両方を含む場合は、それらの相乗効果が生まれ、それが進化後のポケモンの名前としてふさわしいと判断されやすいことがわかる。

　第 3 節の調和文法の解説や具体例の提示では、制約の重みづけは恣意的に決めていた。一方、Maxent では、(13)のような実験データによって得られた実際の確率や選択率（observed probability と呼ばれる）をもとに、Maxent Grammar Tool などのソフトウェア(Hayes et al. 2009, 2013)を利用すると、制約の重みを計算することができる。そして、Maxent の計算で得られた予測される確率（predicted probability と呼ばれる）と実際の確率が整合しているかどうか確認する（ただし、制約の仮定や候補の違反などの制約プロファイル(constraint profile)が適切でないと、それらの確率の間に大きな不整合が生じたり、計算が収束しなかったりする）。

　(14)に、(11)の計算式を用いて計算した制約の重みと予測される確率を組み込んだタブローを示す[129]。本分析に用いる制約として、進化後のポケモンの名前に低母音[a]を求める制約([a]と略す)と有声阻害音を求める制約(V_{DOBS})を想定する。(13)において「なし」と記した箇所は、それぞれの制約に違反することになるので、(14)では違反を示す「1」と記している。

---

[129] 実際の論文では、H スコアを負の値で示しているので、eHarmony は $e^{(H\text{-}score)}$ として算出しているが、本章では H スコアを正の値で示しているので、(11b)を用いて eHarmony は $e^{-(H\text{-}score)}$ として算出する。

(14) ポケモンの名付けに関する実験結果の Maxent 分析例（熊谷・川原 2019)[130]

		[a]	VD○BS	H スコア	eHarmony	確率
	重み	0.404	1.816			
条件 A	[piːpin]	1	1	2.22	0.1086	40.035
	[paːpan]		1	1.816	0.1627	59.965
条件 B	[biːbin]	1		0.404	0.6676	40.035
	[baːban]			0	1	59.965
条件 C	[biːbin]	1		0.404	0.6676	80.408
	[paːpan]		1	1.816	0.1627	19.592
条件 D	[piːpin]	1	1	2.22	0.2093	9.797
	[baːban]			0	1	90.203

(14)における条件 A を見ると、[piːpin]は、[paːpan]によって調和的に拘束をされている。しかし、[piːpin]がまったく選択されないということはない。調和的に拘束される候補は観察（選択）されないという前提を持った OT や HG（第 3.1 項）と異なり、Maxent はそのような候補も選択されうることを予測する（ゆえに、その確率を正の値として算出する）。

この分析で得られた出現候補の予測される確率は、タブロー(14)に示してあるが、これは(13)の実験で得られた候補の確率と概ね一致する。従って、分析に関わる制約が当該の制約 2 つであると仮定した場合、それぞれの制約の重みはある程度正しいと言える。制約 VD○BS の重み(1.816)は、制約[a]の重み(0.404)に比べて大きい。つまり、進化後のポケモンの名前として、有声阻害音が含まれていることは、低母音[a]が含まれているよりも重要であることを意味する。言い換えると、有声阻害音の効果が低母音[a]の効果に比べて、優先されている（優先性）。また、条件 A や D における[piːpin]は、制約 VD○BS と制約[a]の両方に違反しているので、その H スコアは相対的に高い。これは、制約違反の相乗効果を生み出しており、HG の特徴である、<u>得られる情報のすべて</u>を勘定している結果である。このような相乗効果の分析について、Maxent を含む HG を用いることによって可能となるが、OT では局所結合などを用いない限り、不可能である。

---

[130] 本分析では、ある特定の入力形を想定しないが、忠実性制約を用いないので、入力形を想定しなくても候補の H スコアに影響は与えない。

第 11 章　最適性理論：重みづけによる発展型　　　　　　　277

4.3 Maxent とロジスティック回帰

　Maxent では各候補に確率を与えるが、これは統計手法の多変量解析の 1 つである**ロジスティック回帰**(logistic regression)と同じである（以下、Hayes 2022 の内容を基にする）。(15)にあるように、ロジスティック関数は 1 つ以上の要因（説明変数）から結果（目的変数）が起こる確率 P を求める（β_0 は切片、$\beta_{1, 2, ...}$ は偏回帰係数（グラフの傾き）、x は説明変数）。(15) は指数関数（べき乗）を取るので、S 字曲線(sigmoid curve)を描く。

　(15) ロジスティック関数：

$$P = \frac{1}{1 + e^{(-y)}}$$

(y = β_0 + β_1*x_1 + β_2*x_2 + ...)

　Maxent でも指数を用いる（第 4.1 項）ので、ロジスティック関数と同様に、S 字曲線を描く。これを示すために、(16)のタブローにあるような 2 つの制約を仮定する。ON/OFF 制約（制約 O）は、候補 a が違反する制約であり、違反するかしないかの制約（違反マークの累積はない）と想定する。VARIABLE 制約（制約 V）は候補 b が違反する制約であり、1 から 7 まで累積を認める（H スコアの計算では、制約 V の重みとその累積数が掛け算される）。制約 O の重みを w_O、制約 V の重みを w_V、制約 V に違反する数を x とすると、各候補の H スコアは H = w_O + w_V*x として表すことができる（これは、(15)における y = β_0 + β_1*x_1 と同じ形式である）。例えば、(16)にあるような事例 A（制約 O の重みを 8、制約 V の重みを 2）を想定すると、図 2 にあるような S 字曲線を描くことができる（横軸は候補 b による制約 V の違反の合計、縦軸は候補 b の確率）。

(16) 事例 A のタブロー

入力	重み	制約 O 8	制約 V 2	H スコア w_O + w_V*x	eHarmony	確率
a	候補 a	1		8+0*0=8	0.0003355	0.0025
	候補 b		1	0+2*1=2	0.1353353	0.9975

b	候補 a	1		8+0*0=8	0.0003355	0.0180
	候補 b		2	0+2*2=4	0.0183156	0.9820
c	候補 a	1		8+0*0=8	0.0003355	0.1192
	候補 b		3	0+2*3=6	0.0024788	0.8808
d	候補 a	1		8+0*0=8	0.0003355	0.5000
	候補 b		4	0+2*4=8	0.0003355	0.5000
e	候補 a	1		8+0*0=8	0.0003355	0.8808
	候補 b		5	0+2*5=10	0.0000454	0.1192
f	候補 a	1		8+0*0=8	0.0003355	0.9820
	候補 b		6	0+2*6=12	0.0000061	0.0180
g	候補 a	1		8+0*0=8	0.0003355	0.9975
	候補 b		7	0+2*7=14	0.0000008	0.0025

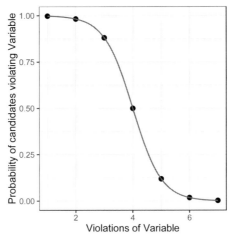

図2 事例AのS字曲線（Hayes 2022: 478を基に作成）
（横軸は候補 b による制約 V の違反の合計、縦軸は候補 b の確率）

　事例 A のようなタブローに、さらに別の制約（制約 P）への違反が加わると、新たな S 字曲線が生じる（図3左図[131]）。図3の右図のように、この2

---

[131] 図3における左側と右側のS字曲線は、事例Aにおける制約Vの重みを1.5に変更している。かつ、左側のS字曲線は候補bのみが重み1の制約Pに1つ違反し、右側のS字曲線は候補bのみが重み1の制約Pに4つ違反す

つの S 字曲線によってできる曲線を、言語学の**ワグテスト**(wug-test, Berko 1958)に登場するかわいい生き物"Wug"に擬えて、**ワグ型曲線**(wug-shaped curves)と呼ぶ(Hayes 2022)。Hayes (2022)では、このようなワグ型曲線を描く、音声・音韻現象や統語現象に関する例を紹介している。また、日本語を対象とした研究として、Kawahara (2020, 2021)は、ポケモンの名付けに関わる音象徴的効果に着目し、それらのデータがワグ型曲線を描くことを示している。

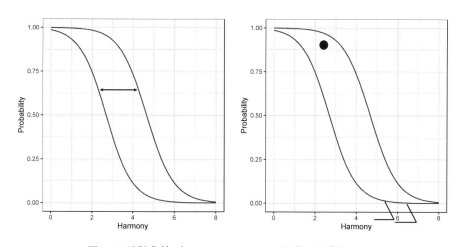

図 3 ワグ型曲線（Hayes 2022: 480 を基に作成）
左図：両向きの矢印は新たな制約 P の重みの変動を表す
右図：囲まれた S 字曲線に目玉をつけて、足を 2 本加えるとワグが現れる

このワグ型曲線が意味することは何か。事例 A にあるような候補 b は、複数回違反する数え上げ累積性に関わる。また、さらに新たな制約 P に違反するため、集団的累積性にも関わる。つまり、2 つの S 字曲線（ワグ型曲線）が生じるということは、数え上げ累積性と集団的累積性が同時に関わる可能性を示唆する（ただし、数え上げ累積性が存在しているからといって、S 字曲線（ワグ型曲線）が描けるとは限らない、Kawahara 2020）。これらの累積性は、第 3.1 項で述べたように、調和文法(HG)の特徴であり、Maxent に

るとそれぞれ想定する。

よるモデリングが有用であることを示している。なお、第 4.5 項で紹介するノイズを入れた調和文法などの他のモデルが、S 字曲線（ワグ型曲線）を描くことができるかについての議論は、Hayes (2017, 2022)を参照されたい。

4.4 Maxent と言語機能

前項では、Maxent の仕組みは回帰分析の仕組みと相似していることを見た。この捉え方は、理論言語学で議論されてきた**言語機能**(language faculty)の考え方に関わる。生成文法理論では、**刺激の貧困**(poverty of the stimulus)などの問題から、人間は言語を獲得する普遍的な基盤である言語機能（あるいは普遍文法）が生得的に備わって生まれてくると考える。この言語機能には何が備わっているべきかという問題を解明することが生成文法研究の目的である。これまでの研究史の中で、一定の成果をあげた**原理とパラメータ**(principles and parameters)のアプローチでは、言語特有の原理や、多くのパラメータを想定することによって、刺激の貧困の問題を解決し、かつ言語の多様性を説明してきた。しかし、言語特有の原理は、人間が進化する過程においてどのように創発したのかという生物学的問題に直面する。これ以降、**極小主義**（ミニマリスト）と呼ばれるアプローチでは、言語特有の原理や豊富なパラメータが備わっているのではなく、言語機能として想定する概念はできる限り簡素化すると考える（生成文法の目的の変遷について、詳しくは藤田 2017 または 14 章参照）。

この種の議論では、生得的な言語特有の装置や原理として何を想定するべきか（あるいは想定しなくてもよいか）という問いが重要である。なぜなら、人間に備わっている（言語特有でない）一般認知能力によって事象を説明できるのであれば、言語機能における言語特有の原理や概念を想定しなくて済むからである。本節では、Maxent について概観してきたが、その仕組みは我々の決断の状況と似ていること（第 4.1 項）や、ロジスティック回帰の仕組みと相似している（第 4.3 項）ことを確認した。また、認知科学の分野で広く利用されているように、Maxent は言語にだけ適用される理論モデルではない。これらを踏まえると、Maxent の仕組みは言語特有の装置ではなく、人間の一般認知能力の一部であると解釈することも可能である(Hayes 2022)。

以上、Maxent について概観した。第 1 節でも触れたが、調和文法を基盤としたモデルとして、ノイズを入れた調和文法がある。これは、確率的最適

性理論の特徴を受けついだ調和文法基盤のモデルである。次項では、このアプローチを簡単に解説する。

4.5 ノイズを入れた調和文法

調和文法(HG)を基盤とした統計的アプローチとして、Maxent に加えて、ノイズを入れた調和文法(Noisy Harmonic Grammar: NHG, Boersma and Pater 2008/2016)がある。NHG では、平均 0 で一様な標準偏差を持つ正規分布/ガウス分布から算出された正負の値（ノイズ）がそれぞれの制約の重みに加えられる。ノイズを加えるという考え方は、確率的最適性理論(StOT)（第 2.2 項）から受け継がれていると考えられる(Hayes 2017)。評価時によってノイズの値が変わるので、最終的な各候補の H スコアも変わる。

NHG には、ノイズがいつ、何に（制約の重み、各候補など）加えられるかという違いによって、いくつかのモデルが存在する（詳しくは Hayes 2017 を参照。また、Kaplan (2021)は、NHG における複数のモデルのうち、どのモデルが最も分析に適しているかについて議論している）。本項では、ノイズが制約の重みに加えられた後、その制約に違反する数が掛け算されると想定する（Hayes 2017 では、これを'classical NHG'と呼んでいる）。

(17)は NHG のタブローである。候補 a は制約 X（重み=w_X）に 1 つ違反し、候補 b は制約 Y（重み=w_Y）に 1 つ違反すると想定する（ここでは、制約の重みは正の値とする）。そして、制約 X, Y に加減されるノイズをそれぞれ $\varepsilon_X, \varepsilon_Y$ とする。従って、候補 a, b の H スコア(Ha, Hb)は、Ha=$(w_X+\varepsilon_X)*1$、Hb=$(w_Y+\varepsilon_Y)*1$ とそれぞれ算出される。

(17) NHG のタブロー

	制約 X	制約 Y	H スコア
重み	w_X	w_Y	
ノイズ	ε_X	ε_Y	
候補 a	1		$(w_X+\varepsilon_X)*1$=Ha
候補 b		1	$(w_Y+\varepsilon_Y)*1$=Hb

StOT（第 2.2 項）では、ノイズの値によって制約ランキングの入れ替わりが起こり、1 つ以上の異なる出力形が選択されることを見た。NHG ではノイズの値によって候補 a, b の H スコアが変動し、異なる出力形が選択さ

れる。具体例として、(18a)、(18b)をそれぞれ比較する。ある入力形に対して、候補 a, b が生成され、制約 X（重み=1.1）と 制約 Y（重み=1）をそれぞれ仮定する。各制約に加減されるノイズは、(18a)と(18b)で異なる。(18a)では、候補 a が、重み 1.1 でノイズ 0 の制約 X に 1 つ違反しているので、その H スコア(Ha)は 1.1 となる。そして、候補 b は、重み 1 にノイズ-0.1 が加わった制約 Y に 1 つ違反するので、その H スコア(Hb)は 0.9 となる。結果、(18a)では候補 b が最終的に選ばれる。一方、(18b)では、候補 a が、重み 1.1 でノイズ-0.1 が加わった制約 X に 1 つ違反しているので、その H スコア(Ha)は 1 となる。候補 b は、重み 1 にノイズ 0.1 が加わった制約 Y に 1 つ違反するので、その H スコア(Hb)は 1.1 となる。結果、(18b)では候補 a が選択される。

(18)　NHG のタブロー例

a. 例 1

	制約 X	制約 Y	H スコア
重み	1.1	1	
ノイズ	0	-0.1	
候補 a	1		(1.1+0)*1=1.1
☞ 候補 b		1	(1-0.1)*1=0.9

b. 例 2

	制約 X	制約 Y	H スコア
重み	1.1	1	
ノイズ	-0.1	0.1	
☞ 候補 a	1		(1.1-0.1)*1=1
候補 b		1	(1+0.1)*1=1.1

では、HG の統計的アプローチである NHG と Maxent（第 4.1 項）は、それぞれどのように異なるのか。まずは、調和的拘束について比較する。Maxent では調和的に拘束された候補が無視できない確率を有するとき、最終的な候補として選択されることを予測する。一方、NHG では、調和的に拘束された候補が最終的な候補として選択されることはないが、これが成立するのは、制約が与える違反の合計（制約の重み+ノイズの値）が正の値を取るときである(Boersma and Pater 2008/2016; Hayes 2017)[132]。(19)は、

---

[132] あるいは、制約が与える違反の合計が負の値になるとき、それをゼロに

(17)のタブローに、候補 b が制約 X に 1 つ違反することを加えたタブローである。このタブローにおいて調和的拘束が成立するには、候補 b の H スコア(Hb)が候補 a の H スコア(Ha)より大きい値である必要がある (Hb-Ha > 0)。つまり、制約 Y が与える違反の合計($w_Y+\varepsilon_Y$)が正の値を取る（$\{(w_X+\varepsilon_X)+(w_Y+\varepsilon_Y)\}-(w_X+\varepsilon_X) > 0 \rightarrow (w_Y+\varepsilon_Y) > 0$)ならば、この調和的拘束は成立する。

(19)　　NHG における調和的拘束

	制約 X	制約 Y	H スコア
重み	w_X	w_Y	
ノイズ	ε_X	ε_Y	
候補 a	1		$(w_X+\varepsilon_X)*1=Ha$
候補 b	1	1	$(w_X+\varepsilon_X)*1+(w_Y+\varepsilon_Y)*1=Hb$

次に、これまで触れなかったが、HG における制約の重みがゼロである場合について比較する。制約の重みがゼロということは、H スコアの計算においてその制約から与えられる違反の合計はゼロである。従って、基本的な HG や Maxent では、重みがゼロである制約があっても H スコアの値に影響を与えない。OT の枠組みで言えば、制約が下位に位置していることと同様であり、最終候補の決定にほぼ影響を与えないと言える。しかし、NHG では、(20)のように、制約 Y の重みをゼロ（$w_Y=0$）と仮定した場合、候補 b が制約 Y から受ける違反の合計ではノイズ(ε_Y)が残り、そのノイズの値が負の値であれば、調和的拘束が成立しない。このような例は、制約 Y が当該文法において関与しないことと、制約 Y が当該文法において存在するがその重みはゼロであることの帰結が異なることを示している(Flemming 2021; Hayes and Kaplan 2023)。

する「切り取り(clipping)」によって、調和的拘束が成立する(Boersma and Pater 2008/2016)。

(20)　　NHG において調和的拘束が成立しない例

	制約 X	制約 Y	H スコア
重み	1.1	0	
ノイズ	0	-0.1	
候補 a	1		(1.1+0)*1=1.1
☞ 候補 b	1	1	(1.1+0)*1+(0-0.1)*1=1

　以上、本節では、Maxent の仕組みについて解説し、分析例を示した。また、NHG の特徴について解説し、Maxent の特徴と比較した。これらのモデルは 2 つとも、分析において広く利用されている。特に、2 つのモデリングの比較については、例えば、Zuraw and Hayes (2017), Smith and Pater (2020), Flemming (2021)などを参照されたい。これらのモデルに関する今後の展望については、次節に譲る。

5. 本章のまとめ

　本章では、2 つ以上の出力形を予測する、制約理論のアプローチについて概観した。最適性理論を基盤とするアプローチでは、2 つ以上の出力形を考慮する場合は、制約ランキングの入れ替えを行うアプローチが主流であった。しかし、近年では調和文法を基盤とした統計的アプローチを用いた分析が広く行われている。その 1 つである最大エントロピーモデル(Maxent)は、各候補の確率を算出するので、制約の重みを変動させる必要はない。また、このモデルでは最適性理論を基盤とするアプローチでは扱うことができない調和的に拘束された候補の確率も算出する。さらに、Maxent は、認知科学の分野で広く利用されており、言語特有の装置ではなく、人間の一般認知能力の一部であると解釈することも可能である。このように Maxent には言語の分析に利用するいくつかの利点が挙げられる。そして、Maxent に加えて、ノイズを入れた調和文法(NHG)は、評価時にノイズが加減されるという確率的最適性理論の特徴を受け継いでおり、Maxent といくつか異なる特徴を示す。また、ノイズの加減の方法によって、NHG にはいくつかのモデルが存在する。これは NHG を用いた分析の方法が 1 つではなく、柔軟性が高いことを意味している。Maxent と NHG のどちらがより優れたモデルであるかについて、現時点で結論を出すことは難しいが、どのようなモデルが分析に

適しているかは、今後検証され続けることが期待される。

第 12 章　使用基盤モデル

橋本 大樹

1. はじめに

　従来の音声音韻研究では話者の直感に基づいた質的な調査が主流であり、音声現象及び音韻現象の記述的一般化は研究者個人の直感や被験者個人の直感に基づき行われることが一般的であった。このアプローチは特定の話者の言語能力を明らかにするという点では理に適ったアプローチであると言える (de Lacy 2009)。近年情報技術が発展するにつれて、心理学や社会科学と同様に多数の被験者の行動を観察し統計的に分析する量的な研究が主流となった。コーパスや実験を用いた量的研究ではビッグデータ解析が可能となり、質的研究ではわからなかった事実が明るみになった。量的研究によって明るみになった事実の１つに、多くの音韻交替が断定的に起きるわけではなく確率的に分布するということがあげられる。また音韻交替の生起確率は語の使用歴に根差すこともわかった。これらの事実は**使用基盤モデル** (usage-based theory) と親和性が高く、音声音韻現象を説明するために使用基盤モデルを用いる研究者が近年増えている。前章までに概観した理論では説明することが難しい現象の多くを、使用基盤モデルは理路整然と説明することができる。

　前章までで概観した多くの生成音韻理論では、音韻知識が語彙情報からは独立して記憶されていると考えることが一般的である。たとえば英語における弾き音化の様な現象は、書き換え規則が任意の音韻構造に適用したり、制約のランキングが任意の音韻構造を排除したりするという仮説から説明される。これらの規則や制約は語彙からは独立した形で音韻文法として記憶されていると考えられている。その結果「音韻構造を共有する語には等しく音韻交替が生じる」という**一律適用効果** (across-the-board effect) が予測される（2 節参照）。一方で使用基盤モデルは、その名の通り「言語使用によって言語知識は絶え間なくアップデートされ続ける」ということを理論の軸に置いており、各語には発音に関する特有の記憶が蓄積されていくと考える。そのため弾き音化を見せ得る語 (*better* や *bitter*) であっても、使用歴に応じ

て弾き音生起の確率は語によって異なることを予測する。音声音韻現象を量的に調査することで、多くの音韻交替は一律適用効果を見せず、使用歴に応じて音韻交替は確率的に分布することが明らかになった（3節参照）。この事実は使用基盤モデルを強く支持する。本章ではまず「語の発音の変異確率は使用歴に応じて決定される」と考えられる現象にフォーカスを当てることで、使用基盤モデル隆盛の背景について説明する。その後、使用基盤モデルが支持される他の音声音韻現象について概観する。

　本章の構成は以下である。まず2節でSPE（2章）や最適性理論（10章）を始めとする生成音韻理論が一律適用効果を予測してしまうことについて具体例を交えながら説明する。続く3節においては、一律適用効果が実際には起きないことを示したコーパス研究を紹介する。これらの先行研究は、音韻的に共通点を持つ語であっても音韻的・音声的ふるまいが異なることを統計的に示した。加えて、語ごとに音声音韻現象の様子が異なる理由は過去の語の使用歴に求めることができることも示した。4節では使用基盤モデルを概観する。まず使用基盤モデルを構成する重要な仮説を概観する。その後使用歴に応じて語の音声的・音韻的ふるまいが変化するという事実を、使用基盤モデルは理路整然と説明することができることを論じる。5節では、一律適用効果の反例以外にどの様な音声音韻現象に使用基盤モデルが支持されているかについて掘り下げる。併せて今後の音声音韻研究において、使用基盤モデルにはどの様な可能性が秘められているかについて議論する。最後の6節では本章のまとめを行う。

2. 生成音韻理論による　律適用効果の予測

　音韻理論の究極の目的は、人間の心理においてどのように音声産出・知覚に係る記憶・計算が行われているかをモデル化することにある。そのためいかなる音韻理論も心的表示と心的処理に関わる仮説から構築されると言える。SPEや最適性理論を始めとする生成音韻論と呼ばれる音韻理論は、「抽象的な心的表示しかレキシコンに記憶されていない」という仮説と「音韻文法によって基底表示は表層表示へと写像される」という仮説を主軸に置いている。例として *cat* の音声産出がどのようにモデル化されているか考えたい。*cat* という語に関しては /kæt/ の様な抽象的な基底表示がレキシコンに記憶されており、音韻文法（規則や制約の集合）の心的処理によって表層表

示 [kʰæʔ] へと写像される。なお基底表示とはレキシコンに記憶されている心的表示のことを指し、表層表示とは心的処理が終わった後の心的表示を指す。これらの心的表示は素性やエレメントの集合から成ると考えられている（素性については 2 章 3 節及び 5 章、エレメントについては 9 章 3 節を、それぞれ参照）。そして表層表示を調音器官が解釈し、音声産出が行われ、音声として聞き手に伝わる。図 1 は *cat* の音声産出までの心的処理・物理的実行の様子を描いた図である。生成音韻論は最低限の心的表示と最低限の音韻文法に関する仮説で音声音韻現象を簡潔に説明することを目指した。この方針は「仮説の少ない理論が優れている」というオッカムの剃刀の観点からも理に適ったものである（田中 2009: 125）。

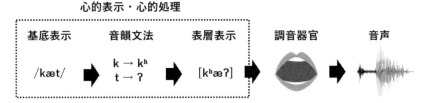

図 1 生成音韻理論の基底表示から音声への処理

これらの抽象表示と音韻文法から成る仮説は一律適用効果を予測する (Pierrehumbert 2001; Ernestus and Baayen 2011)。一律適用とは「共通の心的表示を持つ語は一斉に等しく音韻交替を受けたり、等しく調音器官に解釈されたりすること」を指す。SPE の様な書き換え規則に基づいた理論であれば、書き換え規則の適用条件を満たす心的表示はすべて等しく音韻交替を受けることを予測する。また最適性理論の様な制約に基づいた理論であれば、上位に順序付けられた有標性制約に違反する構造を持つ心的表示は等しく最適形に選ばれないということを予測する。さらに共通の表層表示を持つ語は等しく調音器官に解釈され、同じ様に発音されることを予測する。一律適用効果を理解するために以下で 3 つの具体例を挙げたい。最初の 2 つの例は音韻交替に関する一律適用効果であり、最後の例は調音器官の解釈における一律適用効果である。

1 つ目の具体例はアメリカ英語の弾き音化 (flapping) に関する分析である。アメリカ英語では、母音と無強勢母音に挟まれた位置において、音素

/t/ が弾き音 [ɾ] として発音されることが知られている (Wells 1982: 248)。
butter や *city* の基底表示は /bʌtɚ/ や /sɪti/ と考えられるが、音声実現は [bʌɾɚ] や [sɪɾi] となる。Hayes (2009: 32) は、この異音交替を (1) で示す様な書き換え規則によって説明できると述べている。

(1) 書き換え規則による弾き音の音韻的写像
    a. 書き換え規則
        弾き音化規則：t → ɾ / V_V$_{unstressed}$
    b. *butter* と *city* の音韻的写像

	butter	*city*
基底表示	/bʌtɚ/	/sɪti/
弾き音化規則	bʌɾɚ	sɪɾi
表層表示	[bʌɾɚ]	[sɪɾi]

このように弾き音化規則の適用条件を持つ語には、等しく弾き音化規則が適用する。このことは弾き音化規則適用の音韻コンテクストを持つ語であれば、すべての語で等しく弾き音が観察されることを予測する。次に制約に基づいた生成音韻理論の予測について考えたい。アメリカ英語における弾き音化は最適性理論の枠組みでは (2) の様に分析することができる。

(2) 制約階層による弾き音の音韻的写像
    a. 制約
    *VtV$_{unstressed}$: 母音と無強勢母音に挟まれた [t] に違反マークを与える。
    IDENT [voice]: 有声性 [±voice] の値が基底表示から変わっているものに違反マークを与える。
    b. 制約階層

/bʌtɚ/	*VtV$_{unstressed}$	IDENT [voice]
bʌtɚ	*!	
☞ bʌɾɚ		*
/sɪti/		
sɪti	*!	
☞ sɪɾi		*

このように制約に基づいた理論は、母音と非強勢母音に挟まれた [t] を持つ

出力形を等しく排除する。つまり書き換え規則に基づいた理論と同様に、条件を満たすすべての語で等しく弾き音が観察されることを予測する。SPE や最適性理論を始めとする生成音韻理論は「すべての語に関して母音と無強勢母音に挟まれた位置において音素 /t/ が [ɾ] として音声実現する」という一律適用効果を予測する。

　別の例として R 音連声 (r sandhi) について考えたい。17 世紀頃ロンドンにおいて尾子音位置の /ɹ/ を削除した発音が流行した (Wells 1982: 218)。そのため現在のロンドン英語及び 18 世紀以降に本格的に移民が始まったニュージーランドやオーストラリアでは尾子音位置の [ɹ] は発音されない。尾子音位置の [ɹ] を発音しない方言は非 R 方言 (non-rhotic accent) と呼ばれる。一方でアメリカの多くの地域で尾子音位置の [ɹ] を発音する方言は残っており、これらの方言は R 方言 (rhotic accent) と呼ばれる。たとえば *car* はアメリカ英語では [kʰɑɹ] と発音されるが、ロンドン英語では [kʰɑː] と発音される。語末位置で [ɹ] を発音しない地域であっても、後続の語が母音で始まる場合 [ɹ] が挿入されることが知られており、この現象を R 音連声と呼ぶ。Vennemann (1972) は R 音連声を (3) で示すような書き換え規則によって説明している。なお表中の n.a. は書き換え規則適用の条件を満たさないため、不適用 (not applicable) を意味している。

(3) R 音連声の書き換え規則
　　a. 書き換え規則
　　R 音連声規則：φ→[ɹ] / V _]_word V
　　b. *car* と *car alarm* の音韻的写像

	car store	*car alarm*
基底表示	/kɑː stɔː/	/kɑː əlɑːm/
R 音連声規則	n.a.	kɑː ɹ əlɑːm
表層表示	[kɑː stɔː]	[kɑː ɹ əlɑːm]

この R 音連声の書き換え規則は語境界の母音連続という条件を満たす語連続に等しく適用する。そのため、「すべての語境界における母音連続に [ɹ] を挿入する」という一律適用効果を予測する。

　最後に音声表示から音声実現への橋渡しにおける一律適用効果について考えたい。生成音韻理論では、基底表示が音韻文法によって表層表示に写像さ

れ、表層表示を基に調音器官が音声産出を行う。つまり表層表示が同じである語は、全く同質に発音されることを予測する。たとえば英語には [tʰaɪm] と音声表記できる語に *time* と *thyme* の 2 語が存在する。これらの語の基底表示が /taɪm/ であり、音韻文法に有気閉鎖音規則が含まれていると考えるなら、(5) の様な音韻的写像が予測される。

(5) *time* と *thyme* の音韻的写像
    a. 書き換え規則
        有気閉鎖音規則：t → tʰ / [word _
    b. *time* と *thyme* の音韻的写像

	time	*thyme*
基底表示	/taɪm/	/taɪm/
有気閉鎖音規則	tʰaɪm	tʰaɪm
表層表示	[tʰaɪm]	[tʰaɪm]

time と *thyme* の両語は共通の基底表示を持ち、音韻文法によって共通の表層表示に写像される。表層表示が同じであるから、これらの 2 語は調音器官によって同じように解釈され、同質に発音されることが予測される。

3. 一律適用効果の反例と語の使用歴

  生成音韻論の伝統的アプローチは一律適用効果を予測することを 2 節で指摘した。しかしこの予測は実際には正しくないことが知られている。近年コーパスや心理実験を用いて大量の音声データを収集し統計的に分析することで、一律適用効果は起きないことがわかってきた。つまり生成音韻理論で共通の心的表示を持っていると分析され得る語であっても、全く同じ様に音韻交替が起きるわけではないし、全く同じ様に調音器官によって発音されるわけではない。共通の音韻構造を持っていても、語ごとに音声音韻現象におけるふるまいは異なるのだ。さらにこのバリエーションは語の使用歴に関係していることが近年指摘されてきた。2 節で見た弾き音化、R 音連声、*time* と *thyme* の発音に関するコーパス研究を紹介し、これらの現象は一律適用効果を見せず、過去の使用歴によって発音が変異することを本節では明らかにする。
  まず弾き音化に関するコーパス研究を紹介する。2 節で見た様に弾き音化

とは母音と無強勢母音に挟まれた音素 /t/ が弾き音 [ɾ] として実現する現象のことである。竹林ほか (2013: 26) などの多くの英語音声学の入門書において弾き音化が常に起こるかのように記述されているが、実際にはすべての語で等しく観察されるわけではない。Patterson and Connine (2001) は、アメリカ英語において弾き音化が一律適応効果を見せないことを示した。この研究では自然発話コーパスから 4,093 個の強勢母音と無強勢母音に挟まれた /t/ を収集し分析を行った。もし一律適用効果を見せるのであれば 4,093 個中 4,093 個の /t/ が弾き音として音声実現するはずであるが、252 個の /t/ は弾き音として発音されていないことがわかった。また弾き音化しにくい語には共通点があることがわかった。具体的には、**語彙頻度** (lexical frequency) の高い語に比べて、語彙頻度の低い語では弾き音化が起きにくいということが明らかになった。語彙頻度とは「ある語彙を日常的にどのくらい頻繁に使用するか」という頻度のことを指す。語彙頻度の高い *better* や *water* といった語の生成においては弾き音 [ɾ] が現れやすいが、語彙頻度の低い *bitter* や *sitter* といった語に関しては閉鎖音 [t] が聞かれやすい。

次に R 音連声が一律適用効果を示さないことを明らかにしたコーパス研究を紹介する。2 節で見た様に R 音連声とは非 R 方言において語境界の母音連続に [ɹ] が挿入される現象である。Hay and Maclagan (2012) はニュージーランド英語における R 音連声の歴史変化について自然発話コーパスを用いて調査した。この研究は 1900 年から 1935 年に生まれたニュージーランド英語話者の自然発話を録音したデータを用いた。コーパスから語境界に [ɹ] が生起しうる句を収集し、R 音連声の有無と [ɹ] のフォルマント値を音響分析した。その結果 R 音連声がすべての語で等しく起こるわけではなく、語に応じて R 音連声の起き方が異なることが明らかになった。さらに R 音連声の生起の様子は語の使用歴に大きく影響されていることもわかった。具体的には普段から後続する語が母音で始まりやすい語(つまり R 音連声の起きる環境で使用されやすい語)ほど、R 音連声が頻繁に起こり、R 音連声で出現する [ɹ] の発音が明瞭である(第 3 フォルマントの値が著しく低い)ということがわかった。(たとえば *aware* や *rare* の様な語は母音に先行しやすく、*senior* や *lower* の様な語は子音に先行しやすいことがコーパスから明らかになっている。)

最後に *time* と *thyme* の発音に関するコーパス研究を紹介する。これらの

2語を辞書で調べてみると、どちらも /taɪm/ と発音記号が与えられており、いわゆる同音異義語であることがわかる。辞書の発音記号は一般的に音素表記に対応しているから、2節で論じた様に、伝統的なアプローチはこれらの2語は共通の表層表示に写像され、調音器官によって同質に発音されることを予測する。Gahl (2008) は自然発話コーパスを用いて、time と thyme は厳密には同音異義語ではないことを示した。具体的には thyme の方が time よりもゆっくり発音されることがわかった (thyme の発音の方が time の発音よりも持続時間が長いことがわかった。) 同様に some と sum のペアについても厳密には同音異義語ではなく、sum の方がゆっくり発音されることを明らかにした。これらのペアに関して、一般的に語彙頻度の低い語の方がゆっくり発音されることが明らかになった。

4. 使用基盤モデルを構築する仮説

音韻現象の中には一律適用効果が成立しない現象があることを示した。音韻交替においても、音声産出においても、過去の使用歴によって確率的変異が見られることを指摘した。これらの事実は伝統的な規則や制約に基づいたアプローチにとって説明の難しいものである。SPEや伝統的な最適性理論がこれらの現象を説明するためには、心的表示や音韻文法に関わる仮説を細分化し相当複雑なものにする必要が出る。あるいはこれらの変異現象は言語能力によって説明されるものではなく、言語運用の一部であると切り捨てるかもしれない。一方で使用基盤モデルであれば、少ない仮説から使用歴に応じた発音の変異を説明することができる。本節では使用基盤モデルを構築する仮説を概観した後に、これらの仮説によって弾き音化、R音連声、time と thyme の持続時間の違いに関わる変異現象がどのように説明できるかを論じる。最後に使用基盤モデルは過去の使用歴に応じたバリエーションの存在を理路整然と説明できることを改めて強調したい。

4.1 使用基盤モデルを構築する仮説

使用基盤モデルと言ってもその詳細は研究者によって細部は異なっている。Hintzman (1986) の様に**エピソード記憶** (episodic memory) の保存のみを仮定する理論もあれば、Pierrehumbert (2001) の様にエピソード記憶と抽象的カテゴリが共存した仮説も存在する。また音声産出に関わるエグゼンプ

ラの数や、産出バイアスの数式、知覚におけるカテゴリの分配に関わる仮説もさまざまである。そのため誰もが同意する使用基盤モデルというものは存在しないと言える。本節では Hashimoto (2019, 2023) で述べられている使用基盤モデルについて説明する。この使用基盤モデルは Pierrehumbert (2001)、Foulkes and Docherty (2006)、Johnson (2006)、Wedel (2006)、Todd et al. (2019) といった研究の流れに多大な影響を受けており、**エグゼンプラ** (exemplar) と**カテゴリ** (category) を認めたハイブリッド型と呼ばれる使用基盤モデルである。

本章の最初に述べた様に使用基盤モデルの主軸となる仮説は「言語使用によって言語知識は絶え間なくアップデートされ続ける」ということである。このことは、すべての音声知覚が我々の記憶に影響を与えるということを意味する。音声を聞く度に、記憶はアップデートされていく。知覚された音声はエピソード記憶として心理に保存される[133]。1つ1つのエピソード記憶は音声の「事例」であるため、これらはエグゼンプラと呼ばれる。知覚した音声がそのまま記憶されるため、エグゼンプラにはさまざまな情報が残っている。たとえば母音のフォルマント値や、摩擦音の周波数のピーク、閉鎖音の持続時間などである。また声質や、音声を産出した話者の社会特性（性別や年齢など）、会話の行われた場面なども、エグゼンプラとして詳細に残ると考えられている。その結果、我々の心理には膨大なエグゼンプラが集積することとなる。

エグゼンプラは無秩序に記憶されるわけではなく、記憶の中で整理されて保存されている。関連するエグゼンプラは結び付けられて保存されている。エグゼンプラが結び付いて記憶されることで、記憶の中に**節** (node) が形成され、その節は抽象的カテゴリや**スキーマ** (schema) と呼ばれる。抽象的カテゴリにはさまざまな種類がある。語彙に対応する語彙カテゴリや、社会特性に対応する社会カテゴリ、音韻カテゴリに対応する音韻カテゴリなどである。その結果我々の心理にはエグゼンプラとカテゴリの複雑なネットワークが形成されることになる。

---

[133] 「知覚した音声」が記憶されるということに注意して欲しい。実際の音声がそのまま記憶されるわけではなく、知覚できた情報が記憶される。そのため知覚できない音声情報は記憶に残らない。

第 12 章　使用基盤モデル

たとえばニュージーランド英語話者の *butter* [bʌtə] という発音を 2 回、アメリカ人の友人の *butter* [bʌɾɚ] という発音を 1 回、私が聞いたとしよう。この時私の記憶には図 2 の様なネットワークが形成される。スペクトルグラムは個々のエグゼンプラを示し、文字は種々のカテゴリを示す。まず 3 つのエグゼンプラが保存される。この 3 つのエグゼンプラはニュージーランド英語の *butter* の 2 つの音声と、アメリカ英語の *butter* の 1 つの音声に対応するものである。これらのエグゼンプラには音声的詳細が含まれているため、語頭の [b] の持続時間や、語中の [ʌ] のフォルマント値、話者の声質などが情報として残っている。これらの 3 つのエグゼンプラは語彙的に共通点を持っているので結び付いて記憶される。その結果結び付いた節は *butter* という語彙に対応する語彙カテゴリとなる。またニュージーランド英語の発音を記録したエグゼンプラは "Kiwi" という社会カテゴリに結び付き、アメリカ英語の発音を記録したエグゼンプラは "American" という社会カテゴリに結び付く。またこれらのエグゼンプラの一部分は音韻カテゴリにも結び付き、語中の子音部分が [ɾ] や [t] という音韻カテゴリに結び付いて記憶されている。このようにエグゼンプラは無秩序に記憶されているわけではなく、カテゴリに関連付けられながら秩序を持ち整理されて記憶されている。なお紙面の都合上記載していないが、実際には膨大な数のエグゼンプラとカテゴリが記憶されている。便宜上図 2 ではカテゴリの方がエグゼンプラよりも多く描かれているが、聞こえた音声の分だけエグゼンプラは集積するため、エグゼンプラの数の方がカテゴリの数よりも遥に多く記憶されているはずである。

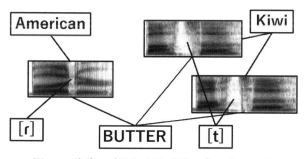

図 2　エグゼンプラとカテゴリのネットワーク

ここまで我々の心理にどういったカテゴリが記憶・集積されているかに関わる仮説を説明した。次に我々が音声産出を行う時と音声知覚を行う時に、どの様な心的処理が行われているかに関わる仮説について説明する。まずは音声産出のプロセスについて説明したい。音声産出ではまず非言語的な概念が形成され、非言語的な概念は言語知識を**活性化** (activation) させる[134]。たとえば「南半球を中心に生息する可愛い鳥」という概念を想起する場合、この概念は「ペンギン」という語彙カテゴリを活性化させる。語彙カテゴリが活性化すると、今度はそのカテゴリに結び付いているエグゼンプラも活性化する。一定の活性度に達したエグゼンプラを基に、**産出目標** (production target) が形成される。この時複数のエグゼンプラが、産出目標の形成に貢献する。一定の活性度に達したエグゼンプラの平均値が産出目標となる。その後、産出目標は**産出バイアス** (production bias) によって値が調整される。産出バイアスの例として、効率化のバイアスや社会的規範のバイアスなどが挙げられる。効率化のバイアスとは「発音に無駄な労力をかけない」というバイアスで、社会的規範のバイアスとは「社会的に逸脱しない発音を行う」というバイアスである。効率化のバイアスについては 4.2 節で改めて説明する。バイアスを受けた産出目標は、調音器官によって発音される。我々の運動は完璧でないから、産出目標が調音器官によって実行されるときに、微量ながらノイズが加わる。

　次に音声知覚に関わる仮説について説明する。音声知覚ではまず話し相手の音声が耳に届く。この音声は新しいエグゼンプラとして心理に残るが、その際にこの新たなエグゼンプラと音声的に類似した既存のエグゼンプラが活性化する。新しいエグゼンプラと既存のエグゼンプラが音声的に似ていれば似ているほど、既存のエグゼンプラはより強く活性化を起こす。既存のエグゼンプラが活性化すると、そのエグゼンプラに結び付いたカテゴリも活性化する。カテゴリの活性度は、カテゴリに結び付くエグゼンプラの活性度の総

---

[134] ここで言う活性化とは「記憶の中から選択され目立つ」といった意味である。エグゼンプラもカテゴリも普段の状態では、記憶の中で特段目立ってはいない。しかし何らかの要請によって、エグゼンプラとカテゴリは呼び起こされ目立つ。比喩的に言えば、「活性化する」とは「記憶の中で輝く」と言ってもよい。活性化の度合いのことを**活性度** (activation level) と呼ぶ。

和である。つまりカテゴリに結び付くエグゼンプラが多く強く活性化するほど、カテゴリは強く活性化するということである。最終的に最も速く**飽和点** (saturation point) まで活性化したカテゴリに新しいエグゼンプラは結び付けられ、そのカテゴリが認識される。ここまで説明した音声産出と音声知覚における活性化の様子を図 3 にまとめた。図 3 は図 2 の語彙カテゴリとエグゼンプラを切り取ったもので、活性化している箇所に刺状のマークを付している。(エグゼンプラとカテゴリは心的表示であるが、音声自体は物理現象である。このことを明示するために音声は波形で示している。) 音声産出においては「カテゴリの活性化→エグゼンプラの活性化」という順序で活性化が進むが、音声知覚においては「エグゼンプラの活性化→カテゴリの活性化」という順序で活性化が起こる。

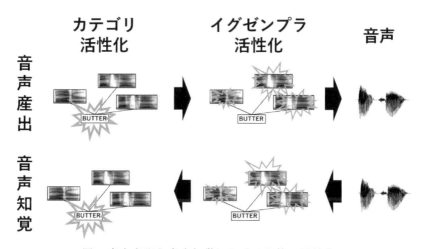

図 3 音声産出と音声知覚における記憶の活性化

ここまで音声産出も音声知覚もエグゼンプラとカテゴリの活性化によって説明されることを見た。ここで**潜在的活性度** (resting activation level) について説明する。エグゼンプラとカテゴリはデフォルトの状態で完全に休眠しているわけではなく、一定の活性度を保持して保存されていると考えられる。デフォルト状態での活性度を潜在的活性度という。まずエグゼンプラの潜在的活性度について述べる。潜在的活性度の高いエグゼンプラは、最近記憶されたエグゼンプラ及び最近活性化されたエグゼンプラである。記憶され

たばかりのエグゼンプラは潜在的活性度が高いが、時間が経つにつれエグゼンプラの潜在的活性度は下がっていく。また最近活性化されたばかりのエグゼンプラは潜在的活性度が高いが、改めて活性化されない期間が長くなるほど潜在的活性度は下がっていく。(つまり産出・知覚時にカテゴリやエグゼンプラは一度活性化すると、産出・知覚が終わった後も一定の活性度を保持するということである。)長らく活性化しないために潜在的活性度がゼロになった状態は**記憶の朽廃** (memory decay) と呼ばれ、忘却されると考えられている。またエグゼンプラの潜在的活性度は、結び付いているカテゴリが活性化すると一時的に上昇する。このプロセスは**共鳴** (resonance) や**活性化拡散** (spreading activation) と呼ばれる。心理のどこかで活性化が生じると、近接するエグゼンプラやカテゴリへと活性化が波紋の様に広がるのだ。

次にカテゴリの潜在的活性度について説明する。カテゴリの潜在的活性度は、そのカテゴリに結び付いているエグゼンプラの潜在的活性度の総和である。潜在的活性度の高いカテゴリは、音声産出・音声知覚において有利であると考えられている。潜在的活性度が高ければ、飽和点に近い状態で産出・知覚を開始できるためである。潜在的活性度の高いカテゴリは記憶の中で目立っておりアクセスしやすいため、音声産出が円滑に行われる。一方で潜在的活性度の低いカテゴリはアクセスしにくく、音声産出が遅れる。音声知覚においては、潜在的活性度の高いカテゴリはすぐに飽和点に達することができるため、認識されやすい。一方で潜在的活性度の低いカテゴリはアクセスしにくく、認識されにくい。

このように使用基盤モデルでは、音声産出と音声知覚が起こるたびに絶え間なく記憶がアップデートされていく。音声産出時には既存のエグゼンプラとカテゴリの潜在的活性度が変動する。アクセスされたものは潜在的活性度が上がり、長らくアクセスされないものは潜在的活性度が下がっていく。音声知覚時には新たなエグゼンプラが保存されることに加えて、新たなエグゼンプラに近接するカテゴリとエグゼンプラの潜在的活性度が上がる。音声産出と音声知覚による絶え間ない記憶のアップデートを、**産出知覚ループ** (production–perception loop) と呼ぶ。

4.2 使用歴に応じた変異現象の理論的解釈

使用基盤モデルを支える種々の仮説について 4.1 節で概観した。生成音韻

理論で説明することの難しかった使用歴に応じた変異現象について、これらの仮説は理路整然と説明することができる。3 節で説明した弾き音化、R 音連声、*time* と *thyme* の持続時間の差に関する先行研究の観察は、使用基盤モデルの仮説から自然に説明できることを論じる。

　まず弾き音化が一律適用効果を見せずに語彙頻度の高い語で起きやすいという事実が使用基盤モデルの仮説によってどのように説明されるか論じる。我々は「発音に無駄な労力をかけない」という効率化のバイアスを持っていることを 4.1 節で説明した。我々は一般的に発音を簡易化しようとするバイアスがあり、このバイアスの存在は音変化で見られる多くの現象に支持されている (Wells 1982: 94)。産出する度にこのバイアスが語の発音に影響する。たとえば *better* という語を 100 回発音したとしよう。発音する度にこのバイアスの影響を受けるため、1 回目に発音した *better* よりも 100 回目に発音した *better* の方が**音声的余剰性** (phonetic redundancy) が少なくなる[135]。その結果 1 回目に発音した *better* は持続時間が長かったり、語中の [t] の発音が明確であったりする。一方で 100 回目に発音した *better* は持続時間が短く、語中の [t] が不明瞭に発音される。語中の [t] の発音が不明瞭になると、舌尖の歯茎への接触が瞬間的になり弾き音 [ɾ] として発音されるようになる。使用されるたびに産出バイアスの影響を受けるのだから、語彙頻度の高い語は何度も産出バイアスに影響される。その結果、記憶の中に音声的余剰性が少ない [ɾ] を含むエグゼンプラが蓄積していく。蓄積が進行すると、次第に [ɾ] を含むエグゼンプラがカテゴリに結びつくエグゼンプラの多数派を担う様になっていく。一方で語彙頻度の低い語は産出バイアスの影響を受ける回数が少ないので、頻度の低い語彙カテゴリには音声的余剰性の高い [t] を含むエグゼンプラが中心に結びついている。このように産出バイアスの絶え間ない影響とエグゼンプラの蓄積によって、頻度の高い語彙で弾

---

[135] 音声的余剰性とは、音声に含まれる情報の量のことを指す。音声的余剰性の多い音声とは、持続時間が長かったり、フォルマントの値が極端であったりする (Hall et al. 2018)。音声的余剰性の少ない音声は労力がかからず産出しやすいため、話者は音声的余剰性の少ない音声を好む。一方で音声的余剰性の多い音声は明瞭で知覚しやすいため、聞き手は音声的余剰性の多い音声を好む。

き音が観察されやすいという事実を説明することができる。

　次に R 音連声が一律適用効果を見せずに、語の使用歴によって語境界の [ɹ] の生起及び明瞭さが異なるという事実について考えたい。Hay and Maclagan (2012) は、R 音連声の起きる環境（後続の語が母音で始まる環境）で使用されやすい語ほど、R 音連声が頻繁に起こり、R 音連声で現れる [ɹ] の発音が明瞭であるということを明らかにしたと 3 節で述べた。この現象も使用基盤モデルの仮説から正しく説明することができる。母音連続は多くの言語で回避されることが知られている (Casali 1997)。そのため非 R 方言英語話者は、母音連続を回避するために [ɹ] を挿入するという産出バイアスを持っていると考えられる。母音で始まる語に後続されやすい語は、この産出バイアスを何度も受けることになる。そのため母音で始まる語に後続されやすい語に関しては、語末に [ɹ] が挿入されたエグゼンプラが多く記憶される。一方、子音で始まる語に後続されやすい語は、この産出バイアスの影響を受ける機会が少ない。そのため子音で始まる語に後続されやすい語に関しては語末に [ɹ] が挿入されていないエグゼンプラが多く記憶される。音声産出において、意図する語彙カテゴリに結び付いた複数のエグゼンプラが産出目標の形成に貢献する。そのため R 音連声の起きる環境に現れやすい語の産出時には、[ɹ] が挿入されたエグゼンプラが多く産出目標の形成に関わるので、語末の [ɹ] が発音されやすく、[ɹ] は明瞭に発音されることになる。このように普段使用されるコンテクストの違いのために R 音連声に関わる産出バイアスの影響を受けてきた回数が異なり、記憶されているエグゼンプラの質が違うと考えることで、使用歴により R 音連声の頻度・程度が異なるという事実を説明することができる。

　最後に同音異義語と考えられていた *time* と *thyme* の持続時間が異なるということについて、使用基盤モデルを用いて理論的解釈を与える。頻度の低い *thyme* の方が、頻度の高い *time* よりもゆっくり持続時間が長く発音されることを 3 節で説明した。この事実は頻度と弾き音生起の関係と同じ様に産出バイアスの仮説から説明することができるが、ここでは敢えて潜在的活性度に注目して説明を試みたい。カテゴリの潜在的活性度とは、そのカテゴリに結び付いているエグゼンプラの潜在的活性度の総和であることを説明した。エグゼンプラの潜在的活性度は、最近保存・使用されたエグゼンプラで高いことを述べた。これらの仮説は語彙頻度の高い *time* に対応する語彙カ

テゴリの潜在的活性度が高く、語彙頻度の低い *thyme* に対応する語彙カテゴリの潜在的活性度が低いことを意味する。潜在的活性度が低い語彙カテゴリはアクセスに不利であることを説明した。そのため潜在的活性度の低い語彙カテゴリはアクセスに時間がかかり、産出目標生成に時間がかかる。その結果発話速度が落ち、語彙頻度の低い *thyme* はゆっくり発音される。一方で潜在的活性度の高いカテゴリはアクセスに有利である。そのため潜在的活性度の高い語彙カテゴリは即座にアクセスでき、産出目標を瞬時に形成できる。その結果発話速度が速まり、語彙頻度の高い *time* は素早く発音することができる。このように産出目標の形成と潜在的活性度に関わる仮説を用いることで、語彙頻度の低い語が語彙頻度の高い語に比べてゆっくり発音されるという事実を説明することができる。

4.3 伝統的アプローチからの問題意識の変化

　本章ではこれまでに「使用歴に応じてバリエーションが生じること」は、「伝統的な規則や制約に基づいたアプローチにとって説明の難しい事実」であることを指摘した。これについて、従来の理論の立場から「生成音韻論の目標は、ある言語または言語一般に、可能な言語形式と不可能な言語形式を峻別し、可能な言語形式のすべてかつそれだけを生成する文法機構を構築する点にあり、頻度などの非言語的要因に規則適用が左右されることを排除していない」という考えもあり得るという指摘（田中 p.c.）を受けた。以下で、この指摘に対して使用基盤モデルの立場から考えを表明する[136]。

　Hawking (1988: 9) は「科学の究極の目的は森羅万象を説明できる理論を規定することにある」と述べている。言語学も科学の一分野であるから、広

---

[136] 生成音韻論の伝統的アプローチよりも使用基盤モデルの方が真に優れているかどうかは今後の研究の展開で見えてくることである。本章執筆時点で、どちらが真に優れていると言えるかについて明確な答えを持ち合わせていない。伝統的なアプローチにも良さがたくさんある。たとえばフット構築のパラメータの値で強勢パターンの言語類型を説明しようと試みる韻律音韻論（4章3節参照）には、Odden (n.d.) の云う望ましい理論の満たす条件の1つである美しさ (Aesthetics) がある。伝統的なアプローチに最大限敬意を払って本章を執筆した。

くさまざまな言語現象を説明できる理論を構築するべきである。事実、音韻論者である Odden (n.d.) も望ましい理論の満たす条件の 1 つに**包括範囲** (comprehensiveness) を挙げており、「できるだけ多くの現象を説明できる理論が望ましい」と述べている。3 節で使用歴に応じたバリエーションの存在を指摘したが、これらの現象に説明を与えない理論よりも説明を与えられる理論の方が望ましい。伝統的な規則や制約に基づいたアプローチの多くは使用歴に応じたバリエーションを説明してこなかった。そのためこれらの現象に説明を与えている使用基盤モデルの方が、包括範囲の観点から望ましい理論であると言えよう。

　厳密には伝統的な規則や制約に基づいたアプローチであっても、使用歴に応じたバリエーションの説明を試みた先行研究はいくつか存在する。たとえば各語彙は頻度に応じて異なる制約に従うと考えたり (Hammond 1999)、頻度に応じて下位文法が存在すると考えたり (Anttila 2006) する説明が提案されてきた。しかしこれらのアプローチはいずれも「なぜ頻度に応じて従う制約や下位文法が違うのか」という点について明確な答えがない。つまり「なぜ頻度に応じてバリエーションが生まれるか」について説明することができていない (Bybee 2001: 43)。4.2 節で説明した通り、使用基盤モデルは使用歴に応じたバリエーションが存在することを自然に説明できる。使用歴に応じて集積しているエグゼンプラの性質が異なるため、使用歴が異なれば変異現象が生じることは当然の帰結なのである。

　Bybee (2001: 1–6) で述べられている通り、生成音韻論において言語使用は理論の守備範囲から除外されてきたという歴史がある。使用基盤モデルは言語使用を理論の中核に据えることで、従来のアプローチで「なぜそうなるか」について説明されなかった現象に説明を与えることに成功した（5 節参照）。先人たちが問題意識を持っていなかった現象にスポットライトを当てることで、使用基盤モデルは音声音韻理論の可能性の限界を押し広げたと言える。

5. 使用基盤モデルを用いた研究の繁栄と可能性
　ここまでは生成音韻理論が予測する一律適用効果の反例を使用基盤モデルが正しく説明できることに焦点を当てた。本章の締めくくりとして、使用基盤モデルを用いてどの様な研究が展開されており、どの様な研究が今後期待

されるかについて説明したい。ここでは使用基盤モデルを支持する 5 つの音声音韻現象（音声的収束、語彙認識、確率性弱化、音変化、社会情報によるプライミング）における代表的な研究を概観しつつ、今後の展開についての期待を述べる。なおこれらの 5 つの現象は完全に独立しているわけではなく、それぞれ少しずつ絡み合っている。

5.1 音声的収束

音声的収束 (phonetic convergence) とは、2 名以上の話者の発音が似通っていくプロセスのことを指す。我々は無意識に話し相手の発音に似通っていく。一時的な収束もあり得るが、収束は習慣として確立することもある。そのため我々は家族と共通の方言を身に付け、友人とは口癖を共有する。親密な相手と似た話し方をすることは、経験的に明らかなことであろう。

近年音声的収束は実験研究で盛んに議論されている。実際に話し相手がいなくても、モデル話者の録音を聞いたり、シャドウィングしたりするだけで、録音の発音に近づくことがさまざまな研究で示されている。これらの研究の礎を築いたのは Goldinger (1998) である。Goldinger の実験では、被験者は聞こえた音声のシャドウィングを行った。その際にシャドウィングする回数が語によって異なっている。一部の語は 12 回もシャドウィングするのに対して、一部の語は 2 回しかシャドウィングを行わない。Goldinger の発見は、シャドウィングの回数が多いほど、被験者の発音はモデル話者の発音に近づく。また語彙頻度の低い語ほど、被験者の発音はモデル話者の発音に近づくということもわかった。

音声的収束は使用基盤モデルを強く支持する現象の 1 つである。Goldinger の発見は、使用基盤モデルの仮説から明快に説明できる。まずシャドウィングの回数が多いほど、モデル話者の録音の発音に近づくという事実を説明したい。モデル話者の録音を聞く度に、新しいエグゼンプラが記憶される。記憶されたばかりのエグゼンプラは潜在的活性度が高いため、産出目標の形成に貢献しやすい。つまりシャドウィングの回数が多いほどモデル話者の発音を記録した新たなエグゼンプラが産出に関わりやすくなるということである。その結果シャドウィングの回数が増えるほど、モデル話者の発音に近づいていくと説明できる。次に語彙頻度の低い語ほど、モデル話者の発音に近づくという事実は以下の様に説明できる。使用頻度の低い語彙カテ

ゴリは元々少ないエグゼンプラしか記憶されていない。一方で使用頻度の高い語彙カテゴリは多くのエグゼンプラが結び付いている。産出において、潜在的活性度の高い新しいエグゼンプラが産出目標の形成に大きく貢献するが、潜在的活性度の低い既存のエグゼンプラも産出目標の形成にある程度貢献する。使用頻度の低い語彙の産出においては、既存のエグゼンプラの数が元々少ないため、新しいエグゼンプラは産出目標の形成に強く貢献することができる。一方で使用頻度の高い語彙の産出に関しては既存のエグゼンプラが元々多いため、新しいエグゼンプラは産出目標形成へ強く貢献することができない。その結果使用頻度の低い語彙ほど、モデル話者の発音に近づきやすいと説明できる。

　音声的収束は多くの研究の余地を残している。1つの方針は、モデル話者の発音の提示方法に関する研究である。Goldingerはシャドウィングを用いて被験者にモデル話者の発音を提示したが、Nielsen (2011) では被験者がモデル話者の発音を聴くだけで音声的収束をすることを示している。Hashimoto et al. (2022) では、シャドウィングによる提示とリスニングによる提示で音声的収束の程度が異なることを示している。もう1つの方針は、被験者とモデル話者の社会的特性に関する研究である。Babel (2009) は、モデル話者の人種に応じて音声的収束のふるまいが異なることを示した。Gnevsheva et al. (2022) では、第二言語話者の方が母語話者よりも音声的収束しやすいことを示している。最後の方針として、どの様な音声特性が音声的収束を見せやすいかに関わる研究が挙げられる。Nielsen (2011) やHashimoto et al. (2022) では閉鎖音のVOTを分析しており、Babel (2009) やGnevsheva et al. (2022)、Hashimoto et al. (2022) では母音のフォルマント値を分析している。Wagner et al. (2021) は広範囲の音声特性（声の高さ、発話速度、閉鎖音の持続時間、母音のフォルマント、摩擦音の周波数）を比較し、発話速度が最も音声的収束が見られることを明らかにした。これらの研究が進展することで、エグゼンプラに含まれる情報の精度や、新しいエグゼンプラの保存に関わる条件、産出目標に関わるエグゼンプラの選択などに関する仮説がより具体的になっていくはずである。

5.2 語彙認識

　次に**語彙認識** (word recognition) に関する代表的な研究を概観したい。

我々は日々さまざまな音声に接しており、全く同じ発音を聴くことはない。話者によって声帯の大きさや声道の形が違っていたり、固有の癖があったりするために、話者ごとに異なった発音をする。同一話者の発音であっても、全く同じ調音運動をすることはできないから、その時々で発音はさまざまにゆれる。「ペンギン」という語を 100 回聞けば、100 個の発音はすべてそれぞれ違っている。最初の閉鎖音の持続時間はさまざまにゆれ、母音のフォルマントもさまざまに分布し、最後の鼻音は直前の母音と混じったり混じらなかったりする。こうした音声的ゆれがあるにも関わらず、我々はたいてい「ペンギン」という語を正しく認識することができる。音声を基に語彙を認識する過程を語彙認識と呼ぶ。

語彙認識に関わる研究の歴史は長い。ここでは頻度と語彙認識の関係に絞って、語彙認識に関わる研究を紹介する。語彙認識に影響する頻度として、2 種類の頻度（語彙頻度と異形頻度）がある。語彙頻度とは先にも論じた様に「ある語彙を日常的にどのくらい頻繁に使用するか」という頻度のことである。語彙頻度の高い語ほど認識が正確で素早いことが知られている (Forster and Chambers 1973)。つまり日常的に良く使う語ほど我々は容易に認識することができる。異形頻度とは「ある語彙に関してどのくらい頻繁に特定の異形を使用するか」という頻度のことを指す。たとえばニュージーランド英語の *water* の発音に関して、規範形 [wɔːtə] と若者形 [wɔːDə] がある[137]。この時、規範形と若者形の総数の内、規範形が何回用いられるかが規範形の異形頻度 p (wɔːtə |water) である。同様に、規範形と若者形の総数の内、若者形が何回用いられるかが若者形の異形頻度 p (wɔːDə |water) である。異形頻度に関しても、頻度の高い異形が正確で素早く認識できることが先行研究で示されている (Pitt et al. 2011)。つまり日常的に頻繁に耳にする異形ほど容易に認識することができる。

語彙頻度の高い語と異形頻度の高い異形の認識が容易であることは、使用基盤モデルにとって当然の帰結である。4.1 節で、我々が音声を聞くと、聞こえた音声に類似した既存のエグゼンプラが活性化し、それに呼応してカテゴリが活性化することを説明した。この時、最も速く飽和点まで活性化した

---

[137] [D] は声帯振動を伴う /t/ の異形を指し、[d] や [ɾ] をまとめた記号である (Hay and Foulkes 2016)。

カテゴリが認識されることも説明した。頻度が高い語に関しては、多くのエグゼンプラが語彙カテゴリに結び付いている。カテゴリの潜在的活性度は、そのカテゴリに結び付いているエグゼンプラの潜在的活性度の総和であることを先に述べた。つまり多くのエグゼンプラが結び付いているカテゴリはそれだけ潜在的活性度が高く、音声を聞くと即座に飽和点まで活性化することができる。頻度の高い異形に関しては、その異形を含むエグゼンプラが多く記憶されている。そのため頻度の高い異形を含む音声を聞くと、それだけ多くのエグゼンプラが活性化し、カテゴリの飽和点までの活性化のスピードが速い。カテゴリが素早く飽和点まで活性化できるということは、そのカテゴリを素早く正確に認識することができるということである。（なおカテゴリが飽和点まで活性化しきらなければ、語彙認識は失敗に終わり、語として認識されない。）

近年 Python や JavaScript を用いて知覚実験を手軽に作成できるようになったため、語彙判別実験をより複雑な条件で実施することが可能になった (Drager 2018: 57–88)。これらの技術を用いて、語彙認識と頻度の関係についてより高度な実験が今後期待される。私が特に期待する方針の1つに、社会変数に応じた頻度効果に関する研究がある。Walker and Hay (2011) では、若者が用いやすい語は若者の声で提示された時に語彙認識が素早くなることが示されている。言い換えれば若者の発話という条件においてある語彙の頻度が高いと、若者の声で刺激が与えられたときにその語彙の認識が素早くなるということである。同様の結果は Kim (2016) と Kim and Drager (2018) でも示されている（社会特性と産出の関係については 5.5 節を参照）。これらの結果はエグゼンプラに社会属性も記憶されていることを示唆している。社会変数に応じた頻度効果の研究が進むことでエグゼンプラが記録している情報の詳細が明らかになることが期待される。

5.3 確率性弱化

確率性弱化 (probabilistic reduction) とは、語彙頻度やコンテクストに応じた**予測可能性** (predictability) に応じて音声的余剰性が変動する現象を指す (Jaeger and Buz 2017)。すべての語が等しい音声的余剰性を持って発音されるわけではない。発話の中で一部の語彙は明瞭に発音される（＝音声的余剰性が多い）一方で、一部の語彙は不明瞭に発音される（＝音声的余剰性

が少ない)。4.2 節で説明した様に使用頻度の高い語彙は不明瞭に発音される一方で、使用頻度の低い語彙は明瞭に発音されることが一般的である。またコンテクストから予測できる語彙は不明瞭に発音される一方で、コンテクストから予測しにくい語彙は明瞭に発音されることが知られている。たとえば「石の上にも」と聞けば、ことわざを知っていれば次に来る語が「3 年」であることは容易に予想できる。一方で「このプロジェクトの期間は」と聞いた場合、「3 年」が来るとは限らず、「1 か月」かもしれないし「10 年」かもしれない。そのため「3 年」という語は「石の上にも」というコンテクストに現れる時の方が「このプロジェクトの期間は」というコンテクストに現れる時よりも予測可能性が高く、一般的に不明瞭に発音されるはずである。

4.2 節で述べた様に、使用基盤モデルでは潜在的活性度による語彙カテゴリへのアクセスの容易さに注目することで、確率性弱化を説明することができる。語彙頻度の高い語が不明瞭に発音される理由は、語彙カテゴリの潜在的活性度の高さのために、産出目標の形成が瞬時に形成できるからであると説明することができると説明した。コンテクストに応じた予測可能性の高い語が不明瞭に発音されることに関しては、以下の理論的解釈があり得る (Hashimoto 2021)。語彙カテゴリは関連するコンテクストによって活性化させられる。これは関連するカテゴリが記憶の中で結び付いて記憶されており、記憶の一部が活性化すると活性化拡散が起こるためである。コンテクストによって活性化させられた語彙カテゴリは潜在的活性度が上がるためアクセスしやすくなる。その結果産出目標の形成速度が上がり、素早く産出できるようになるため、産出における音声的余剰性が下がる。

確率性弱化は近年音声学の分野で盛んに研究されているテーマの 1 つである。研究の方針としては「音声的余剰性の変動は音声的にどのように実現するか」という従属変数に関する問いと、「予測可能性をどのように定義するか」という独立変数に関する問いの 2 つがある。従属変数に関わる問いについては Gahl (2008) の様な持続時間に注目した研究が多いものの、母音のフォルマント値に注目した Gahl et al. (2012) や、韻律に注目した Tang and Shaw (2020) などがある。独立変数に関わる研究は、Bell et al. (2009) を始めとする隣接語彙からの予測可能性に注目する研究が広く行われているが、Seyfarth (2014) や Hashimoto (2021) の様な予測可能性の期待値や、Cohen (2014) や Hashimoto (2023) の様なパラダイム内の予測可能性も研究されて

いる。今後2つの変数に関してさらに明らかになることで、産出目標の実行や記憶の中におけるエグゼンプラの結びつきなどに関する仮説がより洗練されていくことが期待される。

5.4 音変化

　我々の発音は知らず知らずのうちに変化している。たとえば平安時代には日本語の音韻体系には8種類の母音が存在していたと考えられているが、現代日本語の多くの方言では5母音体系が一般的である。また平安時代の日本語のハ行音が [h] ではなく [p] であったことは有名である。（こうした日本語音声の古代から近世までの歴史変化について釘貫 (2023) が詳細にまとめている。）このように時の流れとともに発音が変化していくことを**音変化** (sound change) という。

　音変化は古くから研究されていた言語現象の1つである。音変化の研究方法として、以前は文法家や詩人の書き残した文献を手掛かりに古の発音を推定するアプローチが一般的であった。先に述べた平安時代の日本語の発音は文献から推定されたものである。近年は録音技術が進歩し録音ファイルが集積したことで、実際の音声から音変化を研究することが可能になった。通時的に大規模なコーパスとして ONZE コーパス (Gordon et al. 2007) が特に有名で、1851年から1987年に生まれた話者の話すニュージーランド英語を集積している。このコーパスの存在は音変化の研究で大変貴重なもので、ニュージーランド英語は初期入植者から現代までの発音の変遷を実際の録音に基づいて研究することができる。

　音変化においても語の使用歴が重要な役割を担っていることがわかっている。音変化の方向が音声弱化に向かう場合、語彙頻度の高いものから順に変化が進むことが一般的である。Hay and Foulkes (2016) は ONZE コーパスを用いて、ニュージーランド英語の語中の /t/ が近年有声化し [D] として発音される現象の通時変化の様子を研究している。その際に語彙頻度の高い語や若年層が使用しやすい語（例：*computer*）ほど語中の /t/ は [D] として発音されやすく、語彙頻度の低い語や老年層が使用しやすい語（例：*knitting*）ほど [t] として発音されやすいことを明らかにした。この事実は、語彙頻度の高い語や若年層が使用しやすい語ほど、[D] への交替が進展していることを意味する。

頻度に応じて音変化の進度が異なるという事実は、使用基盤モデルの仮説から当然の様に帰結する。語中の /t/ を [D] として発音する現象は 4.2 節で説明した効率化のバイアスによって説明できる。使用頻度の多い語彙は、それだけこのバイアスの影響を受け、[D] を含むエグゼンプラが記憶に集積していくと考えられる。その結果、使用頻度の高い語彙は [D] で発音されることが多くなると説明できる。また /t/ を [D] として発音する現象は若年層の流行であるとも見ることができる。そのため若年層が使う語ほど、社会的なバイアスを受けて [D] を含む発音がエグゼンプラとして記憶の中に集積していくと考えられる。その結果、若年層で使用されやすい語は [D] で発音されることが多くなると説明できる。

音変化を自然発話コーパスで音響的に明らかにしようという研究は近年始まった動きであると述べた。今後コーパスを用いた研究が多角的に展開されていくことが期待される。これまで音変化は頻度の高い語彙から頻度の低い語彙に広がっていくと考えられていた。しかし近年のコーパス研究で頻度の低い語から音変化が始まる現象 (Hay et al. 2015) も存在することが明らかになった。これを受けて Todd et al. (2019) は音声知覚におけるエグゼンプラの新規保存を数理的にモデル化することで、音変化の多様性を説明している。今後コーパスを用いてさまざまな音変化が明らかになることで、エグゼンプラの新規保存やカテゴリのアップデートに関わる仮説がより具体的になっていくはずである。

5.5 社会的状況によるプライミング

社会音声学 (sociophonetics) と呼ばれる分野の研究が近年盛んに行われるようになった。これは音声学的アプローチで社会言語学を研究する分野のことを指す。たとえば年齢や性別に応じて発音にどの様な音響特性が見られるかを明らかにしたり、聞き手や発話の場面に応じてどの様な音響特性が見られるかを明らかにしたりする。本節では実験的手法を用いて、社会的状況に応じて異形の選択確率が変化することを明らかにした研究を概観する。

Love and Walker (2013) は、自然発話における話題に応じて異形の選択確率が変化することを明らかにした。Love and Walker はアメリカに住んでいるイギリス英語話者にインタビューした。その際にアメリカンフットボールに関するテーマとサッカーに関するテーマで話してもらった。録音を分析

すると、アメリカンフットボールに関して話をしている時に歴史的に尾子音位置に /ɹ/ を持つ語の末部の第 3 フォルマントの値が大きく下がることを見つけた。つまりアメリカンフットボールについて話す時に、イギリス英語話者はアメリカ方言の音響特性を色濃く見せるということである。Hashimoto (2019) は心理実験を用いて、この結果をニュージーランド英語話者が借用語の発音において [ɹ] と [r] を選択する確率に拡張している。

　話題に応じて発音が変化するという事実は、使用基盤モデルの仮説を用いて理路整然と説明することができる。4.1 節で説明した様に、我々の記憶にはエグゼンプラとカテゴリから成る膨大なネットワークが保存されている。エグゼンプラは語彙カテゴリに結び付くだけでなく、社会カテゴリや音韻カテゴリにも結び付いている。我々が特定の話題について話す時、その話題は関連する社会カテゴリを活性化する。たとえばアメリカンフットボールの話題は、"American" という社会カテゴリを活性化するだろう。社会カテゴリが活性化すると活性化拡散が起こり、その社会カテゴリに結び付くエグゼンプラもある程度活性化する。その結果これらのエグゼンプラは産出目標の形成に貢献しやすくなる。先の例で言えば、"American" という社会カテゴリが活性化すると、それに結び付くアメリカ英語の発音を記録したエグゼンプラも活性化する。その結果、アメリカ英語の発音を記録したエグゼンプラが産出目標の形成に貢献しやすくなり、音声産出においてアメリカ英語の音響特性が現れやすくなる。

　本節では会話の話題による変異現象を中心に概観したが、話し相手の社会特性に影響を受けることがあることはよく知られている (Bell 2001)。我々が教師と話す時と友達と話す時で話し方が変化することからも、このことは経験的に明らかである。社会的状況によって我々の音声産出は変化する。社会的状況は産出だけでなく知覚にも影響することが報告されている。刺激音声の年齢に応じて語彙認識が変化することは 5.2 節で概観したとおりである。また Hay and Drager (2010) では、カンガルーのぬいぐるみとキウィのぬいぐるみのどちらを見るかによってニュージーランド英語話者は母音の知覚を変えることを実験で示している。これらの一連の研究は、言語に関する知識が他の知識と独立して記憶されているわけではなく、絡み合って記憶されていることを示唆するものである。社会的状況に応じて音声産出・音声知覚の様相がどのように変化するのかを明らかにしていくことで、心理に保存

されているカテゴリとエグゼンプラのネットワークの様相がより鮮明にわかっていくはずである。

6. まとめ

　本章では使用基盤モデルが出現した背景及びさらなる発展可能性について概観した。まずビッグデータを用いた量的研究によって明らかになった「語の発音の変異確率は使用歴に応じて決定される」と考えられる現象について説明した。伝統的な規則や制約に基づいた理論はこれらの現象に関して一律適用効果を予測してしまうが、使用基盤モデルは正しくこれらの現象を説明できることを指摘した。その後、使用基盤モデルと親和性の高い他の現象を紹介し、昨今の使用基盤モデルを用いた研究の展開と今後の展望について述べた。今後実験研究やコーパス研究がさらに活気づくことで、より多くの研究者が使用基盤モデルを用いて音声音韻現象に理論的解釈を与えることが予想される。

第13章　神経基盤モデル

黄　竹佑

1. はじめに

　神経基盤モデルは、言語と音韻の現象を説明するために、神経科学や情報科学の概念・方法論を使うモデルである（Alderete and Tupper 2017; Stemberger 2017）。生成文法ではその文法モジュール観から領域固有性が強調される傾向があり、脳の認知機構において記憶や、運動、心の理論などの領域と言語とが切り離されることが特徴である（Bates 1993）。一方、神経基盤モデルでは言語を高次的脳機能の1つとして位置付けている。この違いにより、神経基盤モデルは他の音韻理論から一線を画す存在になっており、言語の産出と知覚がいかに脳の認知とともに働くかを捉えるのが神経基盤モデルの役割といえる。神経基盤モデルの中でも複数のアプローチがあるが、本章ではコネクショニストモデル（Connectionism）を神経基盤モデルと定義する。コネクショニストモデルに基づく神経科学の視点と音韻論の理論を比較した際、それぞれの制約の定義や説明力に相違点が見られている。本章ではまず神経基盤モデルの歴史を述べ、その中でどのような枠組みがあるのかを紹介する。神経基盤モデルで分析の対象とされる現象に着目し、検証可能性をめぐって脳計測の関連技術の実験を紹介し、神経基盤モデルの限界を議論する。

　神経基盤モデルの1つである**コネクショニスト音韻論**（Connectionist Phonology）はその名の通りコネクショニスト理論に由来する（Nadeau 2001; Alderete and Tupper 2017; Stemberger 2017）。コネクショニスト理論はもともと音韻現象を説明するために提唱されたものではなく、認知科学と心理学から発展したものである。そのため、生成文法のように人間の言語機能を主役にして分析するものではなく、高次的脳機能における言語機能という位置付けで分析している。認知科学の観察から発展してきた側面が強いため、多数の神経細胞－すなわちニューロン－がどのように相互に接続され、伝達ネットワークをなすのかが主眼の1つである。ニューロンは信号入力による刺激を受けると、それに接続された後ろのニューロンもシナプスを

通じて触発され、情報伝達が行われる（図1）。

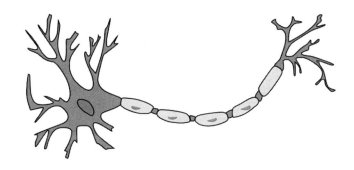

図1 神経細胞（Clker-Free-Vector-Images 作成；Pixabay より）

ヒトの脳には無数のニューロンがあり、複雑なネットワークをなしている。シナプスを通して、前のニューロンであるシナプス前細胞から後のニューロンであるシナプス後細胞に情報が伝導されるが、複数の経路からシナプスの入力があることもある。どちらが先に活性化するか、そしてどちらを強化または弱化させるかでメッセージの伝達効率が異なり、それぞれのネットワークを形成する。このようにシナプスは受け取る情報に応じて可塑性を持っており、それにより学習がなされる。ニューロンに対する観察は認知科学で理論化され、言語能力を含むヒトのあらゆる高次脳機能が同様の神経ネットワークを通じて記述できるというのが神経基盤モデルの基本的な考え方である。人間の心理現象は神経ネットワークにあるベクトルであり、ニューロンが刺激を受けるとそれに接続されているすべてのニューロンが活性化し、次々と広がっていく。

　神経基盤モデルは厳密には神経科学的な観察ではなく、人間の行動や心理に関する認知科学的な理論であるが、神経科学的な観察にとどまらず、認知科学的な理論へと昇華したものである。生物学的な神経細胞であるニューロンと区別するために、コネクショニスト理論における神経単位は一般的に**ユニット**（unit）と呼ばれている。各ユニットは生物学的な神経回路網のようにシナプスのような**連結**（connection）をいくつも持っていると仮定される。

　インプットにある各要素は複数の連結を持っているが、刺激があった際に

どのシナプスを通して情報を伝導していくかは**重み**（weight）の値によって決まる。重みが大きければ大きいほど、2つのユニットが一緒に刺激される確率が高くなる。逆に、2つのユニットが一緒に刺激される回数が多ければ、ユニット間の重みも大きくなり一緒に連動しやすくなる。このようにユニット間のリンクの重みは変わることがある。可塑的なものであると仮定し、学習によって変化していくという枠組みである。

　認知科学では神経基盤モデルに対してさらに様々なアプローチを発展させてきた。それぞれのモデルでは学習過程の解釈が異なっている。1980年代以降の認知科学で注目されているアプローチの1つに、**並列分散処理モデル**（Parallel Distributive Processing Model）があり、大きな注目を集めてきた。並列分散処理モデルは、神経伝達の並列性を強調し、前述の神経伝達と学習のルールの関係性を確立させ、個体の後天的な経験がユニットの接続を修正するということを提唱した。重みなど定量的な値が仮定されているため、一部の理論の検証も統計的手法などによって可能である。

　生成音韻論では文法の習得に関してはヒトが普遍文法のある言語獲得装置により言語を獲得すると主張しているが、神経基盤モデルでは文法知識は言語行動の副次的産物であるとしている（Alderete and Tupper 2017）。また、生成音韻論との大きな違いとして、記号体系で予測するのではなくすべて数値で計算されるという点が挙げられる。音韻現象での出力を導き出すには、神経基盤モデルではベクトルや行列に対して線形代数と微積分を用いて計算することが一般的である。

2. 神経基盤モデルの発展

　19世紀以来、ニューラルネットワークはヒトの学習理論でも使用されるようになってきたが、コネクショニスト理論を言語現象の記述や説明に応用するようになったのはその後のことである。これは、神経科学や心理学の中ではヒトの言語は数多くの高次的脳機能の中の1つにすぎないからである。コネクショニスト理論に関する様々なアプローチが議論されていたなかで、言語学者のシドニー・ラム（Sydney Lamb）がリレーショナル・ネットワーク理論（Relational Network Theory; RNT）を提唱し、言語の理論に用いられた（Lamb 1966）。RNTでは、言語は音韻論、形態論、意味論、そして音素、形態素などといった異なるレベルにより構成されていると仮定されて

いる。たとえば英語の/dog/が入力の場合、神経回路網において/d/、/o/、/g/の3つの音素が意味の処理と同時に触発されると仮定されている。RNTは当時の言語理論で大きな反響を呼んだとはいえないが、ニューラルネットワークを用いた音韻に対する分析の試みであった。この時期の神経基盤モデルを用いた言語理論では、音声の単位は依然として記号中心であり、たとえば、dog という単語は/d/、/o/、/g/、あるいは素性のような個々の音素の特徴を触発させるとされており、完全に分散的である神経基盤モデルとは異なっていた。

神経基盤モデルの枠組みでは、基本的に入力と出力があると仮定されている。この点では、生成音韻論や最適性理論などその一連の基本的な仮説と大きな差異が見られない。入力と出力の間にはリンクがあり、また中間層が存在すると想定する理論もある。各言語の現象は異なるユニットによって触発されると仮定し、表現に関しては**ローカルモデル**（local model）と**分散的モデル**（distributed model）の2種類があるとする。ここでは Stemberger（2023）に従い、ユニットの連結方法と中間層の仮定の違いにより3種類の神経基盤モデルを紹介する。

2.1 ローカルモデル

ローカルモデル（local connectionist model）では、1つ1つのユニットが言語学で仮定されている単位と対応している。たとえば、dog という語は、それに対応する意味のユニットと、/d/、/o/、/g/とがそれぞれリンクされている。各層にはっきりした境界はないが、ユニットごとに連結の数が異なっている。また、リンクは双方向になっていると仮定されているため1つのユニットが触発されると、リンクされている別のユニットも触発されて競合することもある（Dell 1986; Dell, Burger and Svec 1997; Stemberger 2017）。

このようなモデルは**失語症モデル**（Aphasia model）とも呼ばれる（Dell, Burger and Svec 1997; Dell, Chang and Griffin 1999）。前述のように神経基盤モデルは、もとより認知科学から発展してきたという側面があり、議論されている現象も言語知覚や言語産出に重点を置く。また、音韻だけではなく言語の意味部門と統語部門も一緒に議論されることが多い。

言語知覚では言語使用者が、受け取った言語入力である元のデータ入力を

受け取り、それにより刺激されたユニットは後に接続された他のユニットを刺激しつづけて出力を誘導し、言語出力時には入力層は概念または状態となる。神経基盤モデルの基本的な前提では、ユニットは神経細胞の状態と同じように触発されるか否かという二値的な可能性しか持っていないと考えているため、数学的には0か1かで表される。ユニットがどの順番で触発されるかは重みという概念を用いて予測されており、二値的ではなく学習された連続的な重みで決まっていく。重みは学習によって変化することがあり、重みが確立していない状態では話者の意図と異なるアウトプット－いわゆる発話エラー（speech error）－が生じる。Dell et al. (1997)では失語症とそうでない被験者に対して発話実験を行ったが、発話エラーをいくつかのパターンに分類することができた。たとえば英語の/cat/を発話しようとし、実際は[dog]のように意味的に類似するカテゴリー（ここでは、哺乳類またはペットなど）に属する別のユニットが出てきたりすることが観察されており、制約の存在を示唆している。

2.2 非反復分散モデル

非反復分散モデル（distributed non-recurrent models）は、名前に分散とある通り、ローカルモデルとは異なり、ユニットが既知の言語単位と対応していないモデルのことである。モデルの中にあるユニットが人間の言語知識もしくは言語学の概念と対応していない。非反復という語が示すようにユニットの間の連結が双方向の矢印ではなく、図2のように一方通行と仮定されている（Rumelhart, McClelland and PDP Research Group 1986; Dell, Juliano and Govindjee 1993）。

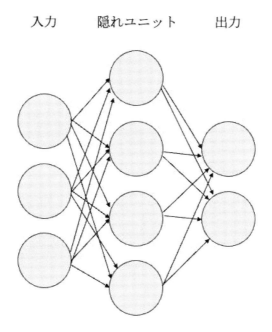

図2 神経基盤モデルにおける入力と出力の関係

　非反復分散モデルは一方通行であることから非反復という名称になっているが、層の数については議論が見られる。このモデルの図式を見ると、**隠れユニット**（hidden unit）を仮定していることがわかる。この隠れユニットは入力層と出力層の間に位置し、入力と出力の間の情報を処理し変換すると仮定されている。隠れユニット層の仮定により、英語の過去形変化などを含む一部の個別言語で見られる複雑な音韻変化を説明することができる（Marchman, Plunkett and Marchman 1997）。各層は前の層の出力を入力として受け取り、それを処理して新しい出力を生成する。図5では、非常に単純な一層構造を仮定するが、モデルによっては複数の隠れユニット層を想定することも多い。隠れユニットの各ユニットはその入力に対して何らかの変換を行い、それは非線形であってもよく、そして出力の出力層へのリンクを通過し続ける。

　分散モデルでは、ユニットが分節音といったヒトが直感的に認識する単位

に対応していないため、計算が複雑になる。分節音や音節などは1つのセットのユニット群と考えられる。すべてのユニットは、活性化の値が決まっており、-1から1までの実数を仮定する。0は静止状態を表す。網状分布になっているユニットは活性化した場合、連結を通して入力された情報を出力していく。ここでは、McClelland and Rumelhart (1985)の定式化を使って説明する。2つのユニット i と j があり、j から i に1回目の情報が送られるとする場合、以下の式で一般化できる。a_j はユニット j の活性化状態を表し、w_{ij} はユニット i に対するユニット j の重みである。

（1）
$$i_{ij} = a_j w_{ij}$$

一方、i_i の値は以下の式で求められる。j は i 以外のユニットを指すため、複数の値が総和される。

（2）
$$i_i = \sum_j i_{ij}$$

ほかのユニットから伝達されてくる重みの合計は**ネットインプット（net input）**と呼ぶ（Dawson 2004, 2005; McClelland and Rumelhart 1985）。ネットインプットは、以下の数式のように i_i の値を合計の出力値（**ネットアウトプット；net output**）に足して計算できる。

（3）
$$n_i = i_i + e_i$$

初回の触発のプロセスを数式で計算することができるが、2回目以降はネットインプットの値に沿って予測されていく。ネットインプットが正の値の場合ユニットの活性化レベルが上がるのに対し、負の値の場合は減衰すると考えられる。ユニット i のネットインプットとネットアウトプットの値の差を Δ_i と仮定する場合、$\Delta_i = e_i - i_i$ になる。神経基盤モデルではこのように数

第13章 神経基盤モデル

式で各ユニットの重みおよび中間にある隠れユニットの個数を推測する。

2.3 反復分散モデル

反復分散モデル（distributed recurrent models）は、名前のとおり、非反復分散モデルと同じくユニットが既知の言語単位に対応しておらず、隠れユニットがあると仮定している。計算の原理も共通するが、非反復分散モデルと異なるのはユニット間のリンクは一方的なものではなく双方向であると考えている点が挙げられる。反復分散処理モデルは以下の図のようなモデルとしてまとめられる（Nadeau 2001; Gaskell and Marslen-Wilson 1997）。Nadeau（2001）では実際にシミュレーションを行ってはいないが、図3のように双方向のリンクで連結しているモデルを提案し、発話エラーなどの現象を説明している。

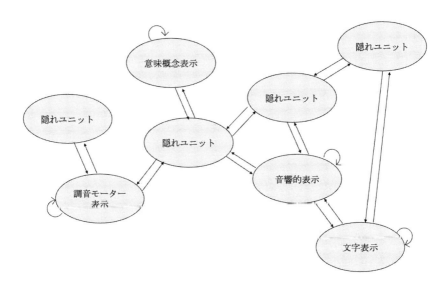

図3、Nadeau's (2001) connectionist model of phonological processing
（著者再作成）

上のモデルでは、**意味概念の形成**（concept representation）が隠れユニットを経由してそれぞれ**調音モーター表示**（articulatory motor representation）と**音響表示**（acoustic representation）とを双方向にリン

クしている。言語処理の動的な性質を捉えるための、ユニット間の双方向の連結が特徴である。言語の知覚と産出の両方が同時に、そして相互に影響を与え合うことがモデルでは可能となる。実際の言語処理が一方向の情報の流れだけでなく、多くの異なる情報源からのフィードバックを必要とする点はこの両方通行のモデルで捉えることができる。

　双方向の伝導と網状の連結を仮定することにより、話者のボトムアップとアップダウンの並行処理を説明でき、言語処理だけではなく失語症患者の発話データで観察されるパターンも説明できる。また、音韻学習で意味の概念がわからないのにもかかわらず音の復唱ができるということも捉えられる。読み書きの能力などを加えたものもある。複数のルートから入ってきた情報を、ユニットを通して並行的に情報を処理し、それぞれの連結を通して広がっていく。

3. 神経基盤モデルを用いる言語分析

　神経基盤モデルを用いる言語分析は、機械学習以外に主に失語症のデータや話者の発話エラーなどで見られている。インプットとアウトプット、伝導方向、隠れユニット、時系列の言語処理などを想定することにより、アウトプットの中間段階を観察することができ、発話エラーなどの原因を探ることができる。神経ネットワークの中にある構成要素で構成されており、音韻や音声情報を記憶・想起する役割を担っている。このようなモデルの構造には、通常、音声回路をシミュレートするためのエコー記憶が含まれている。たとえば、Dell et al. (1997) は、発話エラーの生成過程を説明するモデルを提案し、失語症や発話障害で見られる音韻現象を分析している。

3.1 線状性

　ヒトの言語には**線状性**（linearity）という性質があり、言語が時間に沿って継起するという原則である。従来の生成音韻論の枠組みでは、個々の音はカテゴリーによって分類されており、たとえば、/mikan/は/m/、/i/、/k/、/a/、/N/の5つの分節音からなると分析される。このような順序は、知覚でも産出でも重要なことである。しかし、実際にヒトの調音は連続的で動的なものであり、発音されるたびに音響的情報が異なることが知られている。また、周りの分節音の性質によって共調音されるうえ、実際に発話された音声

の中では分節といった生成音韻論で仮定された音素の境界も曖昧である。そ
れゆえ、言語の連続性は生成音韻論で議論されることはまれである。言語の
連続的な性質と抽象化されたカテゴリーはしばしば音韻論と音声学の違いと
して認識されているが、意味概念を言語という形式にすることで、発話また
は知覚という行動を神経基盤モデルの中で1つの枠組みで説明できる。行動
は一連のユニットの触発により生成され、隠れユニットにインプットととも
に**クロックユニット**（clock unit）が情報を送ると仮定できる（Byrd and
Saltzman 2002）。クロックユニットは再帰的なもので、アウトプットの情
報とフィードバックのユニットから情報を受け取り、時間軸に沿って音声を
生成していく。このプロセスは時間に沿って継起するが、意味概念のインプ
ットと調音など言語機能に関わる脳とすべての調音器官を多方向かつ動的に
操作するため、線状性を保ちつつ互いに影響しあうと考えられる。

3.2 音韻学習

音韻学習のシミュレーションのための神経基盤モデルは、特定の音韻規則
に依存することなく、音から統計的特徴を抽出することにより、音韻や音韻
構造を学習するメカニズムを予測する（Elman and McClelland 1984）。た
とえば、Seidenberg and McClelland（1989）は、正書法から音韻へのマッ
ピングを学習するモデルを提案している。ほかに、Baddeley, Gathercole
and Papagno（1998）はワーキングメモリを用いるモデルを確立させ、**音韻
ループ**（Phonological Loop）を提唱している。音韻ループとは、言語に関
するワーキングメモリのことで、言語学習の装置であると主張されている。
言語話者は、聞いたことがない単語でもその場で真似して発音することがで
き、単語の発音を復唱で学習する際に、まずは入力として音素の配列を時間
軸に従って受け取って、また同じ音素の配列を出力していく。出力されたも
のはさらに逆の矢印を通して入力に戻り、ループを形成することになる。た
とえば、「こぽぴ」という音を日本語話者に発音させるとして、何回か練習
させればできるようになる。仮に自分の言語にない音素でも機械的に調音を
練習させ、無限にもとの音声に近づかせることも理論上可能である。さきほ
どの反復分散モデルを用いてすれば、このように内的に繰り返している状態
を作ることにより、リハーサルができ、聴覚入力と音響的出力のリンクが強
化され、両者のリンクの重みも上がると予想される。ちなみに、この段階で

は「こぽぴ」という音素列はまだ意味との対応ができていない。このような中間段階も反復分散の神経基盤モデルでは、概念のユニットを経て処理していない状態と解釈できる。

　Baddeley et al. (1998)のワーキングメモリモデルは音韻ループの重要性を強調している。この音韻ループは、新たな語彙の習得や言語の理解において中心的な役割を果たすとされている。音韻ループは、短期的な音韻情報の保持と再生を可能にし、これにより言語の学習と使用が促進される。

3.3 発話エラー

　発話エラーも、しばしば神経基盤モデルで分析されている。たとえば、日本語の中では以下のような言い間違いがあると考えられる。

　　　（4）　a. 意図された発話：　　「落ちるのがはやそう」
　　　　　　b. 実際の発話：　　　　「はやるのが落ちそう」

　（4）では音素配列はすべて同じで、両者の中で使われている音もまったく同じである。「はや」と「おち」が入れ替わったが、どちらも言語学では意味を担う最小単位である形態素である。形態素で分析する場合、「おちる」という動詞の最初の形態素と、「はやい」という形容詞の最初の形態素が入れ替わっているのである。このような発話エラーは、Dell et al. (1997)などの先行研究によって神経基盤モデルの観点から分析されてきた。彼らのモデルでは、発話エラーは言語生成の過程での一時的なネットワークの不調として説明されている。具体的には、形態素の選択と配置の過程での一時的なネットワークの不調が、形態素の誤った選択や配置を引き起こすとされている。また、このような発話エラーの分析は、言語生成の過程がどのように階層的に構造化されているかを示す手がかりを見せている。また、形態素の選択と配置の過程が、より大きな構造−たとえば、単語やフレーズの生成の過程−と密接に結びついていることが示されている（Levelt, Roelofs, Meyer 1999)。

　第一言語の音韻習得と発話エラーを神経基盤モデルで分析する研究もある。Berg and Schade (2001)では第一言語習得の子音調和の例が紹介されている。子音調和とは、単語内の子音が、発声や調音位置などの特定の特徴を

共有しており、それにより同化現象が起きるという音韻プロセスを指す。子どもが第一言語を習得する際に多くのエラーを発話している。同論文では以下のように子音を別の子音として誤って発音する現象が挙げられた。

(5) Leber /leːbər/ → [beːbər]
（Berg 1992; Berg and Schade 2001 より引用）

/p/と/d/と2つの閉鎖音があるが、/d/が実際に[p]で発音されてしまう例が観察されるが、このような発話エラーは従来の音韻モデルでは捉えにくい。さらに、図 4 のフランス語単語のように子音に関連する誤発話も観察される。

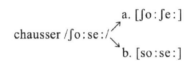

図 4 「chausser」の誤発話（Deville 1891 より）

このデータは個人の言語データで観測されているバリエーションに属しており、一般化しにくい現象である。Berg and Schade (2001)はローカルな神経基盤モデルを用いて、エラーが起きる原因を低活性化や、過剰活性化、自己抑制という概念で分析している。低活性化とは、ユニット間のリンクが発達していないために活性化が過度に少ないことを指し、誤調音のパターンを捉えることが判明している。過剰活性化とは、低活性化と逆方向になっており、ユニット間のリンクの活性化が過度に多くなっていることである。これらの概念を用いて計算機でシミュレーションすることにより、より複雑な音の習得と産出に関して予測を行うことができる。また、ヒトの子音の発達段階で見られる現象とその裏にあるメカニズムについて示唆を与えることができる。

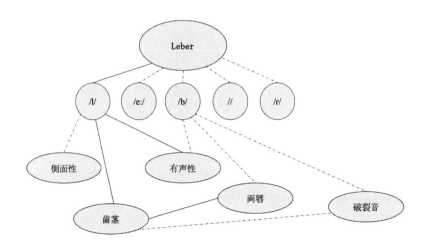

図 5 Leber という語の触発ルート（Berg and Schade 2001 の図に基づき著者が再編集したもの）

さきほど Leber が誤って Beber として発話された例を確認しよう。図 5 は Leber が Beber として発話されてしまうプロセスを説明しており、/l/ が選択されようとしている間、Leber とリンクしているほかのユニットが同時に活性化されるため、誤って /b/ を先に触発してしまっている。もう 1 つの仮説として、その子音が指定する有声性や調音場所との情報交換は支障なく行われることが望ましいが、発話者の中で /l/ と側面性の間の連結が十分に発達しておらず、接続が確立できていない可能性も挙げられる。その結果、側面音はほかのユニットからいくらかの情報を受けるものの、側面音の自然な発話を活性化できるほどの十分なフィードバックが得られない可能性がある。言語の分節などの選択は、ネットワーク内の活性化を仮定し、活性化レベルに達したユニットが選び出されると考えられる（MacKay 1987）。特定のノードが完全に活性化されていないからといって、発話という行動がフル停止するわけではなく、別のユニットが活性化してしまう。あるユニットが競争関係にある別のユニットよりも強く活性化されていれば、話者はその強いユニットを選択する。その結果、子どもの発話の中で子音調和というエラーが

第13章 神経基盤モデル

観察されることになる。このように、神経基盤モデルのユニットの活性化を用いて、発話エラーを説明できる。

4. 脳活動計測手法による理論検証と問題点

神経基盤モデルの構築は脳の神経活動から由来しているが、ユニットや連結など抽象化された仮説と概念が多くあるという側面もある。計算機の性能が高くなっている今、ユニットと重みなど数学的手法で計算できる部分がほとんどで、計算言語学や心理言語学では大きな進歩をおさめたが、神経基盤モデルが仮定するようにヒトが言語の計算をしているのかについては完全に解明されているわけでない。ヒトの脳にはわれわれが意識できる概念の形が物理的に存在せず、神経細胞間の伝導によりヒトが認識する情報を形成するが、神経基盤モデルでのユニットと連結などの存在を証明することが容易ではない。言語を中心に扱う実験では細かいユニットレベルの検証は難しいが、活性化される区域がどこにあるのか、また、言語刺激を受けてどのような順序で活性化されていくのかなど、脳の活動を間接的に観察するにはいくつかの手法がある。

事象関連電位（ERP）は、認知過程の神経基盤を調査するためのツールの1つである。事象関連電位というのは、特定の事象、たとえば音声の刺激の提示に対して、ヒトの脳波（EEG）の変化を計測するものである。事象関連電位は高い時間分解能を持ち、認知処理の研究に適している（Luck 2014）。事象関連電位は認知科学の研究において長い間使用されており、成果も蓄積されてきた。脳の各区域の電位の変化を観測し、刺激の開始からミリセカンド単位で計測してそれぞれの成分を命名している。たとえば、早い段階から発見されたP300という成分があるが、タスク関連の刺激の開始時間から約300ミリセカンド後にERP波形で正の変化を示すものを指している（Sutton et al. 1965）。N400は、タスク関連の刺激の開始時間から約400ミリセカンド後にERP波形でネガティブな変化が見られるものをさす。脳波成分の役割については議論が多く見られるが、たとえば、上記のN400は意味のある刺激に対して現れやすく、意味処理と関連している可能性があるといわれている（Kutas and Hillyard 1980）。一方、ミスマッチ陰性波（MMN）は聴覚と関連しており、音声言語で予想と異なる刺激が出たときに現れると報告されている（Näätänen et al. 2004）。このようにさまざ

な認知処理と関連して、多くの脳波成分が特定されている。

　事象関連電位の研究は、注意、記憶、言語など、幅広い認知過程について貴重な示唆を与えている。さらに、ERP 研究はアルツハイマー病など、さまざまな臨床状態の神経基盤を調査するために使用されてきた（Olichney et al. 2008）。事象関連電位を用いて単語の終わりと非単語の終わりの間で音韻的な統合の違いを分析し、音韻パターンの学習と表現における頻度の効果を神経科学的な観点から検証した研究も見られる（Gaskell and Marslen-Wilson 1997）。

　事象関連電位の主な課題の1つは、ERP 成分が発生した区域がいったいどこからなのかを判断することが非常に難しいということが挙げられる。また、どの成分がどういう機能を司るのかも議論されており、定めではないものも多くある。さらに、事象関連電位は刺激に対してどのタイミングで反応するのかという時間分解能が優れているが、具体的にどこで変化が見られるかという空間分解能は機能的磁気共鳴画像法（fMRI）などの技術と比較して低い（Luck 2014）。

　もう1つの脳計測の方法として、機能的磁気共鳴画像法（fMRI）がある。fMRI は、神経活動と関連する血流の変化を測定することにより、脳の活動を空間的に高精度に視覚化する技術である。この技術は、認知神経科学における最も重要なツールの1つとなっており、脳の構造と機能の関係を理解するための重要な手段を提供している（Logothetis 2008）。

　fMRI の使用は、認知過程の神経基盤を研究するための新たな可能性を開き、多くの重要な発見をもたらしてきた。たとえば、Kanwisher, McDermott and Chun（1997）は、特定の視覚刺激に反応する領域を特定するために fMRI を使用した。fMRI は事象関連電位と同じように、さまざまな精神疾患や神経疾患の神経基盤を理解するための重要なツールとなっている。たとえば、Raichle et al.（2001）は、うつ病患者の脳の異常な活動パターンを明らかにするために fMRI を使用した。また、Greicius and Menon（2004）は、アルツハイマー病患者のデフォルトモードネットワークの異常を示すために fMRI を使用した。fMRI の制限の1つとして、血流の変化を測定することにより間接的に神経活動を推定するという性質上、時間分解能が限定的であることであることが挙げられる。

　神経基盤モデルは、音韻パターンの学習と表現における頻度の効果を説明

するための有力なフレームワークを提供しているが、実証研究が十分でない。神経科学的な観点から検証するためには上記の脳計測手法を使用することで実証できる。たとえば、McClelland and Elman（1986）の研究は、神経基盤モデルの一種であるTRACEモデルから言語処理の動的な性質を説明するための神経ネットワークモデルを提案している。彼らのモデルは、ERPやfMRIのような脳計測手法を用いて神経科学的な観点から検証することが可能であり、神経基盤モデルの理論的予測を神経科学的なデータで証明するための一歩を示している。一方、Davis and Johnsrude（2003）のfMRI研究は、音韻的な情報の処理が脳のどの部分で行われるかを明らかにした。この研究は、コネクショニスト音韻論の観点から音韻的な情報の処理を理解するための重要な手がかりを提供している。

5. ほかの理論との比較
5.1 最適性理論との共通点

　最適性理論では様々な制約が提案され、これらの制約の優先順位は言語によって異なる可能性が示唆されている（Prince and Smolensky 1993/2004: 第10章）。古典的な最適性理論のモデルも神経基盤モデルも入力と出力を仮定している。

　入力と出力の間には、神経基盤モデルでは隠れユニット層が仮定されており、古典的な最適性理論のモデルと異なるのだが、発展形の最適性理論モデルでも中間層が仮定されている。また、連結の重みという概念も重みづけの発展形の枠組みとも共通しており、通常、制約の実現とみなすことができる重みまたは選好のセットの学習に基づく（第11章に参照）。

　最適性理論と神経基盤モデルの主な違いはいくつかあり、まず、最適性理論が記号体系を扱う理論であるのに対し、神経基盤モデルは分散モデルであり、記号体系ではなくユニットの連結によりヒトの言語で見られる現象を説明する。次に、音韻学習のプロセスに関して、最適性理論では普遍性を持つ制約の相対順序を学ぶと仮定されているのに対し、神経基盤モデルではユニット間の連結を学習すると仮定されている。

5.2 情報基盤モデルとの共通点

　情報基盤モデルでは、言語表現（たとえば音韻インスタンス）は、個々人

によって個別のインスタンス、つまりエグゼンプラとして保存されると考えられている（Pierrehumbert 2001: 第 12 章に参照）。エグゼンプラには、さまざまな詳細な音声情報や談話情報が含まれており、時間の経過や使用頻度に応じて動的に更新される。一方、神経基盤モデルは、言語学習と処理を含む認知プロセスを理解するために、ユニット間の連結と触発をシミュレートする計算モデルである。また、神経基盤モデルは個々のインスタンスを直接保存するのではなく、学習された言語規則やパターンを分散表現する。学習プロセスには通常数学のアルゴリズムが使われ、ユニット間の接続の重みを繰り返し調整することで、モデルの予測誤差を最小化するのが一般的である。

このように、情報基盤モデルと神経基盤モデルは理論的仮説の部分で違いがあるが、一方で共通点も少なくない。まず両者は、学習と記憶を動的な性質として認識し、言語学習と処理における経験と実践の重要性を強調している。具体的には、頻度が高い音韻パターンは、ニューラルネットワークにおいてより強固な結合を形成し、その結果、発話や知覚の際に優先的にアクセスされやすくなると考えられている。この観点から、頻度の効果は音韻パターンの形成と使用における一種のバイアスとも言える。さらに、両者とも、言語を単なる静的な知識体系としてではなく、話者の知識と経験により言語の出力が変わる点でも共通している。

6. 神経基盤モデルの将来と展望

神経基盤モデルは、近年一定の成果を上げているが、未解決の問題や課題が依然として存在し、脳の実際の神経構造と機能についての理解が完全ではない。言語処理などのタスク中の脳活動を詳細に測定し、理解するための実験データの収集が不可欠である。加えて、人間の言語能力や学習プロセスを精緻に説明するために、人間の複雑な言語処理がどのように脳内のネットワークに対応するのか、その構造を解明する必要がある。

神経基盤モデルは実際の生物学的ニューロンから示唆があり、人間の脳がどのように機能するかのアナロジーとして提案されているが、それでも実際のニューロン構造や機能とはかなり異なっている。たとえば、ニューロン間の結合は生物学的には非対称であるが、ほとんどの神経基盤モデルではそのような結合は対称としてシミュレートされる。また、神経基盤モデルではユ

ニットが異なる重みを持っており、多くのモデルでは連続値が仮定されているが、実際のニューロンは触発されるか否かの二値的なものである。ニューロンは、いったん触発されると休止期に入って次回の触発まで待つ必要があるが、神経基盤モデルにおいてこれを仮定するモデルはいまだに少ない。最近、一部の心理言語学の神経基盤モデルではこの休止期の概念を取り入れ、いったん触発されると閾値を0にリセットされるなどのモデルも見られる。それに、実際のニューロンは、シナプスの可塑性や神経樹状突起の形成など別の生物学的な仕組みがあり、それにより神経の伝導が変化するが、現在の神経基盤モデルではマイクロレベルで捉えることが困難である。また、fMRIなどは、言語処理などの作業中の脳活動を観察する方法として使用されているが、それぞれの手法にも限界がある。たとえば、fMRIは時間分解能がERPと比べて低いため、言語処理の微細な時間的な詳細情報を捉えきれない。一方、脳波研究は時間分解能が高く、微細な脳活動でも捉えられるが、空間分解能は低く脳の大まかな活動範囲しか推定できない。特定の言語処理活動が脳のどの領域で起こっているかを正確に特定することは難しい（Poldrack 2011）。また、脳の計測は神経基盤モデルのように細かいユニットを見ることが非常に難しいとされている。たとえば事象関連電位は実験で使われる刺激によって脳のどの領域がどう反応するかを見るものだが、神経細胞まで観測するものではなく、複数の脳波成分が反応したエリアを特定する形になる。もちろん先行研究で使われたようなネーミング実験やプライミング実験などほかの行動実験を通して観察することができる。

　神経基盤モデルでは隠れユニットを仮定しており、入力と出力の間にあり重要な役割を果たすが、その存在と機能を実証的に検証することは難しいといえる。ブラックボックスのような隠れユニットの正体に関する議論がまだ不十分で、研究者が観察可能な行動や脳活動に直接関連付けることがまだできないからである。仮に隠れユニットがあるとしても、その構造と機能はモデルが学習されるにつれてますます複雑になる可能性があり、その振る舞いを記述し説明することが困難であることが予想できる。しかし、神経基盤モデルは言語を人間の生物学的機能と結びつける試みであり、言語の生物学的基盤を説明するための検証可能な理論といえる。失語症や音韻学習、発話エラーなどの現象からも人間の言語機能を探求するための窓口として、重要な役割を果たしている。脳計測の技術がさらに進展することで、神経基盤モデ

ルの検証が進み、言語の全体像と認知機構をさらに解明されていくことが期待される。

第 14 章　進化基盤モデル

田中伸一

1. シン・進化言語学の黎明

　2016 年公開の映画『シン・ゴジラ』は、1954 年制制作の『ゴジラ』の主題、つまり「原水爆実験により生み出した制御不能の巨大生物を、体制維持のため自らの手で葬るという人間の身勝手さへの風刺」を、見事に復活させた作品であった。怪獣ファンタジーの絵空事を描いた娯楽映画で終わらず、巨大地震後の日本において原発を葬るべきか共存すべきかという現代的テーマに昇華させ、独自の映画手法により真摯に原点回帰したのである（今作ではゴジラそのものが原発のメタファーであり、制御不能ゆえ共存の道を選んだ点は原作と異なる）。その意味で、娯楽映画としての「新・ゴジラ」は数多の製作がありはしたが、今作はまぎれもなく「真・ゴジラ」に違いない。

　「言語の起源と進化」の謎を解く**進化言語学**(evolutionary linguistics)[138]も、本来は重要かつ本質的なテーマに違いないものの、長らく絵空事として異端視される歴史が続いた。Herder (1772/2002)や Müller (1861/2013)などに端を発する「擬声語・擬態語起源説」、「共鳴振動音起源説」、「協働掛け声起源説」、「ジェスチャー起源説」など、18 世紀から数多の仮説が唱えられたものの、経験的な検証法がなく推測の域を出なかった（それゆえ反証可能性もなかった）ので、言語学プロパーとして認められなかったからである。しかしながら、生成文法はこの問題を現代的な方法論のもとで、より具体的に「人間言語が、近隣他種の言語[139]との類似性を背景に持ちつつどのよう

---

[138] 生成文法の立場から「言語の起源と進化」を解明する分野を**生物言語学**(biolinguistics)と呼ぶが、言語学が進化生物学・神経科学・認知科学など広く周辺諸科学と協働しつつ、それを解明する分野を一般に進化言語学という。本章では中立的に進化言語学と呼ぶが、内容的には生物言語学である。
[139] 系列学習による記号操作に長けた霊長類や、発声学習による歌文法を持つ鳴鳥類、水面下での（超）音波を通した語彙にて意思疎通を行う鯨類など、コミュニケーション行動をとる他種言語を指す。ただし、獲物の場所を示す

にその固有性を創発させ、人類をヒトとして**種分化**(speciation)させたのか」という主題のもとで、ダーウィン主義の立場から復活させた。もちろん、その謎を解く仮説の経験的検証法も明確にした上で、である。つまり、ここにおいて「シン・進化言語学」という研究分野が確立されたのである[140]。

　本章にて生成文法内における「言語の起源と進化」の取り扱いの歴史を概観するが、それは経験的検証法を確立するための試行錯誤の歴史であった。目標や方法もまちまちで、他章のように時系列でその歩みを辿るだけではまとまりがつかず、全体像をつかみにくい。確たる経験的検証法に収束してきたのもここ 10 年のことである。収束してきたその経験的検証法も、一般にあまり知られていない。「シン・進化言語学」が新しい分野だからである。

　そこで、全体像が明確になるよう最初に「収束してきた」研究課題と方法論を提示し（2.1 節）、その観点から生成文法全体が、そして音韻論が、どのように変遷してきたかを概観する（2.2 節、2.3.節）。特に「言語の起源と進化」という深淵かつ重厚なテーマに正面から切り込んだ音韻研究は少ないので、1 つのあり方として、「音韻における階層構造の存在根拠と前駆体」に関する仮説の検証実例を通して、このテーマへの向き合い方を紹介する（3 節）[141]。最後に総括として、進化基盤モデルとしての音韻論がどのような文法機構を持つべきかについて、その全体像を示す（4 節）。

ミツバチのダンスやアリの蟻酸のように、言語によらないコミュニケーション行動は含まない。

[140] 「シン・進化言語学＝生物言語学」といっているわけではない。「シン・進化言語学」は、近年発展した周辺諸科学ごとに仮説形成・検証が可能であり、本章は生物言語学（特に音韻論）からの一試論を提供するに過ぎない。

[141] 2.3 節で述べるように、人間言語の「近隣他種との類似性」や「生物進化でなく文化進化（歴史変化）」を音韻的に論じる研究は多々ある。しかしながら、種分化を可能にした生物進化としての人間言語の固有性が、どのように創発したかを具体的な仮説のもとで検証した研究は少ない。「正面から」の「向き合い方」とは、まさにこの点を指す。

2. 言語起源をめぐる言説の科学的検証法
2.1. 2つのパラドクス解決の試み

　シン・進化言語学の目標を一言でいえば、「人間言語が、近隣他種の言語との類似性を背景に持ちつつどのようにその固有性を創発させ、人類をヒトとして種分化させたのか」という問題に妥当な解答を与えることにつきる。

　ここで「類似性」とは、語彙を憶えるための系列学習機構や、それを表出するための発生器官、相互理解のための認知機構など、言語を成立させるための種を超えた共通基盤を指す。一方、人間言語の持つ「固有性」とは、表出される発話が意味を持つ個々の音や語（離散的成分）から成り、これらを組み合わせるルール（文法）により新しい意味を持つ発話を無限に表現できること（創造性）、これにより目の前の現在だけでなく過去・未来・架空の出来事についても自由に共有できること（脱・即時性）などが含まれる。つまり、「類似性」と「固有性」という相容れない特質をいかに両立させるかが上の問題解決の要諦である。これはパラドクスの解決であり[142]、人間言語は**創発特性**(emergent property)だというに等しい[143]。同じ共通基盤からいかに人間言語だけが近隣他種から**漸進進化**(gradient evolution)し、一見したところ飛躍ともいえるその固有性を創発し得たか、という問いなのである。

　この問題を「人間言語の類似性と固有性のパラドクス」と呼ぼう。そして、「表出される発話が意味を持つ個々の音や語（離散的成分）から成り、これらを組み合わせるルール（文法）により新しい意味を持つ発話を無限に

---

[142] そもそも言語学一般に、言語の「普遍性」と「多様性」という相反する性質を両立させる機構を考えねばならず、別のパラドクス解決を迫られる。
[143] 個々の部分的性質が組み合わせることで、単純な総和にとどまらず新しい性質を帯びることを**創発**(emergence)と呼び、その新しいゲシュタルト的な性質が創発特性である。要素論的・機械論的な見方で説明できない現象であり、部分的性質の相互作用の複雑性や、全体的性質の予測不能性が特徴となる。人間社会における群集心理（ドイツの社会心理学者であるクルト・レヴィンは、ゲシュタルト心理学を個人の知覚から集団の心理へと応用し、集団力学を確立した）もその例の1つだが、分野を問わず創発のダイナミクスと階層構造との関連が指摘される点が、本章でも特に重要となる。

表現できること（創造性）」と上で定義した特徴は、**階層構造**(hierarchical structure)にほかならない[144]。つまり、パラドクスの本質は、人間言語が他種との共通基盤から発していかに階層構造を手にしたかという点にある。

これに対し、明確な解答を提示したのが Fujita (2016a,b)を皮切りに打ち出された「併合のみの言語進化仮説」である。

(1) 併合のみの言語進化仮説

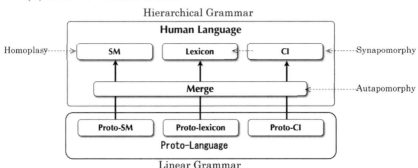

Note: Homoplasy (analogy) is a similarity between traits of species that is not derived from an immediate common ancestor, like wings of birds and bats.
Synapomorphy (homology) is a similarity between traits of species that is due to their immediate shared ancestry, like limbs of vertebrates.
Autapomorphy is a derived trait that is unique to a given species, like loss of limbs of snakes.

人間言語の元となる**原型言語**(proto-language)では、**感覚運動系**(sensory motor system; SM)や**概念意図系**(Conceptual-Intentional system; CI)により発声学習や系列学習を可能にするが、せいぜい未発達な語彙を繰り返したり並べたりするだけの**線形文法**(linear grammar)にとどまるのに対し、そこに**併合**（merge; 言語成分を組み合わせる操作）が加わることで、人間言語に

---

[144] 言語の創発特性は、文だけでなく語にも表れている。たとえば、文法に則った個々の音素の組み合わせにより、総和ではない語全体としての意味がはじめてゲシュタルト的に創発する。その観点からも、理論的仮説にとどまらず、語も音韻的な階層構造を持つといえる（3.1節を参照）。

固有の**階層文法**(hierarchical grammar)が創発する様相をこの仮説は示している。つまり、SM（身体器官により適格な発話や知覚を可能にする部門）や CI（意味単位または概念の適格な合成や理解を可能にする部門）は言語を成り立たせるための共通基盤だが、併合により人間固有部分である階層構造の構築が可能になったということであり、人間と近隣他種との言語の違いは併合のみということになる[145]。その最小性により漸進進化が保証されるだけでなく、Fujita (2016a,b)は併合の元となる**前駆体**(precursor)に関する仮説も唱えており、近隣他種との連続性を補強している（3.2 節にて提示）。

なお、人間言語と近隣他種との関係で、特に発声学習の発達した鳴鳥類と人間の SM の類似は、共通祖先の遠さゆえ**相似**(homoplasy; analogy)と呼ばれる。一方、系列学習の発達した霊長類（特にチンパンジー）と人間の CI の類似は、共通祖先の近さゆえ**相同**(synapomorphy; homology)という。似ている（近い）といっても質が違うのである。そして、併合（または、それによる階層構造）は**固有派生形質**(autapomorphy)であり、系統学において新たに種分化を果たした分類群設定の根拠となる。

さて、もう１つのパラドクスは「普遍文法の貧困性と豊穣性のパラドク

---

[145] 文法の観点から見ると、併合はレキシコン（音素や語彙の目録）を使って要素を組み合わせる人類固有の操作であり、普遍文法に属する。そして、意味解釈部門であるＣＩと協働して、有意味な階層構造をつくる。これを**内在化**(internalization)という。一方、この階層構造をもとに然るべき線形順序で要素を表出する操作を**外在化**(externalization)といい、これが音声解釈部門である SM の役割である。階層構造の主要部位置には個別言語ごとの好みがあり、また認知機構や発声器官は能力的・物理的制限を受けるので、言語のパラメータや基本原理（制約）は線形化・外在化を司る SM に存在する。なお、3.2 節で述べるように、併合は道具の組み合わせ使用にも見られる一般認知的な操作（＝**汎用併合**(general merge)）であり、言語に限ったものではない。真の人間固有性はその組み合わせ方（のちに述べるサブアセンブリー型併合）にこそある。そして、普遍文法の中身は併合そのものというよりは、この型を含めた併合のあり方にある。以下で「普遍文法は併合のみ」という場合、この意味で読んでいただきたい。

ス」であり、言語の遺伝形質と獲得形質（学習）がどこまでなのかを問う**遺伝と学習の問題(nature-nurture problem)**に関わるものである。Chomsky (2005)にならって、人間言語を成り立たせる要因を第一要因（人間固有の言語関連遺伝子に関する要因）と第二要因（特定の言語獲得のための環境・学習に関する要因）に分けた場合、近隣他種との共通基盤からの漸進進化を考えるなら、第一要因たる**遺伝の貧困(poverty of the inheritance)**は明らかである。つまり、人間固有の普遍文法は貧困であり、それゆえFujita (2016a,b)は「併合のみの言語進化仮説」を唱え、固有部分の「最小性により漸進進化が保証される」ことを上で述べた。一方で、Chomsky (1986)のいう**刺激の貧困(poverty of the stimulus)**は第二要因たる学習部分の最小性を指摘したもので、これは先験的知識となる第一要因の豊かさ、つまり普遍文法が豊穣を含意する（第1章2節と7節）。これが第二のパラドクスであり、「遺伝と刺激の貧困パラドクス」とも呼べるものである。

　言い方を変えると、**言語進化の論理的問題**（ダーウィンの問題; Fujita 2007, 2009）と**言語獲得の論理的問題**（プラトンの問題; Chomsky 1986）は、矛盾するということである。つまり、「質量ともに限られた言語固有の遺伝子しかない遺伝環境（遺伝の貧困）にありながら、なぜ人間は霊長類や鳴鳥類のそれと一線を画する人間固有の言語を漸進進化させることができたのか」という問いと、「質量ともに限られた言語資料しかない学習環境（刺激の貧困）にありながら、なぜ人間は誰でも一様に、しかも早期に、種類にかかわらず言語を獲得できるのか」という問いに、このままでは同時に答えられない。文法理論の観点から見ると、これは**説明的妥当性(explanatory adequacy)**と**進化的妥当性(evolutionary adequacy)**が両立しないことを意味する。はたして、「遺伝と刺激の貧困パラドクス」をどのように解決し、2つの論理的問題、2つの妥当性に折り合いをつけたらよいのか[146]。

　もし第一要因（遺伝）も第二要因（刺激）も貧困だという命題がともに真なら、**第三要因**（third factor; 種固有性や領域固有性を超えた自然的・物理的要因）が豊穣であると論理的に帰結する（Chomsky 2005; Samuels

---

[146] 結局、「普遍文法の貧困性と豊穣性のパラドクス」は、「遺伝・刺激の貧困のパラドクス」、「言語進化・獲得の論理的問題のパラドクス」、「進化的・説明的妥当性のパラドクス」としても表れ得る、ということである。

2009b)。種（人間）固有でかつ領域（言語）固有な部分こそ普遍文法（併合）であり、そこを超えた「自然的・物理的要因」とは SM に成り立つ種々の制限を指す。

(2) 2つの妥当性の論理的帰結（　　がパラドクスとその解決）

	第一要因 (普遍文法)	第二要因 (学習)	第三要因 (自然・物理法則)
進化的妥当性	貧困（真）	貧困	-
説明的妥当性	豊穣	貧困（真）	-
帰結	貧困	貧困	豊穣！

これは注 8 で述べた認知的・発声的制約のことであり、外在化のための機構一般（感覚運動系）の機能が豊穣だということである。この SM は種（人間）固有でなく近隣他種との連続性があり、また領域（言語）固有でもない点で普遍文法とは異なるが、遺伝情報により形成される人類共通の機構なのである種の普遍性を持つ。「普遍文法」と「普遍性」は異なるのである。

以上から、説明的妥当性と進化的妥当性を兼ね備えた言語理論、そして進化言語学的シナリオは、普遍文法と学習部分を最小限のものとし、認知的・物理的制約を最大限に生かしたものであることがわかった。

2.2. 生成文法における言語起源と進化

まず、言語の起源と進化（**系統発生**; phylogeny）に関する初期の重要研究に、言語の「生得性」と「臨界性」を論じた Lenneberg (1967)がある[147]。人類共通の形質として幼児は言語をほぼ同じ時期に獲得すること、どの個体もほぼ同じ発達過程を経ること、その過程が学習経験に左右されないこと、生涯にわたってその形質が続く（学習のように忘れたり失われたりしない）ことから言語の生得性を裏づけたのである。また、乳児期から思春期（11～12 歳）までの成熟期間を過ぎると、母語話者並みの言語を獲得できなくなるという**臨界期仮説**(critical period hypothesis)を唱えた。その仮説の検証として、脳損傷による失語症患者を年齢層別に比べた場合、思春期を

---

[147] Hockett (1960)の研究も、人間言語固有の特徴を詳細に明らかにした点で外せないのだが、スペースの関係上ここでは割愛する。

超えた患者の回復の方が、発達途上にある患者よりも方が有意に小さかったという結果を示した。そして、言語回復の程度は脳機能の局在化に左右され、成熟して局在化した後は母語が完全に回復することはないと考えた。つまり、言語獲得（個体発生）が遺伝により支配されている事実を示すことで、言語進化（系統発生）の上で重要な遺伝的基盤を解き明かしたのである。

　これは普遍文法（併合）から個別文法への発達における臨界期の存在を意味する。言語を獲得するには成熟前に個別言語ごとの適格な内在化を完成させる必要があり、いったん完成すれば脳損傷があっても柔軟な組み替えができず（回復できず）、また同じことが第二言語の学習を妨げるのである。

　その後、1970年代から80年代にかけては、顕著な進化言語学的知見は得られていない。統語論では標準理論の発展・改訂が盛んに行われ、その過程で生成意味論や解釈意味論などの反動も経て、統率・束縛理論（GB理論）に到達する。Jackendoff (2010)も"Your theory of language evolution depends on your theory of language."と述べるように、基盤となる言語理論の開発・洗練が先で、それが定まらないと言語進化に手をつけることができなかったのである。しかし、言語の普遍性と多様性を追求したGB理論（原理とパラメータの理論）は、説明的妥当性を求めた結果として普遍文法（人間固有性）を肥大させ、近隣他種からの漸進性を捉えるには程遠かった。

　しかし、90年代に入って言語理論は成熟する。構造中心のミニマリスト・プログラム、意味中心の認知言語学（認知文法・認知意味論）、構造と意味の関係をバランスよく配置したJackendoff流の文法理論など、いわゆる三大言語理論へと結実し、言語進化の問題に手をつける準備が整った[148]。機が熟したのである。

---

[148] 最適性理論(Optimality Theory; OT)も90年代に生まれた主要言語理論に違いないが、言語進化の説明に至るには部が悪すぎた。GB理論と同様に、人間固有の普遍文法（普遍的原理・制約）が豊かすぎるからである。ただし、2.1節末尾で述べたように、知覚や発声に関する制約が「普遍文法」に属するのではなく、認知・発声機構の人類共通性により単に「普遍性」を持つだけだとするなら、進化言語学的シナリオに位置づける余地はある。この点については4節で具体的に明らかにする。

第 14 章　進化基盤モデル　　　　　　　　　　　339

それに呼応するかのように、90 年代から 2000 年代にかけて、3 つの進化言語学の潮流が生まれた。1 つ目は構造中心のミニマリスト・プログラムに基づくもので、Hauser, Chomsky and Fitch (2002) から Berwick and Chomsky (2015) までのチョムスキーの一連の著作で提案された進化言語学の基本的シナリオである。

(3) 生体器官の中の言語機構（Hauser, Chomsky and Fitch 2002）

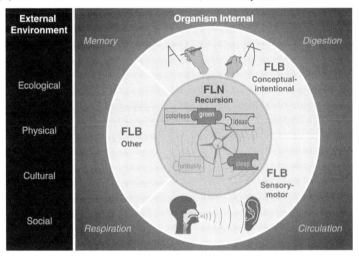

左側は生体外部に存在する自然・物理環境（第三要因）や学習に関わる文化・社会的要因（第二要因）を、右側は言語に必要な生体内部の機構を、それぞれ示している。内部機構は記憶、呼吸、消化、循環などの機能も含むが[149]、特に言語の生成と理解を司どる言語機構は FLN(faculty of language-narrow sense) と FLB(faculty of language-broad sense) に区別される。前者は第一要因が関わる人間固有・言語固有部分で、CI によりいまだ意味解釈がなされていない統語演算操作であることを "Colorless green ideas sleep furiously." が示す。FLB は意味解釈部門 CI と音声解釈部門 SM とその他を

---

[149] この領域は、記憶が文の長さや複雑さ（埋め込みの数）に、呼吸系が発声の力や文の区切りに、消化系が口腔器官（舌を含む）の形や大きさに、循環系が発声のリズムに、それぞれ影響を与えるなど言語と無関係ではない。

含む、第三要因に支配される領域である。FLB は人間固有ではなく近隣他種との類似性があり、比較動物学的アプローチの必要性を強調している。

　ミニマリストらしく人間固有性（普遍文法）＝ FLN を**回帰性**(recursion)に最小化したのはよいが、回帰性の定義が不明であること[150]、言語に重要なレキシコンの位置づけが不明であること、FLN の近隣他種からの連続性（回帰性の前駆体）が不明であること、などの問題は残る。連続性を保てないゆえ、この立場は**生物進化**（biological evolution; 人間という固有種への種分化）をダーウィン的な漸進進化説でなく、スティーヴン・J・グールド的な**跳躍進化説**（断続平衡説）で捉えており、人間言語（特にコミュニケーション能力）が脳の肥大とそれに伴う回帰性によって生じた「内的思考の副産物」だとさえ述べている。確かに、回帰性が複雑な思考を可能にする点で適応的（生存競争に有利）だという考えは説得力を持つ。しかし、回帰性の出所が不明ゆえ、他種と人間との溝を埋める説明努力を放棄している。

　これに対し、あくまで漸進進化説に立ち、言語によるコミュニケーション能力こそ適応的であり人間の本能であると考えたのが、２つ目の潮流となる Pinker and Bloom (1990)から Pinker (2003)までの一連の著作である。彼は近隣他種との類似性を踏まえた上で、**自然選択**(natural selection)のもとで人間固有の言語特徴（生存に有利な特徴）が生じた根拠とメカニズムを詳細に論じた。その上で、Pinker and Jackendoff (2005)や Jackendoff and Pinker (2005)は Hauser, Chomsky and Fitch (2002)の主張を痛烈に批判し、FLN には回帰性以外にもコミュニケーション能力に必要なさまざまな特性が含まれると反論した。一方で、認知言語学の流れを汲んだ Tomasello and Call (1997)や Tomasello (1999)に端を発する研究は、言語によるコミュニケーション能力こそ適応的であると考えるのは同じだが、それが遺伝的な生物進化によるのではなく学習による**文化進化**(cultural evolution)の産物だと考えた。これが３つ目の潮流となる。彼らも漸進進化説をとり、人間言語の

---

[150] ある品詞の語を合成して同じ品詞の句をつくる構造操作のことか、埋め込み文をつくる操作能力のことか、併合の繰り返し適用のことか、不明であった。Fitch (2010b)も当論文で、定義が不明でいくつかの意味で使われていることを認めている。一般には、回帰性とは「ある操作の出力が同じ操作の入力になる性質」を指す。「再帰性」ともいう（第１章２節と７節）。

創発を社会的認知などの生得的認知能力に基づく模倣学習を通して、文化的に進化したものだと主張している。つまり、他者を心や意図を持つ存在として認識することが言語コミュニケーションにつながり、それにより他者と協調して社会をつくることで、個人では不可能なタスクを可能にすることが生存に有利に働くと考えたのである。

言語が生物進化の産物か文化継承の産物かの違いはあれ、いずれのアプローチも近隣他種との類似性を踏まえ、そこからの適応進化と捉える点は一致している。しかしながら、近隣他種との共通基盤のもとでどのように人間固有の言語が創発したのかは不明である。たとえば、PinkerとJackendoffは人間言語の特徴を回帰性にとどまらず数多に挙げているが、それらがどのように漸進進化したかの具体的メカニズムが不明である。また、Tomaselloの説明は人間コミュニケーションの理解能力に力点をおくあまり、鳴鳥類の単純な歌文法から人間の階層構造を介した豊かな音韻文法がどのように進化したかが不明となる。両アプローチに共通するのは、「表出される発話が意味を持つ個々の音や語（離散的成分）から成り、これらを組み合わせるルール（文法）により新しい意味を持つ発話を無限に表現できること（創造性）」と表現される特徴が、どのように創発したかが不明である点である。人間言語の階層構造が他種とを分ける決定的特徴であることは自明であり、その創発メカニズムが不明である点が問題として残るであろう。

以上のような進化言語学的シナリオの3つの潮流を「発生の3つの側面」の観点からまとめると、(4)のようになる。ChomskyやPinkerは生物進化こそ重要な端緒であり、回帰性による内在思考であれ同種とのコミュニケーション能力であれ、それが系統発生したことが言語学習による**個体発生**(ontogeny)、歴史的・社会的慣習による**言語発生**(glossogeny)につながってゆくと考える。その進化が跳躍的か漸進的かは異なるが。

(4) 発生の3つの側面：" three *geny*'s"

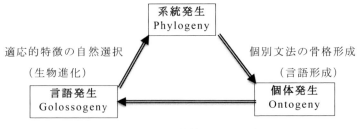

一方、Tomaselloによれば、近隣他種からの文化進化により高度のコミュニケーション能力が発達したことが適応的となり、それを持つ群が自然選択されその後の系統発生や個体発生につながったということになる。

なお、目標や方法がさまざまにあり得る進化言語学が収束してきたのはここ10年くらいだと冒頭で述べたが、その様相はBoeckx and Grohmann (eds.) (2013)やTallerman and Gibson (eds.) (2013)、Di Sciullo (ed.) (2017)などのハンドブック・総覧や、Di Scuillo and Boeckx (eds.) (2011)や、Fujita and Boeckx (eds.) (2016)、池内（編）(2009)、長谷川（編）(2010)、藤田・岡ノ谷（編）(2011)、岡ノ谷・藤田（編）(2022)、藤田・谷口・田中（近刊）などの概説書にて知ることができるだろう。生物言語学を超えた広い視点での概説書では、Fitch (2010a)やHurford (2011)といった大著もある。

2.3. 音韻論における言語起源と進化

言語進化の問題に切り込むための音韻論からの固有の理論はないが、統語論に基づく固有の理論において音韻論が果たす役割はある。いずれも併合操作により各言語単位からなる階層構造をつくり、それを適正に意味解釈または音声解釈するという文法機構を持つからである（のちに説明する(18)を参照）。その併合の生物進化（系統発生）こそ、無限の言語生成能力という人間固有の創造性につながるという話であった。つまり、統語論と音韻論の親和性は高い。だからこそ2.1節と2.2節においても、統語論者が中心となり開発した進化言語学的シナリオを重要なものとして紹介したのである。

また、音韻論は語の内部構造が中心課題となり、語より上のレベルでの構造・意味のインターフェイスは統語論が関与する以上、意味論との関係は薄い。語内部のレベルでの構造・意味のインターフェイスは形態論が関与するが、分散形態論ではその仕事を統語論が受け持つくらいである。したがって、言語進化とは別に文法機構全体の観点からも、言語単位の構造論である限り、音韻論は統語論と切っても切れない関係にある。

それゆえ、進化言語学的な音韻研究は Chomsky の枠組みに沿って行うものが多く、Samuels (2009a,b, 2011)などの一連の研究で確立された**進化音韻論**(evolutionary phonology)や Hale and Reiss (2008)や Reiss (2017)に代表される**音実質脱却音韻論**(substance-free phonology)は、その系列にあたる（統率音韻論の統語論との親和性については第9章5節を、音実質脱却音韻論については第5章4節を、それぞれ参照）。彼らにとって言語固有の文法部分（内在化操作）のあり方の解明こそ重要であり、構造に対する適正な音声解釈（外在化操作）は認知一般の領域（要は感覚運動系のことで、産出や知覚に関わる制約）にて決まる副次的な問題に過ぎない。ただし、その内在的な演算機構がどのように近隣多種から系統発生したかの詳細は、Chomsky 同様に述べられていない。それが併合であることを(1)に基づき論証したのが、Tanaka (2017)、Nasukawa (2017a,b)、田中 (2018)などの研究である（3.1節参照）。

一方、Yip (2006a,b)や Collier et al. (2014)、Bowling and Fitch (2015)、Fitch (2018)などの研究は Pinker の系列に属し、近隣他種と人間の発声コミュニケーションにおける音韻特徴の類似と相違を検証する比較動物学的アプローチをとるという意味で、**動物音韻論**(animal phonology)とも呼べるものである。ただ、人間の固有部分がどこにあるかについての考えはまちまちで、その漸進進化の具体的なメカニズムは不明である[151]。

もしコミュニケーション能力が認知機構や発声機構（感覚運動系）の発達に左右されるとすれば、Pinker and Jackendoff (2005)の考えと違ってそれは FLB の問題となる。そして、その機構が近隣多種から漸進進化して、Tomasello のいうように人間は学習によって高度なコミュニケーション能力を身につけたとするならば、言語固有の FLN は、やはり階層構造による内

---

[151] Samuels (2009b, 2015)による Yip (2016a,b)への批判も痛烈である。

在的思考を可能にした回帰性や併合などに限られるだろう[152]。

　最後に、Blevins (2004)はTomaselloの系列に属し、共時的な音韻文法はすべて通時的・歴史的産物であるとする進化音韻論を唱え、人間言語の遺伝的部分（普遍文法）を最小化して音韻体系が文化進化の結果であると考えた。その意味で、2.2節でTomaselloが人間の音韻文法の進化について多くを語っていないと述べたが、Blevinsの研究はそれを補完し詳細に語ったものだと位置づけることができる。実際のところ、数多に観察される音韻変化が、調音や知覚の観点から適応的なものだけが残るという自然選択の結果だとも述べており、個別言語のさまざまな多様性も生態ピラミッドの個々のニッチに属するさまざまな生物種のように捉えている。

　しかしながら、「進化音韻論」と銘打つも言語の生物進化（その起源や系統発生）には触れておらず、詳細が不明である。つまり、種分化を可能にした生物進化としての人間言語の固有性が、近隣多種からどのように漸進進化したかに関わる説明はない。要は、"Concepts in evolutionary biology have been used as metaphors for language change." (Blevins 2004: 59)と自分で述べているように、「進化」「適応的」「自然選択」などの用語はメタファーにとどまっている。その意味で、Samuelsの進化音韻論とは一線を画し対照的であり（Samuels 2007）、**文化進化音韻論**と呼ぶべきものである。

　本章では「種分化を可能にした生物進化としての人間言語の固有性が、近隣多種からどのように漸進進化したか」が、シン・進化音韻論にとって最重要課題であるとし、その固有性が(1)の仮説のもとで併合操作から形成される階層構造であると考える。以下では、その主張の根拠となる「階層構造に対する音韻的根拠」と「併合の前駆体に対する音韻的根拠」を考察する。

---

[152] FLBは言語固有でない認知・発声機構をも巻き込む。類似の機構を持つ他種もいるが、人間固有の発達部分もある。一方、FLNは言語固有かつ人間固有部分（普遍文法）である。人間固有の言語特徴をFLBだと主張したPinker and Jackendoffの誤謬は、FLBの持つ「普遍性」とFLNが規定する「普遍文法」を混同した点にあると思われる。

3. 進化言語学における音韻論の役割
3.1. 階層構造に対する音韻的根拠

韻律階層(prosodic hierarchy)の表示開発の歴史を知る音韻論者にとって、音韻の階層構造は自明に思えるかもしれない。しかし、意味と対応する階層構造を扱う統語論と違って、意味対応を伴わない階層構造を扱う音韻論は、理論内的根拠以外に独立した存在根拠を明確に示すのは難しい。統語論と同様に、素性階層理論（第5章）でも同化や削除による構成素の検証法が存在するが、素性階層に関する仮説の多さ（Clements 1985; Sagey 1986; McCarthy 1988やその他）がその論法の危うさを示すともいえる。その点では、音節の内部構造やフットのタイプも、その論争の多さから同様である。

ただ、注6で述べたように「創発」の定義を「個々の部分的性質が組み合わせることで、単純な総和にとどまらず新しい性質を帯びること」とし、創発が階層構造に表れる特性だとするなら、同じ3つの音素目録/p, a, t/の組み合わせにより、[pat]や[tap]や[apt]では異なる意味が創発し、*[pta]や*[atp]などは聞こえ連鎖などの外在化制約により排除される事実は、語内部であっても内在化による適正な階層構造が存在することを示している[153]。

さらに、語内部の音韻構造の階層性を示す強い根拠が、**構造的曖昧性**(structural ambiguity)である。語の上のレベルでは2つのタイプがあり、1つは同じ語の連鎖が2つ（以上）の意味を帯びるもので、その意味の違いが構造の違いにより説明される場合である。たとえば、「オレンジの鳥のくちばし」の意味は、コガネメキシコインコのようにくちばしは黒いが全身ほぼオレンジ色の鳥のことか、オニオオハシのようにクチバシはオレンジ色だが全身は黒と白の鳥のことかで、曖昧である。

---

[153] 語内部における併合を介した階層構造構築のメカニズムは、Nasukawa (2017a,b)でも詳しく論じられている。

(5) 統語の構造的曖昧性（☐は主要部を表す）
　　a.　サブアセンブリ型併合　　　　b.　ポット型併合

　　　　オレンジの　鳥の　くちばし　　　　オレンジの　鳥の　くちばし
　　　　　　　　西　川　橋　　　　　　　　　　　　　西　船　橋

　これはお馴染みのタイプだが、もう1つのタイプは異なる意味の語が近隣の語との相性により異なる構成素をつくり、結果として曖昧構造になる場合である。同じく名詞であっても、「西」との相性で「川」は[[西川]橋]となるが、「船」は「橋」との相性で[[西[船橋]]となる（いずれも現存する地名）。

　前者のタイプではいずれも語の線形順序は同じだが、内在化による構造の違いにより意味の区別がなされている（サブアセンブリ型は主要部可変型、ポット型は主要部一定型のことで、詳しくは 3.2 節を参照）。その際、二項的な構成素内部で主要部と依存部がどちらかという構造関係が重要である。その情報があれば順序はどちらでもよく、未決定なのである。そして、外在化に至ってはじめて、当該言語が右主要部言語か左主要部言語かにより、主要部と依存部の順序が決まる（日本語は右主要部言語）。また、内在構造の違い（「鳥の」で区切りを置くか、「オレンジの」で区切りを置くか）により、発話の速度やポーズの挿入位置などが異なる音実現がなされるのも、外在化の機能である。

　この曖昧性が生じるメカニズムは、併合の2回適用による論理的帰結である。具体的には、同じ3要素 α, β, γ に対する併合（内在化）の仕方には3パターンがあるが、(6)のように、1つのパターンにつき4つの線形化（外在化）の可能性がある。

(6) 構造的曖昧性が生じるわけ

併合パターン	線型化の4つの可能性
{γ{α, β}}	[γ[α, β]]　[γ[β, α]]　[[α, β]γ]　[[β, α]γ]
{β{γ, α}}	[β[γ, α]]　[β[α, γ]]　[[γ, α]β]　[[α, γ]β]
{α{γ, β}}	[α[γ, β]]　[α[β, γ]]　[[γ, β]α]　[[β, γ]α]

そして、その12パターン間には必ず6つの曖昧対が存在する（下線3種と

太字、イタリック、色づけ)。このように、構造的曖昧性は人間言語固有の階層構造(併合の2回以上の適用＝回帰性)には必然的な特性であり、逆に構造的曖昧性の存在は階層構造の強い根拠となる[154]。

さて、語内部の音韻階層構造に存在する構造的曖昧性は、(5)の2つ目のタイプに類するものである。ただし、前述の通り音韻の階層構造は意味対応を伴わないので、統語構造の「語の組み合わせ」を「音素（CやV）の組み合わせ」、「意味の相性による語の構成素構造」を「音韻素性の相性による音素の構成素構造」(配列制限）と解釈する。意味が語の特性であるのと並行的に、音韻素性が音素の特性だとするのは当然の論法である。ここではTanaka (2020)や藤田・谷口・田中（近刊）が挙げた6つの事例のうち3つ紹介しよう[155]。

その条件のもとで構造的曖昧性を示すのが、(7)のような英語の事例である。音節内に同じ/sC_1VC_1/という音素配列があっても、構造の違いによってC_1に異なる素性（の音素）を要求するというものである。

(7) 音韻の構造的曖昧性（δ= sC_1VC_1）[156]

    a. C_1 = /p,t,k/   b. C_1 = その他の子音

---

[154] ついでにいうなら、この非効率な性質こそコミュニケーション道具としての言語の不完全さを物語っており、適応的でもないことから、内在思考の道具としての言語の豊かさや適応性の根拠となっている。

[155] 語内部であっても、「後日談」/「ご実弾」、「汚物弾」/「お仏壇」、「汚職事件」/「お食事券」のように複合語の形態構造（による意味区別）に関わるものは、(5)の1つ目のタイプに属する。以下の語内部の曖昧構造となる2つ目となるタイプは、それとまったく性質を異にする点に注意したい。

[156] 以下において、δ（デルタ）は上で述べた音韻素性の差(differential)をうむ構造を意味する。音節を意味するσ（シグマ）とは異なる。

初頭の/s/は、(7a)では音節の付属部に過ぎないが、(7b)では主要部として重要な部分となる。その根拠には2つあり、まずは CC₁VC₁ の C₁ に成り立つ共起制限の存在であり（Baertsch 2002; Baertsch and Davis 2003)、これは次のデータが示している。つまり、一般的に C₁VC₁ の構造では C₁ の同音分布の線形化は許されるが、CC₁VC₁ の構造では回避される。

(8) CC₁VC₁ の共起制限
 a. C₁VC₁
  pop, Bob, tit, dad, kick, gag, sis, zizz, judge, nun, mom, rare, loll, etc.
 b. CC₁VC₁
  *plol, *prare, *blol, *brare, *trare, *drare, *twew, *dwew, *clol, *crare, *glol, *grare, *flol, *frare, etc.
 c. sC₁VC₁
  stet, stat, etc. vs. *snun, *smom, *swaw, *slol, *srare, etc.

だとすれば、sC₁VC₁ でも回避されるはずで、(8c)のように C₁ が /p,t,k/ 以外では実際に回避されるが、C₁ が /t/ の場合は回避されない。その分かれ目は、*snun 以下の例が(8b)とともに(7b)の構造を持つのに対し、stet などの例は(8a)とともに(7a)の構造を持つ（/s/は単なる付属部だ）からである[157]。この構造の違いは当然ながら、**聞こえ連鎖の原理**(sonority sequencing principle)に由来するのは明白であろう。

 (7)の構造的曖昧性を支持する2つ目の根拠は、言語習得のプロセスに見られる**複合頭子音の簡略化**(onset cluster reduction)である。Smith (1973, 2010)によると、幼児は一般に、複合頭子音の発音のしにくさを解消するために、(9a)のように聞こえの高い方の頭子音（(7b)の依存部）を省略する。

---

[157] *spop* や *scack* などの例が見当たらないのは**偶然の空白**(accidental gap)であり、本来は許される自然な音連鎖だということになる。

第 14 章　進化基盤モデル

(9) 複合頭子音の簡略化
   a. p(l)ease, b(r)ead, c(l)ock, q(u)een, t(w)elve, d(r)ive, etc.
   b. s(n)ack, s(m)all, s(l)eep, s(w)im, etc.
   c. (s)tay, (s)tory, (s)poon, (s)pend, (s)carf, (s)chool, etc.

(9b)のような sC₁VC₁ でも同じことが起こるが、(9c)では対照的に/s/が省略されてしまう。これは(9a,b)が同じく(7b)の主要部/s/を残すのに対し、(9c)では(7a)のように/s/が付け足しの依存部であることを物語っている。この/s/の付属性は 3 子音連鎖の省略にも観察され、*straight, strawberry, spring, scream, screw* などの例では (s)t(r)V → (s)trV → strV のように発達する（Smith 2010: 214–215）。つまり、/s/がきちんと発音されるのは最後の最後なのである。

2つ目の曖昧構造の例は、接尾辞-*ion* の**異形態性**(allomorphy)に起因する**3音節短音化**(trisyllabic shortening)の適用の有無に関するものである。

(10) 音韻の構造的曖昧性（δ= i:CIon）

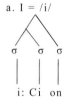
　　a. I = /i/
　　　i:　Ci　on
　c. dis.cre.ti.on (< discrete)
　　con.ces.si.on (< concede)
　　re.ces.si.on (< recede)

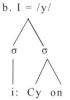
　　b. I = /y/
　　　i:　Cy　on
　d. de.le.tion (< delete)
　　com.ple.tion (< complete)
　　re.ple.tion (< replete)

ここで、i:CIon の I（-*tion* や -*sion* の"i"の部分）が/i/か/y/かにより音節核を形成できるかどうかが変わるので、(10a)の構造を持つ(10c)の例のみ 3 音節短音化が適用される。

これに類する事例が(11)で、ここでは V₁CiV の V₁ が/ai/かその他かによって、3音節短音化か **CiV-長音化**(CiV-lengthening)かのいずれが適用されるかが決まる。これも CiV の I が/i/か/y/かにより音節核の可能性が変わってくるからである。

(11) 音韻の構造的曖昧性 (δ= V₁CIV)

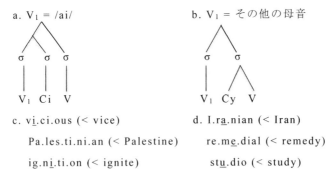

c. vi.ci.ous (< vice) 　　　　d. I.ra.nian (< Iran)
　 Pa.les.ti.ni.an (< Palestine)　 re.me.dial (< remedy)
　 ig.ni.ti.on (< ignite)　　　　 stu.dio (< study)

CiV-長音化について、母音/i/が渡り音/y/になることでモーラが前音節に付加されるという**代償延長**(compensatory lengthening)として捉える可能もあるが、ここでは(11b)の/y/は音素であるとしておく。なお、(10c)や(11c)の例も、3音節短音化の適用後に CiV が CyV へと**渡り音化**(glide formation)するのは構わない。基底形において/i/か/y/かで音節化の可能性が変わってくることが重要で、そのことが構造的曖昧性を引き起こすのである。

　以上から、音韻構造にも曖昧性が存在し、そのことが階層性を裏づける強い根拠になることがわかった。

3.2. 併合の前駆体に対する音韻的根拠

　Chomsky, Pinker, Tomaselloやその系列の音韻研究は、近隣他種と一線を画する人間固有の言語の特性を主張しながらも、その漸進進化の具体的メカニズムは不明のままであった。それに対し、Fujita (2009, 2014, 2016a,b)は(1)の進化言語学的シナリオのもとで、人間固有部分となる併合の前駆体を同定し[158]、反証可能な形で漸進進化の様相を明確に示す仮説を唱えている。それが**併合の運動制御起源仮説**(Hypothesis of the Motor-Control

---

[158] 前駆体とは、ある適応的な形質（器官・行動）が新しく形作られる場合に、その前段階において他の用途に用いられた形質を意味する。爬虫類から鳥類への進化において、飛翔のための翼の前駆体は、体温保持のために恐竜の時代から存在した前足の羽毛だといわれている。

Origin of Merge)である。これはチンパンジーに見られる道具の組み合わせ操作能力を観察したGreenfield (1991, 1998)の**行動文法**(action grammar)に基づいており、人間言語が次の三段階で並行進化したと主張している。

(12) 行動文法の発達三段階（３つの物体までの組み合わせ）
　　a．ペア型

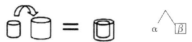

ポット型（１つのターゲット）
　　　i.
　　　ii.

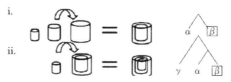

　　b．サブアセンブリー型（２つのターゲット）
　　　i.
　　　ii.

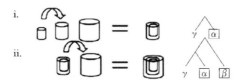

ここで、**ペア型**(pair strategy)のカップの入れ込みタスクは最も原始的だが、**ポット型**(pot strategy)は１つのターゲット（言語構造では主要部）を基点にしているのに対し、**サブアセンブリー型**(subassembly strategy)は２つのターゲットを持つ点で複雑であり、より多くの記憶量を要するとされる（Aboitiz et al. 2006）。実際のところ、Maynard Smith and Szathmáry (1995)によると、チンパンジーはポット型まで可能でサブアセンブリー型の操作は難しいが、人間では20ヶ月の幼児から可能との観察結果がある。つまり、真の人間固有性はサブアセンブリー型併合にあり、これこそが注13で見たように、「ある操作の出力（ここでは(12cii)の ）が同じ操作の入力になる性質」という回帰性にあたることがわかる。回帰性の正体は、まさにこれである。

さて、(12)のような行動文法の発達三段階が正しいとすれば、それと並行進化した言語の文法も同じことが言え、サブアセンブリー型の構造はポット

型の存在を含意するが逆は真ではない、ということになる。これを言語的に論証したのが、日英語における/C+y+V/の併合型の違いである[159]。

(13) 併合型の含意関係

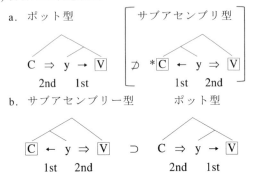

日本語はポット型併合でありサブアセンブリー型にはならないが、英語はサブアセンブリー型併合を持つがゆえに、ポット型をも許容する。

まず、(14)は日本語の漢語における共起制限を示しており、/y+V/の組み合わせで前舌母音/i, e/を排除し（子音のない「φ」の事例）、次の段階でC+/y/+/u/の組み合わせのCにおいて、両唇性を持つ子音を排除する。

(14) 漢語における C+y+V の組み合わせ：ポット型
 a. y+V: */y/+前舌母音

φ	k	s	t	n	h/p	m	r
yaku「薬」	kyaku「脚」	syaku「尺」	tyaku「着」	nyaku「若」	hyaku「百」	myaku「脈」	ryaku「略」
*yi	*kyi	*syi	*tyi	*nyi	*hyi	*myi	*ryi
yuu「優」	kyuu「九」	syuu「州」	tyuu「中」	nyuu「乳」	*hyuu	*myuu	ryuu「龍」
*ye	*kye	*sye	*tye	*nye	*hye	*mye	*rye
you「陽」	kyou「強」	syou「賞」	tyou「超」	nyou「尿」	hyou「表」	myou「妙」	ryou「量」

 b. C+yu: *唇音+/yu/
    *pyu, *myu, *byu[160]

---

[159] ここでは田中 (2018: 180–187) の要点のみを示すが、詳しくはそちらを参照のこと。

[160] ここではハ行子音の基底を/p/と仮定している。なお、*byu も「誤謬」

つまり、C+y+V の組み合わせがポット型であることを示しているが、次の言い間違いにおける**音転移**(metathesis)の例も、(14b)の共起制限*myu とともに、この構造がポット型であることのさらなる証拠となる。

(15) *myu に起因する音転移の言い間違い
 a. si.myu.ree.syon「シミュレーション」/ syu.mi.ree.syon「シュミレーション」
 b. ko.myu.ni.kee.syon「コミュニケーション」/ ko.mi.nyu.kee.syon「コミニュケーション」

ここで転位される構成素が下線部の/yu/と/i/である点が重要で、問題の音連鎖がポット型である(Cと/yu/の間に句切れがある)ことを裏づけている。
 これに対し、英語の C+y+V は(13b)のように、基本的にサブアセンブリー型併合により組み合わさるがゆえに、ポット型の組み合わせの存在も含意する。サブアセンブリー型の階層構造を持つとする根拠は、CyV の複合頭子音に働く共起制限にある。

(16) 英語における C+y+V の組み合わせ：サブアセンブリー型
 a. C+y: *舌頂音+/y/（アメリカ英語）
  t[φ]une, d[φ]euce, S[φ]ue, Z[φ]eus, n[φ]ews, r[φ]ue, l[φ]ure, etc.
 b. Cy+V: *Cy+/u/以外の母音
  t[y]une, d[y]euce, S[y]ue, Z[y]eus, n[y]ews, r[y]ue, l[y]ure, etc.（イギリス英語）
  p[y]ure, b[y]eauty, m[y]usic, f[y]use, v[y]iew, etc.
  c[y]ute, c[y]ure, c[y]ue, reg[y]ular, triang[y]ular, etc.

まず、複合頭子音は**同調音的**(homorganic)な子音連続を排除するので(*twin, dwell, swing, Gwen, quote* vs. *pw, *bw, *fw, *vw)、アメリカ英語では*舌頂音+/y/の共起制限によって **y-削除**(y-deletion)が適用される。次に、そのような制限のないイギリス英語でも、アメリカ英語同様に Cy+V において/u/以外の母音は排除される（つまり、アメリカ英語はイギリス英語のように/y/を基底形に持ち、固有の共起制限により y-削除が適用される

のような定型熟語以外で見当たらず、他の事例のような生産性もない。

が、次に $\boxed{C}$(y)+$\boxed{V}$ の領域での共起制限により /u/ 以外の母音が排除される点は、両言語とも共通している)。サブアセンブリー型だと仮定してのみこのような説明が可能となるが、逆に日本語のようにポット型構造 C+y$\boxed{V}$ だとするには無理がある。そもそも日本語と違って y+$\boxed{V}$ の段階では *yid, yuan, yet, young, yacht* などのように共起制限がなく C+y$\boxed{V}$ の段階で舌頂音排除と /u/ 以外排除の力が働くということになるが、その2つの共起制限を局所的に捉えることができない。また、同調音的な複合頭子音を排除する共起制限がなぜ渡り音に共通して並行的に働くかの説明もつかない[161]。

さらに興味深いことに、日本では(14b)のように *L+/yu/ が排除されるのに対し[162]、英語では(16b)の *pure, beauty, music* のように Ly+/u/ が許される点に注目したい（L=Labial）。英語で許されるのは Ly の調音位置が異なるからだが、日本語で排除される理由は謎として残るであろう。「無」や「武」のように L と /u/ の併合は許されるので、唇音性は無関係である。少なくともいえることは、この共起制限の有無が構造の違いに起因する可能性があるということである。

さて、英語の /C+y+V/ の組み合わせがサブアセンブリー型だとすれば、当然ながらポット型の組み合わせの存在も含意されるところである。それを示すのが次の例である。

(17) 再音節化に伴う C+y$\boxed{V}$ のポット型併合
 a. ty→tʃ: got you last year
 b. dy→dʒ: send you would you
 c. sy→ʃ: miss you kiss you

もともとある yV 連鎖の頭子音の位置に、前音節の末尾子音 C が再音節化されることで、**硬口蓋化**(palatalization)が起きている例である。再音節化に基づく口蓋化であり、かつ語と語の間で生じている点で、これは明らかに機械的かつ音声的な**後語彙レベル**(postlexical level)の現象である。

---

[161] 実際に、Davis and Hammond (1995)は C+/w/+/u/ と C+/y/+/u/ に異なる構造（左枝分かれと右枝分かれ）を与えている。
[162] あくまで漢語の話であり、外来語では許される。

共時文法において、後から適用される後語彙レベルでの併合がポット型で、先に適用されるはずの語彙レベルの併合がサブアセンブリ型だという事実は、一見するところ「妙」に見える。サブアセンブリー型は本来、派生的だからである。しかしながら、**語彙音韻論**(Lexical Phonology; 第6章)による歴史変化の説明では、音に関わるプロセスは、後語彙レベルの音声規則から**語彙レベル**(lexical level)の音韻規則へと「文法化」（形態部門など，ほかの文法部門とのインターフェイスを形成）し定着するとされている[163]。その意味では、通時文法（文化進化）において原始的なポット型併合が後語彙レベルの機械的・音声的操作に留まり、時を経て派生的なサブアセンブリ型併合が文法の中心たる語彙レベルへと浸透したというストーリーは、きわめて自然な成り行きである。つまり、ここに見るサブアセンブリ型併合は、機械的かつ音声的なポット型併合が音韻体系へと洗練された結果であり、「妙」といっても「奇妙」ではなく「巧妙」な仕組みによるということである。

4. まとめ：音韻論における進化基盤モデルの全体像

　以上、進化言語学に対する生成文法的なアプローチの歴史を振り返りながらランドマークとなる重要研究を紹介し、その過程で生まれた生成音韻論からの貢献を3つの潮流に分けて考察してきた。また、シン・進化言語学たり得る、あるべき枠組みと方法論について私見を展開し、そこに基づいて生成音韻論が果たすべき役割を提案してきた。

---

[163] たとえば、Hargus and Kaisse (eds.) (1993)の"Part III: Applying Theory to Historical Change"などを参照のこと。

(18) 音韻論の進化基盤モデル

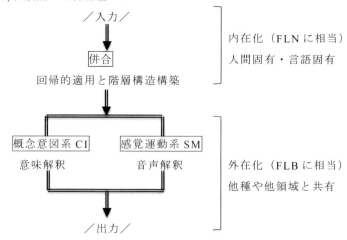

　総括すると、進化基盤モデルとなり得る音韻論の文法機構は、およそ次のようになるだろう。これはミニマリスト統語論や Samuels (2009a,b, 2011) と共通するものである。ここで、入力は音韻関係ではエレメント[164]や音素の連鎖（およびその上位構造となるモーラ、音節、フットなど）で、統語関係では形態や語の連鎖（およびその上位構造となる句や文など）となる。そして、内在化の出力が、各外在化部門の入力となる。つまり、感覚運動系の入力は、階層構造を与えられた内在化の出力である。

　もし感覚運動系に**最適性理論**(OT; 第 10 章)のいう制約群（知覚効率の最大化をはかる忠実性制約と調音労力の最小化をはかる有標性制約）が存在するなら、その入力は構造が未構築の基底表示（これが OT のもともとの仮定）ではなく、内在化によりすでに構造を与えられた表層表示となる。この考え方は、序列化された制約群が構造表示を評価する点では OT と同じであり[165]、内在化の過程は GEN の果たす役割と重なる。したがって、OT をミ

---

[164] エレメントについては第 9 章を参照のこと。また、進化基盤モデルにおける素性システムの位置づけ（二項的な音韻素性よりエレメントの方が進化的に妥当である根拠）については、田中（2023）や藤田・谷口・田中（近刊）が詳しく論じている。

[165] 個別言語の多様性が序列化によるかパラメータ値設定によるかは検証の

ニマリズムに位置づけることは可能であり、相容れないことはない。

　ただし、すべての制約が普遍文法を構成するということはあり得ず（注11 参照）、普遍文法の中身はあくまで併合のみである。制約が普遍的に見えるのは、単に感覚運動系に属する知覚（理解）のための認知機構や生産（表出）のための発声器官が、人間共通でほぼ変わらないからである。普遍性のほとんどは言語知識（文法）ではなく感覚運動系にあるということである。人間の固有性はあくまで階層構造を構築する普遍文法部分（サブアセンブリー型を含む併合の回帰的適用））であって、感覚運動系の基本的メカニズムは近隣他種とほぼ共有している。

余地があるが、いずれも可能である。

『生成音韻論の歴史と展望』特別企画

座談会「音韻論はどこへゆくのか」

『生成音韻論の歴史と展望』特別企画
座談会「音韻論はどこへゆくのか」

司会：田中伸一（東京大学）
パネリスト（形式音韻論）：那須川訓也（東北学院大学）
　　　　　　　　　　　　　クレメンス・ポッペ（早稲田大学）
パネリスト（実験音韻論）：米山聖子（大東文化大学）
　　　　　　　　　　　　　平山真奈美（東京大学）
　　　　　　　　　　　　　橋本大樹（上越教育大学）
音声記録・編集：渡部直也（大阪大学）
写真・編集：黄竹佑（名古屋学院大学）
企画・編集：田中伸一・橋本大樹

座談会の趣旨

田中：本日はご出席ありがとうございます。この座談会は特別企画ではありますが，必須の企画でもあります。というのは、第1章でも書きましたように、14の章は各領域の過去から現在までの話で、一方でタイトルが『生成音韻論の歴史と展望』ですから、未来の話、展望の部分は抜けているわけです。で、未来の話は一部の識者を集めて座談会でもやって、熱く語ろうと最初から目論んでい

ました。座談会形式の理由ですが、もしたった1人の研究者が今後

361

の音韻論を語るとなると、偏ったものになりかねないし確度が低くなりかねない点にあります。やはりいくつかの立場から目標や方法論を異にする識者を集めて、自由に議論できたらということで、座談会で語り合うのが理想だと判断しました。

メンバーとトピック構成

田中：メンバーとしては、執筆者全員に資格があるし、そういう力のある執筆者しか依頼していませんが、多すぎると収拾がつかないので規模は 5, 6 人程度かな、と。で、方法論では理論派と実験派のバランスを考える必要があります。また、年齢構成のバランス、つまり知的バックグラウンドを形成した時期にバラエティを持たせるのも重要です。さらに、できれば東京近辺在住ですぐ集まれるというのも重視して、理論派から私、那須川さん、ポッペさん、実験派から米山さん、平山さん、橋本さんをご指名させていただきました。那須川さんは遠方から来ていただいていますが、ヨーロッパの潮流を熟知されているので外せなかった。編集委員を含めるとすると、もうこのメンバーしかないということになります。なお、本日、開催をサポートしてくれている黄さんは実験派、渡部さんは理論派ですので、必要な時に発言をしていただこうと思います。

　そして、未来を語る上でどういう話題を取り上げて進めてゆくかについて、「過去と未来は切り離せず、過去を礎として初めて未来を描くことができる。」と第 1 章で述べていますが、過去の話は各章で詳しく論じられていますので、まずは過去から収束した現状認識から始めて、そこから派生する問題をいくつか取り上げ、最終的に総括して、生成音韻論の歴史とは何だったのか、そしてその展望が今後どうなるのかを語ることで、未来の行く末を占うという構成でいきたいと思います。これが本日のロードマップですね。総括については、私も叩き台を示した上で、みなさんのご意見をそれぞれ伺いたいと思います。

現在（ここ 10 年）の音韻論の現状認識

田中：まず現状認識ですが、ひとことで言えば、全体的潮流を見る

と、音韻理論（形式主義）の行き詰まりと、実験・コーパスを含む定量的手法（機能主義）の隆盛の、2 つにまとめられるのではないかと思われますが、以下の議論を進めるにあたり、その前提でよろしいでしょうか。

ポッペ：一点だけ...

田中：はい、どうぞ。

ポッペ：これに関して言いたいことがありますが、音韻理論と形式主

義を同一のものとして見ていいかという問題があるんじゃないかと思います。もちろん、この本は生成音韻論についての本ですから、そういう意味では、先生がおっしゃった通りでよろしいかと思いますけれども、一応、定量的手法でも、やっぱりある程度理論が含まれている立場もあれば、実験だけを行ってそこまで理論に触れない研究もあるかと思います。たぶん、のちほど話題になってくると思いますが、みなさまはどうお考えでしょうか？

田中：その答えは簡単で、まあ、定義の問題です。私が言ってるのは、**形式音韻論 (formal phonology)** の衰退と**実験音韻論 (laboratory phonology)** の盛り上がり、っていうふうに読み変えてもらいたいと思います。実験音韻論にも独自の理論はありますが、形式理論とはまた違いますね。まあ、そういうことでいいかっていう確認ですが。

ポッペ：はい、わかりました。

田中：ということで、音韻論（音韻理論）といっても、確かに実験音韻論、つまり機能主義も入るわけですが、最初に音韻理論といったものは形式音韻論と読み替えてください。で、音韻理論を形式音韻論として定義したとしたら、ポッペさんも那須川さんも間違いなく形式音韻論に入ると考えていいですね？

ポッペ：はい。

形式理論衰退の原因

田中：だとすると、まずはその形式音韻論の衰退の原因を考えていきたいと思うんです。理論にもいろいろありますが、形式音韻論の代表としての**最適性理論 (Optimality Theory; OT)** は、限界を迎えていると言わざるを得ない。たとえば、**直列調和モデル (Harmonic Serialism)** は直列的な規則がやってた**逐次派生 (serial derivation)** を取り込むっていう方向に戻っている。また、**調和文法 (Harmonic Grammar; 第 11 章)** も合わせて、McCarthy and Pater (eds.) (2016)で特集されていますが、これはすでに Prince and Smolensky (1993)の初期から可能なアプローチとして示唆されており、要は原点回帰している。あるいは**含有理論 (containment theory)** も復帰の様相を見せていますが、これも Prince and Smolensky (1993)のオリジナルな**出力志向 (output-oriented)** の音韻理論ですし。現にポッペさんもこの前の東京音韻論研究会 (TCP) で発表されたのも containment theory と似たものを使ってましたし、私も containment に戻ったりしてやってるんですけど。

それはいいとして、そういう原点回帰するっていうことは、袋小路に入って、またもう一回里帰りというか、逆戻りしてるっていうことで、新しい道に進んでいない、前に進んでいないと思われますが、これについて理論派の方々は、その原因がどこにあると思われますか？

ポッペ：私の方からでいいですか？

田中：もちろん、まずは理論派の中で OT をやられていたポッペさんから。

ポッペ：私は OT を以前は使っていましたが、主に音韻表示に興味があります。最初から OT に問題がたくさんあると思っていましたが、もし私が別の研究で多く使われている（OT と異なる）音韻計算の装置を使ったら、ちょっと音韻表示に関する議論が難しくなるし、それで最初らへんは OT も使っていました。しかし、だんだんそこから離れたんですね。で、今はたとえば、主に認知言語学に近い考え方と**依存音韻論**

(Dependency Phonology)、その 2 つのアプローチから考えていることが多いです。そのどっちのアプローチも、生得的に何か音韻や言語に特有な知識（言語固有の普遍性）があるという考え方ではなく、一般認知能力に基づいた考え方です。

田中：認知言語学に近い音韻論というと、Lakoff (1993) の**認知音韻論 (Cognitive Phonology)**？

ポッペ：ええ、それもありますけれども、あまり発展的な開発がなされていないし、提案された直後に OT が出まして、実は Goldsmith (1993) も Lakoff (1993) と似たような理論—Harmonic Phonology—を提案したんですけれども、やっぱり OT が登場して、もう誰も使わないようになってしまいましたね。

　最近はたとえば、Langacker (1987) の認知文法を音韻分析に使ってみたり、Jackendoff and Audring (2020) の Relational Morphology を音韻論に適用してみたりしています。その Relational Morphology に基づいたアプローチは、先ほど先生もおっしゃった通り、containment theory に似た点もありますが、同時に Goldsmith や Lakoff のアプローチに似たところもあります。最近そのようなアプローチでどういう分析ができるかについて見てるのです。それは個人的に OT に関して不満があったので、いろいろ他に何があるか、どういうアプローチが可能なのかを考えてきました。まあ大した業績はまだないんですけども。

田中：そんなことはありません。ただ、その姿勢は健全だと思います。いろいろ可能性を考えて取るべき道を取っていて、OT に固執する必要はないと思います。で、いま、ポッペさんは立場を明らかにしてくれましたけど、まさに今後の進むべき別の道を模索している。私もそういうところがあるんですけど、それはやっぱり限界があって、行き詰まりを感じるのですが、その原因がどこにあったのかという問いです。

ポッペ：OT の限界は、2 種類の要因があると思います。内的な要因と外的な要因です。まずは内的な要因ですが、OT というのは、そもそも音韻論の理論というよりも、ただの計算装置でしかないといえるんですね。それは Tobias Scheer (2011b) の論文にも書かれてい

て、つまり、音韻表示の理論が含まれていないので、音韻表示は何でもあり得るということになります。OT はバリエーションやタイポロジーを捉えるには非常に優れた音韻計算モデルだと認識され、それで早くからいろんな人に採用されるようになりましたが、使い方は皆がそれぞれでした。つまり、制限されていないんですね。それ以外は、**不透明性 (opacity)** とか、いろんな問題が指摘されるようになったと思いますが、それらの問題を解決するため、いろんな方法が提案されるようになります。たとえば、忠実性制約がインプットだけじゃなくて、アウトプットにも適用されたりして（不透明性問題の解決のため、IO-faithfulness だけでなく OO-faithfulness が使われたりして）、だんだん複雑になってしまいました。結局、何が可能な制約なのかに関する議論もあまりなかったし、それに関しては最近出た *The Oxford History of Phonology* の Marc van Oostendorp (2022) の論文には詳しく書かれています。

田中：わかりました。要は OT の計算理論としての機構 GEN の性質により、出力表示が何でもありになっているという**包括性 (inclusiveness)** の問題ですね。**分析自由性 (freedom of analysis)** ともいいますが、何でもいろんな構造を作ることができる。それが仇になっていると。それにより、音韻表示に制限を加えなきゃいけないというわけですね。McCarthy の直列調和モデルはそうした自由を制限して、GEN に 1 つの素性値変化しか許さないという**漸進性 (gradualness)** を採用していますが、そのように何でもありの計算機構が音韻表示や構造に関して仇になった、というのが内的要因ですね。

ポッペ：そうですね、はい、つまり統一性が段々なくなったということですね。

米山：分析の自由がなかったら、言語形式のバリエーションは説明しにくくなりますよね（制約のリランキングを除けば）。自由度を大きくしたから、それ以前の規則に基づく理論と異なった利点があったわけで。

田中：そう、その自由度の高さこそが、OT の魅力であり新規性だったわけですね。最適形が制約違反してもいいという自由も然りで

す。

米山: だから、音韻表示に興味があるという時に、従来は1つの基底形から派生により1つの表層形が得られたわけですが、OTは1つの入力形から多数の出力候補を導いてバリエーションを扱うっていうことを、音韻論の中で初めて可能にした理論だという、そこがミソだと思うんですよ。だからこそ、みんな飛びついたのだと思います。

ただ、段階的派生をなくしたことで問題が出て、**共感理論 (Sympathy Theory)** が出た時点で、ああダメだなっていうふうに大きく引いた人もいたのではないかと。で、結局は扱いきれないじゃんっていうふうに思った人たちも、すごいいたと思うんですけど。

田中: まさに、不透明性の問題ですね。扱いきれないというか、扱おうとして McCarthy (1999) は共感理論という1つの理論を出したわけですが、そこでもポッペさんの話に出てきた OO-faithfulness など駆使してたので、きっと複雑に見えてついていけないと思われたのでしょう。少なくとも、実験派の立場の方々からも、そう見えていたということで。

　ポイントは結局、OT の包括性、分析自由性、つまり GEN が何でもありっていう部分の、長所と短所の裏返しが露呈したということでしょうか。長所として、1つの入力から無限の出力バリエーションを生み出す機構は最初は魅力的だったけども、同時期に米山さんや橋本さんも熟知する**エグゼンプラ理論 (Exemplar Theory; 第12章)** も台頭し、この20年、30年を経てバリエーションの説明がさらに充実してきて、OT はお株を奪われてしまった。一方で、これは短所ですが、制限の緩さゆえ形式理論として機構が複雑化し、不透明性含むさまざまな問題が浮かび上がってきたっていうのが、内的要因の真相でしょうか。では、次に外的要因の方に話を移しましょう。ポッペさん？

ポッペ : そもそも可能な制約とは何なのかという問題が外的な要因と  も関係しますが、たとえば実験音韻論などの研究成果で、音韻素性も制約もそのセットが普遍的じゃないとか、そういう考え方がだんだん強くなったと思います。で、もし制約が普遍的なものでなければ、OT 自体がタイポロジーの理論としても、特に言語知識の理論としても、あまり魅力的ではなくなると思いますね。だから、もし制約が普遍的なものでなくてただ習得されるだけのものであれば、スキーマとして抽象化できるんじゃないかとか、そういう考え方も増えてきたと思います。

田中 : 制約スキーマについては、先ほどおっしゃった、音韻論を認知言語学的に捉えるという点に通じますね。わかりますが、それを OT の限界の内的要因でなく、外的要因だと呼ぶ理由は何ですかね。要するに、**忠実性制約 (faithfulness constraints)** は純理論的な制約であり、いわば理論の内的装置なので、**有標性制約 (markedness constraints)** の話ですか？

ポッペ : markedness の方ですね、はい。それはたぶん、実験をやっている人が段々増えてきて...

田中 : 私が言ってるのは、その有標性制約も忠実性制約と同様に理論内部の装置だから、それも内的要因になるのではないかということです。でも外的要因というのはどういうことでしょう？有標性には、言語外的な知覚や調音の効率が関わるからでしょうか。

ポッペ : ええ、それを測る定量的手法があって、その研究成果で、だんだんと有標性制約の普遍的性質について、疑問が増えたんじゃないかと思います。それにより OT が魅力的でなくなったと思いますね。特に若い研究者にとっては。OT と定量的手法の両方学んでいる人は、いろいろと疑問に思った人がいたんじゃないかなと思います。

　一方で、もう 1 つの外的要因（音韻理論の性質以外の要因）ですけれども、OT がほぼ音韻論だけの理論で、統語論や意味論にも適

用されたんですけれども、あまり採用されなかったということもあると思います。結局、音韻論だけの理論として認識されていて。そして、統語論と音韻論のアプローチが、生成文法の中であまりに違っていて。

田中：ありがとうございます。まさに、文法理論として OT は音韻の類型、獲得、変化、変異などいろんな領域に適用されたけど、結局、言語理論として広く一般に受け入れられることはなく、最終的に音韻理論だけにとどまってしまったわけですね。そのことは、音韻論以外の分野（たとえば音声学）から見ても制約の普遍性に関する音声的根拠に乏しい、ということと無関係ではないのかもしれませんね。

　一方で、形式理論の中でも**統率理論 (Government Phonology; GP) とエレメント理論 (Element Theory)** は、生き延びるどころか勢いを増しているといった方が正確な状況なんですよね。「統率」の名前の通り、統語論との親和性がある点も注目です。ここ 3 年の間でも 2 冊の分厚い論文集、Bendjaballah et al. (eds.) (2021) と Breit et al. (eds.) (2023) が出て、那須川さんは両方に寄稿されているんですけどね。こういう短い間に総合的な理論分析や適用例を示した論文集が出てるっていうのは、かなりの勢いの理由になると思うんですけれども、ご自身が関わっておられる統率・エレメント理論の OT とは対照的な状況について、どこに理由があるとお考えですか？

那須川：キーになるのは、「**表示**」(representation) の扱いではないでしょうか。1980 年代までは、ヒトの音韻的能力を記述するのにもっとも妥当な表示はどのようなものであるか、といったものが中心的研究課題のひとつでした。なぜなら、表示で用いられる範疇や関係特性の種類や数によって、表示に適用される規則や原理の立て方が影響を受けるからです。1990 年代初期までかなり多くの異なる表示理論が考案され、それらの間で様々な論争が展開されました。

そのような中で、表示に関わる制約が破られることを前提とするOTが現れ、表示そのものの妥当性の議論から、「適格な表示を選択する際の仕組みの解明」へと研究の中心がシフトしたと思います。これにより、OTを用いた研究では、表示で用いられる範疇、およびそれらの関係特性の種類について議論されることは稀となり、用いられる表示は各研究者に委ねられ、もっぱら制約の種類とそれらのランキングに関わる議論がなされるようになったと思います。この表示、すなわち構造についての議論がなされなくなったことで、OTを用いた音韻研究は、生成文法理論を基盤とする統語研究と、理論的互換性を呈していた多くの部分を失うことになったのではないでしょうか。

　他方、統率・エレメント理論は、1980年代から現在に至るまで一貫して、ヒトに備わっている音韻能力の表示の解明、すなわち構造の解明に注力しています。これは、仮定される構造が変われば、それに適用される規則や制約も変更する必要が出てくるからです。なので、規則や制約よりも、まずは構造の解明が先であるというのが、統率・エレメント理論の立場と言えます。

　加えて、その名が示すように、統率音韻論で仮定されている音韻構造は、さまざまな点で統語構造と親和性が高いと言えます。これは、音韻能力も、統語構造同様、I-言語の一部であると考えるのであれば、どちらの部門も似た特徴と構造構築過程を呈しているに違いない、という前提のもとで研究が進められてきたことによります。

　これに対し、OTは、この視点に重きを置かないだけでなく、統語研究で用いられる適格な構造を生成する精緻な仕組みの代わりに、原則的にさまざまな構造を無限に生成するGEN（どのように生成しているのかは不明な装置）を仮定しています。そのため、OTは統語研究のような構造生成過程を解明する理論ではなく、生成された大量の表示の中から最適な表示を選択する仕組みに関する理論と言えます。このため、言語能力の一部門である統語論との類似性を見出すのが難しいだけでなく、進化言語学的視点から言語現象を論じる際に、統語部門を中心に想定されているものとは異なるシナ

リオを必要とします。

田中：簡潔かつ明晰にまとめてくださいました（笑）。まさにその通りだと思います。

那須川：研究者によって想定する表示が異なるため、それにより使用する制約も異なります。基本的に制約の設け方に制限がないだけでなく、制約の数も議論されず、制約のランキングの上位にあるものだけが議論の的となります。この辺りが、言語表現の生成能力に制限を課す方向で言語能力の解明を行おうとしている研究者にとって、違和感を感じるところだと思います。

　表示の詳細の解明に重きを置く研究者たちには、まだ音韻能力に関わる表示がどのようなものなのか明確でない段階で、その表示に適用される制約を議論するのは拙速である、と考える人たちが少なくありません。表示の解明がさらに進めば、それに適用される制約や規則は自然と出てくると思います。そしてそれらは、非常にシンプルなものに違いないと考えます。

　表示について言えば、統語論との関係も見逃せません。音韻表示も言語表示であると見なすのであれば、統語表示と音韻表示は高次なレベルで同じであると考えるのが自然です。しかし、GENや違反可能な制約などを用いるOTには、一部の研究者を除き、統語論と音韻論は基本的に異なるという前提があるため、探求すべき表示形態が定まらないように見えます。

田中：もう非常に、お二人の話を聞いてると私も頭が整理されてきたのですが、ポッペさんが言及したOTの弱点は、何でもありのGENの自由さと文法の他部門との連携のなさだった。しかし、統率・エレメント理論はGB理論（Government & Binding Theory）に由来する、もともとOT以前の理論が持っていた長所を持っていて、音韻表示の解明の理論であるとともに、それに制限を加える諸原理があり、かつ統語論との親和性も高い。だから、統語論とともに当然生き伸びているし、勢いを失うことがない、そういうふうに整理したらいいんでしょうか？

那須川：はい、そうだと思います。OTも出力表示志向の理論と言われますが、統率・エレメント理論とは異なり、どのような表示が音

韻表示として妥当であるかといった議論は少なく、多くの OT を用いた研究では、80 年代後半にアメリカで確立された音韻表示を未だに用いています。他の表示を用いる研究者もいますが、表示上どの範疇をどのような根拠で用いるかの議論はなく、研究者が持つ背景に依存しているようです。表示として音声記号のみからなる記号列だけを使用する研究もありますが、そのような研究であっても、採用している表示理論の説明をすることなく、分析に必要な自律分節表示で使用されている単位などを持ち出して制約を設けることがよくなされています。言語学の研究領域全体を意識した表示の用い方や、それに関わる制約の設け方があまりなされていないようです。以上のことから、OT は、表示重視ではなく、プロセス重視の理論と考えられます。

田中:よくわかりました。ただし、今ちょっと気になった点が 2 つあって、1 つは OT は表示重視というよりプロセス重視っておっしゃいましたけど、プロセスは入力と出力との対応の一段階しかなくて、直列調和モデルでない限り複数の段階的なプロセスがないという意味では、プロセス重視じゃないようにも思えます。プロセスとおっしゃったのは、どういう意味のプロセスですか？

那須川:一段階だけであっても入力と出力があれば、それをプロセスと言えると思います。OT では、入力形から出力形を GEN が作り出しているわけですから、そこには一段階のプロセスがあると思います。

田中:なるほど、実をいえば一段階の OT だけでなく、Kiparsky (2000) や Bermudez-Otero (2011) が提唱した**階層性 OT (Stratal OT)** や、前に言及した直列調和モデルでは複数の段階（サイクル）がありますが、あれもまさにプロセス重視ですね。プロセスのあり方を模索している点で。

　もう 1 つ気になったのは、少し前に「制約の設け方に制限がない」とおっしゃいましたが、それは理論が悪いんじゃなくて、個々

の分析者が悪いんじゃないかと思ったのですが。分析に都合がいいように好き勝手に制約をこさえている例もありますし。しかし、OT は理論としては、たとえば、有標性制約は然るべき音声的根拠がなければならないとか、想定される制約群の**因数類型 (factorial typology)** から予測される結果が実際の言語類型と一致してなければならないとか、制約を設けるための「制限」があるとも思えます。そうした制限は、どういう制約があり得るかの妥当性を検証する基準になるのでは？

那須川：先ほど、田中先生が触れられた「有標性制約は音声的根拠がなければいけない」という点ですが、どんなに音声的な根拠があったとしても、有標性は現象を観察することで得られる傾向でしかありません。

　これまで生成文法の枠組みでは、観察から得られる有標性の傾向は、言語能力（音韻能力）を解明することで自然と導き出されるべきであるとされてきました。これに対し、OT では、その「傾向」が出力形を選択する際に用いられる制約として使用されています。この点に、私は違和感を感じます。

田中：つまり、本来、OT は制約を普遍化し前提にすることで演繹的（トップダウン）に言語形式の説明をするべきなのですが、必ずしも前提の真が保証されているわけではない。そこで、特に有標性制約の場合は、音声的根拠をもとに帰納的（ボトムアップ）に検証することを迫られるようになってしまって、本来の方向性とは逆になっているわけですね。

橋本：これは完全にただの感想ですが、私はこういうロジックに疑問を覚えて Exemplar Theory に鞍替えしました。多くの OT の研究が個々の現象を帰納的に論じていて、仮説演繹的な議論ができてないですよね。

田中：その通り。その結果、なぜその有標性が排除されるのかと問えば有標性制約があるからとなる一方、なぜその有標性制約があるのかと問えばその有標性排除には音声的根拠があるからとなって、循環論に陥りかねない、と。違和感の元凶はこちらにありそうですね。なので、制約にある程度の音声的検証法はあるけれども、それ

とは別に本来は、制約のフォーマットに関して、メタ理論として制約の真を保証するに足る独立した理論的基盤がなければならない、という結論に行き着くわけですね。忠実性制約には「入出力の相同」という、それらしい統一的基盤はありますが、有標性制約にはそれがない。唯一あるのは、McCarthy and Prince (1993) の**一般整列制約 (generalized alignment)** のような、音韻・形態の整合性に関する統一フォーマットだけです。

ポッペ：一点いいですか。一応、OT は大変人気だったので、落ち着いた今は発展がないように見えるかもしれないですけど、統率音韻論を使っている人がそんなに増えたかというと、そうでもないのではないでしょうか。ヨーロッパではそのまま統率音韻論を使っている人がもちろんいますが、それには社会学的な要因、つまり研究分野の伝統を守る傾向があるからではないかと思います。

田中：その通りで、社会学的な要因って言ったけど、統率音韻論も那須川さんによると、その伝統に応じていろんなタイプがあるんですよ。これも面白い。つまり、イデオロギーがかかわっていて、私が聞いた中でも 4 つぐらいありましたよね？

那須川：はい、主要なものとして、初期 GP、厳密 CV 理論、GP2.0、非時系列音韻論の 4 つが挙げられます。初期 GP は、その名が示すように、Jonathan Kaye らが中心となり構築した最初の GP 理論です。1980 年代後半から 1990 年代後半までヨーロッパを中心にもっとも広く用いられた音韻表示理論のひとつと言えます。これは、1980 年代までに考案された音韻範疇や範疇間の関係特性、およびそれらに関わる規則の余剰性を表示から排すると同時に、観察されない現象を生みださない仕組みを探求しようとした理論です。また、この理論は、音韻構造と統語構造の表示と、それらの適格性を制御する仕組みの融合を目指しました。

　その後 2000 年代に入ると、初期 GP と異なる視点をもつ**厳密 CV 理論 (Strict CV theory)** と称される理論が Tobias Scheer (2004 ほか) によって考案されます。この理論は、音韻構造は統語構造と本質的に異なり、階層構造をもたず、CV の連続体が線的に交互に並んだ構造 (CVCV…) をしているとしています。

さらに 2010 年代に入ると、厳密 CV 理論と異なり、現象の観察に基づき、統語構造同様、「音韻構造も階層構造を有すると見なすのが自然である」と考える表示理論が現れます。この理論は GP2.0 と呼ばれ、Pöchtrager (2020 ほか) を中心に理論的に展開されています。この理論では、音韻構造も階層構造を持ち、その構造は統語構造と同じく、**X バー理論 (x-bar theory)** に従って形成されるとされています。

さらに、2010 年代の半ばになると、現在田中先生にも理論の発展に大きく寄与していただいている**非時系列音韻論 (Precedence-free Phonology)** と称される表示理論が現れます。上述の 3 つの理論で用いられてきた範疇間の前後関係特性を完全に排し、階層構造のみを音韻表示で認めるという立場を取っています。これは、言語進化の文脈で統語部門との整合性を探求すると同時に、音韻表示上の余剰性を最小限にし、生成能力の制限を高めることを目指した結果導かれた構造です (Nasukawa 2020 ほか)。

以上、簡単に説明させていただいた 4 つの理論は、初期 GP から派生したものではありますが、理論の基盤部が大きく異なるため、これらを「GP」という名称ひとつで括るのには抵抗を感じます。

田中：つまり、一見すると統率音韻論で一括りにしてしまいがちだけれども、その枠組みの中でやっている人たちから見たらその違いこそが重要で、それぞれかなり考え方が違う系列を形成し、実は一括りし難い流派に分かれているほど取り組むものも多い、ということがわかりました。

平山：統語論との親和性があるとすると、音韻論のミニマリストバージョンという感じですか。特に非時系列音韻論は。

那須川：多少抵抗を感じる部分もありますが、実際には、その通りだと思います。

田中：でも、まさにいま言って下さったミニマリズムに関係するんですけど、現在勢いを増す音韻論として、統率・エレメント理論以外に、形式理論でもう1つの系列があるんですよね。それが Samuels (2011) から Samuels ed. (2017) までや、その他論文でも明らかにされている進化系の音韻論で、ミニマリスト統語論に基づくものですね（第14章参照）。Hale and Reiss (2008) に代表される**音実質除外音韻論 (substance-free phonology)** も、その系列にあると思います。こういうのは普遍文法を最小化したミニマリスト音韻論とでも呼べるもので、進化音韻論も substance- free なんですよね。形式理論である限り、有標性のような音の substance（外的言語の特徴）を文法からそぎ落とすしかないという系列で、内的言語の特徴のみを問題にすべきだと。まさに Samuels (ed.) (2017)の Beyond Markedness in Formal Phonology というタイトルの通り、形式音韻論は有標性を越えていかなきゃいけない。こうした音韻論の系列も、OT と違って統語論と親和性があり、生き残るのかなっていうところです。

米山：そうすると、言語形式のバリエーションなんて、まったく考えないのですか。

田中：そうですねえ、バリエーションは地域・世代・性別など社会的要因に左右される外的言語（E-言語）の特徴であって、進化音韻論は内的言語（I-言語）の部分を形式化するものですから、ある意味ではそうです。しかし、内的言語の音声的な外在化（線形化）のレベルでバリエーションを捉えるので、考えないというわけではありません。分けて考えるということです。

那須川：ええ、そして、実は音韻研究の多くでは、今も重要な研究対象の1つとして外的音形のバリエーションを扱ってきました。GP同様、超分節レベルで非対称関係からなる階層構造が仮定されており、構造上、バリエーションが生じ易い位置と生じにくい位置があることが分かっており、前者を弱位置、後者を強位置と呼んでいます。弱位置では、その位置に指定される素性の音声解釈の揺れが大きいのに対し、強位置に指定されている素性は、音声解釈の揺れが非常に小さいと考えられています。この位置による音声解釈の揺れ

の違いは、超分節構造を構成している非対象関係のネットワークに依拠していると考えられています。ですので、形式的音韻研究において、観察されるバリエーションを扱わないということはなく、むしろ重要な研究対象の 1 つと言えます。

田中：はい、いま問題にしている音韻論をミニマリスト統語論と親和性のあるものだとすると、文法の役割は入力から出力への派生にあるわけですが、その派生過程において、入力はその階層構造の構築を経て、それが意味解釈・音声解釈されて出力されます。階層構造の構築とは**併合操作 (Merge)** による言語単位の組み合わせであり、それは単語でも文でもなんでもいいんですけど、それが概念意図系とか感覚運動系という部門を経て意味解釈・音声解釈されます。そのうち、感覚運動系というのが発音器官による外在化（線形化）部門で、そこに各種パラメータがあって、構造に応じて個別言語ごとまたは個人ごとのバリエーションが出てくることになります。

　併合操作は意味のある構造を作るという内在化の操作なのですが、substance-free っていうのは、まさにさまざまな要因が絡む**音実質 (substance)** を内在化の操作から取り除きましょうということです。音実質というのは、あくまで感覚運動系での音声解釈、つまり外在化の段階で絡んでくるに過ぎない、ということです。この点は、那須川さんの非時系列音韻論も同じです。

　で、もし**音実質依存 (substance-bound)** の音韻理論を構築するなら、これはもう実験的検証でやるしかないことになり、究極的には音声学になってしまうんで、やはり形式音韻論でめり続けるなら、統率音韻論系列や substance-free の進化音韻論系列が生き残るのかな、と思います。

　ちなみに、統率系の音韻論のもとでは、エレメント理論の「エレメント」に音響的基盤を求めるわけで、先ほどの有標性制約じゃないですが、ある意味で音実質依存、substance-bound の実体であると考えていいでのしょうか？

那須川：この点については、どのような視点に立つかで、どちらともいえますが、私が用いているエレメントは、心的範疇であるため、substance-free と言えます。現に、エレメントは音響的にも、構音

的にも定義されてはいません。エレメントを論じる際に取り上げられる音響的パターンは、エレメントを定義するものではなく、エレメントを音声的に具現化する際の物理的な対応物でしかありません。

　この関係は、音符と、それを楽器を使って演奏した際に奏でられる音響的パターンとの関係と似ています。音符を音響的パターンで定義することはありません。音符同様、エレメントも抽象的な記号であり、地球上の空気がある環境で物理的に具現化させようとした際に、特定の音響的パターンにマッピングされていると考えられています。そこには、抽象的範疇であるエレメントが、物理的信号に変換されるような仕組みはありません。よって、エレメントを用いた音韻研究では、本来、音響的パターンを含む物理的事象に関する議論をする必要はないと思われます。

田中：なるほど、音符とその音響的パターンの例はわかりやすいですね。エレメントはあくまで内在化で組み合わされる単位であり、抽象的な心的表象であるので、絶対的な特定の音響パターンと必然的な関係があるわけではない、ということですね。音符の「ド」もさまざまな音階があるのと同様ですね。

那須川：現に、GP の研究には、音声学的言及がまったくないものが多く存在します。しかし、理論、および分析を多くの人に理解してもらい、広く受け入れられてもらうことを目標とする場合、音響的、もしくは構音的な事象を絡めながら、議論は展開される必要があると思います。

定量的手法の隆盛の原因

田中：さて、ここまで主に理論派の話を進めてきたのですが、バリエーションの観点から実験派の方からもご意見いただきました。次に、定量的な手法の隆盛の原因を考えていきたいと思います。この手法の発展や普及は学生さんに限らず、いろんな研究者の学会発表でも明らかでしょう。その盛り上がりは、理論衰退による相対的な地位向上の賜物なのか、それとも実験音韻論の内在的な原因があるのか、これを実験派からそれぞれどのように捉えていらっしゃるか

聞いてみたいと思います。まずは米山さんから。

米山：私は修士課程でも実験系で、そのまま実験系のオハイオ州立大学に留学しました。理論だけをやる教員もほぼおらず、実証的なアプローチをするっていう土壌で育ってきているので、理論だけをやるトレーニングがなされてないですよ。そんな中、実験的手法は、何をターゲットにして予測がこうなって、それを検証するという手続きが確実に明らかであることと、大学院生として学年に応じて求められる結果を確実に出さなきゃいけないというプレッシャーがありました。つまり、実験だと、基本的に受け入れられている手法のもとに仮説を立てて、それについて検証することで分野に貢献することが達成されていれば、論文として認められるわけですよ。業績といった外的要因がすごく大きいのかなと思います。

　一方、形式理論はいろんな論文を読んだとしても、学年なりの成果を確実に出せるわけではないですよね。今ある理論が隆盛であったとしても、その前の理論をわかってないと、ここに行き着くまでの過程もわからないでしょうし、これからそれに基づいてキャリアを積んでいくっていうふうな状況になったときに、やっぱり不安にもなってくるので、そうすると何をもってどう進めていけばいいのか、何が求められているのかってことを考えている人が院生に多い気がします。日本言語学会でも理論の発表をしている人が実はほとんどいませんが、たぶんそれは大学院生の発表も増えている中、ある程度の答えを出すのが難しいからではないかと思います。

田中：なるほど、ご自分が学生として育っていく中で実験的手法の方が結果を出しやすい状況もあり、そういった外的な要因でいま盛り上がっているのではないか、ということですね。実験音韻論そのものの性質というより、業績の作りやすさという意味で確かに外的なものです。

米山：あと、研究補助金の獲得や受ける評価でも、それまでの実績やそのあとの成果が求められますよね。実験研究では結果やその意義は明らかです。でも、理論でやった時にそれが正しいかどうかって

評価が、たぶん自分ではできない。アドバイザーにもよるかもしれないんですけど、自己評価できないと他人による評価もわからないので、新規性のある成果が出せるのかどうかの判断が難しいと思うのです。

田中：ということで、相対的な地位向上でも分野の内的性質でもなく、むしろ外的な要因が強調されました。結果を出しやすいという話も、研究補助金の話も。どうですか今の話、他の方々にとって？

渡部：ええ、少し前まで院生・助教だった私から見ても、実際の学生の状況はそうだと思います。まず論文を公刊して業績を稼いで、それから学術振興会補助金の DC や PD を取って、ということがあると思いますね。

田中：結果を出さなきゃいけない、出すには実験をやって客観的なデータ収集と然るべき仮説の検証をやれば形になる、しかし理論は自分で書いたものの自己評価が難しい、という流れですね。だとすると、これは相対的な地位向上にもつながるかな。

　私は理論派ですけど、東大の私の指導学生たちの間でも、実験的手法が隆盛を極めているのは確かですね。やっぱり結果を出しやすいとかあるのかな。米山さんが先に述べた 2 つの外的要因（成果の出しやすさと競争資金の獲得のしやすさ）が、確かに東大に限らず、最近の流れを決めているのかなって思うんですけど、さらにどうですか、渡部さん？

渡部：まあ実験に限らないと思うんですけど、実証的なデータをまず

集めて、そこで理論的な解釈よりも、統計的に解析してそこで言える傾向を明らかにすることは、大きな意味とともに確実性があると思います。フィールドワークによるデータ収集でもいいんですが。まあ、結果が客観的に見えやすいということですね。新しいデータを集めれば、それだけでも一つの成果だと思いますし、社会的な貢献にもなるという、はい。

田中：ありがとうございます。では、さらにご意見をいろいろ伺いましょう。相対的な地位向上か、内的要因か、あるいは外的要因かっ

ていうことで。平山さんはカナダを中心に北米のバックグラウンドをお持ちですが、どんなふうにお考えでしょうか？

平山：私も実験に携わる者として、バックグラウンドっていうのは大きいんですよね。東京外大で音声学を習って  トロント大学で理論を習ったので、わりと理論に絡めてやりたいほうです。それで、実験でいろいろコントロールして、見たいところのデータを集めるわけですが、一人からエリシテーションしてもいいわけですよね。一人に聞いてもバリエーションも出てくるし。ただ、むかし統語論、音韻論をやっていてその後バリエーション研究者になった先生が、数を数えないとだめという結論になったと仰ってましたが、もしかしたら、数を数えるってことが結構重要って思ってる人が出てきたのかなっていう感じもします。コーパスも大きい規模ではいろいろなコントロールが統計的にできるとすると、同じようにして使えるわけですよね。

田中：実証的・客観的に検証するには、やっぱり定量的に数を数える必要がある、と。

平山：数を数えたくなる。どんどんデータを集めると、これって本当にこっちのほうが優勢なのかなとか疑問が出てくる。たとえば、私、以前に借用語音韻論で /b, d, g/ の分布を比べたんですけど、データを増やしていくと /b/ は少なくて /g/ は多くてとかが出てきました。そういうふうに、数を集めると見えてくる音韻パターンもあるんじゃないかと思います。

田中：だとすると、バリエーション含めテーマにもよりますが、数を数えることでしか検証できないという風潮が優勢になったということで、これは相対的な地位向上ではなく、バリエーション説明を可能にする実験音韻論の内在的性質が隆盛を生んだ、ということでしょうかね。もしかしたら、そういう人が昔からいても不思議ではないけど、やっぱり時代精神として数を数える必然性を感じる人が多くなり、それには実験音韻論がうってつけだった、と。

平山：現実として、知覚のメカニズムは実験でないとわからないです

よね。理論は言語形式の生成のメカニズムをやっているわけですし。

田中：その通りで、知覚のメカニズム解明への志向が、実験的手法の隆盛を押し上げる。ただ、実験のためには記録や解析のための機器類の発展も不可欠ですよね。

　要は、コンピューターに基づいて実験装置が発展・充実してきたという時代背景もありますよね。実験検証に使えるソフトもいろいろ出てきて、やろうと思えば誰でも知覚実験も生成実験も、ウェブ上でさえできるっていう時代背景により、いまの実験派の隆盛があるともいえますね。統計ソフトも然りで、数を数えることで客観的に傾向を捉えたい向きには、まさに水を得た魚の潮流にあります。これはまさに、3つ目の外的要因というべきか。

米山：日本だけでなく諸外国でも、数を数えたいっていうか、その見たことが本当にそうなのかどうかっていうのを裏付けしたいって、思ってる人が多いのではと思います。

田中：ええ、理論派にとっては理論的検証、つまり主張する理論から予測される論理的帰結が、事実と一致することを示すことで裏付けをとるわけですが、実験派にとっては実証的検証、つまり数を数えることで得られる客観性に、主張する仮説の裏付けを求めるわけですね。まさにその環境が整ってきたという。

平山：データの取り方や性質の問題ですかね。私も理論には興味があり、データを理論の枠組みで説明したいと思うんですけど、言語データを使うという意味では確かに一緒です。しかし、対象とするデータの取り方、ひいては性質が異なるものと感じます。

田中：その通りで、データの持つ意味として、そこに実際に現れる外在言語の一般的傾向を問題としたいのか、そうした表現を可能にする内在言語の機構を問題にしたいのか、それによってデータの捌き方が変わってきますね。平山さんは両方にご興味がおありなわけですが、前者の究明には、実験装置の発展が欠かせない。

那須川：ただ、外在言語を対象にした研究のみならず、内在言語を対象とする研究も、実験装置などに関わるテクノロジーの発展と無関係ではないと思います。最近、ディープラーニングを使い、30以上の言語の音響的特徴を比較し、音声的識別に最低限必要とされる音響的特徴の種類を同定するという他分野との共同研究プロジェクトに関わっています。その研究を通じて、識別に必要とされる音響的特徴は、弁別素性理論で仮定されている素性の数である 20〜30 ではなく、わずか 5 種類のみであるということがわかりました。これらの特徴に、音響上のエネルギーの急降下部（いわゆる、無音部）も音響特徴のひとつであると見なすと、ちょうどエレメント理論で用いられている 6 つのエレメントの数、および種類と合致します。この発見は、他分野の研究者との共同研究というだけでなく、最近のテクノロジーを用いたことにより得られたものです。それぞれまったく異なる方面から進められてきた「テクノロジーを用いた研究」と、「言語機能のモデルを構築してきた研究」が、ひとつのプロジェクトの下で出会うことで、新たな景色が見えた一例と言えるのではないでしょうか。

田中：なるほど、理論派であってもテクノロジーの発展と無関係ではないということで、これはとても示唆的なお話ですね。エレメント理論への強力な裏付けが音響装置により得られたということで、かなり重要なご研究です。思うに、そもそも生成文法も生成音韻論も、言語を生み出す頭脳をバイオコンピュータと昔から捉えているわけですし、だからこそコンピュータでの実装や**学習可能性 (learnability)** を仮説検証に使うわけですしね。そう考えれば、無関係でいられないのも納得できます。

　それでは、はい、お待たせしましたということで、橋本さんの立場からも、この問題についてご意見を伺いたいと思います。

橋本：はい、ここまで出た話をまとめると、実験系の研究が盛り上がっている理由は 3 つあるということですね。1 つは米山先生が言ったように、論文が書きやすいとか研究資金を取りやすいということ。もう 1 つは音声・音韻現象には必ず揺れ（バリエーション）があるということ。3 つ目は手軽に実験やコーパスを用いた研究ができるようになったということ。私はこれらの 3 つの理由のうち、2 つ目と 3 つ目に関して意見を述べたいです。私自身、東大の修士課程では形式理論に基づいた研究をしていました。

田中：確かに、高度に抽象的ともいえる直列調和モデルに基づく論文 (Hashimoto 2016) も、書いてくれていました。

橋本：そして、カンタベリー大学ではエグゼンプラ理論に興味を持ち始めました（第 12 章参照）。向こうで流行っていたという理由もありますが、何より音声・音韻現象には揺れが観察されるってことを強く感じたというのがあります。日本では「外来語アクセントが－3 の位置（語末から 3 番目のモーラを含む音節）に来る」のような断定的な一般化で議論が進められることが多いですが、実際にはそうじゃないじゃないですか。必ず例外はつきもので、バリエーションがたくさん見られますね。

　例外やバリエーションには頻度や使用コンテクストが必ず影響しています。こうした事実をとらえるために相性が良かったのがエグゼンプラ理論で、音声・音韻現象の揺れを研究するためには実験研究・コーパス研究が避けられなかったということがあります。

田中：はい、言語には必ずしもカテゴリカルではない側面があるのは事実ですね。言語形式は一義的に決まるものではなくバリエーションが重要で、それが頻度や使用コンテクストにより律せられているところに面白さを見出す潮流が大きくなっている、ということですね。これは内的要因になるのかな。

ポッペ：いまアクセントの話が出たんですけども、東京方言のアクセントについて何か研究したいと思っても、もう理論的に言えることが少ないんじゃないですか。別の枠組みで考えることができるかも

しれませんが、それより誰も詳しく見ていないようなデータで、それこそコーパスとか実験とかで、事実を発見するような研究の方がやりやすいと思います。そういうこともあるんじゃないかなと思います。

田中：だとすると、橋本さんがさっき 3 つにまとめてくれてたけど、もう 1 つの理由として、一般に言語とか方言の新しいデータ発掘は実験では可能だけれども、理論ではそれが難しく再解釈にとどまるしかない、ということですね。そういう新しいデータ提供もやりやすいということが、実験派隆盛の 4 つ目の理由になりますかね、外的要因として。

米山：でもまあ、同じ現象であっても、見方が違えば持つ意味も変わってきますよね。周期的に同じデータが議論の俎上に上るとか。なので、必ずしも新しいデータが常に必要なわけではないですよね。

田中：ええ、その通りで、さきほど「再解釈にとどまるしかない」とは言いましたが、再解釈にも意味があるという話ですね。

　それはそうなんですが、理論の創成期や黎明期ではどんどん新しい言語の新しい現象を発掘してきたわけですよ。80 年代までね。で、その後 OT が出てきて、旧理論が扱った現象の再解釈も重要だったわけですが、それでも基本的には新しい現象の提供っていうのは理論的主張の重要な一部でもあると思います。それが尽きてきて再分析せざるを得ないっていうような状況がありそうで、そのことが相対的に新しいデータ提供がやりやすい実験派の地位向上につながっているのかもしれませんね。

　ところで、話がずれそうなのでもとに戻すと、橋本さんは実験派隆盛の2つ目の理由として、「音声音韻現象には必ず揺れがある」ことの重要性に言及されましたが、「手軽に実験やコーパスを用いた研究ができるようになった」という 3 つ目の理由についても、意見を述べたいとおっしゃいました。それはどういったご意見でしょう

か？

橋本：実験系の研究の隆盛には、実験の実施やコーパス調査が手軽に行えるようになったという背景があります。実験プログラムの構築は、psychoPy や jsPsych といった無料のパッケージを用いて行えるようになりました。また最近では、オンラインで実験を行う研究者まで現れています。コーパスに関しては、R や Python といった言語を用いて大量のデータを処理することができるようになりました。こうした手法は手作業でやっていた時代には考えられなかったことではないでしょうか。手軽に行えるからこそ、こうした手法に飛びつく若手研究者は多いと思います。

田中：確かに、黄さんも『jsPsych によるオンライン音声実験レシピ』(黄ほか 2023) という本を共著で出してましたね。やはり技術の進歩が実験派を後押しするということですかね。同じく実験派であるその黄さんの立場からも、このテーマについてご意見を伺いたいのですが、テクノロジーの進歩以外に、いかがでしょうか。

黄：いや、確かに実験以外では新しい現象データが見つからないといいますか、博論とか修論のレベルになると、理論分野ではどうしても記述されている現象ばかりで、自分で議論を固めるのがすごく難しいと感じたことがあります。あともう 1 つは、自分は日本語について研究しているんですけれども、母語話者ではないので、何かデータに対して客観的な裏付けがあるとすごく心強いという点があります。それもあって、最近は実験に取り組んでいます。

むかし学会で発表した時に、なんかこう、すごく偉い先生に言われた一言が印象的だったんですけど、あなたは日本人じゃないから分からないかもしれないけど、みたいな感じでデータについて指摘されたことがありました。聴覚印象や直観で判断されていると思う

んですけれども。たとえば、日本語のピッチ下降の話で、f0 とかで出したら下がってるって言えるんですけれども、理論的な記述だけだとやっぱり母語話者じゃないから疑われるみたいな。そういう経緯もあって、直観の効く母語話者でない私にとっては、理論だけでやるのは弱く感じるところがあり、それなら数を出して根拠を出して、みなさんの直観と違うかもしれないけど、やっぱり下がっているよねという証明ができることが、実験的手法の良さだと思っています。

平山：そういう場合は本当は下がってるんだけど、ネイティブの人は下がってると思ってないっていうのが面白い。

田中：音声か音韻かの話に通じますね。なるほど、理論ではなく実験をやる理由として、新しいデータ発掘のやりやすさもさることながら、母語話者でなくとも実験なら客観的データが出せるし、誰にも文句を言わせないという保証が得られるということですね。外国語研究者には常につきまとう問題ですし、そのように考える者が増えているのではないかというご意見ですね。これはデータの客観性が保証されるという 5 つ目の理由になるわけですが、それは必ずしも母語話者の直観だけでは捉えられないという点も、示唆的で面白いですね。

　整理すると、実験研究を押し上げたのは、1）結果の出しやすさと、それによる競争資金の獲得しやすさ、2）バリエーション研究の充実、3）手法の技術的発展、4）新しいデータ提供のしやすさ、5）データの客観的保証、などの要因になりますでしょうか。う〜ん、こうして見ると外的要因が目立ちますが、うちも実験大好き学生が増えている理由がよくわかります。ただ、こうした背景と理論衰退の時期が重なったとすれば、相対的な地位向上というのもあながち間違いではないのかもしれませんね。

　それにしても、その偉い先生の一言というのが腹立ちますね（笑）。母語話者なら何でも間違えてないのかと問いたくなります。あの、これはオフレコだけど、あとで誰だったか教えて（笑）。

黄：あの、すみません、あのその、先生すみません（汗）。修士の時

に言われて、じゃあどうしようかと考え始めて、いろいろやり始めたんですけど...

田中：まあ、それはいいことにしましょう（笑）。ともかく、母語話者では気づきにくい、留学生（外国語研究者）ならではの新しい視点ですね。定量的手法で実験をやればデータの客観性が保証され、たとえ外国語研究であっても母語話者に文句を言わせない証明ができるとする、その視点は新鮮なものでした。非常に有意義な議論ができて、もっと話したいぐらいですけど、次の話題に移りましょう。

音韻理論の実験的検証は可能か？

田中：さて、理論側と実験側の双方から現状に関するご意見を伺ったところで、両者との関係性についての話題に移りたいと思います。音韻理論の仮説を実験的・コーパス的に検証するということは昔からある（現に実験側のお三方はやってらっしゃる）わけですが、これは本当に可能なのか、というテーマです。理論が立てた仮説に外在的証拠を求めたり**帰納的に裏付け (inductive grounding)** したりするというのは、一見意味があるように思われます。

　しかしながら、これはとても難しいことではないかとも思えます。というのは、たとえばですが、**範疇的な (categorical)** 音韻の部分と**段階的な (gradient)** 音声の部分との線引きはそもそも不可能で、実は両者に区別はなく同質的な領域であるとする Pierrehumbert や Beckman などの立場からは、確かに、実験による直接証拠により形式理論の仮説検証をすることには意味があるように思えます。同じ枠の中の話だからです。一方で、音韻と音声は明らかな性質の違いがある異質的な領域であると考える立場から見れば、理論と実験では見ているものが異なる（音韻は内在言語の問題、音声は外在言語の問題である）ので、理論の予測と実験の結果には常にズレが生じるわけで、理論の実験検証が難しいと思われるからです。「外在的証拠」という言い方はまさに内と外を分けた上での呼び名であって、せいぜい間接証拠しか得られないことになります。そのことにどれほどの意味があるか、という問題提起です。

この問題は、実験手法といっても、形式主義の理論的仮説を検証する立場（線引きをする立場）と、エグゼンプラ理論のように独自の理論的仮説を検証する立場（線引きしない立場）とでは、おのずと答えが違ってくるかもしれないという発想に起点があります。この発想について、実験側の方々に任意に聞いてみたいのですが、どなたかご意見をお持ちの方はいませんか？たとえば、橋本さん、あなたの立場は音声と音韻の区別をする立場なのか、しない立場なのか、どのように考えたらいいのですかね？

橋本：音声学とは何か、音韻論とは何かという問題は私も良く考えるのですが、本当に難しい問題ですね。抽象的なものが音韻論で、実体のあるものが音声学という線引きをよく聞きますが、その線引きでは捉えられない領域があるような気がします。エグゼンプラ理論で音声について議論するなら、音声学と音韻論という区切りはいらなくなると思います。音声自体はエグゼンプラとして記憶され、さらに抽象化したカテゴリも心理に保存されているので、音声学・音韻論と区切って物事を見る必要がなくなると思います。発音に関わることすべてを議論するという方針になると思います。

田中：はい、音声学と音韻論の受け持ちがどこまでかというのは難しい問題ですが、立場的には区別がないとする主義ですよね。その上で、理論的仮説の検証っていうのが可能なのか、どれほどの意味があるのかを問いたいわけですが、まあ意味があるからやってるんですよね。

橋本：さきほど米山先生も言ってましたけど、アプローチとしては、

この理論（エグゼンプラ理論）を構成する仮説から予測を出して、それを実験やコーパスで検証するっていうのが、科学的な検証ですよね。いわゆる仮説演繹法という論証です。確かに実験研究では、検証する仮説が明確でなく、単に実験だけやってみたというような研究があることも事実です。しかし、私個人としては、必ず検証する仮説から始めて、それを実験やコーパスで確かめるという姿勢を崩したことがないです。「理論＝形式理論」と捉え

られがちですが、エグゼンプラ理論も複数の命題から構成されているという点で立派な理論であると考えます。確かに形式理論に比べると仮説の解釈に遊びがある様に見えますが、私自身は理論研究を行っているという自負があります。

田中：なるほど、いま聞く限り、形式音韻論の理論的仮説を実験で検証しているのではなく、あくまで音声・音韻の区別をしない実験音韻論の理論的仮説を検証しているということですね。つまり、固有の理論の中の固有の仮説があって、それを実験検証している。「理論＝形式音韻論的仮説」ではなく、「理論＝実験音韻論的仮説」であるということです。だからこそ、大きな意味がありますし、尊重されるべき姿勢であることに違いありません。

　一方で、前者の「理論＝形式音韻論的仮説」を実験検証する立場、つまり音声と音韻を区別する立場ではどうでしょうか。理論と実験では見ているものが異なる（音韻は内在言語の問題、音声は外在言語の問題である）ので、理論の予測と実験の結果には常にズレが生じ、検証が難しいということも考えられます。

　そう思われる理由として、言語に関わる心の領域が一枚岩にできていないという見方が挙げられます。つまり、内在言語は純粋に言語的な部分（Chomsky 流にいえば FLN）と、心理や記憶とか認知領域を反映した言語部分（FLB）に分かれていて、言語を構成する要因が異なっているという主張もあります（第 14 章）。そして、そこに歴史的・社会的要因を含む外在言語がさらにかぶさっているわけで、図 1 で示すような全体で三層になっていると私は考えています。

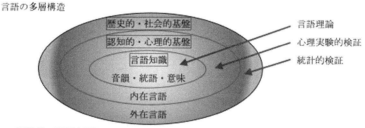

図 1. 言語を構成する三層

　なので、たとえば、日本語の連濁に課せられるある制約の効果に関して、心理実験（第 2 層の領域）とコーパス調査（第 3 層の領域）に基づく研究があるのですが、それぞれ異なる結果と結論を導いています。Kawahara and Sano (2014) の心理実験では、無意味語調査において連濁の同一音節回避の効果を得た（「いか＋かにろ」が「いか＋たにろ」より有意に連濁しやすいという結果を得た」）けれども、Irwin (2014) のコーパス調査では、同一音節回避の効果は出なかったとのことです。これは、心理的・認知的要因からなる内在言語と歴史的・社会的要因からなる外在言語が異質なものだから、おのずと結果が違い得ると考えられます。もし両者の結果が一致したとしても、それはたまたまではないかと。それと同様に、内在言語の中でも純粋に言語固有の部分と記憶や認知が絡む心理部分とでは、おのずと性質や機構が異なり、分析の結果が異なってくると思うのです。
　このように、言語に関わる領域が三層になっているとすると、見ているものがそれぞれ異なる理論派と、そのような区別ができないとする実験派やコーパス派が、はたしてどう歩み寄ったらいいのか、音韻論の未来を語る上で 1 つの課題になると思うのです。私は差別主義者になりたくはないけど、区別主義者ではあって、こういう問いを投げかけたくなるんですよね（笑）。

平山：理論も言語データからくるわけですよね。データがあって、そのパターンを見て理論構築する。だから、言語データを集めるところが実験でもそうじゃなくても、行先は一緒なんじゃないでしょうか。

田中：ええ、そういう立場もありえる。つまり、そもそも内在言語も外在言語も区別できないし、内在言語の中でもFLNとFLBにそもそも区別できないとすれば、すべて同質であって、その中で然るべき検証は当然できるということになると思うんですね。行き先は同じ。一方で、言語固有部分と、心理・認知の部分、歴史・社会の部分は明らかに違うだろうということになれば、検証や歩み寄りの難しさがあるのではないか、という話です。異質なものどうしですから。

米山：そう、だから1つの見たい部分が形式理論の予測と実験結果で一致することもあるし、一致することが証明されたら、さらに広く一般性を求めるためにコーパスを使って、ということができれば良いのですが、一致しない場合もあって。

田中：その通りで、一致すればウィンウィンなわけですが、一致しない場合を考えると、その三層がそもそも異質なものだという事実に起因する可能性があります。その場合、一致したとしてもたまたま、というだけかもしれません。あるいは、実験やコーパス調査の方法論の手続きの中には、常に人の手による恣意性や価値判断が介在しますので、たとえ三層が同質だとしても、一致するのはたまた

まで、やはり異なり得る可能性もあります。

　こうなると、ますます形式理論が打ち出した仮説の心理実験的検証、またはコーパス的検証というのが難しいっていうことになりませんか？

米山：実験っていうのは、自分で何をどう見たいかによってデザインも処理の仕方も違ってくるし、また出てきた結果自体をどう解釈するかも違ってきますね。被験者への刺激提示も、出てくる結果解釈も違ってくるので、特に結果については、そうしたバリエーションがどのように出てくるのかを説明するのが、たぶん理論の人が考える仕事だと思うんですよね。

平山：統語論もそうですよね。何を見たいかにより、不自然なものも含めて（笑）、いろいろな構文を造作・駆使して文法性や容認性を判断をさせるべく刺激提示し、その結果も無印・クエスチョンマーク(?)・アステリスク(*)など段階的なバリエーションが出てきますよね。?や*がいくつ付くかが問題にもなる。

米山：そうなんだけど、今そういうのをする人はすごく少なくて、コーパスを使って実際に現れる外在的な言語形式（構文）を調査する人たちがすごく増えている状況があります。

平山：音声学が予測することと、実際の言語パターンが違うということは結構あると思うんです。別に調音的に不自然でも、言語の音韻パターンはそれとは関係ないということありますよね。

田中：その意味するところは、音声学が見るところが外在言語で、音韻論が見るところが内在言語で、それらが違っているということですね。つまり、区分があるのではないかということで。

那須川：音声学と音韻論は、やはり違うと思います。その一例は、異なる言語話者に音声的にまったく同じ音を聞かせたときに見られる、音の捉え方の違いにみられます。たとえば、[e] を聞かせた場合、/e/ と捉えるのか、/ɪ/ と捉えるのか、あるいは /æ/ と捉えるのかは、聴者の使用する言語音体系に依存します。

　また、グアテマラで話されているカクチケル語の音声分析をする

機会があった時、IPAを使って詳細な記述を行いました。その際、子音の前や語末に生じる子音の多くは摩擦音だったので、それぞれをIPAで記述したところ、カクチケル語話者である共同研究者は、それらはすべて共鳴音であると主張してきました。また、音響分析を行っても確認できない箇所に、声門閉鎖音や曖昧母音があると主張されました。つまり、物理的に存在を確認できない部分に音声の存在を感じたり、物理的に存在しているものを他の音に捉えていたり、ということがあるわけです。ですので、音声学的レベルと音韻的レベルは分けて捉える必要があると思います。

このように、2つのレベルのどちらの視点から論じるかによって、分析の仕方が変わると思います。議論がなされるレベルが異なれば、当然分析結果や考察も違ってくるのは当然だと思います。

田中：理論派の立場から見ると、やはりそうなりますよねえ。私もまったく同意見です。

ただ、そもそも、なぜ「音韻理論の実験的検証は可能か？」という話題を出したかというと、やはり立ち位置が異なると見えてくる風景が異なるので、理論派・実験派・コーパス派それぞれのご意見を聞いた上で、どういう関係性や歩み寄り方があるのかということを、今後の未来を占う話題として模索したかったからでした。

結論としては、音韻と音声、内在言語と外在言語は分かれている（外在言語も2つ分かれて三層構造をしている）かもしれないので、「検証は難しい、あるいは間接的には可能だが、方法論の違いや恣意性の問題があるので細心の注意を要する」といったところでしょうか。平凡な結論かもしれませんが（笑）。

なお、今回のメンバーは、たまたま理論派も実験派も言語を領域区分する方々が目立ちましたが、橋本さんのように区分しない立場も尊重されるべきだと思います。なぜなら、エグゼンプラ理論のように、区分しなくてすむような言語観と理論を持っている場合は、その（形式理論と異なる）固有の理論的仮説を実験検証しているので、理論と実験の間に直接のつながりがあるからです。

第一言語獲得と第二言語習得の特徴

田中：さて、実験をやる人にかねがね聞いてみたかったことがありまして、その話題に移りたいと思います。それは、第一言語獲得の早期獲得（臨界）や第二言語獲得の相対的難しさはどのように説明されるのか、ということです。これは遺伝と学習に関わる言語のNature-Nurture Problemをどう捉えるかに関わることです。なぜこれを聞くかというと、学習部分を重視する立場では、成長段階にかかわらず環境が整えば学習はできるので、第一言語獲得の臨界や第二言語獲得の難しさの説明がつきにくいのでは、と思われたからでした。

　理論的立場から言うと、人間固有で言語固有な部分は普遍文法のみで、これは遺伝的に決まった部分です。で、これが生物のアポトーシス（プログラム化された細胞死；サンショウウオの外鰓やオタマジャクシの尻尾のように、成長段階で身体器官が消えるもの）のように、遺伝にコントロールされながら成長段階で個別文法を完成させないと文法能力が退化する、といった説明が考えられます。そして、いったん個別文法のパラメータをセットして完成すると、臨界を過ぎているので第二言語習得が難しくなる、というわけです。

　そこで、学習を重視される立場、とりわけエグゼンプラ理論の支持者は、この問題をどう説明するのかっていうのを伺いたかったのです。橋本さんはこの本の編集にも関わっていらっしゃるので、珍しく発言が少ないというか、効率・簡潔に徹していらっしゃいますが（笑）、この問題にどのような説明を与えますか？

橋本：私は習得について詳しくないのですが、エグゼンプラ理論だったら、関連データの**受容経験 (exposure)** が少ないから第二言語習得が難しい、という説明をすると思います。

田中：その場合、たとえば一般に、中学生の時に英語、大学生の時に第二外国語を一生懸命勉強すると思うのですが、そのようにエグゼンプラの豊富な受容経験を増やしても習得は難しいとされていて、日本の英語教育や外国語教育が槍玉に上がります。エグゼンプラを増やしているのに、なぜそうなるのでしょうか。

橋本：座学や自習ではなくて、インタラクティブな exposure じゃな

いと、質が違うのではないでしょうか。実際の会話で聞いた発音と、一方的に動画や録音で聞いた発音とでは、記憶への影響が違うと思います。自分はL2の習得でexposureが大切だと思った経験があります。ニュージーランドで生活していた頃、発音が上手くなる単語がありました。一方で、なかなか発音が難しいなというものもありました。その違いは何かと考えた時、やはり使用頻度の高い語ほど上手であることに気付きました。日常的に使うwaterやbirdみたいな語は発音が上手いんですね。語彙頻度がL2習得に効いていると確信しましたね。これはまさにエグゼンプラの数に応じて、L2語彙の記憶が強固であるかどうかという説明ができることだと思います。

田中：なるほど、インタラクティブかそうじゃないかのエグゼンプラの質の違いね。その質の違いは頻度や数にも通じると。母語（第一言語）の獲得の容易さは、家庭でのインタラクティブなexposureで説明できるということですね。文法的な話だと、母語獲得は5歳くらいで基本的な部分が完成し、その臨界は11歳くらいまでとされています。だとすれば、第二言語の英語教育も11歳くらいまでにやれば比較的容易くなる気がしますが、そうなのでしょうか？

橋本：いや、たとえ早期教育であっても、文法もやっぱり教室で勉強していると、exposureが少ないと思いますけどね。普段の生活で第二言語に触れる機会がなければ、質の良いexposureはあり得ないと思います。そのため、なかなか習得が難しいのではないでしょうか。

田中：なるほど、第二言語習得の難しさは教育のまずさに関係していて、教室では量や質（インタラクティブかどうか）の上で適切なエグゼンプラを与える環境として限界がある、ということでしょうかね。だとすれば、第二言語習得も現地に行けば、別に大人になっても大して難しくない、第一言語と同様に年齢に関係なく容易い、ということになりますね。本当にそうなのでしょうか。

平山：たとえば、第一世代の移民の人もfluentにはなるけれど、母語のようには習得できないですよね。

橋本：確かに、第二言語学習する時って、第一言語の影響を受けます

田中：まさに、そのメカニズムがどうなっているのかを問題にしたいわけです。なぜ第二言語習得が第一言語の影響を受けるのか、言い換えれば、なぜ第二言語習得が母語獲得と同じようにいかないのかというテーゼに対して、エグゼンプラ理論はどのような説明を与えるのかということです。

橋本：それは、エグゼンプラが混ざるからじゃないですか。もし第一言語のエグゼンプラも第二言語のエグゼンプラも同じ空間で記憶されているとしたら、第二言語を活性化する時に第一言語も活性化するので、第二言語の発音は引っ張られますからね。

田中：なるほど！

ポッペ：エグゼンプラの受容経験、つまり知覚のほかに、エグゼンプラの生成も問題になると思います。エグゼンプラを正しく記憶しても、自分でその音を正しく出せないとか。私も、まあ理論派ですけれども、少なくとも音韻論に関する知識が生得的だと思いません。エグゼンプラ知覚を通しての習慣の形成があって、その習慣が完成された後は、新しい習慣が形成されにくくなり、その難しさが生成に表れるという問題だと思います。

田中：それに関連して、ポッペさんはオランダ語が母語ですが、ドイツ語、韓国語、日本語、そして英語はもちろん、というくらいのマルチリンガルですよね。第五言語までかなり fluent だと思いますが、それぞれの習慣の形成や切り替えがすぐできたということなのでしょうか。

ポッペ：それは、やっぱり切り替えが難しい時もありますね。また、切り替えがよくできるからといって、必ずしも発音もうまいとは限らないと思います。だから、文法の習慣と発音の習慣は、それぞれ別の問題だと思います。

田中：なるほど、習慣の切り替えにはやはり難しさが伴い、必ずしも発音が上手くならない場合があるとのことですが、それでもクレメ

ンスさんにとって習慣の形成、つまり各言語の獲得は容易く、たくさんやられてますよね。

ポッペ：まあ、だから私は第一言語と第二言語の獲得はそんなに変わらないと思います。程度の問題だと思います。最初に学んだ言語の方が習慣として定着しやすいとか。

田中：そこでつながったのですが、その程度の差こそ、橋本さんが先ほど言われた、言語のエグゼンプラどうしの活性化によるのでしょうね。別々の空間で記憶されるなら明確に区別して切り替えもできるけれども、記憶される空間がダブると 1 つの言語の活性化が別言語の活性化をも呼び起こし、引っ張られるというような。そうした空間のダブリ具合や、エグゼンプラどうしの活性化の影響の度合いが、程度の差を決めるのでしょう。

普遍について：唯名論と実在論

田中：はい、では遺伝の話が出たことに関連して、そもそも「普遍」的なものがあるのかないのかについて、言語学・音韻論の文脈で議論したいと思います。中世の昔から、唯名論（個物のみ実在し、類・種は心の中の陰影・幻想にすぎない）と実在論（先験的であれ後験的であれ、類・種も確固として実在する）とが争う、いわゆる普遍論争というのがあります。ここでは「類・種＝普遍」として捉えていただいて結構ですが、これは単に言語に関するカテゴリーという意味を超えて、人類・ヒト種に共通の言語部分（普遍文法）という意味にもなり得ます。普遍が名ばかりのものか実在するものかをめぐる論争ですが、理論・実験のそれぞれの立場から、普遍があるのかないのか、あるとすればどれくらいあるのかについて、いかがでしょうか。

那須川：音論的な立場からすれば、もちろん普遍的なものがあると考えます。そのように考えないと説明できないことが多くあるからです。たとえば、私たちは物理的に切れ目のない音声の連続体を分節化する能力を有しています。語境界や音節境界が音響的に記されていなくても、分節化を見事に行います。また、発話をする際に省略され、物理的に観察されない音であっても、認知レベルでは、その

音があるかのように捉えます。雑音など、音声以外の音に対して同じようなことをすることはできません。

ポッペ：私も音素とかが普遍的にどの言語にもあると思いますけれど

も、それは生得的なものとしてではなくて、カテゴリーの形成、つまり学習により、自動的に人間の能力として出てくると思いますね。類推も1つのそういう能力だと思います。どの言語も一般認知能力に制限されていて、その認知能力が反省する一般論理に従うということです。
だから、普遍文法と呼ばれてきたものも、言語固有のものではないと思います。

田中：ええ、ちなみにいま普遍文法って言ってくれたんですけど、理論の立場では実は、普遍文法と普遍性は違うんですね。なぜかというと、普遍文法は言語固有の部分で、かつ種固有の部分なんですよ。それに対して、感覚運動系っていう音声の知覚や産出に関わる認知的な部門も、人類は共通して同類の認知機構・発声機構を持っており、その形成が遺伝的に決められているわけで、種固有の普遍性を持つわけです。普遍文法と感覚運動系は、領域固有性（言語固有性）があるかないかで違いはあれども、種固有という意味でいずれも普遍的ということですね。

で、ここで注意したいのは、この2つを区別して、唯名論か実在論かを論じなければならない点です。つまり、この問題は「普遍論争」でもあり「普遍文法論争」でもあるわけです。なので、クレメンスさんの場合、感覚運動系（とそれに基づく能力）の普遍性を認める点では実在論の立場であり、唯名論支持者にはならないですが、もし普遍文法を信じないなら唯名論の立場になります。この姿勢は、座談会の初めの段階でも、普遍制約は認知スキーマの学習の問題であるとか、ことばの端々に表れていましたね。

それを踏まえた上で、普遍性がどちらのレベルで、どこまであるのかないのかに関して、実験音韻論の立場からはいかがでしょうか。

橋本：事前にこの質問があると聞いていたので、今朝、新幹線で  Bybee (2001) を読み直していました。彼女はこの本で普遍性とは何かという話をしています。最適性理論では NoCoda のような有標性制約が生得的に存在すると考えますが、Bybee はすべての普遍性を知覚と産出のバイアスで説明できると述べています。先ほどの田中先生の用語をお借りすると、感覚運動系には普遍性があるけど、普遍文法の様な仮説を立てる必要はないということです。感覚運動系からもたらされるバイアスはすべての人間に等しくかかるので、そこから言語の普遍性が表出するということです。

田中：なるほど、そしたら同じですね！形式音韻論と実験音韻論の歩み寄りができて、私も嬉しいです（笑）。知覚と産出のバイアスを受けて記憶されるエグゼンプラがどんどんアップデートされるわけで、そこでたとえば NoCoda のような効果も普遍性を帯びるようになる。普遍文法ではなく認知バイアスにより、普遍性を説明するわけですね。米山さんはどうでしょうか？

米山：これって、音韻単位や音韻制約などを表示によって**抽象化 (abstraction)** する能力を想定するっていうのもありますか？

田中：ええ、ありだと思います。ポッペさんも音素などのカテゴリー形成能力は普遍的だと先ほど言っていましたし、制約も個々の事例がさまざま集まってアブストラクションされ、認知言語学的にいえば、抽象的なスキーマが形成されるということですね。OT 制約のように最初から先験的、普遍的というのではなく、帰納的にボトムアップで形成されることになりますが、それが結果として個別言語に限らず、人間であれば共通して誰でも持っているものなら、そこには普遍性があると言えるのではないでしょうか。普遍文法でなくとも、です。後験的な普遍性ですね。

　結局、理論派であれ実験派であれ、拠って立つ理論（形式音韻論または実験音韻論）が普遍的な遺伝部分と個別的な学習部分をどのように住み分けた機構を作っているか、ということですね。そし

て、遺伝的な部分であっても言語固有部分とそうでない認知一般の部分とに区別するのか否かで、普遍性の意味も変わってくるということですね。

少なくとも言えることは、認知機構に端を発するカテゴリー化や抽象化の能力は、理論派も実験派も普遍的と考え、実在論である点で共通しているようです。しかし、普遍文法については、実験派だけでなく理論派も、ほぼ唯名論に帰着したと言えそうですね。那須川さんや私がやっている進化系の音韻理論でも、ミニマリスト統語論と同様に、普遍文法の中身は併合操作である Merge だけですしね。

生成音韻論の歴史とはなんだったのか？

田中：さて、なぜ普遍論争を話題にしたかというと、私から見ると、

およそ60年の生成音韻論の歴史は、「普遍を追求したがそれがほぼないことがわかった」歴史ではないかと思うからなんです。SPE の個別規則から始まって、70年代に普遍制約という概念が出てきた。そして、80年代に普遍原理とパラメータの理論でどんどん普遍を膨らませ、OT に至って制約をすべて普遍化するなど普遍が最高潮に達するのですが、実験音韻論や進化音韻論などに分散して普遍（特に普遍文法）が縮小します。先に述べたように、進化音韻論では普遍文法は併合操作しかありません。

つまり、言語普遍に関しては、唯名論から発して実在論を追求しようとしたけれども、後戻りして唯名論にほぼ帰着した歴史といえます。このように、普遍文法の最大化から最小化への試みの歴史なのではないかと個人的には思えるのですが、みなさんは生成音韻論の歴史を特徴づけるとすれば、どういう歴史であったと振り返りますか？まだ歴史は終わってはいませんけれども（笑）。

たとえば、先ほど出ましたが、那須川さんの**非時系列音韻論 (precedence-free phonology)** や Samuels や私などミニマリスト系

の進化音韻論、それから Hale and Reiss の**音実質脱却音韻論 (substance-free phonology)** は、足並み揃えて普遍文法の縮小に向かい、その中身は併合操作のみという流れです。統率音韻論一般も、だいたいそうなのかな？

那須川：はい、その通りだと思います。統率音韻論一般についても、程度の違いはあるものの、同じではないでしょうか。

田中：だとすれば、形式音韻論の流れでは、OT で普遍が最大化されたわけですが、それが行き詰まる中で力をつけてきた非時系列音韻論、進化音韻論、音実質脱却音韻論が存在感を見せ始め、そこでは一致して普遍文法が最小化されてますよね。OT と同じ時期に発展した実験音韻論は、まさに普遍文法なんて初めからありませんので、形式音韻論は実験音韻論とかなり近い道を歩み始めた、と。なので、言語普遍の最大化から最小化へ向かう歴史として、特徴付けられるのではないかと思うわけです。

米山：でもそれ、唯名論と言い切っていいのかどうか。

田中：ええ、唯名論としてまったく普遍がなくなったということではありません。なので、「ほぼ帰着した」と先ほど言ったのです。感覚運動系などには普遍は残るわけですから、その領域では実在論です。ただ、先験的かつ言語固有とされる普遍文法がなくなっていくという意味で、ほぼ実験音韻論と同じ方向に向かっている、という言い方をしたんですよ。こちらの領域ではほぼ唯名論。

米山：この「ほぼ唯名論」というのが、すごく引っかかってるんですよ。併合操作など 1 つでも言語普遍があるとすれば、普遍文法に関する実在論になるのでは？

田中：それは良いポイントで、確かに普遍文法を最小化して併合だけになったのですが、実はその併合すら普遍文法にはない可能性も出てきています。京大の藤田耕司さんが提唱する「運動制御起源仮説」というのがあって、それは人間言語の併合操作の起源を近隣他種一般に見られる「物事（道具）を組み合わせる能力」に求めるものですが（第 14 章）、言語でも道具でも、とにかく組み合わせる能力としての汎用併合（言語を超えた一般的な併合能力）に起源があるとすれば、併合は言語固有でないことになります。つまり、併合

は普遍文法ではないことになり、普遍文法は成立しなくなります。そうなると普遍文法はゼロになるので、そういうことも含めて言ったんですよ。こうなると、完全に唯名論。ただし、普遍性があるとするなら、それは感覚運動系の問題になり、これは実在論になります。

　では、併合操作が人間だけのものではないとすれば、種固有はどこにあるのか。1つは人間固有の感覚運動系ですね。言語を用いるには、それに相応しい高次の認知機構や発声機構が必要ですし、それがないとヒトのように言語の知覚や産出ができないですから。もう1つは併合操作の使い方です。併合が普遍文法になくとも、併合の操作能力には人間の固有性があります。組み合わせ能力の問題ですが、ポット型操作（基点を1つに決めて、組み合わせ操作を繰り返すこと）はチンパンジーでもできますが、サブアセンブリー操作（複数の基点に分けて、組み合わせ操作を繰り返すこと）はできません。しかし、人間なら5歳児にでもできるというものです。種固有性は操作の存在ではなく操作の仕方にあるということですが、このあたりは第14章か、藤田さんの著作を参考にしてもらえたらと思います。

那須川：言語機能の中で普遍的であると考えられてきたものすべてがなくなる可能性があるとのことですが、言語機能の一部であると見なされてきた音韻系については、すでに存在しないと見なすべきだという意見もあります。その背景には、音韻的特性と考えられてきたものは、ヒトという種にのみ備わっているものではなく、地球上の他の生物に

も存在するものである、という考えがあります。

平山：それは何だろう？

那須川：言語能力は、I 言語と E 言語の両方を含んでいると考えるのが一般的ですが、それぞれを構成している下位能力を考えてみると、いずれも言語以外の能力にも使用されています。さらに、それらの多くは、ヒトだけでなく、地球上の他の生物にも備わっている

と考えられます。このことから、もともと言語以外の他の目的で使用されている複数の能力を組み合わせることで言語能力と称されるシステムが構築されたのではないでしょうか。そして、その組み合わせの違いや、組み合わされたことにより構築されたネットワークの使用の仕方の違いが、ヒトの使用する言語と、他の生物が使用するものとの違いを生んでいるのではないでしょうか。

田中：もともと別の機能で使用されていた形質を組み合わせて、言語という新しい機能に転じるというのは、まさに進化の**前適応 (preadaptation)** または**外適応 (exaptation)** の例ですね。コウモリの手のひらと腕全体が、翼に進化したのもそれです。それと、個々に持つ要素のセットはヒトだけでなく種共通で類似し、また言語固有でもないけれども、その組み合わせ自体に種固有性・言語固有性があるっていうのは、すごく面白い話ですね！概念意図系は類人猿、感覚運動系は鳴鳥類とほぼ共有していますしね。要するに、言語という奇跡はその組み合わせの妙にあり、その**創発性 (emergent property)** にあるということですよね、全体が部分の合計で決まるわけではないという。人間とチンパンジーではゲノム（全遺伝情報）が 98.8％共有しているといいますし、まさに人間の DNA の塩基配列に通じる点だと思われました。これはどういう立場の人が言い出したんでしたっけ？

那須川：最近、そのようなスタンスの人たちはいますよね？

田中：誰でしたっけ？あまりにうまいこと言ってくれるので、感心したのですが。

那須川：我々です（ニヤリ）。

田中：ああ、そっか、まあわれわれ共同研究やってるから、なるほどね（笑）。（独白：慎み深い那須川さんです。）よく考えたら、まあ納得いったっていうか、言い方の妙でつい我を忘れてしまいました。進化系の音韻論はだいたいこういう考え方をします！

那須川：最近だと、手話で使われてる手形や動きといったものをさら

に構成している基本的単位は、実は音韻論で用いられているエレメントと、実体は同じなのではないかという研究が、Harry van der Hulst などによりなされています。つまり、エレメントは音声言語でも、手話でも使用されており、それぞれ物理的具現化過程において、音響的パターンにマッピングされる場合（音声言語）と、視覚的パターンにマッピングされる場合（手話）があるということです。このような考えのもとでは、エレメントは当然ながら substance-free ということになります。

田中：先ほどの音符の話ですね、よくわかります。外在化はピアノでもバイオリンでも媒体を問わないと。私の指導学生にも手話の音韻論をやっている者がおり、最近私の方も勉強しているのですが、手形・動き・方向性といった基本単位について、それがポジティブかネガティブかという二項的な弁別素性分析よりも、その有無や組み合わせによるエレメント分析の方が真に迫っていると思っていました。手話であれ音声言語であれ内在する普遍的エレメントがあって、それが外在化の段階で手話と音声言語に分かれるだけだという話ですね。

田中 (2023) で書いたのですが、そのエレメントですら人間固有・言語固有なのではなく、子音エレメントであれ母音エレメントであれ、自然界に存在する物理音の環境利用だとすれば、ますます普遍文法の中身はなくなってゆくと思います。まさに、冒頭で言った「普遍文法の最大化から最小化への試みの歴史」の先を行っているわけですね。

音韻論はどこへゆくのか？

田中：さあ、では最後に総括に入りたいと思います。これまでの生成音韻論の歴史観と現状認識を踏まえて、この先の未来のこととして、理論・実験含めた音韻論全体（個別理論ではなく全体）としてどのような展開が予想されるか、という話題で締めたいと思います。

　　理論から見れば、音韻論全体は一世代ごと、ほぼ 30 年周期で、**一点集中 (convergence)** からの**分岐 (divergence)** を繰り返していると、私などは考えています。1 つは 60 年代から 90 年代までに見られる SPE の出現とそこからの分岐、もう 1 つは 90 年代から 2020 年代までに見られる OT の出現とそこからの分岐です。理論のライフサイクルが 30 年周期だとするなら、2020 年代以降に、また必ず収束する理論が出てくると思われます。これが私の予想です。それは統率音韻論の流れを汲むものかもしれないし、実験音韻論の系列かもしれません。あるいは、まったく新しいプラットフォームを持つ形式理論かもしれません。

　いずれにしても、座談会のテーマである「生成音韻論の未来」について、それぞれのお考えを聞きたかったのであります。その話題で締めたいということで、それぞれのお考えを聞かせてもらえますか？

橋本：私が話すと生成理論ではなくなると思いますが、今後は数理的なモデルが流行ると思いますし、流行って欲しいと思います。そもそも音声音韻現象を数理的に説明しようとする試みは Johnson (2006) に代表されるように昔からありました。最近では Sóskuthy (2015) や Todd et al. (2019)。彼らは言語変化を数理的に示そうとしています。いわゆる理系の波が言語学に押し寄せてきていると思います。現在の言語理論の多くは恣意的な面が否めず、さまざまに解釈できてしまいますね。ですが物理学のように数式で示せるとしたら、予測は確固たるものになりますね。そうした研究が主流になっていくと私は信じています。

田中：それは実験音韻論の流れですね。形式理論はその中で恣意性のない厳密な体系を構築しようと試行錯誤を重ねてきたわけですが、確かに OT では音韻表示も制約も何でもありの問題が指摘されました。だとすると、数理的アプローチっていうのは、形式音韻論と実験音韻論を、ある意味で融合したものだということですね。

橋本：熊谷先生が書かれた第 11 章は、最適性理論の流れを汲みつつ数理的にやっていますね。数理的に仮説を演繹できれば、より科学的なロジックが構築できるのではないでしょうか。

田中：なるほど、だとしたら、問題になるのは、科学的ロジックと呼ぶに足る厳密な体系性が求められるという点ですね。たとえば、制約群については、そこから演繹するための「前提が真である」という部分が揺らつくと、帰結（予測）もおかしなことになるんで。つまり、個々のモデルがどれほど厳密な理論体系を

持っているかが重要になるわけですけど、橋本さんがいう数理的アプローチって、そういう部分も進んでるんですかね？

橋本：現在は知覚や言語変化といった個々の現象に関して数理的なモデリングが行われています。ですがいずれ言語現象全てを体系的に説明できる数理的アプローチが出てくることを信じています。将来数理的なモデルが主流になって、私もそうした研究に貢献したいと考えています。

田中：よくわかりました。そうした実験と形式理論の融合となる数理モデルが完成すれば、これはかなり期待できますね。そういったモデルが出てきた端緒は何年くらいですかね？

橋本：Keith Johnson は 90 年代に、すでにそういったモデルについて書かれていましたね。

田中：ああ、橋本さんが先ほど言及した 2006 年をさらに遡るわけですね。Keith Johnson といえば、米山さんの先生ですよね？

米山：ええ、言語形式のバリエーションをどういうふうに説明するのかっていうことが自分の中にあり、実験はもちろん、それをどういうふうに理論化するのかっていうことは、その頃からありました。

橋本：統計やる人も増えてきましたから、今後数理的なモデルが流行ることは間違いない流れでしょうね。

田中：なんか東大生にも期待したいですね。統計でも何でもできちゃうから。そのほかの方々からも、この議論の流れで、何かご意見ありませんでしょうか。

ポッペ：私も今、橋本さんの話にありましたように、やっぱりそういう数学的なアプローチが段々増えるんじゃないかと思います。最近、**計算音韻論 (computational phonology)** ということで、Jeffrey Heinz と彼の弟子かすごく面白い研究をしていると思います。数学とか論理に基づいたアプローチで、これからも期待できると思います。

田中：これは、形式理論の側でも数理モデルが発展しているということですね。ちなみに、Jeffrey Heinz さんは客員研究員として東大に招聘したことがありました。

ポッペ：また、個人的な話になりますが、ここ数年間、記号論―Charles Sanders Peirce（パース）の記号論―を勉強していて、すごく可能性のある理論だと思います。記号の理論なのに、言語学ではあまり採用されてこなかったんですが、それは Saussure の考え方が現在の言語学の根底にあるからでしょう。しかし、ほかの分野ではもっと使われるようになってきている。実は、Daniel Everett がパースについての本を書いてるんですよ。パースの観点から言語の普遍性について何がいえるのかとか、まだ出ていないので本の内容がどうなるかよくわからないんですけれども、新しい理論の構築と発展のトリガーになればいいと思います。まあ、私もできれば何か貢献したいんですけど、私が提案してもみんながそれを使っていくと思わないので（笑）。でも、個人的にはそういう方向に行ければいいと思います。

田中：論理学者のチャールズ・パースが出てくるということは、それは記号論であり、論理学的アプローチであり、つまり数理モデルと相性がいいということになりますね。だとしたら、いわば理系的なアプローチの方に流れていくのでしょうか。一方で、文系理系で言うのもなんですが、文系的なアプローチもあり得ると思うんです

よ。フィールドワークを通した音韻論的アプローチ。そういう人々はずっといますし、意外に理論家よりも人数もずっと多いと思います。だとすれば、今後は双方に二極化して行くっていう展開も、予想されるのかもしれません。理論でも実験でもない第3のタイプ。

ポッペ：あと、歴史言語学も、そのままで残ると思います。しかし、それもコーパスでいろいろ数理的に見ることが可能になってきていますね。

那須川：共創進化言語学のプロジェクトでは、言語学者ではない研究者の方々が、さまざまなデータベースを片っ端から利用して、それらのデータを分析することで、これまで言語学では論じられなかったことを見つけ出そうとしています。

田中：確かに、進化言語学系もそうですね。言語学の理論系や実験系はもちろん、心理学系、人類学系、生物学系、ロボット工学系、情報学系、医学系など、いろいろ。

那須川：共創進化言語学のプロジェクトを通じて感じたことですが、

大量のデータを一気に解析し、さまざまな特徴を見つけ出し、分類化していくというダイナミックな手法で言語を捉えるのは、これまでの言語学ではあまり用いられてこなかった手法ですので、言語の本質をさまざまな角度から解明するという意味では、必要な手法の一つと言えます。

しかし、そこにはヒトが音韻的に用いている範疇に対応する物理的特徴と、音韻的には使用していない物理的特徴を区別する視点がないので、このような研究から得られる結果が、はたして本当にヒトの心的状況を捉えているものか疑問です。

田中：まさに、外在言語の特徴を捉えるにはいいけれども、内在言語の実体を捉える視点には欠けている、ということですね。アプローチによって言語に関して見たい側面がいろいろあっていいわけですが、数理的アプローチでもって形式理論が問題とする内在言語をはたして捉えられるのか、という問題に関連してきますね。

[那須川]：言語学で構築されたものとは異なる方法で言語研究を行っている研究者の数は、年々増加傾向にあると思います。反対に、言語学、その中でも音韻研究を行いたいという学生は極端に減っていると思います。

　以前 Manchester Phonology Meeting (mfm) に参加した際に、この問題が話題となりました。そこでは「音声学は学生に人気があるが、音韻論は人気がないのはどうしてか」ということが話題の出発点となり、いろいろな意見が出たのちに辿り着いた結論は、音韻論は「音韻論だけでなく、言語学の他の分野のことも知らないと論じるのが難しい分野だと思っているものが多いから」ではないか、というものでした。確かに、音韻研究をするには、調音音声学と音響音声学、さらには形態論と統語論も知る必要があります。

　私たちは、この問題にうまく対応し、音韻論の大変さを打ち消すぐらい魅力ある学問にする必要があると思います。そうすることで、次世代の研究者が増えるのではないでしょうか。そうしないと、これまで音韻研究を行ってきた人たちが築き上げてきたものが継承されなくなってしまいます。

[田中]：まさに、「音韻論はどこへゆくのか？」という今後の展望にふさわしい話ですね、人的な面で（笑）。分野の性質としては、今日の話で、音韻は領域固有性がなく独自の機構がない（発声・認知機構である感覚運動系の問題であって、併合操作が作った構造の外在化のなせる技に過ぎない）という点が取り上げられました。だとすれば、音声学や統語論の知識が要求されるのは当然でしょう。人的な面では、次世代への継承というのは、研究者としても専門を教える教員としても、欠かせない部分ですね。その意味で、やる人がいなくなったらやばい、憂うべき状況です。

[橋本]：私は今はエグゼンプラ理論に興味がありますが、最初は田中先生の本を読んで最適性理論に興味を持って、この世界に入りました。今の学生には形式モデルに興味を持つ学生はいないのでしょうか。

田中:リップサービスをありがとうございます(笑)。指導学生はいまもいろいろいますし、指導学生でなくとも、いま授業でまさに「なぜ OT が台頭したのか、でもなんでその後行き詰まっているのか」のテーマで講義しているのですが、専門に関係なく興味を持った 20 人ほどが聞きに来てくれてはいます。うちの専攻の専門授業としては、少ない方ではないでしょう。でも、専攻全体では実験が流行っているので、指導学生も理論を絡めてはくれますが実験派です。まさに先ほど話に出た、結果を出しやすいとか、いくつかの要因が関係しているのでしょう。

橋本:実際、音韻論フォーラムでも、理論の発表者はとても減りましたね。

米山:音韻論を教えてる人が少ないと思うよ。私も学生いないし、音声・音韻とかをやっている人が大学院生を持てる立場になってない場合がすごく多い。それは昔からです。大学にもよりますが、そもそも大学院に学生が来ることがなかなかない状況なので、音韻論やってる人が必然的に少なくなると思うんですけど。

田中:確かに、それは昔からの状況で、私の学生時代でも生成音韻論を大学院で教えている人は、筑波大の原口庄輔先生とか大阪外大の上田功先生とか、かなり限られていました。結局、生成音韻論を教える先生は昔から少なかったので、いまそれをやっている学生さんが少ないっていうのは、あんまり関係ないような気もします。多いときは多くなるので。

　反面、大学院で音声・音韻を教える教員は、実は増えている状況だと思います。昔は純粋に言語学を教える大学院(特に博士課程)があまりなかったのですが、大学院重点化政策で 90 年代以降は各大学でも、いろいろ創設されました。それにより、音声学であれ音韻論であれ、教員にとってもポジションが増え、学生さんにとっても受験する候補が多くなった(ハードルもかなり下がった)はずなんですけどね。現にこの 1 年に限っても、私の知る限り、音声・音韻

分野で公募をやっているのは福岡大学（山田英二さんの後任）、国語研（窪薗晴夫さんの後任）、山口大学（太田聡さんの後任）、大阪大学の日本語関係（儀利古幹雄さんの後任）、我が東京大学（イザベル・グレノンさんの後任）、それから大阪大学の英語関係や九州大学の言語学関係など、少なくとも 7 つもある！供給は十分にあるということですよ。全部、大学院でも教えるポジションです。

それでも学生さんの需要が増えないのは、やはり分野の人気とか勢いとかが関係しているのだと思います。80 年代は統語論では GB 理論、音韻論では metrical と autosegmental とむちゃくちゃ勢いがあった時代で、いわば生成文法の輝かしい時代なのですが、筑波大学でも学生がむちゃくちゃ多くて人気でした。生成文法バブルです。そういえば、SPE や OT が出た当初は、アメリカでも学生が一気に群がったはず。

平山：学部の段階では、経済学部とか実利的なものが今人気じゃないですかね。YouTube でも経済とかビジネス系のは沢山あって、コンテンツも充実している。でもあんまり言語学の YouTube は見たことないです。

田中：なんか、あるらしいですよ。言語学者が開設しているわけではなく、私も見たことはないのですが（笑）、「ゆる言語学ラジオ」というもので、とても人気あるらしいですよ（注：この時点でチャンネル登録者数 29.8 万人、385 本の動画がアップされています）。

ちなみに、うちの学部の専門課程（3, 4 年次）に「学際言語科学コース」というのがあって、大学院が巨大な割にここは一学年 2,3 名しかいなかったんです。定員がもともと 5 名くらいだったのでそんなものですが、改正されて定員が増えたいまは、3 年生が 14 人いるそうです。それがこの YouTube に関係あるのでは、という話です。まあうちに限ったことで、日本の大学一般に当てはまるかどうかはわかりませんが、もしその話が本当なら、影響力は高そうですね。

さて、これまでの話をまとめると、今後の行く末としては、数理モデルの系列と、フィールド言語学や歴史言語学の系列とに、二極化することが考えられるということですね。数理モデルでは、はた

して内在言語をどのように捉えるかも問題として残りそうです。外在言語は音声や文字や手話が目に見える形で実在するのは確かですが、それを可能にする内在言語も捨て置けません。人的資源の面では、教員は増えているものの、学生が減っている現状も捨て置けません。

　未来を引き継ぐ学生さんには、音韻論をやるには音声学や統語論の勉強もしてもらわなければなりませんが、でもそれでもなお、音韻論はなくならない！ということでよろしいでしょうか？

平山：言語固有部分（普遍文法）にMergeしかないとなると、言語学者のやることがあまりなくなってしまいますね（笑）。

ポッペ：情報科学とか、哲学の一部として残るでしょうが、言語学という分野は食われてしまうと思いませんか。

田中：だとすると、数理モデルとしての形式音韻論は言語学でなく他分野の問題となって、言語学は細々とフィールド系か歴史変化系かで、食われないようにやっていくしかない、ということになりますね。もうちょっと明るい終わり方はありませんかね（笑）。これだと、音韻論の行く末としては、なんか寂しい結果になりはしませんか？音韻論は言語学でなくてもいいのでしょうかね？

平山：でもやっぱり、言語のパターンの記述なんかは続いていくから、なくならないのかなと思います。そこから構築される理論も然り（笑）。

田中：平山さん、ナイス、いま良いこと言った！これでなんとか、明るく締めくくれそうです（笑）。

　形式理論の立場からいうと、先ほど述べた通り、生成音韻論の歴史は、普遍文法の最大化から最小化への試みの歴史だったのではないかと私は思っております。一方で、**形式主義 (formalism)** か **機能主義**

(functionalism) かの観点から見ると、生成音韻論の歴史は、形式主義 (SPE) →機能主義（自然音韻論）→形式主義（原理・パラメータアプローチ／OT）→いま幅を利かせている機能主義（実験音韻論）といった、形式主義と機能主義の攻防の系譜だったとも言えるかもしれません。

冒頭で述べたような 30 年周期のライフサイクルから見ると、2020年代の現在では、普遍文法の最小化、機能主義の台頭という段階にあります。だとすると、次のサイクルではまた、言語固有の普遍性への志向や、形式主義の挽回・復権を、個人的には期待したいところです。普遍論争は中世から続いており、今なお続いていることを考えると、そんな未来もあるでしょう。歴史は繰り返すものです。

こんな締め方で恐縮ですし、また交通整理の必要から随所で私の誘導などありましたが（笑）、みなさん趣旨に則って、それぞれの立場から忌憚なく貴重なご意見をくださいました。おかげで、全体としてとても有意義な座談会を構成することができたと思います。

みなさん、本日はお疲れ様でした！

あとがき（裏話）

　2024年6月13日に還暦を迎えます。私の世代までの慣習では、師が還暦を迎えるとなると、その弟子たちや同分野の研究者たちを招いて論文集を制作し、還暦祝賀会の場でお祝いとお礼を兼ねて、これまでのご指導のお返しといった形で「奉納」したりしていました。私の筑波大学での恩師である原口庄輔先生や藤原保明先生がご還暦をお迎えになられた時には、*A New Century of Phonology and Phonological Theory: A Festschrift for Professor Shosuke Haraguchi on the Occasion of his 60th Birthday*（2003年，開拓社）や『言葉の絆：藤原保明博士還暦記念論文集』（2006年、開拓社）にて私も編集委員として参画し、祝賀会でも運営・司会を務めたりしていました。懐かしい思い出です（ここでも開拓社さんにお世話になっておりました！）。

　しかし、これも今や昔、だんだんこうした慣習は失われつつあります。指導教員と教え子との関係も変化し、「師弟関係」は昔ほど永続的ではありません。大学院生が大幅に増えて必ずしも研究者になるとは限らないからです。また、特定コミュニティーのための論文集を出すことの是非も、入門書から専門書までの出版物があふれ返った昨今では、出版界でも問い直されているのが現状でしょう。専門学会が多岐にわたり存在し、学術誌に査読つき論文を載せることの価値が謳われる時代でもありますし。

　もしかしたら、私の教え子たちは、私の還暦にあたっての論文集企画を考えていてくれたかもしれません。実際に、ちょこっとだけそんな話を小耳に挟んだこともあります（笑）。しかし、私としては論文集を手渡される場面を想像すると、とても歯痒い思いがするのです。その理由を考えると、自分には過分であるということと、そんな面倒くさいことは必要ないということもあるのですが、何より自分抜きで自分に関する企画が進行することが他人行儀に思えるからだと思います。まだまだ現役ですから、この節目になんかやるなら、私にも参画させてくれ、という気持ちです（笑）。「師と弟子」で

415

はなく同じ研究仲間として、一緒に創れたら、と。

　また、どうせやるなら特定コミュニティーのための論文集ではなく、われわれの専門である音韻論・音声学について何かを体系的かつ系統的にまとめ、言語学全体の発展に資する方が価値があるだろうとも思われました。テーマがバラバラな論文集ではなく、統一的な趣旨のもとで音韻論・音声学の各論が編まれた概説書・研究書です。そうした思いから生まれた企画が『生成音韻論の歴史と展望』だったわけです。私の生まれも 1964 年で、SPE の出現と同時代ですから、この 60 年の歩みを総括するという意味でもピッタリなテーマでした。

　この企画について、開拓社の川田賢氏から快諾を得られたのも、とても幸運なことでした。川田氏には上記 2 冊の本はもちろん、私が院生の頃から、*English Linguistics* に掲載された論文や数々の本の編集でお世話になってきましたが、この節目の本もおかげで刊行の至りとなりました。この場をお借りして、あらためて深くお礼申し上げる次第です。また、編集の陣頭指揮を執ってくださった教え子のみなさんや、ご玉稿の華を添えてくださった同朋研究者・教え子のみなさん、座談会を有意義かつ啓発的な議論で盛り上げてくださった座談会メンバー、それから原稿を相互に読んでコメントし合うことで内容充実に寄与してくださった執筆者のみなさんにも、本当にお世話になりました。予定より刊行が遅れましたが、おかげでなんとか 2024 年度内で出せそうです。まさに各役割が余人をもって代えがたく、手前味噌ながら分野を代表するエキスパートが結集した珠玉の書となり、夢が叶った思いであります。

　なお、本書の魅力的なカバーデザインは、編集者の 1 人である黄竹佑氏ゆかりのデザイナーで、メルボルン在住のアーティストである Susu the Chen 氏に手掛けていただきました（https://susuthechen.com/art-work/）。Susu 氏によると、このシュールな絵には"Language is like a choir, where words combine to create a sense of harmony, much like a well-formed chord."という意味が込められているそうです。今一度ご覧ください。この機会に作品をご提供くださった氏にも心から感謝申し上げたいと思います。まさにこの本自体が、それぞれの役割が組み合わさって壮大なハーモニーを奏でるような作品になったのではないでしょうか。我が意を得たりの思いです。

　最後に裏話ですが、編集委員会の内部では、企画編集にあたって揉めに揉

めた論点がありました。内輪揉めです（笑）。1つは、教科書的な入門書にする（アクセシブルかつページ数を抑え安価にする）のか、専門的な概説書にする（広範かつ詳細に内容を充実させる）のか、です。もう1つは、第1章をどのように書くか、です。最終的には専門的な概説書として位置づけました。教科書的な入門書は記述を簡単にしつつ引用を最小限にするものですが、生成音韻論の歴史的経緯を記述するには「5W1H」、つまり誰がいつどこの本や論文で何を提案したかの、引用を避けることができないからです。また、第1章はほかの各章を有機的に結びつける根幹をなす章と位置づけました。生成音韻論の歴史の骨格がここにあり、各章がその肉づけとなるもので、各章執筆者にもここを読んでからご執筆いただきました。その意味で、各章を「ハンドブック」的に読んでいただいていもいいのですが、歴史的経緯を総括した第1章も合わせてご参照ください。

　なお、各テーマごとの過去から現在までの経緯が章立てで構成されていますが、生成音韻論の未来は理論研究と実験研究の代表者を招いた「座談会」にて語られます。ここも合わせてご参照ください。

2024年10月吉日
東大駒場研究室にて秋の銀杏並木を眺めつつ
田　中　伸　一

参考文献

Abaglo, P. and Diana Archangeli. 1989. Language particular underspecification: Gengbe /e/ and Yoruba /i/. *Linguistic Inquiry* 20.457–480.
Aboitiz, Francisco, Ricardo R. García, Conrado Bosman and Enzo Brunetti. 2006. Cortical memory mechanisms and language origins. *Language and brain* 98(1).40–56.
Alderete, John and Paul Tupper. 2018. Connectionist approaches to generative phonology. In Hannahs and Bosch. 2018, 360–390.
Allen, Margaret R. 1978. *Morphological investigations*. Ph.D. dissertation, University of Conneticut.
Anderson, John M. and Charles Jones. 1974. Three theses concerning phonological representations. *Journal of Linguistics* 10.1–26.
Anderson, John M. and Colin J. Ewen. 1987. *Principles of dependency phonology*. Cambridge: Cambridge University Press.
Anderson, John, Colin Ewen and Jørgen Staun. 1985. Phonological structure: Segmental, suprasegmental and extrasegmental. *Phonology yearbook* 2.203–224.
Anderson, Stephen R. 2021. *Phonology in the twentieth century*. Second edition, revised and expanded. Berlin: Language Science Press.
Anttila, Arto. 1997. Deriving variation from grammar. *Variation, change and phonological theory*, ed. by Frans Hinskens, Roeland van Hout and Leo Wetzels, 35–68. Amsterdam: John Benjamins.
―――. 2002. Morphologically conditioned phonological alternations. *Natural language and linguistic theory* 20.1–42.
―――. 2006. Variation and opacity. *Natural language and linguistic theory* 24.893–944.
―――. 2007. Variation and optionality. In de Lacy. 2007, 519–536.
Anttila, Arto and Young-mee Yu Cho. 1998. Variation and change in Optimality Theory. *Lingua* 104.31–56.
Archangeli, Diana. 1984. *Underspecification in Yawelmani phonology and morphology*. Ph.D. dissertation, MIT.
―――. 1988. Aspects of underspecification theory. *Phonology* 5.183–207.
―――. 2011. Feature specification and underspecification. In van Oostendorp, Ewen, Hume and Rice. 2011, 148–170.
Archangeli, Diana and Douglas Pullyblank. 1994. *Grounded phonology*. Cambridge, MA: MIT Press.
Aronoff, Mark. 1976. *Word formation in generative grammar*. Cambridge, MA: MIT Press.
Aroui, Jean-Louis and Andy Arleo (eds.). 2009. *Towards a typology of poetic forms: From language to metrics and beyond*. Amsterdam: John Benjamins.
Avery, Peter and Keren Rice. 1989. Segment structure and coronal underspecification. *Phonology* 6.179–200.
Babel, Molly. 2009. *Phonetic and social selectivity in speech accommodation*. Ph.D. dissertation, University of California, Berkeley.
Backley, Phillip. 2011. *An introduction to Element Theory*. Edinburgh: Edinburgh University Press.
Backley, Phillip and Kuniya Nasukawa. 2009a. Representing labials and velars: A single 'dark' element. 『音韻研究』12.3–10.
―――. 2009b. Headship as melodic strength. *Strength relations in phonology*, ed. by Kuniya Nasukawa and Phillip Backley, 47–77. Berlin and New York: Mouton de Gruyter.
―――. 2020. Recursion in melodic-prosodic structure. In Nasukawa. 2020, 11–35.
Baddeley, Alan, Susan Gathercole and Costanza Papagno. 1998. The phonological loop as a language learning Device. *Psychological review* 105.158–173.
Baertsch, Karen. 2002. *An Optimality Theoretic approach to syllable structure: The split margin hierarchy*. Ph.D. dissertation, Indiana University, Bloomington.
Baertsch, Karen and Stuart Davis. 2003. The split margin approach to syllable structure. *ZAS papers in linguistics* 32.1–14.
Bates, Elizabeth. 1993. Modularity, domain specificity and the development of language. *Discussions in neuroscience* 10.136–148.

Beckman, Jill N. 1998. *Positional faithfulness*. Ph.D. dissertation, University of Massachusetts Amherst.
Bell, Alan. 2001. Back in style: Reworking audience design. *Style and sociolinguistic style*, ed. by Penelope Eckert and John R. Rickford, 136–169. Cambridge: Cambridge University Press.
Bell, Alan, Jason M. Brenier, Michelle Gregory, Cynthia Girand and Dan Jurafsky. 2009. Predictability effects on durations of content and function words in conversational English. *Journal of memory and language* 60.92–111.
Bellik, Jennifer, Junko Ito, Nick Kalivoda and Armin Mester. 2023. *Syntax-prosody in Optimality Theory: Theory and analyses*. London: Equinox.
Benua, Laura. 1997. *Transderivational identity: Phonological relations between words*. Ph.D. dissertation, University of Massachusetts.
Berko, Jean. 1958. The child's learning of English morphology. *Word* 14.150–177.
Bermúdez-Otero, Ricardo. 1999. *Constraint interaction in language change*. Ph.D. dissertation, University of Manchester.
———. 2011. Cyclicity. In van Oostendorp, Ewen, Hume and Rice. 2011, 2019–2048.
Berwick, Robert C. and Noam Chomsky. 2015. *Why only us: Language and evolution*. Cambridge, MA: MIT Press.
Bickmore, Lee. 1990. Branching nodes and prosodic categories: Evidence from Kinyambo. In Inkelas and Zec. 1990, 1–17.
Bjarkman, Peter C. 1975. Toward a proper conception of processes in natural phonology. *Chicago Linguistic Society* 11.60–72.
Blaho, Sylvia. 2008. *The syntax of phonology: A radically substance-free approach*. Ph.D. dissertation, University of Tromsø.
Blevins, Juliette. 2004. *Evolutionary phonology: The emergence of sound patterns*. Cambridge: Cambridge University Press.
Bloomfield, Leonard. 1933. *Language*. New York: Holt, Rinehart and Winston.
Blumenfeld, Lev. 2015. Meter as faithfulness. *Natural language and linguistic theory* 33.79–125.
Boeckx, Cedric and Kleanthes K. Grohmann (eds.). 2013. *The Cambridge handbook of biolinguistics*. Cambridge: Cambridge University Press.
Boersma, Paul. 1998. *Functional phonology: Formalizing the interactions between articulatory and perceptual drives*. The Hague: Holland Academic Graphics.
Boersma, Paul and Bruce Hayes. 2001. Empirical tests of the Gradual Learning Algorithm. *Linguistic Inquiry* 32.45–86.
Boersma, Paul and Joe Pater. 2008. Convergence properties of a Gradual Learning Algorithm for Harmonic Grammar. ROA–970. Online: http://roa.rutgers.edu/article/view/1000.
———. 2016. Convergence properties of a Gradual Learning Algorithm for Harmonic Grammar. *Harmonic grammar and harmonic serialism*, ed. by John J. McCarthy and Joe Pater, 389–434. London: Equinox Press.
Bonet, Eulàlia and Maria-Rosa Lloret. 2005. Against serial evaluation in Optimality Theory. *Lingua* 115.1303–1323.
Borowsky, Toni J. 1986. *Topics in the lexical phonology of English*. Ph.D. dissertation, University of Massachusetts.
Botma, Bert. 2004. *Phonological aspects of nasality: An element-based dependency approach*. Ph.D. dissertation, University of Amsterdam.
Botma, Bert, Nancy C. Kula and Kuniya Nasukawa. 2013. Features. *The Bloomsbury companion to phonology*, ed. by Nancy C. Kula, Bert Botma and Kuniya Nasukawa, 33–63. London: Bloomsbury.
Bowling, Daniel L. and W. Tecumseh Fitch. 2015. Do animal communication systems have phonemes? *Trends in cognitive sciences* 19.555–557.
Breiss, Canaan and Adam Albright. 2022. Cumulative markedness effects and (non-)linear in phonotactics. *Glossa: A journal of general linguistics* 7. Online: https://doi.org/10.16995/glossa.5713
Breit, Florian. 2017. Melodic heads, saliency, and strength in voicing and nasality. *Glossa: A journal of general linguistics* 2:85.
Brentari, Diane. 2018. The importance of autosegmental representations for sign language phonology. *Shaping phonology*, ed. by Diane Brentari and Jackson L. Lee, 119–145. Chicago: The University of Chicago Press.
Bromberger, Sylvain and Halle, Morris. 1989. Why phonology is different. *Linguistic

inquiry 20.51–70.
Bronowski, Jacob. 1977. *A sense of the future*. Cambridge, MA: MIT Press.
Browman, Catherine P. and Louis Goldstein. 1992. Articulatory phonology: An overview. *Phonetica* 49.155–180
Bruck, Anthony, Robert A. Fox and Michael W. La Galy (eds.). 1974. *Papers from the parasession on natural phonology*. Chicago: Chicago Linguistic Society.
Bybee, Joan. 2001. *Phonology and language use*. Cambridge: Cambridge University Press.
Byrd, Dani and Elliot Saltzman. 2002. Speech production. *The handbook of brain theory and neural networks*, ed. by Michael A. Arbib, 1072–1076. Cambridge, MA: MIT Press.
Cable, Thomas. 1991. *The English alliterative tradition*. Philadelphia: University of Pennsylvania Press.
Carr, Philip. 1993. *Phonology*. London: Macmillan.
Casali, Roderic E. 1997. Vowel elision in hiatus contexts: Which vowel goes? *Language* 73.493–533.
Causley, Trisha Kathleen. 1999. *Complexity and markedness in Optimality Theory*. Ph.D. dissertation, University of Toronto.
Charette, Monik. 1990. Licence to govern. *Phonology* 7.233–253.
———. 1991. *Conditions on phonological government*. Cambridge: Cambridge University Press.
Cheng, Robert L. 1966. Mandarin phonological structure. *Journal of linguistics* 2.135–158.
Chomsky, Noam. [1949] 1951. *Morphophonemics of modern Hebrew*. M.A.thesis, University of Pennsylvania. Revised version published in 1979, New York: Garland.
———. 1957. *Syntactic structures*. The Hague: Mouton.
———. 1959. Review of *Verbal behavior* by B. F. Skinner (1957). *Language* 35.26–58.
———. 1964. *Current issues in linguistic theory*. The Hague: Mouton.
———. 1965. *Aspects of the theory of syntax*. Cambridge, MA: MIT Press.
———. 1966. *Cartesian linguistics*. New York: Harper and Row.
———. 1970. Remarks on nominalization. In Chomsky. 1972. *Studies on semantics in generative grammar*. The Hague: Mouton.
———. [1968] 1972. *Language and mind*, 2nd ed. New York: Harper and Row.
———. [1955] 1975. *The logical structure of linguistic theory*. New York: Plenum.
———. 1980. *Rules and representations*. Oxford: Basil Blackwell.
———. 1981. *Lectures on government and binding*. Dordrecht: Foris.
———. 1986. *Knowledge of language: Its nature, origin, and use*. New York: Praeger.
———. 1995. *The minimalist program*. Cambridge, Mass.: MIT Press.
———. 2001. Beyond explanatory adequacy. *MIT occasional papers in linguistics* 20.
———. 2005. Three factors in language design. *Linguistic inquiry* 36.1–22.
———. 2010. Some simple evo devo theses: How true might they be for language? *The evolution of human language: Biolinguistic perspectives*, ed. by Richard K. Larson, Viviane Deprez and Hiroko Yamakido, 45–62. Cambridge: Cambridge University Press.
———. 2012. Poverty of stimulus: Unfinished business. *Studies in Chinese linguistics* 33.3–16.
Chomsky, Noam and Morris Halle. 1965. Some controversial questions in phonological theory. *Journal of linguistics* 1.97–138.
———. 1968. *The sound pattern of English*. New York: Harper and Row.
Chomsky, Noam, Morris Halle and Fred Lukoff. 1956. On accent and juncture in English. *For Roman Jakobson: Essays on the occasion of his sixtieth birthday, 11 October 1956*, ed. by Morris Halle, Horace G. Lunt, Hugh McLean and Cornelis H. van Schooneveld, 65–80. The Hague: Mouton.
Cinque, Guglielmo. 1993. A null theory of phrase and compound stress. *Linguistic inquiry* 24.239–298.
Clements, George N. 1976. Vowel harmony in nonlinear generative phonology: An autosegmental model. Unpublished manuscript, Harvard University.

―――. 1978. Tone and syntax in Ewe. *Elements of tone, stress, and intonation*, ed. by Donna Jo Napoli, 21–99. Washington, D.C.: Georgetown University Press.
―――. 1985. The geometry of phonological features. *Phonology yearbook* 2.225–252.
―――. 2000. Some antecedents of nonlinear phonology. *Folia linguistica* 34.29–56.
―――. 2001. Representational economy in constraint-based phonology. *Distinctive Feature Theory*, ed. by T. Alan Hall, 71–146. Berlin: Mouton de Gruyter.
――― 2006. Feature organization. *Encyclopedia of language and linguistics* (2nd ed.), ed. by Keith Brown, 433–440. Amsterdam: Elsevier.
Clements, George N. and Elizabeth V. Hume. 1995. The internal organization of speech sounds. In Goldsmith. 1995, 245–317.
Clements, George N. and Samuel J. Keyser. 1983. *CV phonology: A generative theory of the syllable*. Cambridge, MA: MIT Press.
Coetzee, Andries W. 2006. Variation as accessing 'non-optimal' candidates. *Phonology* 23.337–385.
Cohen, Clara. 2014. Probabilistic reduction and probabilistic enhancement: contextual and paradigmatic effects on morpheme pronunciation. *Morphology* 24.291–323.
Coleman, John. 2018. The secret history of prosodic and autosegmental phonology. *Shaping phonology*, ed. by Diane Brentari and Jackson L. Lee, 3–25. Chicago: The University of Chicago Press.
Collier, Katie, Balthasar Bickel, Carel P. van Schaik, Marta B. Manser and Simon W. Townsend 2014. Language evolution: Syntax before phonology? *Proceedings of the Royal Society of London, series B: Biological sciences* 281(1788).
Cowper, Elizabeth A. and Keren D. Rice. 1987. Are phonosyntactic rules necessary? *Phonology yearbook* 4.185–194.
Darden, Bill. 1974. Introduction. In Bruck, Fox and La Galy. 1974, i-vii.
Darnell, Michael, Edith Moravcsik, Fredrick Newmeyer, Michael Noonan and Kathleen Wheatley (eds.). 1999. *Functionalism and formalism in linguistics: Volume I (General papers)*. Amsterdam: John Benjamins.
Davis, Matthew H. and Ingrid S. Johnsrude. 2003. Hierarchical processing in spoken language comprehension. *Journal of neuroscience* 23.3423–3431.
Davis, Stuart. 1988. Syllable onsets as a factor in stress rules. *Phonology* 5.1–20.
Davis, Stuart and Michael Hammond. 1995. On the status of onglides in American English. *Phonology* 12.159–182.
Dawson, Michael R. W. 2004. *Minds and machines: Connectionism and psychological modeling*. Malden, MA: Blackwell.
―――. 2005. *Connectionism: A hands-on approach*. Malden, MA: Blackwell.
de Lacy, Paul. 2006. *Markedness: Reduction and preservation in phonology*. Cambridge: Cambridge University Press.
――― (ed.). 2007. *The Cambridge handbook of phonology*. Cambridge: Cambridge University Press.
――― 2009. Phonological evidence. *Phonological argumentation: Essays on evidence and motivation*, ed. by Steve Parker, 43–78. Sheffield: Equinox Publishing.
Dell, Gary S. 1986. A Spreading-Activation Theory of retrieval in sentence production. *Psychological review* 93:283.
Dell, Gary S., Lisa K. Burger and William R. Svec. 1997. Language production and serial order: A functional analysis and a model. *Psychological review* 104:123.
Dell, Gary S., Franklin Chang and Zenzi M. Griffin. 1999. Connectionist models of language production: Lexical access and grammatical encoding. *Cognitive science* 23.517–542.
Dell, Gary S., Cornell Juliano and Anita Govindjee. 1993. Structure and content in language production: A theory of frame constraints in phonological speech errors. *Cognitive science* 17.149–195.
Dell, Gary S., Myrna F. Schwartz, Nadine Martin, Eleanor M. Saffran and Deborah A. Gagnon. 1997. Lexical access in aphasic and nonaphasic speakers. *Psychological review* 104:801.
Deo, Ashwini S. 2007. The metrical organization of Classical Sanskrit verse. *Journal of linguistics* 43.63–114.
Dinnsen, Daniel. 1979 (ed.). *Current approaches to phonological theory*.

Bloomington: Indiana University Press.
―――. 1996. Context-sensitive underspecification and the acquisition of phonemic contrast. *Journal of child language* 23.57–79.
Dinnsen, Daniel and Fred Eckman 1978. Some substantive universals in atomic phonology. *Lingua* 45.1–14.
Di Sciullo, Anna Maria. 2017. *Biolinguistics: Volumes I-IV* (Critical concepts in linguistics). London, New York: Routledge.
Di Sciullo, Anna Maria and Cedric Boeckx (eds.). 2011. *The biolinguistic enterprise: New perspectives on the evolution and nature of the human language faculty.* Oxford, New Nork: Oxford University Press.
Dobashi, Yoshihito. 2003. *Phonological phrasing and syntactic derivation*. Ph.D dissertation, Cornell University.
―――. 2009. Multiple spell-out, assembly problem, and syntax–phonology mapping. *Phonological domains: Universals and deviations*, ed. by Janet Grijzenhout and Baris Kabak, 195–220. Berlin: Mouton de Gruyter.
―――. 2017. Prosodic domains and the syntax-phonology Interface. *The Routledge handbook of syntax*, ed. by Andrew Carnie, Yosuke Sato and Daniel Siddiqi, 365–387. London: Routledge.
―――. 2021.「統語論と音韻論のインターフェイス」中村浩一郎（編）『統語論と言語学諸分野とのインターフェイス』1–43. 東京: 開拓社.
Donegan, Patricia J. 1978. *On the natural phonology of vowels*. Ph.D. dissertation, The Ohio State University.
Donegan, Patricia and Davis Stampe. 1979. The study of natural phonology. In Dinnsen. 1979, 126–173.
―――. 2009. Hypotheses of natural phonology. *Poznań studies in contemporary linguistics*.1–31.
Drachmann, Gaberell. 1976. Child language and language change: A conjecture and some refutations. *Recent development in historical phonology*, ed. by Jacek Fisiak, 123–144. The Hague: Mouton.
Drager, Katie. 2018. *Experimental research methods in sociolinguistics*. London: Bloomsbury Academic.
Dresher, B. Elan. 2009. *The contrastive hierarchy in phonology.* Cambridge: Cambridge University Press.
―――. 2014. The arch not the stones: Universal feature theory without universal features. *Nordlyd* 41.165–181.
―――. 2018. Contrastive feature hierarchies in synchronic and diachronic phonology. 『音韻研究』21.91–98.
Dresher, B. Elan and Nina Friedberg (eds.). 2006. *Formal approaches to poetry: Recent development in metrics*. Berlin and New York: Mouton de Gruyter.
Dresher, B. Elan and Keren Rice. 1993. Preface: Complexity in phonological representations. *Toronto working papers in linguistics* 12(2).i–vi.
Dresher, B. Elan and Harry van der Hulst. 1998. Head-dependent asymmetries in phonology: Complexity and visibility. *Phonology* 15.317–352.
Dresher, B. Elan, Glyne Piggott and Keren Rice. 1994. Contrast in phonology: Overview. *Toronto working papers in linguistics* 13.iii–xvii.
Dressler, Wolfgang. 1974. Some diachronic puzzles for natural phonology. In Bruck, Fox and La Galy. 1974, 95–102.
Duanmu, San. 1990. *A formal study of syllable, tone, stress and domain in Chinese languages*. Ph.D. dissertation, MIT.
―――. 2016. *A theory of phonological features*. Oxford: Oxford University Press.
Durand, Jacques and Eiji Yamada. 2023. On the treatment of English word stress within the generative tradition: History, concepts and debates. *New perspectives on English word stress*, ed. by Eiji Yamada, Anne Przewozny, Jean-Michel Fournier and Nicolas Ballier, 6–52. Edinburgh: Edinburgh University Press.
Eckman, Fred 1977. Markedness and the contrastive hypothesis. *Language learning* 27.315–330.
Edwards, Mary and Lawrence Shriberg 1983. *Phonology: Applications in communicative disorders*. San Diego: College-Hill Press.
Elman, Jeffrey L. and James L. McClelland. 1984. Speech perception as a cognitive process: The interactive activation model. *Speech and language* 10.337–74.
Elordieta, Golka. 2007. Segmental phonology and syntactic structure. *The Oxford*

handbook of linguistic interfaces, ed. by Gillian Ramchand and Charles Reiss, 125–177. Oxford: Oxford University Press.
Elphinston, James. 1765. *The principles of the English language digested; or, English grammar reduced to analogy*. London: James Bettenham.
Ernestus, Mirjam and R. Harald Baayen. 2011. Corpora and exemplars in phonology. *The handbook of phonological theory*, ed. by John A. Goldsmith, Jason Riggle and Alan C. L. Yu, 374–400. Malden, MA: Blackwell.
Fabb, Nigel. 2002. *Language and literary form: The linguistic analysis of form in verse and narrative*. Cambridge: Cambridge University Press.
Fabb, Nigel and Morris Halle. 2008. *Meter in poetry: A new theory*. Cambridge: Cambridge University Press.
Fitch, W. Tecumseh. 2010a. *The evolution of language*. Cambridge: Cambridge University press.
―――. 2010b. Three meanings of "recursion": Key dis-tinctions for biolinguistics. *The evolution of human languages: Biolinguistic perspectives*, ed. by Richard K. Larson, Viviane Déprez and Hiroko Yamakido, 73–90. Cambridge: Cambridge University Press.
―――. 2018. What animals can teach us about human language: The phonological continuity hypothesis. *Current opinion in behavioral sciences* 21.68–75
Fitch, W. Tecumseh, Marc D. Hauser and Noam Chomsky. 2005. The evolution of the language faculty: Clarification and implications. *Cognition* 97.179–210.
Flemming, Edward. 2021. Comparing MaxEnt and Noisy Harmonic Grammar. *Glossa: A journal of general linguistics* 6:141.
Forster, Kenneth I. and Susan M. Chambers. 1973. Lexical access and naming time. *Journal of verbal learning and verbal behaviour* 12.627–635.
Foulkes, Paul and Gerard Docherty. 2006. The social life of phonetics and phonology. *Journal of phonetics* 34.409–438.
Fromkin, Victoria 1971. The non-anomalous nature of anomalous utterances. *Language* 46.27–52.
Fudge, Erik C. 1967. The nature of phonological primes. *Journal of linguistics* 3.1–36.
―――. 1969. Syllables. *Journal of linguistics* 5.253–286.
―――. 1987. Branching structure within the syllable. *Journal of linguistics* 23.359–377.
―――. 2006. Glossematics. *Encyclopedia of language and linguistics* (2nd ed.), ed. by Keith Brown, 88–94. Amsterdam: Elsevier.
Fujita, Koji. 2007. Facing the logical problem of language evolution: Review article on *Variation and universals in biolinguistics*, ed. by Lyle Jenkins. *English linguistics* 24.78–108.
―――. 2009. A prospect for evolutionary adequacy: Merge and the evolution and development of human language. *Biolinguistics* 3.128–153.
―――. 2014. Recursive merge and human language evolution. *Recursion: Complexity in cognition*, ed. by Tom Roeper and Margaret Speas, 243–264. New York: Springer.
―――. 2016a. On certain fallacies in evolutionary linguistics and how one can eliminate them. *Advances in biolinguistics: The human language faculty and its biological basis*, ed. by Koji Fujita and Cedric Boeckx, 141–152. London, New York: Routledge.
―――. 2016b. On the parallel evolution of syntax and lexicon: A merge-only view. *Journal of Neurolinguistics* 43.178–192.
――― 2017「経済性理論から極小主義まで」畠山雄二(編)『理論言語学史』, 58–114. 東京: 開拓社.
Fujita, Koji and Cedric Boeckx (eds.). 2016. *Advances in biolinguistics: The human language faculty and its biological basis*. London, New York: Routledge.
藤田耕司・岡ノ谷一夫（編）2011『進化言語学の構築―新しい人間科学を目指して』東京：ひつじ書房.
藤田耕司・谷口一美・田中伸一 近刊『進化言語学』東京: 開拓社.
藤原保明 1990 『古英詩韻律研究』広島: 渓水社.
Gahl, Susanne. 2008. Time and thyme are not homophones: The effect of lemma frequency on word durations in spontaneous speech. *Language* 84.474–496.

Gahl, Susanne, Yao Yao and Keith Johnson. 2012. Why reduce? Phonological neighborhood density and phonetic reduction in spontaneous speech. *Journal of memory and language* 66.789–806.
Gaskell, M. Gareth and William D. Marslen-Wilson. 1997. Integrating form and meaning: A distributed model of speech perception. *Language and cognitive processes* 12.613–656.
Getty, Michael. 2002. *The metre of Beowulf: A constraint-based approach.* Berlin: Walter de Gruyter.
Gnevsheva, Ksenia, Anita Szakay and Sandra Jansen. 2021. Phonetic convergence across dialect boundaries in first and second language speakers. *Journal of phonetics* 89:101110.
Goldinger, Stephen D. 1998. Echoes of echoes? An episodic theory of lexical access. *Psychological review* 105.251–279.
Goldrick, Matthew. 2001. Turbid output representations and the unity of Opacity. *NELS* 30.231–245.
Goldrick, Matthew and Robert Daland. 2009. Linking speech errors and phonological grammars: Insights from Harmonic Grammar networks. *Phonology* 26.147–185.
Goldsmith, John. 1974. An autosegmental typology of tone: And how Japanese fits in. *Papers from the fifth annual meeting, North Eastern Linguistic Society*, 172–182.
———. 1976. *Autosegmental phonology*. Ph.D. dissertation, MIT. Published by Garland Press, 1979.
———. 1979. The goals of autosegmental phonology. In Dinnsen. 1979, 202–222.
———. 1990. *Autosegmental and metrical phonology.* Oxford: Basil Blackwell.
———. 1992. A note on the genealogy of research traditions in modern phonology. *Journal of linguistics* 28.149–163.
———. 1993. Harmonic phonology. In Goldsmith. 1993, 21–60.
——— (ed.). 1993. *The last phonological rule: Reflections on constraints and derivations.* Chicago, IL: Chicago University Press.
——— (ed.). 1995. *The handbook of phonological theory.* Oxford: Blackwell.
Goldwater, Sharon and Mark Johnson. 2003. Learning OT constraint rankings using a maximum entropy model. *Proceedings of the Stockholm workshop on variation within Optimality Theory*, ed. by Jennifer Spenader, Anders Eriksson and Östen Dahl, 111–120. Stockholm: Stockholm University.
Golston, Chris. 1998. Constraint-based metrics. *Natural language and linguistic theory* 16.710–770.
Golston, Chris and Thomas Riad. 1997. The phonology of Classical Arabic meter. *Linguistics* 25.111–132.
———. 2000. The phonology of Classical Greek meter. *Linguistics* 38.99–167,
———. 2005. The phonology of Greek lyric meter. *Journal of linguistics* 41.77–115.
Gordon, Elizabeth, Margaret Maclagan and Jennifer Hay. 2007. The ONZE Corpus. *Creating and digitalizing language corpora*, ed. by Joan C. Bell, Karen P. Corrigan and Hermann L. Moisl, 82–104. Palgrave Macmillan, Basingstoke.
Gordon, Matthew. 2002. A factorial typology of quantity-insensitive stress. *Natural language and linguistic theory* 20.491–552.
Gouskova, Maria. 2012. Unexceptional Segments. *Natural language and linguistic theory* 30.79–133.
Greenfield, Patricia M. 1991. Language, tools and brain: The ontogeny and phylogeny of hierarchically organized sequential behavior. *Behavioral and brain sciences* 14.531–595.
———. 1998. Language, tools, and brain revisited. *Behavioral and brain sciences* 21.159–163.
Greicius, Michael D. and Vinod Menon. 2004. Default-mode activity during a passive sensory task: Uncoupled from deactivation but impacting activation. *Journal of cognitive neuroscience* 16.1484–1492.
Gussenhoven, Carlos. 2004. *The phonology of tone and intonation.* Cambridge: Cambridge University Press.
———. 2018. On the privileged status of boundary tones: Evidence from Japanese, French, and Cantonese. *Revealing structure: Papers in honor of Larry M. Hyman*, ed. by Eugene Buckley, Thera Crane and Jeff Good, 57–69. Stanford, CA: CSLI Publications.

Gussenhoven, Carlos and Haike Jacobs. 2017. *Understanding phonology* (4th ed.). Oxon: Routledge.
Hale, Mark and Charles Reiss. 2008. *The phonological enterprise.* Oxford: Oxford University Press.
Hall, Daniel Currie. 2014. On substance in phonology. *Proceedings of the 2014 annual conference of the Canadian Linguistic Association.* Online: https://cla-acl.ca/pdfs/actes-2014/Hall-2014.pdf
Hall, Kathleen C., Elizabeth Hume, T. Florian Jaeger and Andrew Wedel. 2018. The role of predictability in shaping phonological patterns. *Linguistics vanguard* 4:20170027.
Halle, Morris. 1959a. Questions of linguistics. *Nuovo Cim* 13 (Suppl 2).494–517. [Revised as Halle. 1964.]
———. 1959b. *The sound pattern of Russian: A linguistic and acoustical investigation.* The Hague: Mouton.
———. 1962. Phonology in generative grammar. *Word* 18.54–72.
———. 1964. On the bases of phonology. *The structure of language: Readings in the philosophy of language*, ed. by Jerry A. Fodor and Jerrold J. Katz, 324–333. Englewood Cliffs, NJ: Prentice-Hall.
Halle, Morris and William J. Idsardi. 1995. General properties of stress and metrical structure. In Goldsmith. 1995, 403–443.
Halle, Morris and Samuel J. Keyser. 1966. Chaucer and the study of prosody. *College English* 28.187–219.
———. 1971. *English stress: Its form, its growth, and its role in verse.* New York: Harper and Row.
———. 2001.On meter in general and on Robert Frost's loose iambics in particular. *Linguistics: In search of the human mind*, ed. by Masatake Muraki and Enoch Iwamoto, 130–154. Tokyo: Kaitakusha.
Halle, Morris and Karuvannur P. Mohanan. 1985. Segmental phonology of modern English. *Linguistic inquiry* 16.57– 116.
Halle, Morris and Jean-Roger Vergnaud. 1987. *An essay on stress.* Cambridge, MA, London: The MIT Press.
Hammond, Michael. 1999. Lexical frequency and rhythm. *Functionalism and formalism in linguistics* 1.329–358.
Hannahs, S. J. and Anna R. K. Bosch. (eds.). 2018. *The Routledge handbook of phonological theory.* Oxon: Routledge.
Hanson, Kristin 2002. Vowel variation in English rhyme. *Studies in the history of the English language: A millennial perspective*, ed. by Donka Minkova and Robert Stockwell, 207–229. Berlin and New York: Mouton de Gruyter.
———. 2003. Formal variation in the rhymes of Robert Pinsky's *The inferno of Dante. Language and literature* 12.309–337.
———. 2006. Shakespeare's lyric and dramatic metrical styles. *Formal approach to poetry: Recent development in metrics*, ed. by B. Elan Dresher and Nina Friedberg, 111–134. Berlin: Mouton de Gruyter.
Haraguchi, Shosuke. 1977. *The tone pattern of Japanese: An autosegmental theory of tonology.* Tokyo: Kaitukusha.
——— 1979「日本語音調の諸相」『言語の科学』7.21-69.
——— 1994 『音韻論』(現代の英語学シリーズ 3) 東京: 開拓社.
Hargus, Sharon and Ellen M. Kaisse (eds.) 1993. *Phonetics and phonology 4: Studies in lexical phonology.* San Diego: Academic Press.
Harris, John. 1994. *English sound structure.* Oxford: Blackwell.
———. 2004. Release the captive coda: The foot as a domain of phonetic interpretation. *Phonetic interpretation: Papers in laboratory phonology* 6, ed. by John Local, Richard Ogden and Rosalind A. M. Temple, 103–129. Cambridge: Cambridge University Press.
———. 2005. Vowel reduction as information loss. *Headship, elements, specification and contrastivity*, ed. by Philip Carr, Jacques Durand and Colin J. Ewen, 119–132. Amsterdam: John Benjamins.
———. 2006. The phonology of being understood: Further arguments against sonority. *Lingua* 116.1483–1494.
———. 2009. Why final devoicing is weakening. *Strength relations in phonology*, ed. by Kuniya Nasukawa and Phillip Backley, 9–46. Berlin and New York: Mouton

de Gruyter.
―――. 2012. Lenition [Intensive Lecture Series]. The Graduate School of Tohoku Gakuin University.
Harris, John and Edmund Gussmann. 1998. Final codas: Why the west was wrong. *Structure and interpretation: Studies in phonology*, ed. by Eugeniusz Cyran, 139–162. Lublin: Folium.
Harris, John and Jonathan Kaye. 1990. A tale of two cities: London glottalling and New York City Tapping. *The Linguistic review* 7.251–274.
Harris, John and Geoff Lindsey. 2000. Vowel patterns in mind and sound. *Phonological knowledge: Conceptual and empirical issues*, ed. by Noel Burton-Roberts, Philip Carr and Gerry Docherty, 185–205. Oxford: Oxford University Press.
Harris, Zellig S. 1944. Simultaneous components in phonology. *Language* 20.181–205.
長谷川寿一（編） 2010 『言語と生物学』東京: 朝倉書店.
Hashimoto, Daiki. 2016. Internal reduplication in Maori: Harmonic serialism vs. parallel OT. *Language and information sciences* 14.37–54.
―――. 2019. *Loanword phonology in New Zealand English: Exemplar activation and message predictability*. Ph.D. dissertaion, University of Canterbury.
―――. 2021. Probabilistic reduction and mental accumulation in Japanese: Frequency, contextual predictability, and average predictability. *Journal of phonetics* 82:101061.
―――. 2023. The effect of verbal conjugation predictability on speech signal. *Morphology* 33.41–63.
Hashimoto, Daiki, Karin Gomi and Ryuta Shiraishi. 2022. Updating L2 phonetic memories: Shadowing training vs. listening training. *Journal of the Phonetic Society of Japan* 26.13–26.
Hawking, Stephen. 1988. *A brief history of time*. London: Transworld Publishers.
Hauser, Marc D., Noam Chomsky and W. Tecumseh Fitch. 2002. The faculty of language: What is it, who has it, and how did it evolve? *Science* 298.1569–1579.
Hay, Jennifer and Paul Foulkes. 2016. The evolution of medial /t/ over real and remembered time. *Language* 92.298–330.
Hay, Jennifer and Katie Drager. 2010. Stuffed toys and speech perception. *Linguistics* 48.865–892.
Hay, Jennifer and Margaret Maclagan. 2012. /r/-sandhi in early 20th century New Zealand English. *Linguistics* 50.745–763.
Hay, Jennifer, Janet B. Pierrehumbert, Abby Walker and Patrick LaShell. 2015. Tracking word frequency effects through 130 years of sound. *Cognition* 139.83–91.
早田輝洋 1999 『音調のタイポロジー』東京: 大修館書店。
Hayes, Bruce. 1980. *A metrical theory of stress rules*. Ph.D. dissertation, MIT. Distributed by Bloomington: Indiana University Linguistics Club, 1981. Published by New York: Garland Press, 1985.
―――. 1983. A grid-based theory of English meter. *Linguistic inquiry* 14.357–393
―――. 1988. Metrics and phonological theory. *Linguistic theory: Extensions and implications (Linguistics: The Cambridge survey II)*, ed. by Fredric Newmeyer, 226–249. Cambridge: Cambridge University Press.
―――. 1989. The Prosodic hierarchy in meter. In Kiparsky and Youmans. 1989, 201–260.
―――. 1995. *Metrical stress theory: Principles and case studies*. Chicago: The University of Chicago Press.
―――. 1999. Phonetically driven phonology: The role of Optimality Theory and inductive grounding. *Functionalism and formalism in linguistics: Volume 1 (General papers)*, ed. by Michael Darnell, Edith Moravcsik, Frederick Newmeyer, Michael Noonan and Kathleen Wheatley, 243–285. Amsterdam: John Benjamins.
―――. 2000. Gradient well-formedness in Optimality Theory. *Optimality theory: phonology, syntax, and acquisition*, ed. by Joost Dekkers, Frank van der Leeuw and Jeroen van de Weijer, 88–120. Oxford: Oxford University Press.
―――. 2009a. The faithfulness and componentiality in metrics. *The nature of the word*, ed. by Sharon Inkelas and Kristin Hanson, 113–148. Cambridge, MA: MIT Press.

―――. 2009b. Textsetting as constraint conflict. *Towards a typology of poetic forms: From language to metrics and beyond*, ed. by Jean-Louis Aroui and Andy Arleo. 43–61. Amsterdam: John Benjamins.
―――. 2009c. *Introductory phonology*. New Jersey: Wiley-Blackwell.
―――. 2017. Varieties of Noisy Harmonic Grammar. *Proceedings of the 2016 Annual Meeting of Phonology*. Online Publication. The Linguistic Society of America. Washington, DC.
―――. 2022. Deriving the Wug-shaped curve: A criterion for assessing formal theories of linguistic variation. *Annual review of linguistics* 8.473–494.
Hayes, Bruce and Aaron Kaplan. 2023. Zero-weighted constraints in Noisy Harmonic Grammar. *Linguistic Inquiry*.1–14. Online: https://ling.auf.net/lingbuzz/007077
Hayes, Bruce and Abigail Kaun. 1996. The role of phonological phrasing in sung and changed verse. *The linguistic review* 13.243–303.
Hayes, Bruce, Robert Kirchner and Donca Steriade (eds.). 2004. *Phonetically based phonology*. Cambridge: Cambridge University Press.
Hayes, Bruce and Margaret MacEachern. 1998. Quatrain form in English folk verse. *Language* 88.691–731.
Hayes, Bruce and Claire Moore-Cantwell. 2011. Gerald Manley Hopkins's sprung rhythm: Corpus study and Stochastic grammar. *Phonology* 28.235–282.
Hayes, Bruce and Russell G. Schuh. 2019. Metrical structure and sung rhythm of the Hausa rajaz. *Language* 95.e253–e299.
Hayes, Bruce, Bruce Tesar and Kie Zuraw. 2013. OTSoft: Optimality Theory Software. Online: http://www.linguistics.ucla.edu/people/hayes/otsoft/
Hayes, Bruce and James White. 2013. Phonological naturalness and phonotactic learning. *Linguistic inquiry* 44.45–75.
Hayes, Bruce and Colin Wilson 2008. A maximum entropy model of phonotactics and phonotactic learning. *Linguistic inquiry* 39.379–440.
Hayes, Bruce, Colin Wilson and Ben George. 2009. Maxent Grammar Tool. Online: https://linguistics.ucla.edu/people/hayes/MaxentGrammarTool/
Hayes, Bruce, Colin Wilson and Anne Shisko 2012. Maxent grammar for the metrics of Shakespeare and Milton. *Language* 88.691–731.
Herder, Johann Gottfried von. 1772/2002. Treatise on the origin of language. *Herder: Philosophical writings*, ed. and trans. by Michael N. Foster, 65–164. Cambridge: Cambridge University Press.
Hintzman, Douglas L. 1986. "Schema abstraction" in a multiple-trace memory model. *Psychological review* 93.411–428.
Hockett, Charles F. 1947. Componential analysis of Sierra Popoluca. *International journal of American linguistics* 13.258–267.
―――. 1960. The origin of speech. *Scientific American* 203(3).88–96.
Hodson, Barbara 1980. *The assessment of phonological processes*. Danville: Interstate.
Hooper, Joan B. 1976. *Introduction to natural generative phonology*. New York: Academic Press.
Hsu, Brian. 2022. Gradient symbolic representations in Harmonic Grammar. *Language and linguistics Compass*:e12473.
黃竹佑, 岸山健, 野口大斗. 2023.『jsPsych によるオンライン音声実験レシピ』東京: 教養検定会議.
Huber, Dániel. 2009. On the interaction of velars and labials. *International journal of Basque linguistics and philology* (ASJU) 41(2).145–162.
Hurford, James R. 2011. *The origins of grammar: Language in the light of evolution*. Oxford: Oxford University Press.
Hyman, Larry M. 1975. *Phonology: Theory and analysis*. New York: Holt, Reinehart and Winston.
―――. 1985. *A theory of phonological weight*. Dordrecht: Foris.
―――. 2014. How autosegmental is phonology? *The Linguistic review* 31.363–400.
Idsardi, William J. 1992. *The computation of prosody*. Ph.D. dissertation, MIT.
池内正幸（編）2009『言語と進化・変化』東京: 朝倉書店.
Ingram, David. 1976. *Phonological disability in children*. London: Edward Arnold.
Inkelas, Sharon. 1994. The Consequence of Optimization for Underspecification. *NELS* 25.287–302.
Inkelas, Sharon and Draga Zec (eds.). 1990. *The phonology-syntax connection*.

Chicago, Illinois: University of Chicago Press.
———. 1995. Syntax-phonology interface. In Goldsmith. 1995, 535–549.
Ito, Junko. 1986. *Syllable theory in prosodic phonology*. Ph.D. dissertation, University of Massachusetts. (Published by New York: Garland Pub, 1988).
Ito, Junko and Armin Mester. 1995. Japanese phonology. In Goldsmith. 1995, 817–838.
———. 1999. The Phonological Lexicon. *The handbook of Japanese linguistics*, ed. by Natsuko Tsujimura, 62–100. Oxford: Blackwell.
———. 2001. Covert generalizations in Optimality Theory: The role of stratal faithfulness constraint. *Studies in phonetics, phonology, and morphology* 7.273–299.
———. 2016. Unaccentedness in Japanese. *Linguistic inquiry* 47.471–526.
———. 2018. Tonal alignment and pre-accentuation. *Journal of Japanese linguistics* 34.195–222.
Jackendoff, Ray. 1989. A comparison of rhythmic structures in music and language In Kiparsky and Youmans. 1989, 15–44.
———. 2010. Your theory of language evolution depends on your theory of language. *The evolution of human languages: Biolinguistic perspectives*, ed. by Richard K. Larson, Viviane Déprez and Hiroko Yamakido, 63–72. Cambridge: Cambridge University Press.
Jackendoff, Ray and Jenny Audring. 2020. *The texture of the lexicon: Relational Morphology and the Parallel Architecture*. Oxford: Oxford University Press.
Jackendoff, Ray and Steven Pinker. 2005. The nature of the language faculty and its implications for evolution of language (Reply to Fitch, Hauser, and Chomsky). *Cognition* 97.211–225.
Jaeger, T. Florian and Esteban Buz. 2017. Signal reduction and linguistic encoding. *The handbook of psycholinguistics*, ed. by Eva M. Fernández and Helen Smith Cairns, 38–81. New Jersey: Wiley-Blackwell.
Jäger, Gerhard and Anette Rosenbach. 2006. The winner takes it all - almost: Cumulativity in grammatical variation. *Linguistics* 44.937–971.
Jakobson, Roman. 1941. *Kindersprache, aphasie und allgemeine lautgesetze*. Uppsala: Almqvist & Wiksell. Also in Jakobson 1962, 328–401.
———. 1962. *Selected writings I: Phonological studies*. The Hague: Mouton.
Jakobson, Roman, Gunnar Fant and Morris Halle. 1952. *Preliminaries to speech analysis: The distinctive features and their correlates*. Cambridge, MA: MIT Press.
Jakobson, Roman and Morris Halle. 1956. *Fundamentals of language*. The Hague: Mouton.
Jesney, Karen. 2007. The locus of variation in weighted constraint grammars. Paper presented at the Workshop on Variation, Gradience and Frequency in Phonology, Stanford, CA.
Johnson, Keith. 2006. Resonance in an exemplar-based lexicon: The emergence of social identity and phonology. *Journal of phonetics* 34.485–499.
Kager, René. 1995. The metrical theory of word stress. In Goldsmith. 1995, 367–402.
———. 1999. *Optimality Theory*. Cambridge: Cambridge University Press.
Kager, René and Wim Zonneveld. 1999. Phrasal phonology: an introduction. *Phrasal phonology*, ed. by René Kager and Wim Zonneveld, 1–43. Nijmegen: Nijmegen University Press.
Kahn, Daniel. 1976. *Syllable-based generalizations in English phonology*. Ph.D. dissertation, MIT.
Kaisse, Ellen. 1985. *Connected speech: The interaction of syntax and phonology*. New York: Academic Press.
Kanwisher, Nancy, Josh McDermott and Marvin M. Chun. 1997. The Fusiform face area: A Module in human extrastriate cortex specialized for face perception. *Journal of neuroscience* 17.4302–4311.
Kaplan, Aaron. 2021. Categorical and gradient ungrammaticality in optional processes. *Language* 97.703–731.
Katz, Jerrold J. 1966. *The philosophy of language*. New York: Harper and Row.
Katz, Jonah. 2015. Hip-hop rhymes reiterate phonological theory. *Lingua* 160.54–73.
Katz, Jerrold J. and Paul M. Postal. 1964. *An integrated theory of linguistic*

descriptions. Cambridge, MA: MIT press.
Kawahara, Shigeto. 2006. A faithfulness ranking projected from a perceptibility scale: The case of [+voice] in Japanese. *Language* 82.536–574.
―――. 2007. Half-rhymes in Japanese rap lyrics and knowledge of similarity. *Journal of East Asian linguistics* 16.113–144
―――. 2011. Aspects of Japanese loanword devoicing. *Journal of East Asian linguistics* 20.169–194.
―――. 2015. Geminate devoicing in Japanese loanwords: Theoretical and experimental investigations. *Language and linguistics compass* 9.168–182.
―――. 2020. A wug-shaped curve in sound symbolism: The case of Japanese Pokémon names. *Phonology* 37.383–418.
―――. 2021. Testing MaxEnt with sound symbolism: A stripy wug-shaped curve in Japanese Pokémon names. *Language* 97.e341–e359. (Research Report)
Kawahara, Shigeto, Atsushi Noto and Gakuji Kumagai. 2018. Sound symbolic patterns of Pokémon names. *Phonetica* 75.219–244.
Kawahara, Shigeto and Gakuji Kumagai. 2019. Expressing evolution in Pokémon names: Experimental explorations. *Journal of Japanese linguistics* 35.3–38.
Kawahara, Shigeto, Hironori Katsuda and Gakuji Kumagai. 2019. Accounting for stochastic nature of sound symbolism using Maximum Entropy model. *Open Linguistics* 5.109–120.
Kawahara, Shigeto and Canaan Breiss. 2021. Exploring the nature of cumulativity in sound symbolism: Experimental studies of Pokémonastics with English speakers. *Laboratory phonology* 12.1–29.
川上蓁 1995 『日本語アクセント論集』, 92–113. 東京：汲古書院.（川上蓁 1958「準アクセントについて」『国語研究』7, 44–60.）
Kaye, Jonathan. 1989. *Phonology. A cognitive view*. Hillsdale: Erlbaum.
―――. 1990. 'Coda' licensing. *Phonology* 7.301–330.
―――. 1992. Do you believe in magic? The story of *s*+C sequences. *SOAS working papers in linguistics and phonetics* 2.293–313.
―――. 1995. Derivations and interfaces. *Frontiers of phonology: Atoms, structures, derivations*, ed. by Jacques Durand and Francis Katamba, 289–332. Harlow, Essex: Longman.
Kaye, Jonathan and Jean Lowenstamm. 1981. Syllable structure and markedness theory. *Theory of markedness in Generative Grammar*, ed. by Adriana Belletti, Luciana Brandi and Luigi Rizzi, 287–315. Pisa: Scuola Normale Superiore.
Kaye, Jonathan, Jean Lowenstamm and Jean-Roger Vergnaud. 1985. The internal structure of phonological representations: A theory of charm and government. *Phonology yearbook* 2.305–328.
―――. 1990. Constituent structure and government in phonology. *Phonology* 7.193–231.
Kayne, Richard. S. 1994. *The antisymmetry of syntax*. Cambridge, MA: MIT Press.
Keller, Frank and Ash Asudeh. 2002. Probabilistic leaning algorithm and Optimality Theory *Linguistic inquiry* 33.223–244.
Kenstowicz, Michael and Charles Kisserberth 1979. *Generative Phonology: Description and theory*. New York: Academic Press.
Kenyon, John S. and Thomas A. Knott. [1944] 1953. *A pronouncing dictionary of American English*. Springfield, MA: Merriam–Webster.
Keyser, Samuel J. 1969. Old English prosody. *College English* 30.331–356.
Kim, Jonny. 2016. Perceptual associations between words and speaker age. *Laboratory phonology* 7:18.
Kim, Jonny and Katie Drager. 2018. Rapid influence of word-talker associations on lexical access. *Topics in cognitive science* 10.775–786.
Kimper, Wendell A. 2011. Locality and globality in phonological variation. *Natural language and linguistic theory* 29.423–465.
Kingston, John and Mary E. Beckman (eds.). 1990. *Papers in laboratory phonology I: Between the grammar and physics of speech*. Cambridge: Cambridge University Press.
Kiparsky, Paul. 1968. Linguistic universals and linguistic change. In Kiparsky. 1982. *Explanation in linguistics*. Dordrecht: Foris.
―――. 1970. Metrics and morphophonemics in the Kalewala. *Linguistics and literary style*, ed. by Donald C. Freeman, 165–181. New York: Holt Rinehart and

Winston.
———. 1972. Metrics and morphophonemics in the Rigveda. *Contributions to generative phonology*, ed. by Michael Brame, 171–200. Austin, Texas: University of Texas Press.
———. 1973a. "Elsewhere" in phonology. *A Festschrift for Morris Halle*, ed. by Stephen R. Anderson and Paul Kiparsky, 93–106. New York: Holt, Rinehart and Winston.
———. 1973b. Abstractness, opacity, and global rules. *Three dimensions of linguistic theory*, ed. by Osamu Fujimura, 57–86. Tokyo: TEC Co.
———. 1975. Stress, syntax, and meter. *Language* 51.576–616.
———. 1977. The rhythmic structure of English verse. *Linguistic inquiry* 8.189–247.
———. 1979. Metrical structure assignment is cyclic. *Linguistic inquiry* 10.421–441.
———. 1982a. From cyclic phonology to lexical phonology. *The structure of phonological representations (Part I)*, ed. by Harry van der Hulst and Norval Smith, 131–175. Dordrecht: Foris Publications.
———. 1982b. Lexical morphology and phonology. *Linguistics in the morning calm*, ed. by In-Seok Yang, 3–91. Seoul: Hanshin.
———. 1982c. *Explanation in Linguistics*. Dordrecht: Foris.
———. 1984. On the lexical phonology of Icelandic. *Nordic prosody III, papers from symposium*, ed. by Claes-Christian Elert, Iréne Johansson and Eva Strangert, xxx University of Umeå.
———. 1985. Some consequences of lexical phonology. *Phonology yearbook* 2.85–138.
———. 1989. Sprung rhythm. In Kiparsky and Youmans. 1989, 305–340.
———. 2000. Opacity and cyclicity. *The linguistic review* 17.2–4, 351–365.
———. 2006. Modular metrics for folk verse. *Formal approach to poetry: Recent development in metrics*, ed. by B. Elan Dresher and Nina Friedberg, 7–49. Berlin: Mouton de Gruyter.
Kiparsky, Paul and S. Anderson (eds.) 1973. *Festschrift for Morris Halle*. New York: Rinehart and Wilson.
Kiparsky, Paul and Gilbert Youmans (eds.). 1989. *Phonetics and phonology 1: Rhythm and meter*. San Diego: Academic Press.
Kirchner, Robert. 1996. Synchronic chain shifts in Optimality Theory. *Linguistic inquiry* 27.341–350.
Kisseberth, Charles. 1970. On the functional unity of phonological rules. *Linguistic inquiry* 1.291–306.
Koutsoudas, Andreas, Gerald Sanders and Craig Noll. 1974. The application of phonological rules. *Language* 50.1–28.
Kubozono, Haruo. 1989. The mora and syllable structure in Japanese: Evidence from speech errors. *Language and speech* 32.249–278.
———. 2011. Japanese pitch accent. In van Oostendorp, Ewen, Hume and Rice. 2011, 2879–2907.
釘貫亨. 2023.『日本語の発音はどう変わってきたか「てふてふ」から「ちょうちょう」へ、音声史の旅』東京：中公新書.
Kula, Nancy C. 2002. *The phonology of verbal derivation in Bemba*. PhD dissertation, Leiden University.
Kumagai, Gakuji. 2023. Express[p] in expressive phonology: Analysis of a nicknaming pattern using 'princess' in Japanese. *Phonology* 40.267–290.
熊谷学而・川原繁人 2019「ポケモンの名付けにおける母音と有声阻害音の効果：実験と理論からのアプローチ」『言語研究』155.65–99.
Kumashiro, Fumiko and Toshiyuki Kumashiro. 2006. Interlexical relations in English stress. *International journal of English studies* 6(2).77–106.
Kural, Murat. 2005. Tree traversal and word order. *Linguistic inquiry* 36.367–387.
栗栖和孝 2005「自然音韻論」西原哲雄・那須川訓也(編)『音韻理論ハンドブック』35–47. 東京：英宝社
Kutas, Marta and Steven A. Hillyard. 1980. Reading senseless sentences: Brain potentials reflect semantic incongruity. *Science* 207.203–205.
Labov, William. 2004. Quantitative reasoning in linguistics. *Sociolinguistics/Soziolinguistik: An international handbook of the science of*

language and society, volume I. 2nd edition, ed. by Ulrich Ammon, Norbert Dittmar, Klaus J. Mattheier and Peter Trudgill, 6–22. Berlin: Mouton de Gruyter.
Lakoff, George. 1993. Cognitive phonology. In Goldsmith. 1993, 117–145.
Lamb, Sydney M. 1966. *Outline of Stratificational Grammar*. Washington, DC, Georgetown University Press.
Lancaster, Gwen 2008. *Developing speech and language skills: Phoneme Factory*. London: Routledge.
Langacker, Ronald W. 1987. *Foundations of cognitive grammar. Volume 1: Theoretical applications*. Stanford, CA: Stanford University Press.
―――. 2007. Cognitive Grammar. *The Oxford handbook of cognitive linguistics*, ed. by Dirk Geeraerts and Hubert Cuyckens, 421–462. Oxford: Oxford University Press.
―――. 2008. *Cognitive Grammar: A basic introduction*. Oxford: Oxford University Press.
Lass, Roger and John Anderson. 1975. *Old English phonology*. Cambridge: Cambridge University Press.
Leben, William, R. 1973. *Suprasegmental phonology*. Ph.D. dissertation, MIT. Published by Garland Press, 1980.
―――. 2002. Tonal feet. *Proceedings, typology of African prosodic systems*, ed. by Dafydd Gibbon and Ulrike Gut, 27–40. Bielefeld: Universität Bielefeld.
Legendre, Géraldine, Yoshiro Miyata and Paul Smolensky. 1990a. Harmonic grammar: A formal multi-level connectionist theory of linguistic well-formedness: Theoretical foundations. *Proceedings of the 12th Annual Conference of the Cognitive Science Society*.388–395.
―――. 1990b. Harmonic grammar: A formal multi-level connectionist theory of linguistic well-formedness: An application. *Proceedings of the 12th Annual Conference of the Cognitive Science Society*.884–891.
―――. 1990c. *Can connectionism contribute to syntax?: Harmonic Grammar, with an application*. University of Colorado, Boulder, Department of Computer Science.
Lenneberg, Eric H. 1967. *Biological foundations of language*. New York: John Wiley and Sons.
Lester, Leland and Royal Skousen 1974. The phonology of drunkenness. In Bruck, Fox and La Galy. 1974, 233–239.
Levelt, Willem JM, Ardi Roelofs and Antje S. Meyer. 1999. A theory of lexical access in speech production. *Behavioral and brain sciences* 22.1–38.
Liberman, Mark. 1975. *The intonational system of English*. Ph.D. dissertation, MIT.
Liberman, Mark and Alan Prince. 1977. On stress and linguistic rhythm. *Linguistic Inquiry* 8.249–336.
Logothetis, Nikos K. 2008. What we can do and what we cannot do with FMRI. *Nature* 453.869–878.
Love, Jessica and Abby Walker. 2013. Football versus football: Effect of topic on /r/ realization in American and English sports fans. *Language and speech* 56.443–460.
Lowenstamm, Jean. 1996. CV as the only syllable type. *Current trends in phonology. Models and methods*, ed. by Jacques Durand and Bernard Laks, 419–441. Salford, Manchester: ESRI.
Luck, Steven J. 2014. *An introduction to the Event-Related Potential technique*. Cambridge, Mass.: MIT press.
Malone, Joseph. 1982. Generative phonology and Turkish rhyme. *Linguistic inquiry* 13.550–553.
―――. 1988. Underspecification theory and Turkish rhyme. *Phonology* 5.293–298.
Marchand, Hans. 1969. *The categories and types of present-day English word-formation: A synchronic-diachronic approach*. Munich: C. H. Beck.
Marchman, Virginia A., Kim Plunkett and Judith Goodman. 1997. Overregularization in English plural and past tense inflectional morphology: A response to Marcus (1995). *Journal of child language* 24.767–779.
Martin, Samuel E. 1952. Morphophonemics of Standard Colloquial Japanese. *Language* Supplement: Dissertation No. 47. Baltimore, MD: Linguistic Society of America.
松森晶子 1989 「自律分節理論による日本語音調の記述」『言語研究』95.120–143.
Matthews, George H. 1965. *Hidatsa syntax*. The Hague: Mouton.

Maxwell, Edith 1984. On determining underlying representations of children: A critique of the current theories. *Phonological theory and the misarticulating child*. ed. by Mary Elbert, Daniel Dinnsen and Gary Weismer, 18–29. RockvilleMD, American Speech-Language-Hearing Association.
Maynard Smith, John and Eörs Szathmáry. 1995. *The major transitions in evolution*. Oxford: W.H. Freeman.
McCarthy, John J. 1979. Formal problems in Semitic phonology and morphology. Doctoral dissertation, MIT.
———. 1982. Prosodic templates, morphemic templates, and morphemic tiers. *The structure of phonological representations (Part I)*, ed. by Harry van der Hulst and Norval Smith, 191–223. Dordrecht: Foris.
———. 1986. OCP effects: gemination and antigemination. *Linguistic inquiry* 17.207–263.
———. 1988. Feature geometry and dependency: A review. *Phonetica* 45.84–108.
———. 1999. Sympathy and phonological opacity. *Phonology* 16.331–399.
———. 2002. *A thematic guide to Optimality Theory*. Cambridge: Cambridge University Press.
———. 2003. Comparative markedness. *Theoretical linguistics* 29.1–51.
———. 2005. Optimal paradigms. *Linguistics department faculty publication series* 55. Online: http://scholarworks.umass.edu/linguist_faculty_pubs/55
———. 2007. *Hidden generalizations: Phonological opacity in Optimality Theory*. London: Equinox Publishing.
———. 2008a. The gradual path to cluster simplification. *Phonology* 25.271–319.
———. 2008b. *Doing Optimality Theory: Applying theory to data*. Malden, Mass.: Blackwell.
McCarthy, John J. and Alan Prince. 1986. Prosodic morphology. Manuscript, University of Massachusetts, Amherst and Brandeis University.
———. 1993. Prosodic morphology I: Constraint interaction and satisfaction. *Rutgers center for cognitive science (RuCCS) technical report* 3, University of Massachusetts and Rutgers University.
———. 1993. Generalized alignment. *Yearbook of morphology 1993*, ed. by G. Booij and J, van Marle, 79–153. Dordrecht: Kluwer.
———. 1994. The emergence of the unmarked. *NELS* 24(2):2.
———. 1995. Faithfulness and reduplicative identity. *Papers in Optimality Theory*, ed. by Jill Beckman, Laura Walsh Dickey and Suzanne Urbanczyk, 249–384. Amherst, Massachusetts: Graduate Linguistics Student Association, University of Massachusetts.
McCawley, James D. 1968. *The phonological component of a grammar of Japanese*. The Hague: Mouton.
McClelland, James L. and Jeffrey L. Elman. 1986. The TRACE Model of Speech Perception. *Cognitive psychology* 18.1–86.
McClelland, James L. and David E. Rumelhart. 1985. Distributed memory and the representation of general and specific information. *Journal of experimental psychology: General* 114.159–188.
———. 1989. *Explorations in parallel distributed processing: A handbook of models, programs, and exercises*. Cambridge, Mass: MIT press.
McClelland, James L., David Rumelhart and the PDP Research Group. 1986. *Parallel distributed processing: Explorations in the microstructure of cognition. Vol.2. Psychological and biological models*. Cambridge, MA: MIT Press.
Mester, Armin and Ito Junko. 1989. Feature predictability and underspecification: Palatal prosody in Japanese mimetics. *Language* 65.258–293.
Mielke, Jeff. 2008. *The emergence of distinctive features*. Oxford: Oxford University Press.
Minkova, Donka. 2003. *Alliteration and sound change in early English*. Cambridge: Cambridge University Press.
Miyara, Shinsho. 1981. Phonological phrase and phonological reduction. *University of Massachusetts occasional papers in linguistics* 7.154–183.
Mohanan, Karuvannur P. 1982. *Lexical phonology*. Ph.D. dissertation, MIT.
Moravcsik, Edith and Jessica Wirth. 1986. Markedness - An overview. *Markedness*, ed. by Fred Eckman, Edith Moravcsik and Jessica Wirth. New York: Plenum Press.
Morén, Bruce. 2003. The parallel structures model of feature geometry. *Working

papers of the Cornell phonetics laboratory 15.194–270.
―――. 2006. Consonant-vowel interactions in Serbian: Features, representations and constraint interactions. *Lingua* 116.1198–1244.
Moreton, Elliott and Paul Smolensky. 2002. Typological consequences of local constraint conjunction. *Proceedings of the 21st West Coast Conference on Formal Linguistics*, ed. by Line Mikkelsen and Christopher Potts, 306–319. Cambridge, MA: Cascadilla Press.
Müller, Friedrich Max. 1861/2013. *Lectures on the science of language: Delivered at The Royal Institution of Great Britain in 1861* (Volume 1). Cambridge: Cambridge University Press.
Myers, Scott. 1997. OCP effect in Optimality Theory. *Natural language and linguistic theory* 15.847–892.
Näätänen, Risto, Satu Pakarinen, Teemu Rinne and Rika Takegata. 2004. The Mismatch Negativity (MMN): Towards the optimal paradigm. *Clinical neurophysiology* 115.140–144.
Nadeau, Stephen E. 2001. Phonology: A review and proposals from a connectionist perspective. *Brain and language* 79.511–579.
Nagy, Naomi and William Reynolds. 1997. Optimality Theory and variable word-final deletion in Faetar. *Language variation and change* 9.37–55.
Nasukawa, Kuniya. 1995 Nasality and harmony in Gokana. *UCL working papers in linguistics* 7.511–533.
―――. 2005a. *A unified approach to nasality and voicing*. Berlin and New York: Mouton de Gruyter.
――― 2005b「認可・統率音韻論」西原哲雄・那須川訓也(共編)『音韻理論ハンドブック』199–213. 東京; 英宝社.
―――. 2014. Features and recursive structure. *Nordlyd* 41.1–19.
―――. 2015. Recursion in the lexical structure of morphemes. *Representing structure in phonology and syntax*, ed. by Marc van Oostendorp and Henk van Riemsdijk, 211–238. Berlin, Boston: Mouton de Gruyter.
―――. 2016. A precedence-free approach to (de-)palatalisation in Japanese, *Glossa: A journal of general linguistics* 1.1–21.
―――. 2017a, Extending the application of Merge to elements in phonological representations. *Journal of the Phonetic Society of Japan* 21.59–70.
―――. 2017b. The phonetic salience of phonological head-dependent structure in a modulated-carrier model of speech. *Beyond markedness in formal phonology*, ed. by Bridget D. Samuels, 121–152. Amsterdam: John Benjamins.
―――. 2017c. The relative salience of consonant nasality and true obstruent voicing. *Sonic signatures: Studies dedicated to John Harris*, ed. by Geoff Lindsey and Andrew Nevins, 146–162. Amsterdam: John Benjamins.
―――. 2020. Linearisation and stress assignment in Precedence-free Phonology: The case of English. *Radical: A journal of phonology* 1.239–291.
Nasukawa, Kuniya and Phillip Backley. 2008. Affrication as a performance device. 『音韻研究』11.35–46.
―――. 2015. Heads and complements in phonology: A case of role reversal? 『音韻研究』18.67–74.
―――. 2017. Representing moraicity in Precedence-free Phonology. 『音韻研究』20.55–62.
―――. 2018. |H| and |L| have unequal status. 『音韻研究』21.41–48.
―――. 2019. Phonological evidence for segmental structure: Insights from vowel reduction. 『音韻研究』22.51–58.
――― (ed.). 2020. *Morpheme-internal recursion in phonology*. Berlin and Boston: Mouton de Gruyter.
Nasukawa, Kuniya, Phillip Backley, Yoshiho Yasugi and Masatoshi Koizumi. 2019. Challenging universal typology: Right-edge prominence in Kaqchikel. *Journal of linguistics* 55.611–641.
Nespor, Marina and Irene Vogel. 1986. *Prosodic phonology*. Dordrecht: Foris.
Nespor, Marina, Maria T. Guasti and Anne Christophe. 1996. Selecting word order: The rhythmic activation principle. *Interfaces in phonology*, ed. by Ursula Kleinhenz, 1–26. Berlin: Academic Verlag.
Newman, Stanley S. 1946. On the stress system of English. *Word* 2.171–187.

Newmeyer, Frederick J. 2010. Formalism and functionalism in linguistics. *Wiley interdisciplinary reviews: Cognitive science* 1.301–307.
Nielsen, Kuniko. 2011. Specificity and abstractness of VOT imitation. *Journal of phonetics* 39.132–142.
Nishimura, Kohei. 2006. Lyman's law in Japanese. 『音韻研究』9.83–90.
Odden, David. 1986. On the role of the obligatory contour principle in phonological theory. *Language* 62.353–383.
―――. 2006. Phonology ex nihilo. A talk presented at Phonology Get-together, Tromsø. Online: https://sites.google.com/view/oddenlinguistics/home?pli=1
―――. 2022. Radical substance-free phonology and feature learning. *Canadian journal of linguistics/Revue canadienne de linguistique* 67.500–551.
―――. n.d. Choosing theories is like choosing socks. Online: http://www.ling.ohio-state.edu/~odden.1/ WhatIsTheory.pdf
Ohala, John J. 1992. Alternatives to the sonority hierarchy for explaining segmental sequential constraints. *Chicago Linguistic Society* 26.319–338.
Ohala, John J. and Haruko Kawasaki-Fukumori. 1997. Alternatives to the sonority hierarchy for explaining segmental sequential constraints. *Language and its ecology: Essays in memory of Einar Haugen*, ed. by Stig Eliasson and Ernst Häkon Jahr, 343–365. Berlin: Mouton de Gruyter.
Ohso, Mieko 1971.A phonological study of some English loan words in Japanese. M.A. thesis, Ohio States University.
岡ノ谷一夫・藤田耕司(編) 2022『言語進化学の未来を共創する』東京: ひつじ書房.
Okazaki, Masao. 1998. A constraint on the well-formedness of half-lines of Old English alliterative verse. *English linguistics* 15.243–280.
―――. 2005. Review of *Language and literary form: The linguistic analysis of form in verse and narrative* by Nigel Fabb. *Studies in English literature* 46.341–348.
―――. 2006. Review of Donka Minkova's *Alliteration and sound change in early English*.『近代英語研究』22.153–166.
―――. 2007 Review of *Alliteration and sound change in early English by Donka Minkova*. *Studies in English literature* 48.124–132.
――― 2012「Emily Dickinsonの脚韻再考」日本エミリィ・ディキンスン学会第27回大会シンポジアム「Sound and meaning in Emily Dickinson's poems」における口頭発表. 2012年6月30日. 国際基督教大学.
――― 2014『英語の構造からみる英詩のすがた―文法・リズム・押韻―』東京: 開拓社.
――― 2015「不完全脚韻と音韻理論」筑波英語学会第36回大会における講演. 2015年11月15日. 筑波大学.
――― 2017「句レベルの『強勢移動』―通時的考察―」近代英語協会第34回大会シンポジウム「音韻変化研究の課題と展望」における口頭発表. 2017年6月24日. 青山学院大学.
――― 2022「英語におけるリズム規則の起源」島越郎・富澤直人・小川芳樹・土橋善仁・佐藤陽介・ルプシャ　コルネリア(編)『ことばの様相―現在と未来をつなぐ―』25–39. 東京: 開拓社.
Olichney, J. M., J. R. Taylor, J. Gatherwright, D. P. Salmon, A. J. Bressler, M. Kutas and V. J. Iragui-Madoz. 2008. Patients with MCI and N400 or P600 abnormalities are at very high risk for conversion to dementia. *Neurology* 70.1763–1770.
Pater, Joe. 2007. The locus of exceptionality: Morpheme-specific phonology as constraint indexation. *Papers in Optimality Theory III*, ed. by Leah Bateman, Michael O'Keefe, Ehren Reilly and Adam Werle, 259–296. Amherst: GLSA.
―――. 2009. Weighted constraints in generative linguistics. *Cognitive science* 33.999–1035.
―――. 2010. Morpheme-specific phonology: Constraint indexation and inconsistency resolution. *Phonological argumentation: Essays on evidence and motivation*, ed. by Steve Parker, 123–154. London: Equinox.
Patterson, David and Cynthia M. Connine. 2001. Variant frequency in flap production. *Phonetica* 58.254–275.
Perloff, Marjorie. 1970. *Rhyme and meaning in the poetry of Yeats*. The Hague: Mouton.
Pierrehumbert, Janet. 1980. *The phonology and phonetics of English intonation*.

Ph.D. dissertation, MIT.
———. 2001. Exemplar dynamics, word frequency, lenition, and contrast. *Frequency effects and the emergence of linguistic structure*, ed. by Joan Bybee and Paul Hopper, 135–158. Amsterdam/Philadelphia: John Benjamins.
Pierrehumbert, Janet and Mary Beckman. 1988. *Japanese tone structure*. Cambridge, Massachusetts: MIT Press.
Pinker, Steven. 2003. Language as an adaptation to the cognitive niche. *Language evolution*, ed. by Morten H. Christiansen and Simon Kirby, 16–37. Oxford, New York: Oxford University Press.
Pinker, Steven and Paul Bloom. 1990. Natural language and natural selection. *Behavioral and brain sciences* 13.707–784.
Pinker, Steven and Ray Jackendoff. 2005. The faculty of language: What's special about it? *Cognition* 95.201–236.
Pitt, Mark A., Laura Dilley and Michael Tat. 2011. Exploring the role of exposure frequency in recognizing pronunciation variants. *Journal of phonetics* 39.304–311.
Pöchtrager, Markus A. 2006. *The structure of length*. Ph.D. dissertation, University of Vienna.
———. 2009. Diphthong$_i$, e$_i$ know thyself$_i$. Binding in phonology. Paper presented at the 17th Manchester Phonology Meeting (28–30 May 2009).
———. 2015. Vowel reduction: Sawing off the branch you're sitting on. Paper presented at the 23rd Manchester Phonology Meeting (28–30 May 2015).
———. 2020. Recursion and GP 2.0. In Nasukawa. 2020, 237–266.
———. 2021. English vowel structure and stress in GP2.0. *Perspectives on Element Theory*, ed. by Sabrina Bendjaballah, Ali Tifrit and Laurence Voeltzel, 185–205. Berlin and Boston: Mouton de Gruyter.
Pöchtrager, Markus A. and Jonathan Kaye. 2013. GP 2.0. *SOAS working papers in linguistics and phonetics* 16.51–64.
Polgárdi, Krisztina. 1998. *Vowel harmony: An account in terms of government and optimality*. The Hague: Holland Academic Graphics.
Poppe, Clemens. 2022. Accentual dominance demystified: A view from Relational Morphology. 『音韻研究』25.51–60.
Postal, Paul M. 1968. *Aspects of phonological theory*. New York: Harper and Row.
Prince, Alan. 1983. Relating to the grid. *Linguistic inquiry* 14.19–100.
Prince, Alan and Paul Smolensky. 1993. *Optimality Theory: Constraint interaction in generative grammar*. Rutgers Center for Cognitive Science (RuCCS) technical report 2. Published by Oxford: Blackwell, 2004.
Pulleyblank, Douglas. 1983. Tone in lexical phonology. Ph.D. dissertation, MIT. Published by Dordrecht: D. Reidel Publishing Company, 1986.
Raichle, Marcus E., Ann Mary MacLeod, Abraham Z. Snyder, William J. Powers, Debra A. Gusnard and Gordon L. Shulman. 2001. A default mode of brain function. *Proceedings of the National Academy of Sciences* 98.676–682.
Reiss, Charles. 2018. Substance Free phonology. In Hannahs and Bosch. 2018, 425–452.
Revithiadou, Anthi and Vassilios Spyropoulos. 2011. Syntax-phonology interface. *Continuum companion to phonology*, ed. by Nancy C. Kula, Bert Botma and Kuniya Nasukawa, 225–253. London: Continuum.
Reynolds, William Thomas. 1994. Variation and phonological theory. Ph.D. dissertation, the University of Pennsylvania.
Rice, Keren 1996. Default variability: The coronal-velar relationship. *Natural language and linguistic theory* 14.493–543.
———. 2007. Markedness in phonology. In de Lacy. 2007, 79–97.
———. 2018. The universal nature of substantive features? 『音韻研究』21.119–130.
Richards, Norvin. 2016. *Contiguity theory*. Cambridge, Massachusetts: MIT Press.
Rotenberg, Joel. 1978. *The syntax of phonology*. Ph.D. dissertation, MIT.
Rubach, Jerzy. 1985. Lexical phonology: Lexical and postlexical derivations. *Phonology yearbook* 2.157–172
———. 2000. Backness switch in Russian. *Phonology* 17.39–64.
———. 2003. Polish palatalization in Derivational Optimality Theory. *Lingua* 113.197–237.
Rumelhart, David E., James L. McClelland and CORPORATE PDP Research Group. 1986. *Parallel distributed processing: Explorations in the microstructure of*

cognition, Vol. 1: Foundations. Cambridge, Mass: MIT press.
Russom, Geoffrey R. 1987. *Old English meter and linguistic theory.* Cambridge: Cambridge University Press.
———. 1989. *Beowulf and Old Germanic Metre.* Cambridge: Cambridge University Press.
Sagey, Elizabeth Caroline. 1986. *The representation of features and relations in non-linear phonology.* Ph.D. dissertation, MIT.
Samuels, Bridget D. 2007. On evolutionary phonology: Review of J. Blevins (2004) *Evolutionary Phonology*, Cambridge University Press. *Biolinguistics* 1.118–122.
———. 2009a. *The structure of phonological theory.* Ph.D. dissertation, Harvard University.
———. 2009b. The Third Factor in Phonology. *Biolinguistics* 23.355–382
———. 2011. *Phonological architecture: A biolinguistic perspective.* Oxford: Oxford University Press.
———. 2015. Can a bird brain do phonology? *Frontiers in psychology: Language Sciences* 6:1082.
——— (ed.). 2017. *Beyond markedness in formal phonology (Linguistik Aktuell 241).* Amsterdam: John Benjamins.
Sapir, Edward. 1925. Sound patterns in language. *Language* 1.37–51.
———. 1929. A study in phonetic symbolism. *Journal of experimental psychology* 12.225–239.
———. 1933. La réalité psychologique des phonèmes. *Journal de psychologie normale et pathologique* 30.247–265.
Schane, Sanford A. 1973. *Generative phonology.* Englewood Cliffs: Prentice Hall.
———. 1984. The fundamentals of particle phonology. *Phonology yearbook* 1.129–155.
———. 1995. Diphthongization in particle phonology. In Goldsmith. 1995, 586–608.
———. 2005. The aperture particle |a|: Its role and functions. *Headhood, elements, specification and contrastivity: Phonological papers in honour of John Anderson*, ed. by Philip Carr, Jacques Durand and Colin J. Ewen, 313–338. Amsterdam and Philadelphia: John Benjamins.
Scheer, Tobias. 2004. *A lateral theory of phonology: What is CVCV, and why should it be?* Berlin and New York: Mouton de Gruyter.
———. 2011a. *A guide to morphosyntax-phonology interface theories: How extra-phonological information is treated in phonology since Trubetzkoy's Grenzsignale.* Berlin: Walter de Gruyter.
———. 2011b. Issues in the development of generative phonology. *Continuum companion to phonology*, ed. by Nancy C. Kula, Bert Botma and Kuniya Nasukawa, 397–446. London, New York: Continuum.
———. 2012. *Direct interface and one-channel translation. A non-diacritic theory of the morphosyntax-phonology interface.* Berlin: Mouton de Gruyter.
———. 2019. Phonetic arbitrariness: A cartography. 『音韻研究』 22.105–118.
Scheer, Tobias and Eugeniusz Cyran. 2018. Syllable structure in Government Phonology. In Hannahs and Bosch. 2018, 262–292.
Seidenberg, Mark S. and James L. McClelland. 1989. A distributed, developmental model of word recognition and naming. *Psychological review* 96:523.
Seidl, Amanda. 2001. *Minimal indirect reference: A theory of the syntax-phonology interface.* New York: Garland.
Selkirk, Elisabeth O. 1972. *The phrase phonology of English and French.* Ph.D. dissertation, MIT.
———. 1978. The syllable. Manuscript. [Published as Selkirk, Elisabeth O. 1982. The syllable. *The structure of phonological representations*, Part II, ed. by Harry van der Hulst and Norval Smith, 337–383. Dordrecht: Foris, and also partly as Selkerk, Elisabeth O. 1999. *Phonological theory: The essential readings*, 328–350. Malden, MA: Blackwell Publishers.]
———. 1980. The role of prosodic categories in English word stress. *Linguistic inquiry* 11.563–605.
———. 1981. On prosodic structure and its relation to syntactic structure. *Nordic prosody II: Papers from a symposium*, ed. by Thorstein Fretheim, 111–140. Trondheim: TAPIR.
———. 1984a. *Phonology and syntax: The relation between sound and structure.*

Cambridge, MA: MIT Press.
———. 1984b. On the major class features and syllable theory. *Language sound structure*, ed. by Mark Aronoff and Richard T. Oehrele, 107–136. Cambridge, MA: MIT Press.
———. 1986. On derived domains in sentence phonology. *Phonology yearbook* 3.371–405.
———. 2011. The syntax-phonology interface. *The handbook of phonological theory*, 2nd edition, ed. by John A. Goldsmith, Jason Riggle and Alan C. L. Yu, 435–484. Oxford: Blackwell.
Selkirk, Elisabeth and Koichi Tateishi. 1988. Constraints on minor phrase formation in Japanese. *Chicago Linguistic Society* 24.316–336.
———. 1991. Syntax and downstep in Japanese. *Interdisciplinary approaches to language: Essays in honor of S.-Y. Kuroda*, ed. by Carol Georgopoulos and Roberta Ishihara, 519–544. Dordrecht: Kluwer.
Seyfarth, Scott. 2014. Word informativity influences acoustic duration: effects of contextual predictability on lexical representation. *Cognition* 133.140–155.
Sezer, Engin. 1986. An autosegmental analysis of compensatory lengthening in Turkish. *Studies in compensatory lengthening*, ed. by Leo Wetzels and Engin Sezer, 228–250. Dordrecht: Foris.
Shibatani, Masayoshi. 1979. Review of "The Tone Pattern of Japanese: An Autosegmental Theory of Tonology" by Shosuke Haraguchi. *Language* 55.928–936.
Shih, Stephanie. 2017. Constraint conjunction in weighted probabilistic grammar. *Phonology* 34.243–268.
Shih, Stephanie and Sharon Inkelas. 2019. Autosegmental aims in surface-optimizing phonology. *Linguistic inquiry* 50.137–196.
Shiobara, Kayono. 2010. *Derivational linearization at the syntax-prosody interface*. 東京: ひつじ書房.
Shriberg, Lawrence and Joan Kwiatkowski 1980. *Natural process analysis: A procedure for phonological analysis of continuous speech samples*. New York: Wiley.
Siegel, Dorothy. 1974. *Topics in English morphology*. Ph.D. dissertation, MIT.
Sievers, Eduard. 1885. Zur Rhythmik der germanischen Alliterationsverses. *Beitäge zur Geschichte der deutschen Sprache und Literatur* 10.209–314, 451–545.
———. 1893. *Altgermanische Metrik*. Halle: Max Niemeyer.
Smith, Brian W. and Joe Pater. 2020. French schwa and gradient cumulativity. *Glossa: a journal of general linguistics* 5:24.
Smith, Neil 1973. *The acquisition of phonology: A case study*. Cambridge: Cambridge University Press.
———. 2010. *Acquiring phonology: A cross-generational case-study*. Cambridge: Cambridge University Press.
Smolensky, Paul and Matthew Goldrick. 2016. Gradient symbolic representations in grammar: The case of French Liaison. ROA-1286. Online: http://roa.rutgers.edu/article/view/1552
Sóskuthy, Márton. 2013. Analogy in the emergence of intrusive-r in English. *English language and linguistics* 17.55–84.
Stallworthy, Jon (ed.). 1983. *Wilfred Owen: The complete poems and fragments. Volume 1 The poems*. New York and London: W.W. Norton and Company.
Stampe, David. 1969. The acquisition of phonetic representation. *Papers from the Fifth Regional Meeting of the Chicago Linguistic Society*.443–454.
———. 1973a. On chapter nine. *Issues in phonological theory*. ed. by Michael Kenstowicz and Charles Kisseberth, 44–52. The Hague: Mouton.
———. 1973b. *A dissertation on Natural Phonology*. Ph.D. dissertation, University of Chicago.
Stemberger, Joseph Paul. 2018. Interfaces in Connectionist Phonology. In Hannahs and Bosch. 2018, 391–421.
Steriade, Donca. 1987. Redundant values. *Parasession on autosegmental and metrical phonology*, ed. by A. Bosch, B. Need and E. Schiller, 339–362. Chicago: Chicago Linguistic Society.
———. 1995. Underspecification and markedness. In Goldsmith. 1995, 114–174.
Stoel-Gammon, Carol. 1991. Theories of phonological development and their implications for phonological disorders. *Phonological disorders in children:*

Theory, research and practice, ed. by Mehmet Yavas, 16–36. London, New York: Routledge.
Sugahara, Mariko. 2003. *Downtrends and post-focus intonation in Tokyo Japanese.* Ph.D. dissertation, University of Massachusetts Amherst.
――― 2014「句レベルの音韻論」菅原真理子(編)『音韻論』106–132. 東京: 朝倉書店.
Sundby, Bertil. 1953. *Chistopher Cooper's English teacher (1687).* Copenhagen: Ejnar Munksgaard.
Sutton, Samuel, Margery Braren, Joseph Zubin and E. R. John. 1965. Evoked-potential correlates of stimulus uncertainty. *Science* 150.1187–1188.
高山倫明 2016「音韻史」高山倫明ほか(編)『シリーズ日本語史 I 音韻史』37–67. 東京: 岩波書店.
竹林滋・清水弘子・斎藤あつ子 2013『改訂新版 初級英語音声学』東京: 大修館書店.
Tallerman, Maggie and Kathleen R. Gibson. *The Oxford handbook of language evolution.* Oxford, New York: Oxford University Press.
田中伸一 2005.『アクセントとリズム』(英語学モノグラフシリーズ 14) 東京: 研究社.
―――. 2009.『日常言語に潜む音法則の世界』東京: 開拓社.
―――. 2014. Turbid representations for Opacity: The underlying and surface representations for voiced obstruents in Japanese and English. *Papers from the Thirty-First National Conference of the English Linguistic Society of Japan* (JELS 31).193–199.
――― 2015「有声性の強さから見た日本語の不透明現象—濁りの表示による透明化—」益岡隆志(編)『日本語研究とその可能性』26–51. 東京: 開拓社.
―――. 2017. The shape and function of phonology in evolutionary linguistics: Why we can explore languages origins from extant languages, and how.『音声研究』21(1).88–104.
――― 2018「第 7 章: 感覚運動システムの進化」遊佐典昭(編)『言語の獲得・進化・変化』164–187. 東京: 開拓社.
―――. 2020. Structural ambiguity below the word: The origins of phonological hierarchy through category formation. A lecture delivered at the monthly meeting of Tokyo Circle of Phonologists, February 22, 2020, held at the University of Tokyo, Japan.
―――. 2022. Vowel coalescence as head-dependent merge.『音韻研究』25.1–12.
――― 2023「音韻素性の存在根拠を再考する: 規則の定式化と言語進化の観点から」『日本エドワード・サピア協会研究年報』37.1–23.
Tang, Kevin and Jason Shaw. 2020. Prosody leaks into the memories of words. *Cognition* 210:104601.
Tesar, Bruce and Paul Smolensky. 1998. Learnability in Optimality Theory. *Linguistic inquiry* 29.229–268.
Thomas, Margaret. 2019. *Formalism and functionalism in linguistics.* London: Routledge.
Tifrit, Ali. 2020. Obstruent liquid clusters: Locality, projections and percolation. In Nasukawa. 2020, 329–382.
Todd, Simon, Janet B. Pierrehumbert and Jennifer Hay. 2019. Word frequency effects in sound change as a consequence of perceptual asymmetries: An exemplar-based model. *Cognition* 185.1–20.
Tokizaki, Hisao. 1999. Prosodic phrasing and bare phrase structure. *NELS* 29.381–395.
―――. 2008. *Syntactic structure and silence: A minimalist theory of syntax-phonology interface.* 東京: ひつじ書房.
―――. 2020a. Recursive strong assignment from phonology to syntax. In Nasukawa. 2020, 383–408.
―――. 2020b. Is the mapping to PHON complex? *Phonological externalization vol. 5,* ed. by Hisao Tokizaki, 25–39. 札幌大学 Online: https://sapporo-u.repo.nii.ac.jp/records/7725.
時崎久夫・岡崎正男 2022『音韻論と他の部門とのインターフェイス』東京: 開拓社.
Tomasello, Michael. 1999. *The cultural origins of human cognition.* Cambridge, MA: Harvard University Press.
Tomasello, Michael and Josep Call. 1997. *Primate cognition.* Oxford, New York: Oxford University Press.

参考文献

外池滋生 1977「自然音韻論とは何か」『月刊言語』5(9).75-81.
Traunmüller, Hartmut. 1994. Conventional, biological, and environmental factors in speech communication: A modulation theory. *Phonetica* 51.170-183.
―――. 2005. Speech considered as modulated voice. Ms, University of Stockholm.
Trommer, Jochen. 2023. The concatenative structure of tonal overwriting. *Linguistic inquiry* 55.95-151.
Trubetzkoy, Nikolai S. 1936a. Essai d'une théorie des oppositions phonologiques. *Journal de Psychologie* 33.5-18.
―――. 1936b. Die Aufhebung der phonologischen gegensätze. *Travaux du Cercle Linguistique de Prague* 6.29-45.
―――. 1939a. Aus meiner phonologischen kartothek, I: Das phonologische system der dunganischen sprache. *Travaux du Cercle Linguistique de Prague* 8.22-26.
―――. 1939b. *Grundzüge der Phonologie*. Prague: Traveaux du Cercle Linguistique Prague 7 [Göttingen: Vandenhoeck and Ruprecht, 1958].
Truckenbrodt, Hubert. 1995. Phonological phrases: Their relation to syntax, focus, and prominence. Ph.D. dissertation, MIT.
―――. 1999. On the relation between syntactic phrases and phonological phrases. *Linguistic inquiry* 30.219-255.
―――. 2007. The Syntax-phonology interface. In de Lacy. 2007, 435-456.
上田功 1987「対照分析仮説と音韻習得」『言語学の視界-小泉保教授還暦記念論文集』31-41. 東京: 大学書林.
――― 2023『獲得と臨床の音韻論』東京: ひつじ書房.
Uffman, Christian. 2011. The organization of features. In van Oostendorp, Ewen, Hume and Rice. 2011, 643-668.
Uwano, Zendo. 2012. Three types of accent kernels in Japanese. *Lingua* 122.1415-1440.
Vance, Timothy J. 2016. Introduction. *Sequential voicing in Japanese: Papers from the NINJAL Rendaku Project*, ed. by Timothy J. Vance and Mark Irwin, 1-12. Amsterdam: John Benjamins Publishing Company.
Vance, Timothy J., Manami Hirayama and Hinako Masuda. 2023. Rendaku and (han)dakuten, A talk presented at the 18th Phonology Festa, March 6-7, Seikei University.
van der Hulst, Harry. 1984. *Syllable structure and stress in Dutch*. Dordrecht: Foris.
―――. 1996. Separating primary accent and secondary accent. *Stress patterns of the world*, ed. by Rob Goedemans, Harry van der Hulst and Ellis Visch, 1-26. The Hague: Holland Academic Graphics.
―――. 2009. Brackets and grid marks or theories of primary accent and rhythm. *Contemporary views on architecture and representations in phonological theory*, ed. by Eric Raimy and Charles Cairns, 225-245. Cambridge, MA: MIT Press.
―――. 2014. Representing rhythm. *Word stress: Theoretical and typological issues*, ed. by Harry van der Hulst, 325-365. Cambridge: Cambridge University Press.
―――. 2020. *Principles of Radical CV Phonology: A theory of segmental and syllabic structure*. Edinburgh: Edinburgh University Press.
van der Hulst, Harry and Neil Smith (eds.). 1982. *The Structure of Phonological Representation (Part I)* Dordrecht: Foris.
van Oostendorp, Marc. 2008. Incomplete devoicing in formal phonology. *Lingua* 118.1362-1374.
―――. 2022. Optimality Theory. *The Oxford history of phonology*, ed. by B. Elan Dresher and Harry van der Hulst, 551-568. Oxford: Oxford University Press.
van Oostendorp, Marc, Colin J. Ewen, Elizabeth Hume and Keren Rice (eds.). 2011. *The Blackwell companion to phonology*. Malden, MA: Wiley-Blackwell.
Vaux, Bert and Neil Myler. 2018. Issues and prespects in rule-based phonology. In Hannahs and Bosch. 2018, 167-196.
Velten, H. V. 1943. The growth of phonemic and lexical patterns in infant language. *Language* 19.281-292.
Vennemann, Theo. 1972a. On the theory of syllabic phonology. *Linguistische Berichte* 18.1-18.
―――. 1972b. Rule inversion. *Lingua* 29.209-242.
―――. 1974. Phonological concreteness in natural generative grammar. *Towards tomorrow's linguistics*, ed. by Roger Shuy and Charles-James Bailey, 202-219. Washington D.C.: Georgetown University Press.

von Herder, Johann Gottfried. 1772/2002. Treatise on the origin of language. *Herder: Philosophical writings*, ed. and trans. by Michael N. Foster, 65–164. Cambridge: Cambridge University Press.
Wagner, Mónica A., Mirijam Boersma, James M. McQueen, Sara Dhaene and Kristin Lemhöfer. 2021. Phonetic convergence to non-native speech: Acoustic and perceptual evidence. *Journal of phonetics* 88:101076.
Walker, Abby and Jennifer Hay. 2011. Congruence between 'word age' and 'voice age' facilitates lexical access. *Laboratory phonology* 2.219–237.
Watson, Duane and Edward Gibson. 2004. Making sense of a Sense Unit Condition. *Linguistic inquiry* 35.508–517.
Weiner, Frederic. 1979. *Phonological process analysis*. Baltimore: University Park Press.
Wedel, Andrew B. 2006. Exemplar models, evolution and language change. *Linguistic review* 23.247–274.
Wells, John C. 1982. *Accents of English*. Cambridge: Cambridge University Press.
———. 2008. *Longman pronunciation dictionary*, 3rd ed. Harlow: Pearson Education.
Wilson, Colin. 2006. Learning phonology with substantive bias: an experimental and computational investigation of velar palatalization. *Cognitive science* 30.945–982.
Yip, Moira. 2002. *Tone*. Cambridge: Cambridge University Press.
———. 2006a. Is there such a thing as animal phonology? *Wondering at the natural fecundity of things: Studies in Honor of Alan Prince*, ed. by Eric Bakovic, Junko Ito, John J. McCarthy, 311–323. UC Santa Cruz: Linguistics Research Center.
———. 2006b. The search for phonology in other species. *Trends in cognitive sciences* 10(10).442–446.
Yngve, Victor H. 1961. The depth hypothesis. *Structure of language in its mathematical aspects*, ed. by Roman Jacobson, 130–138. Providence, Road Island: American Mathematical Society.
———. 1975. Depth and the historical change of the English genitive. *Journal of English linguistics* 9.47–57.
———. 1996. *From grammar to science: New foundations for general linguistics*. Amsterdam: John Benjamins.
Yoshida, Shohei. 1990. A government-based analysis of the 'mora' in Japanese. *Phonology* 7.331–351.
Yoshida, Yuko. 1995. *On pitch accent phenomena in Standard Japanese*. Ph.D. dissertation, School of Oriental and African Studies, University of London.
———. 2009. Projection of licensing potency from a phonological expression. *Strength relations in phonology*, ed. by Kuniya Nasukawa and Phillip Backley, 373–389. Berlin and New York: Mouton de Gruyter.
Youmans, Gilbert. 1983. Generative tests for generative meter. *Language* 59.67–92.
———. 1989. Milton's meter. In Kiparsky and Youmans. 1989, 341–379.
Yu, Alan C. L. 2017. Global optimization in allomorph selection. *The morphosyntax–phonology connection*, ed. by Vera Gribanova and Stephanie S. Shih, 3–27. Oxford: Oxford University Press.
Zec, Draga and Sharon Inkelas. 1990. Prosodically constrained syntax. In Inkelas and Zec. 1990, 365–378.
Zuraw, Kie and Bruce Hayes. 2017. Intersecting constraint families: An argument for Harmonic Grammar. *Language* 93.497–548.
Zwicky, Arnold 1976. Well, this rock and roll has got to stop. Junior's head is hard as rock. *CLS* 12.676–697.
Živanovič, Sašo and Markus A. Pöchtrager. 2010. GP 2, and Putonghua, too. *Acta Linguistica Hungarica* 57.357–380.

索引

3 音節短音化, 349
a 認可, 210
CiV-長音化, 349
FLB, 339
FLN, 339
GB 理論, 371
GP2.0, 204, 212, 221
KSN 仮説, 138
p 認可, 210
X バー理論, 375
y-削除, 353
α 切り替え規則, 137
エグゼンプラ, 294
エグゼンプラ理論, 367
エピソード記憶, 293
エレメント理論, 7, 106, 204, 212, 369
オンセット, 206
カテゴリ, 294
カテゴリカル, 257
クラス II 接辞, 144
クラス I 接辞, 144
クロックユニット, 321
コーダ, 206
コーダ接点, 204
コネクショニストモデル, 12
コネクショニスト音韻論, 312
サブアセンブリー型, 351
スキーマ, 294

ダーウィンの問題, 336
デフォルト規則, 114
ネットアウトプット, 318
ネットインプット, 318
ノイズを入れた調和文法, 258
プラトンの問題, 336
プロセス, 55
プロソディ, 203
ペア型, 351
ベース, 117
ポット型, 351
マッチ理論, 176
ミニマリスト・プログラム, 177
メロディ, 203
モーラ, 206
ユニット, 313
ライム, 34, 206
ライム補部, 208
ラテン規則, 33
ランキング, 233
リズム規則, 189
ローカルモデル, 315
ロジスティック回帰, 277
ワグテスト, 279
ワグ型曲線, 279
わたり音, 25
一値的対立, 213
一律適用効果, 286
一点集中, 406

441

一般整列制約, 374
不完全指定, 114
不完全指定理論, 7, 105, 114
不透明性, 251, 366
両立的順序をなす, 134
並列分散処理モデル, 314
並列評価, 10
主強勢規則, 37
主要部・依存部, 224
主要音類素性, 26
予測可能性, 306
事例基盤理論, 12
二値(binary)素性, 113
二次元行列, 5
介在母音, 194
代償延長, 350
余剰, 113
余剰的, 22
余剰規則, 114
併合, 173, 334
併合の運動制御起源仮説, 350
併合操作, 377
使用基盤モデル, 13, 286
使用基盤音韻論, 99
依存関係, 209
依存音韻論, 9, 364
個体発生, 341
個別要素内(paradigmatic)プロセス, 58
候補, 234
偶然の空白, 348
入力形, 257

共感理論, 367
共起, 119
共鳴, 298
共鳴音性, 25
内在化, 335
内在的順序, 132
内的範疇, 213
内部連接, 153
再帰性, 20
再調整規則, 154, 156
出力に基づいたモデル, 236
出力候補, 232
出力形, 257
出力志向, 364
出現頻度, 51
分岐, 406
分布, 51
分散的モデル, 315
分析自由性, 366
分節音, 21
制約序列, 10
制限, 59
刺激の貧困, 20, 280, 336
前後関係, 217, 220
前方性, 26
前舌母音, 112
前適応, 404
前駆体, 14, 335
副次調音, 111
創発, 333
創発性, 404
創発特性, 333

創発的, 113
動物音韻論, 343
包括性, 366
包括的な, 241
包括範囲, 302
半行, 184
単層派生, 203
単項(univalent)素性, 113
原型言語, 334
原理とパラメータ, 280
原理とパラメータのアプローチ, 7
厳密 CV 理論, 204, 212, 217, 374
反奪取, 136
反奪取関係, 139
反復, 245
反復分散モデル, 319
反投与, 136
反投与関係, 141
反順序付け制約, 60
受容経験, 395
口蓋音化, 112
句またがり, 184
同時調音, 111
同調音的, 353
含有理論, 237, 364
回帰性, 340
回帰的階層構造, 220
因数類型, 373
固有派生形質, 335
基分節統率, 218
基底の豊穣, 250
基底形, 257

基本母音図, 27
基盤共鳴エレメント, 224
境界標識, 223
変形循環（サイクル）の原理, 32
変異, 258
変調分節音, 111
外在化, 335
外在的順序, 132, 133
外適応, 404
外部連接, 153
多重連結, 217
失語症モデル, 315
奪取, 136
奪取反奪取関係, 136, 140
奪取反投与関係, 137
奪取関係, 142
子音, 25
子音性, 25
子音調和, 67
学習可能性, 383
完全な支配性, 263
完全指定, 114
完全母音, 224
完全解釈性, 213
実験音韻論, 11, 363
対応理論, 245
対比的, 120
対比的不完全指定, 118
対立, 121
尾子音, 34
局所的な, 241
局所的忠実性, 249

局所結合, 266
層, 108
帰納的に裏付け, 388
序列化, 263
序列替え, 258
序列階層, 233
弁別素性, 2, 21
弱強五歩格, 180
弱結合, 34
強勢, 152
強結合, 34
形式主義, 2, 50, 413
形式的音節構成素, 206
形式素, 34
形式素境界, 144
形式音韻論, 363
形態構造のパラドックス, 149
形態素内音韻構造, 203
後語彙レベル, 354
後語彙的, 8, 109
後語彙規則, 58
循環規則, 36, 133
循環順序, 133
心的辞書, 22
必異原理, 75
忠実性制約, 10, 70, 182, 233, 368
情報理論, 270
意味単位条件, 162
意味概念の形成, 319
感覚・運動系(SM)インターフェイス, 214
感覚運動系, 334

抑圧, 56, 60
投与, 136
投与反奪取関係, 137
投与反投与関係, 137
投与関係, 138
投射, 221
抽象化, 400
拡張, 108
挿入の[r], 69
排反的順序, 133
排反的順序をなす, 134
接語群, 167
搬送信号の変調の相対的大きさ, 224
数え上げ累積性, 264
文化進化, 340
文化進化音韻論, 344
文法性判断, 257
新対比的不完全指定, 119
普遍的制約, 232
書き換え規則, 2, 202
最大エントロピー調和文法, 13, 258
最大強勢点, 183
最小半行, 199
最小句構造, 174
最小句構造写像, 155
最小句構造写像規則, 177
最深部強勢, 172
最適性理論, 2, 70, 99, 144, 175, 181, 203, 231, 257, 356, 364
有標, 21

有標性, 52, 121
有標性制約, 10, 70, 182, 232, 368
有標性理論, 41
有標性規約, 52
枝分かれ, 169, 217
核, 206
核強勢規則, 152
根本的不完全指定, 118
極小主義, 280
概念意図系, 334
構成素間の配列上の規則, 207
構文形態論, 99
構造保持の原則, 148
構造的曖昧性, 345
構造記述, 29
樹形写像, 171
機能主義, 2, 414
機能語, 164
歯茎, 26
歴史的音韻変化, 68
段階的, 257
段階的な, 388
母音, 25
母音性, 25
汎用併合, 335
活性化, 296
活性化拡散, 298
活性度, 296
派生志向のモデル, 202
流音, 25
浮遊, 116
渡り音化, 350

漸進性, 366
漸進進化, 333
潜在的活性度, 297
無標, 21
無音半拍付加, 155, 162
片端対応理論, 165
生成音韻論, 1
生成韻律論, 7, 179
生物言語学, 331
生物進化, 340
産出バイアス, 296
産出目標, 296
産出知覚ループ, 298
異形態性, 349
発話, 162
発話速度, 153
直列派生, 10
直列調和モデル, 11, 364
直接参照理論, 160
相互無影響関係, 137
相似, 335
相同, 335
相剋的卓立, 224
真包含関係の優先原理, 138
短縮, 245
硬口蓋化, 354
硬口蓋歯茎, 26
確率性弱化, 306
確率的最適性理論, 258
社会言語学, 258
社会音声学, 309
神経単位, 13

種分化, 332
空核, 209
空範疇, 209
第三要因, 336
節, 294
節点, 108
範疇的な, 388
系統発生, 337
素性の束, 105
素性階層, 82
素性階層理論, 7, 43, 105
素粒子音韻論, 9
結合, 33
統率, 205, 211, 218
統率理論, 369
統率音韻論, 7, 203
統率領域, 210
継続性仮説, 67
線形文法, 334
線形表示, 202
線形順序, 131
線状性, 320
美しさ, 301
義務的, 8
聞こえ連鎖の原理, 348
臨床, 62
臨界期仮説, 337
自律分節, 73
自律分節理論, 5, 181
自律分節音韻論, 71, 203
自然性, 52
自然選択, 340

自然音韻論, 3
舌端, 26
舌頂性, 26
行動文法, 351
表層形, 257
表示, 369
表示志向のモデル, 203
被認可子, 209
裸句構造, 223
複合分節音, 111
複合構造, 224
複合語強勢規則, 152
複合頭子音の簡略化, 348
複層派生, 202
要素間(syntagmatic)プロセス, 58
規則, 55
規則の共謀, 5
規則の同時適用, 138
規則の消滅, 62
規則の順序づけ, 4
規則の順序付け, 130
解除, 108
言語の「創造的」側面, 20
言語学的情報, 224
言語機能, 280
言語獲得の論理的問題, 336
言語発生, 341
言語進化, 228
言語進化の論理的問題, 336
言語運用, 156
計算音韻論, 408
記憶の朽廃, 298

評価, 234
評価表, 234
詩の韻律, 9
認可, 209, 211, 218
認可子, 209
認知音韻論, 365
語中音添加, 122
語境界, 144
語境界挿入規則, 154
語彙の最適化, 251
語彙レベル, 355
語彙余剰規則, 22
語彙層, 148
語彙情報の最小性, 119
語彙症候群, 147
語彙的, 8
語彙表示, 22, 202
語彙規則, 58
語彙認識, 304
語彙論仮説, 144
語彙音韻論, 7, 130, 144, 145, 355
語彙頻度, 292
語順パラメータ, 167
説明的妥当性, 336
調和文法, 11, 257, 364
調和的拘束, 261
調音モーター表示, 319
調音音韻論, 11
超分節的, 71
超分節的関係性, 202
跳躍進化説, 340
軟口蓋音軟化規則, 54

転移, 111
逆行同化, 106
逐次派生, 364
連結, 313
連結線, 73
進化的妥当性, 336
進化言語学, 331
進化音韻論, 12, 343
遠隔同化, 111
遠隔同化・異化, 117
適格性条件, 77
適正統率, 211, 218
遺伝と学習の問題, 336
遺伝の貧困, 336
重み, 263, 314
重音節, 34
開口性, 221
間接参照, 161
階層ないし序列, 232
階層性 OT, 372
階層文法, 335
階層構造, 334
階層的素性配列, 105
随意的, 8, 109
隠れユニット, 317
集団的累積性, 265
非主要部強勢, 171
非反復分散モデル, 316
非対称性, 220
非対称関係, 209
非循環規則, 36, 133
非時系列理論, 212

非時系列音韻論, 204, 222, 375, 401
非線形表示, 202
非線状音韻論, 3, 71, 110
非該当条件, 138
音声具現化, 224
音声基盤音韻論, 11
音声的余剰性, 299
音声的卓立関係, 216
音声的収束, 303
音変化, 308
音実質, 377
音実質依存, 377
音実質脱却音韻論, 125, 343, 402
音実質除外音韻論, 376
音節, 33, 206
音節接点, 204
音節構造, 206
音素配列, 126, 257
音調句, 162
音調領域, 153

音転移, 353
音韻ループ, 321
音韻句, 154, 162
音韻句形成規則, 167
音韻境界, 154
音韻表示, 7, 71
音響表示, 319
韻律境界, 152
韻律外性, 35
韻律構造, 152
韻律理論, 158, 181
韻律範疇, 156
韻律語, 162, 164
韻律階層, 7, 181, 345
韻律音韻論, 5, 71
順序付け, 60
順序付けのパラドックス, 149
領域末パラメータ, 211
類似性, 126
飽和点, 297

執筆者紹介
（五十音順）

上田　功（うえだ・いさお）1955 年生まれ。名古屋外国語大学・外国語学部・教授。大阪大学・名誉教授。
【研究テーマ】音韻体系の動的変化が研究対象。特に幼児の音韻獲得や機能性構音障害、そして成人の第二言語習得に観られる外国語訛りを音韻理論から分析している。それと関係して、獲得期の音韻の逸脱はどこまで可能であるのかを類型論的に考察することが最近の研究テーマである。
【主要業績】*The Oxford Handbook of Speech Development in Languages of the World* (共著, Oxford University Press, 2025),『獲得と臨床の音韻論』(単著, ひつじ書房, 2023), "Some formal and functional typological properties of developing phonologies" (単著,『言語研究』127, 2005) など。

岡崎正男（おかざき・まさお）1964 年生まれ。茨城大学・人文社会科学野・教授。
【研究テーマ】現代英語の文の韻律（文アクセントと抑揚）と意味の対応関係の研究、古英詩の韻律論、近代英詩の韻律論、文法化の言語形式への反映の研究、Emily Dickinson の詩の文体論など。
【主要業績】"The metrical significance of Old English unstressed prefixes in alliterative verse" (単著, *Tsukuba English Studies* 40, 2022), "Enjambment in Emily Dickinson's Poems" (単著,『近代英語研究』27, 2011), *English Sentence Prosody: The Interface between Sound and Meaning* (単著, 開拓社, 1998) など。

熊谷学而（くまがい・がくじ）1986 年生まれ。関西大学・文学部・総合人文学科・英米文学英語学専修・准教授。
【研究テーマ】音象徴と音韻論のつながり、「かわいい」言語学、語形成における音韻・形態構造など。
【主要業績】"Express[p] in expressive phonology: Analysis of a

nicknaming pattern using 'princess' in Japanese" (単著, *Phonology*, 40(3-4), 2023), "What's in a Japanese kawaii 'cute' name? A linguistic perspective" (単著, *Frontiers in Psychology* 13, 2022), "Analysing spells in the Harry Potter series: Sound-symbolic effects of syllable lengths, voiced obstruents and low vowels" (単著, *Open Linguistics* 7(1), 2021) など。

田中伸一（たなか・しんいち）1964 年生まれ。東京大学・総合文化研究科言語情報科学専攻・教授。
【研究テーマ】言語の進化的・認知的基盤やそのモデル化に関する研究、言語の不透明性現象のモデル化に関する研究、最適性理論に基づく日英語の音韻体系の比較研究、エレメント理論に基づく音韻素性の理論的・経験的検証の研究など。
【主要業績】"Vowel coalescence as head-dependent Merge" (単著,『音韻研究』25，2022),『特集：音声／音韻から言語の化石を発掘する：進化言語学の最新の知見』(編著,『音声研究』21(1), 2017), "Containment eradicates opacity and revives OT in parallel: Some consequences of Turbid Optimality Theory" (共著,『音韻研究の新展開：窪薗晴夫教授還暦記念論文集』, 開拓社, 2017) など。

時崎久夫（ときざき・ひさお）1959 年生まれ。札幌大学・外国語学系・教授。
【研究テーマ】音韻と統語のインタフェース、世界の言語における強勢と語順、音韻と形態統語のパラメータ、倒置などの語順の変異、英語史における音韻と形態統語の変化など。
【主要業績】『音韻論と他の部門とのインターフェイス』(共著, 開拓社, 2022), "Word stress, pitch accent, and word order typology with special reference to Altaic" (単著, *The Study of Word Stress and Accent: Theories, Methods and Data*, Cambridge University Press, 2019), *Syntactic Structure and Silence: A Minimalist Theory of Syntax-Phonology Interface* (単著, ひつじ書房, 2008) など。

那須川訓也（なすかわ・くにや）1967 年生まれ。東北学院大学・文学部／文学研究科・教授。

【研究テーマ】言語機能における音韻系の位置付けとその仕組みに関する研究、非時系列的音韻表示の研究、エレメント理論に基づく音韻素性の理論的・経験的検証の研究など。

【主要業績】"Linearisation and stress assignment in Precedence-free Phonology: The case of English" (単著, *Radical: A Journal of Phonology* 1, 2020), *Morpheme-internal Recursion in Phonology* (編著, Mouton de Gruyter, 2020), "Challenging universal typology: Right-edge consonantal prominence in Kaqchikel" (共著, *Journal of Linguistics* 55(3), 2019) など。

橋本大樹（はしもと・だいき）1990 年生まれ。上越教育大学・人文社会教育学系・准教授。

【研究テーマ】英語音声学に関する研究、社会的プライミングと音声産出・知覚に関する研究、確率性弱化に関する研究、音声的模倣に関する研究、使用基盤モデルに基づく心的表示の理論研究など。

【主要業績】"The effect of verbal conjugation predictability on speech signal" (単著, *Morphology* 33, 2023), "Probabilistic reduction and mental accumulation in Japanese: Frequency, contextual predictability, and average predictability" (単著, *Journal of Phonetics* 87, 2021), "Sociolinguistic effects on loanword phonology: Topic in speech and cultural image" (単著, *Laboratory Phonology* 10 (1), 2019) など。

平山真奈美（ひらやま・まなみ）1976 年生まれ。東京大学・総合文化研究科言語情報科学専攻・准教授。

【研究テーマ】日本語や英語の音声記述、音韻パターンの分析、素性理論を中心とした音韻表示、インターフェース、言語習得など。

【主要業績】"Morphological (non-)effect in high vowel devoicing in Japanese" (単著,『音声研究』28(2), 2024),『大人の英語発音講座＜新装復刊＞』(共著, 研究社, 2023), "Can prosody encode recursive embedding? Children's realizations of complex NPs in Japanese" (共著, *Journal of*

Child Language 48(3), 2021) など。

黄竹佑（ふぁん・ちゅーゆー）1990 年生まれ。名古屋学院大学・外国語学部・准教授。
【研究テーマ】 言語構造と音声・音韻の接点に関する研究、アクセントや声調と複合語に関する研究、音声知覚および音声産出実験の方法論に関する研究など。
【主要業績】『jsPsych によるオンライン音声実験レシピ』 (共著, 教養検定会議, 2023), "Foot-level and boundary-durational effect driven by morphological complexity in Japanese" (単著, *Japanese Korean Linguistics* 30, 2023)、"Neutralization and secondary acoustic cues of voicing contrast: A Tohoku and Tokyo Japanese production experiment" (共著, ICPhS 2023, 2023) など。

Poppe, Clemens（ポッペ・クレメンス）1979 年生まれ。早稲田大学・教育総合科学学術院・准教授。
【研究テーマ】音韻・形態構造に関する研究、韻律構造に関する研究、アクセント類型論の研究、日本語と韓国・朝鮮語の研究、パース記号論から見た言語と言語学の研究など。
【主要業績】"Pitch accent and morphology in Japanese and Korean dialects: Toward a typology" (単著, 『国立国語研究所論集』24, 2023), "Accentual dominance demystified: A view from Relational Morphology" (単著, 『音韻研究』25, 2022), "Iambic feet in Japanese: Evidence from the Maisaka dialect" (単著, 『言語研究』150, 2016) など。

本間猛（ほんま・たける）1963 年生まれ。東京都立大学・人文科学研究科人間科学専攻言語科学分野・教授。
【研究テーマ】音韻理論、英語や日本語などの音節の構造、言葉遊びの音韻論的側面など。
【主要業績】「Motorola は、混成か接尾辞付加か」(単著,『音韻研究の新展開：窪薗晴夫教授還暦記念論文集』, 開拓社, 2017),「ノサことばと音韻表示」, (単著,『人文学報／首都大学東京人文科学研究科』502, 2015),

"Trochaic Clusters in English" (単著,『音声研究』17(1), 2013) など。

山田英二（やまだ・えいじ）1954 年生まれ。福岡大学・人文学部・教授。
【研究テーマ】音韻論・音声学。生成文法理論の枠組みで、英語・日本語の音声・音韻構造（英語複合語の強勢配置メカニズム、英語の語の強勢配置メカニズム、日本語のピッチアクセント配置メカニズムなど）を研究。
【主要業績】*New Perspectives on English Word Stress* (編著, Edinburgh University Press, 2023), *Subsidiary Stresses in English* (単著, Kaitakusha, 2010), "Syllable-based Edge parameter analysis of Old English stress" (単著, *Studies in English Literature* 72 (1), 1995) など。

渡部直也（わたべ・なおや）1990 年生まれ。大阪大学・外国語学部日本語専攻・講師。
【研究テーマ】スラヴ語学の研究、音韻現象に関する日本語とスラヴ諸語との比較研究、音韻原理の普遍性・音韻パターンの類型に関する研究、音韻現象のゆれ・変化に関する研究など。
【主要業績】『ウクライナ・ロシアの源流 〜スラヴ語の世界〜』(単著, 教養検定会議, 2024), "Vowel length alternations in Czech diminutive derivation" (単著, *Formal Approaches to Slavic Linguistics* 26, 2020),「中段母音の表示について―日本語とスラヴ諸語の対照研究」(単著,『音韻研究』22, 2019) など。

生成音韻論の歴史と展望
―田中伸一教授還暦記念ハンドブック―

編　者	橋本大樹・渡部直也・黄　竹佑
発行者	武村哲司
印刷所	日之出印刷株式会社

2025 年 3 月 15 日　第 1 版第 1 刷発行ⓒ

発行所	株式会社　開 拓 社	〒112-0003　東京都文京区春日 2-13-1 電話　(03) 6801-5651（代表） 振替　00160-8-39587 https://www.kaitakusha.co.jp

JCOPY ＜出版者著作権管理機構 委託出版物＞　　　　ISBN978-4-7589-2416-0　C3080

本書の無断複製は、著作権法上での例外を除き禁じられています。複製される場合は、そのつど事前に、出版者著作権管理機構（電話 03-5244-5088，FAX 03-5244-5089, e-mail: info@jcopy.or.jp）の許諾を得てください。